AI, 나랑 친구할래?

집필 장병철 · 유경선 · 이준기 · 이은경

씨마스에듀

이 책을 내며

2019년 12월 17일에 열린 제53회 국무회의에서는 과학기술정보통신부를 비롯한 전 부처가 참여하여 '인공지능(AI) 국가전략'을 발표하였습니다.

인공지능의 발전은 대한민국 국민의 일부가 아닌 모두에게 영향을 미치는 거스를 수 없는 큰 흐름입니다. 쓰나미와 같은 거대한 파도의 모습으로 우리 앞에 다가올 인공지능을 여러분은 어떤 마음으로 준비하고 있나요?

한 사람, 한 기업, 한 사회, 나아가 한 국가는 모두 그 앞에 놓인 다양한 문제를 해결하며 성장하고 있습니다. 이때, 인공지능이 우리에게 큰 도움을 줄 수 있기에 우리 모두는 인공지능을 만날 수 있도록 서로서로 도와야 합니다. 사람 중심의 따뜻함이 가득한 세상을 꿈꾸며 인공지능을 강조하는 마음을 가지면서요.

우리는 SW 교육을 통해 생활 속의 문제를 해결하는 다양한 프로그래밍을 경험하였습니다. 최근 블록 프로그래밍에서는 다양한 인공지능 API 확장 기능과 머신러닝의 지도 학습 모델을 경험할 수 있습니다. 인공지능이 학습을 통해 사람처럼 글자를 읽어 음성으로 출력하고, 언어를 번역하고, 표정으로 감정을 인식하고, 주위 상황을 묘사하는 등 이전에는 상상할 수 없었던 문제들을 해결하고 있습니다.

인공지능이란 말이 아직은 낯설 것입니다. 이 책을 통해 인공지능과 친해지려는 마음으로 배움의 즐거움을 알고 생활 속의 문제에 배움을 적용하며 세상을 환히 밝히는 한 사람이 될 수 있기를 진심으로 바랍니다. 이 책을 서핑보드 삼아 인공지능의 파도를 타고 넘고 즐기며 꿈에 닿는, 행복 가득한 미래에 살기를 바라봅니다.

지은이 일동

공부하기 전에 미리 체크해 볼까요?

공부하기 전에 아래 내용을 잘 읽어 본 후 재미있게 공부하세요.

아직 정보 수업을 받지 않았어요. 이해할 수 있나요?

프로젝트별 프로그램은 정보 수업을 받지 않았어도, 스크래치 블록 코딩을 해 보지 않았어도 구성된 순서대로 잘 따라 하면 쉽게 이해할 수 있어요. 혹시 어렵다고 여길 수 있는 코딩 명령 블록은 자세히 설명되어 있으니 걱정하지 않아도 돼요. 이 책은 프로그래밍을 익히는 것보다는 인공지능을 체험하는 것에 목적이 있으니까 부담 갖지 말고 즐겁게 따라 해 보세요.

인공지능 데이터 카드와 웹캠은 꼭 있어야 하나요?

노트북을 사용할 경우에는 노트북에 카메라가 내장되어 있기 때문에 별도의 웹캠이 필요하지 않으나, 일반 PC를 사용할 경우에는 USB 케이블로 연결해 사용할 수 있는 웹캠이 있어야 합니다. 또한 Part II 프로젝트 해결을 위해 데이터 카드가 있으면 인공지능을 체험하는 데 편리합니다.

이 책을 쓰신 선생님을 소개해요

장병철 선생님

"인공지능에서 제일 중요한 것은 사람입니다. 이 책으로 사람을 위한 인공지능, 나아가 세상을 따뜻하게 만드는 방법을 배우시기 바랍니다."

유경선 선생님

"인공지능과 친숙해지면서 편견을 줄이고 공정한 가치를 바라볼 수 있는 시각을 키울 수 있기를 바랍니다."

이준기 선생님

"인공지능을 활용한 프로그래밍을 통해 인간을 위하는 따뜻한 인공지능의 세상과 마주하기를 바랍니다."

이은경 선생님

"어렵지만 쉽게, 쉽지만 꼭 알려 주고 싶은 인공지능의 이야기로 인공지능을 시작해 보시기 바랍니다."

이 책의 차례

책에서 소개한 엠블록의 화면 구성과 명령 블록 명칭은 현재 시점과 다를 수 있습니다.

어떤 주제 활동으로 구성되었을까요?

〈 Part Ⅰ 〉 API 체험하기

API

ML

＋ 〈Part Ⅰ〉 8개 활동은 API 체험 학습이고
〈Part Ⅱ〉 8개 활동은 머신 러닝(Machine Learning)의
지도 학습 체험으로, 각 Part의 특징을 살려 학습합니다.

〈 Part Ⅱ 〉 머신 러닝 체험하기

이 책의 구성

1, 2단계에서는 주어진 문제를 해결할 방법을 찾고 그 방법에 따라 문제를 해결하면서 해결 방법의 문제점을 찾습니다.

1 단계

문제가 뭘까?

해결할 문제를 제시하고, 인공지능 적용 전과 적용 후 상황을 미리 살펴보도록 합니다.

‘활동1’과 ‘활동2’의 소스코드 예제 주소입니다.

2 단계

해결 방법 찾기

문제 해결 방법을 나열해 보고, 화면 구성과 프로그램 작성 과정을 알아봅니다.

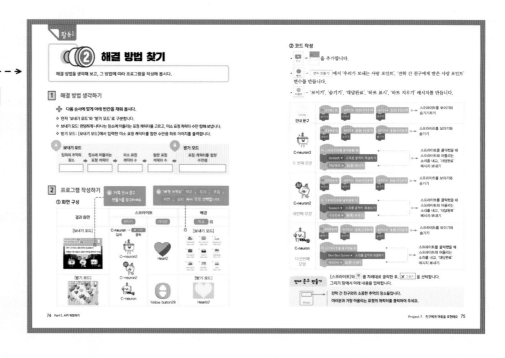

프로젝트를 해결하면서 활동 전과 활동 중, 그리고 활동 후에 제시된
과정 평가를 통해 자신의 실력을 스스로 점검해 봅시다.

3, 4단계에서는 API를 체험하거나 머신 러닝의 지도 학습을 이용한 문제 해결
과정을 살펴보며, 인공지능이 주는 편리함과 윤리적인 측면을 살펴봅니다.

인공지능
활용하기

인공지능을 활용하여
문제를 해결하는 과정을
알아봅니다

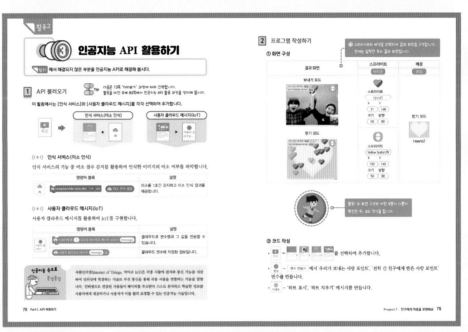

활동 정리하기

적용한 인공지능이 무엇인지
정리해 보며, 자신의 이해
정도를 스스로 점검합니다.

준비 학습

만나서 반가워요

엠블록을 원활히 사용하기 위해서는

구글 크롬( )브라우저 사용을 권장합니다.

mblock

학습 목표

1. 크롬 브라우저에서 엠블록에 접속하여 온라인 버전과 오프라인 버전을 사용할 수 있습니다.

2. 엠블록에 회원 가입을 할 수 있습니다.

3. 엠블록을 설치하고, 화면 구성과 명령 블록 명칭을 살펴볼 수 있습니다.

 **엠블록 사용하기**

엠블록에 접속하여 프로그램을 사용하기 위한 환경을 만들어 봅시다.

■ 엠블록 접속 및 온라인 버전 화면으로 이동하기

❶ 크롬(◉) 브라우저를 실행한 뒤, 검색창에 '엠블록'이라고 입력하여 검색된 사이트의 이름을 클릭하거나, 직접 주소창에 'https://www.mblock.cc'를 입력한 뒤, Enter 키를 눌러 엠블록 사이트로 이동합니다.

❷ 'Block-based coding editor' 버튼을 클릭한 뒤, 'code with blocks' 버튼을 클릭해서 프로그램 편집 화면으로 이동합니다.

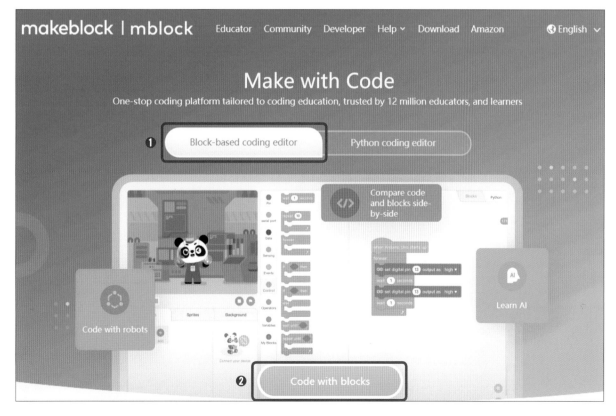

❷ 엠블록 오프라인 버전 다운로드 및 설치하기

❶ 엠블록 사이트 화면 상단에서 'Download' 버튼을 클릭합니다.

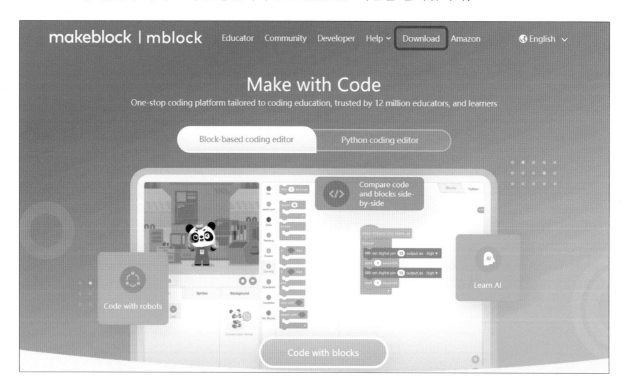

❷ 내 컴퓨터 운영 체제에 해당하는 'Windows'의 'Download' 버튼을 클릭합니다.
(※이 책에서는 Windows를 기준으로 설명합니다.)

❸ 다운로드한 파일을 클릭해서 설치를 시작하고 화면에서 '예' 또는 'OK', 'Next' 버튼을 계속 클릭합니다.

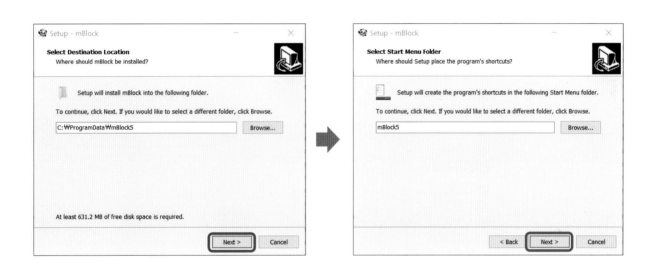

❹ 'Finish' 버튼을 클릭하면 설치가 끝납니다.

 **회원 가입 및 로그인하기**

작성한 프로젝트를 온라인에 저장하거나 인공지능 관련 명령 블록을 사용하려면 회원 가입을 해야 합니다.

1 회원 가입하기

❶ 엠블록 프로그램 오른쪽 위 ◯을 클릭해서 '가입' 탭을 클릭합니다.

❷ '가입' 탭을 선택한 뒤 이메일 주소를 입력하고, '나는 만 16세 이상입니다.' 또는 '나는 만 16세 미만입니다.' 버튼을 클릭하여 회원 가입을 합니다.

※ 만 16세 미만인 경우에는 보호자 동의가 필요합니다.

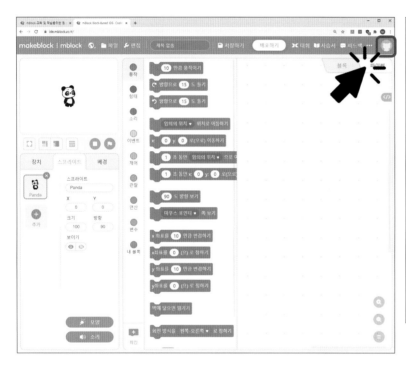

2 로그인하기

❶ ◯을 클릭한 뒤 '로그인' 탭 창에서 가입한 이메일 주소와 암호를 입력하여 로그인합니다.

❷ 만일 구글 계정이 있다면 G 을 클릭하여 구글 계정으로 로그인할 수도 있습니다.

③ 엠블록 화면 구성 살펴보기

스크래치 3.0 기반의 엠블록은 스크래치와 거의 동일하게 구성되어 있으며, 여러 가지 하드웨어 연결을 지원합니다. 책에서 소개한 엠블록의 화면 구성과 명령 블록 명칭은 현재 시점과 다를 수 있습니다.

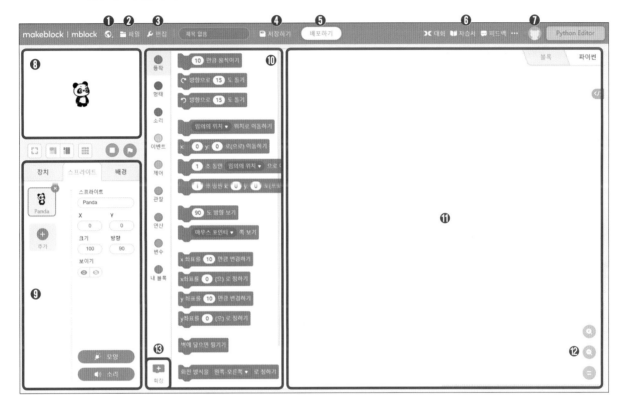

❶ 엠블록의 메뉴를 다른 언어로 바꿀 수 있습니다. '한국어'로 선택합니다.

❷ 프로젝트(파일) 새로 만들기, 열기, 다른 이름으로 저장, 내 컴퓨터에서 가져오기, 컴퓨터에 저장하기, 공유하기를 할 수 있습니다.

❸ 스테이지 터보 모드를 켜거나 끌 수 있고, 스테이지를 숨기거나 보이게 할 수 있습니다.

❹ 작성한 프로그램을 저장합니다.

❺ 작성한 프로그램을 공유하여 다른 사람이 보거나 활용할 수 있게 해 줍니다.

❻ 사용자 가이드와 예제 프로그램을 안내합니다.

❼ 로그인하거나 회원 가입을 할 수 있는 창이 열립니다.

❽ 프로그램의 실행 결과를 확인할 수 있습니다

❾ 엠블록에서 연결 가능한 장치와 스프라이트, 배경 목록입니다. 기본으로 '장치' 탭이 선택되어 있으며, 위 화면은 스프라이트 탭이 선택된 상태입니다.

❿ 장치, 스프라이트, 배경에 적용할 다양한 명령 블록들이 들어 있습니다.

⓫ 이곳으로 블록을 끌어다가 조립할 수 있습니다.

⓬ 조립한 블록들의 크기를 크게 키우거나 작게 줄일 수 있습니다.

⓭ '확장' 버튼을 클릭하면 '확장 센터' 창이 열리고 사용하고 싶은 서비스를 선택하여 추가할 수 있습니다. '장치' 또는 '스프라이트' 선택 여부에 따라 지원하는 추가 기능이 다릅니다.

Part I
API 체험하기

인공지능은 많이 어렵다고 하는데, 어떻게 시작하지?

우선 인공지능을 체험할 수 있는 인공지능 서비스를 경험해 보는 게 어떨까?

엠블록(mblock)에서는 문자 인식 서비스, 번역 서비스, 이미지 인식 서비스 등 다양한 API가 제공되므로 처음 인공지능을 체험하는 학생들에게 적당합니다.

API를 활용해요

API(Application Programming Interface)란 특별한 프로그래밍 기술이 없어도 개발자가 원하는 애플리케이션을 쉽게 만들 수 있도록 구성한 소스코드 모음입니다. 일반적으로 인공지능 기반 서비스를 개발하려면 많은 시간과 비용이 들기 때문에 API를 활용합니다.

<Project 1> 할아버지는 왜 화가 났을까

문자 인식 API

텍스트 음성 변환 API

<Project 2> 다문화 친구와 소통해요

번역 API

텍스트 음성 변환 API

<Project 3> 아빠, 안전 운전 하세요

감정 인식 API

텍스트 음성 변환 API

<Project 4> 친구야, 다시 볼 수 있어

이미지 묘사 API

번역 API

텍스트 음성 변환 API

<Project 5> 생명의 은인은 누구일까

신체 인식 API

<Project 6> 현재 인원 수는 몇 명일까

신체 인식 API

텍스트 음성 변환 API

<Project 7> 친구에게 마음을 표현해요

미소 인식 API

IoT

<Project 8> 예쁜 말로 식물을 키워요

감정 분석 API

번역 API

텍스트 음성 변환 API

Project 1

할아버지는 왜 화가 났을까

학습 목표
책의 글자를 인식해 음성으로 변환하는
프로그램을 만들 수 있습니다.

인공지능 학습 요소

문자 인식 API,
텍스트 음성 변환 API

 활동 전 생각해 보기

글자를 모르는 할아버지를 위해 컴퓨터가 글을 읽어 주는 프로그램이 있다면

할아버지의 마음은 어떨까요?

활동1_https://planet.mblock.cc/project/298910   활동2_https://planet.mblock.cc/project/298912

문제가 뭘까?

동화를 읽다가 모르는 글자를 묻는 준기의 질문에 할아버지께서 버럭 화를 내셨어요. 사실, 글을 배운 적이 없는 할아버지께서 당황하여 화를 내신 거였어요. 어떻게 할아버지를 도울 수 있을까요?

우리 할아버지는 글을 배운 적이 없으셔서 책을 읽을 수 없으시대

할아버지께서 책을 읽으실 수 있도록 도울 방법은 없을까?

미리 보기   **어떤 과정으로 해결할까?**

글자를 모르는 할아버지를 위해 컴퓨터가 글을 읽어 주는 과정을 알아봅시다.

활동1 에서 해결하기

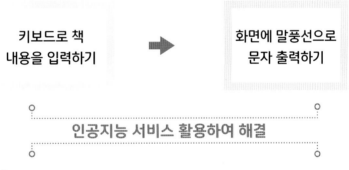

키보드로 책
내용을 입력하기

→

화면에 말풍선으로
문자 출력하기

인공지능 서비스 활용하여 해결

활동2 에서 해결하기

문자 인식API, 텍스트 음성 변환 API 활용   프로그래밍

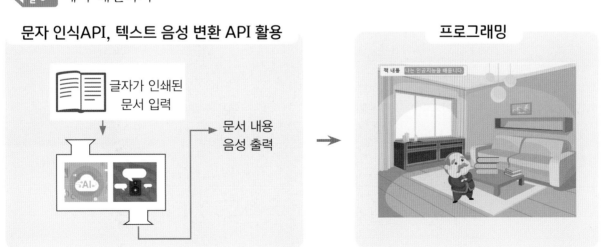

글자가 인쇄된
문서 입력

문서 내용
음성 출력

② 해결 방법 찾기

해결 방법을 생각해 보고, 그 방법에 따라 프로그램을 작성해 봅시다.

1 해결 방법 생각하기

➕ 다음 순서에 맞게 아래 빈칸을 채워 봅시다.

◇ 책의 내용을 키보드로 입력합니다.
◇ 책을 선택하면 책의 내용을 화면에 말풍선으로 문자 출력합니다.

	➡

2 프로그램 작성하기

➕ 스프라이트와 배경을 선택하여 결과 화면을 구성합니다.

① 화면 구성

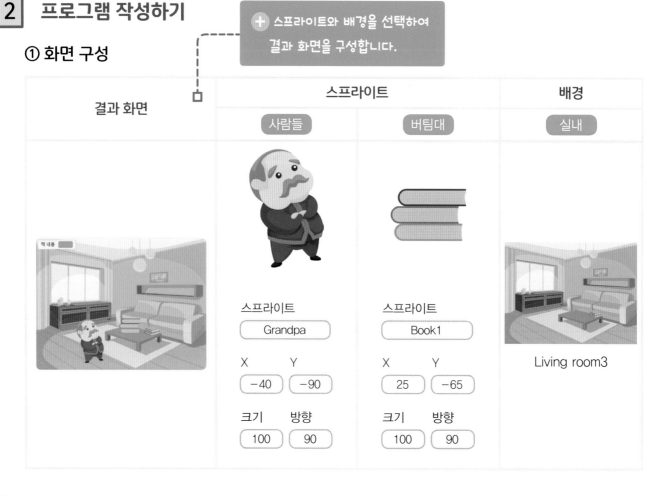

결과 화면	스프라이트		배경
	사람들	버팀대	실내
	스프라이트 Grandpa	스프라이트 Book1	Living room3
	X −40 Y −90	X 25 Y −65	
	크기 100 방향 90	크기 100 방향 90	

② 코드 작성

- 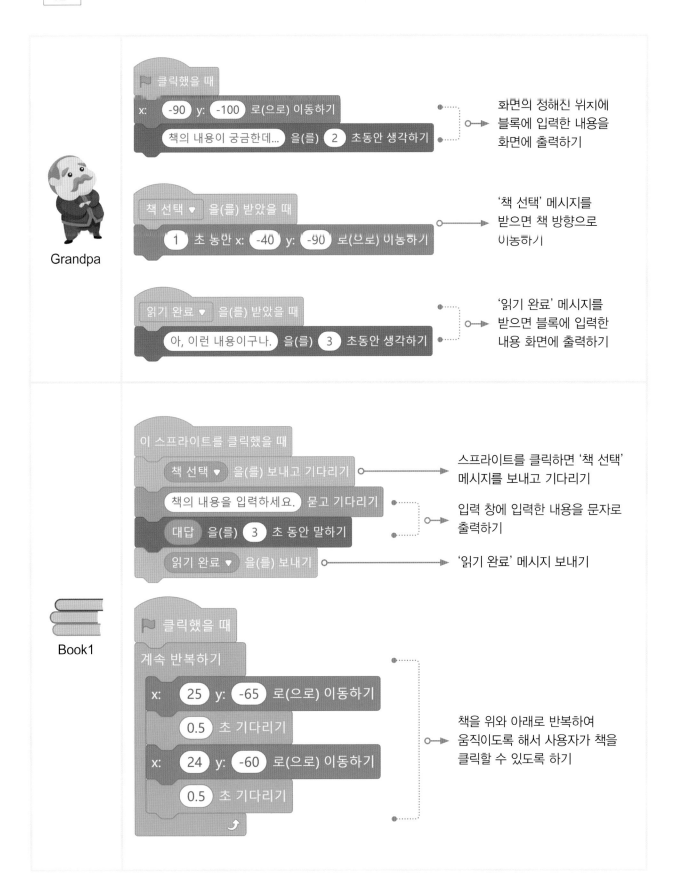 이벤트 – '책 선택', '읽기 완료' 메시지를 만듭니다.

Grandpa

🏴 클릭했을 때
x: -90 y: -100 로(으로) 이동하기
책의 내용이 궁금한데... 을(를) 2 초동안 생각하기

→ 화면의 정해진 위치에 블록에 입력한 내용을 화면에 출력하기

책 선택 ▼ 을(를) 받았을 때
1 초 동안 x: -40 y: -90 로(으로) 이동하기

→ '책 선택' 메시지를 받으면 책 방향으로 이동하기

읽기 완료 ▼ 을(를) 받았을 때
아, 이런 내용이구나. 을(를) 3 초동안 생각하기

→ '읽기 완료' 메시지를 받으면 블록에 입력한 내용 화면에 출력하기

Book1

이 스프라이트를 클릭했을 때
책 선택 ▼ 을(를) 보내고 기다리기
책의 내용을 입력하세요. 묻고 기다리기
대답 을(를) 3 초 동안 말하기
읽기 완료 ▼ 을(를) 보내기

→ 스프라이트를 클릭하면 '책 선택' 메시지를 보내고 기다리기

→ 입력 창에 입력한 내용을 문자로 출력하기

→ '읽기 완료' 메시지 보내기

🏴 클릭했을 때
계속 반복하기
  x: 25 y: -65 로(으로) 이동하기
  0.5 초 기다리기
  x: 24 y: -60 로(으로) 이동하기
  0.5 초 기다리기

→ 책을 위와 아래로 반복하여 움직이도록 해서 사용자가 책을 클릭할 수 있도록 하기

③ 실행 결과 확인

◆ 'Book1' 스프라이트를 클릭하면 입력 창이 표시되는가?

◆ 내용을 입력하면, 그 내용을 말풍선으로 출력하는가?

입력   출력

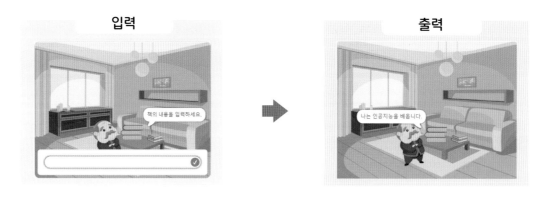

활동 중 생각해 보기

1 **활동1** 을 실행해 보고, 다음 항목에 체크하거나 생각을 적어 봅시다.

항목	예	아니요
컴퓨터 키보드 입력이 어려운 사람들도 사용할 수 있나요?	☐	☐
'말하기' 블록을 사용했을 때, 실제 음성으로 출력되나요?	☐	☐
키보드로 '국어' 교과서 한 권의 내용을 입력하는 데 얼마나 걸릴까요?	(	) 분

2 만약, '아니요'에 체크되었다면 왜 그랬을까요? 친구들과 생각해 봅시다.

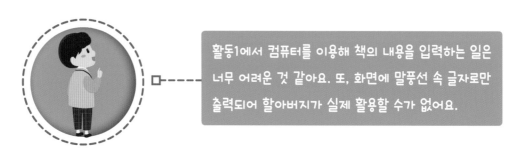

활동1에서 컴퓨터를 이용해 책의 내용을 입력하는 일은 너무 어려운 것 같아요. 또, 화면에 말풍선 속 글자로만 출력되어 할아버지가 실제 활용할 수가 없어요.

③ 인공지능 API 활용하기

활동1 에서 해결되지 않은 부분을 인공지능 API로 해결해 봅시다.

1 API 불러오기

Tip 다음은 17쪽 '미리보기' 과정에 따라 진행합니다.
활동을 마친 후에 24쪽에서 인공지능 API 활용 과정을 정리해 봅시다.

이 활동에서는 [AI Service], [Text to Speech]를 각각 선택하여 추가합니다.

((●)) AI Service(문자 인식)

문자 인식(Text Recognition) API를 활용하면 이미지에 있는 문자를 인식할 수 있습니다.

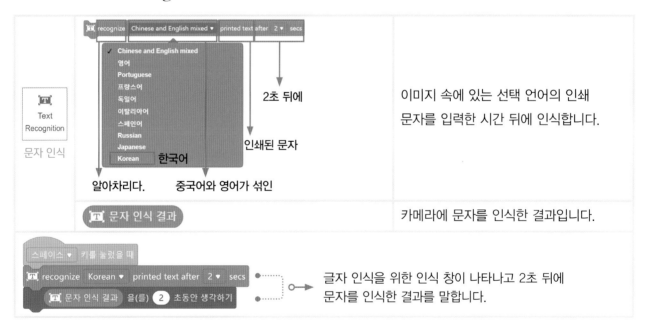

	이미지 속에 있는 선택 언어의 인쇄 문자를 입력한 시간 뒤에 인식합니다.
문자 인식 결과	카메라에 문자를 인식한 결과입니다.

스페이스 ▼ 키를 눌렀을 때
recognize Korean ▼ printed text after 2 ▼ secs
문자 인식 결과 을(를) 2 초동안 생각하기

글자 인식을 위한 인식 창이 나타나고 2초 뒤에 문자를 인식한 결과를 말합니다.

((●)) Text to Speech(텍스트 음성 변환)

음성 합성 기술을 이용해 다양한 언어의 문장을 읽습니다.

명령어 블록		설명
텍스트 음성 변환	말할 안녕하세요	입력한 문장을 읽습니다.

2 프로그램 작성하기

① 화면 구성

➕ 스프라이트와 배경을 선택하여 화면을 구성합니다. 현재는 실행한 후의 결과 화면입니다.

결과 화면	스프라이트		배경
	사람들	버팀대	실내
	스프라이트 Grandpa	스프라이트 Book1	Living room3
	X −40 Y −90	X 25 Y −65	
	크기 100 방향 90	크기 100 방향 90	

📢 (잠깐!) **인공지능 기능은 로그인한 후에 사용할 수 있습니다.** ✏

로그인하지 않으면 ⓘ 로그인하지 않았습니다. 로그인하십시오. 메시지가 상단에 표시됩니다.

화면 오른쪽 위의 🐻 을 클릭해서

일반 이메일 주소나, Ⓖ 구글 계정을

사용하여 로그인할 수 있습니다.

※ 감정 인식의 경우에는 한 개의 아이디에 하루 200회의 서비스를 제공합니다.

② 코드 작성

- → 을 선택하여 추가합니다.

- 이벤트 – '책 선택', '읽기 완료' 메시지를 만듭니다.

- 변수 – 변수 만들기 에서 '책 내용' 변수를 만듭니다.

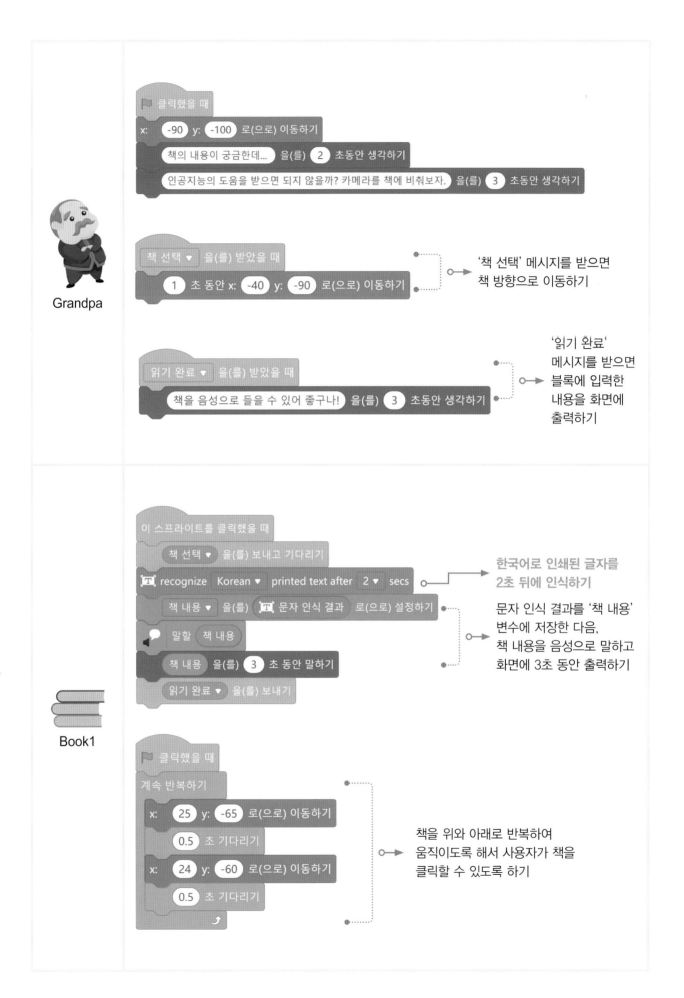

Grandpa

클릭했을 때
x: -90 y: -100 로(으로) 이동하기
책의 내용이 궁금한데... 을(를) 2 초동안 생각하기
인공지능의 도움을 받으면 되지 않을까? 카메라를 책에 비춰보자. 을(를) 3 초동안 생각하기

책 선택 ▼ 을(를) 받았을 때
1 초 동안 x: -40 y: -90 로(으로) 이동하기

'책 선택' 메시지를 받으면 책 방향으로 이동하기

읽기 완료 ▼ 을(를) 받았을 때
책을 음성으로 들을 수 있어 좋구나! 을(를) 3 초동안 생각하기

'읽기 완료' 메시지를 받으면 블록에 입력한 내용을 화면에 출력하기

Book1

이 스프라이트를 클릭했을 때
책 선택 ▼ 을(를) 보내고 기다리기
recognize Korean ▼ printed text after 2 ▼ secs
책 내용 ▼ 을(를) 문자 인식 결과 로(으로) 설정하기
말할 책 내용
책 내용 을(를) 3 초 동안 말하기
읽기 완료 ▼ 을(를) 보내기

한국어로 인쇄된 글자를 2초 뒤에 인식하기

문자 인식 결과를 '책 내용' 변수에 저장한 다음, 책 내용을 음성으로 말하고 화면에 3초 동안 출력하기

클릭했을 때
계속 반복하기
x: 25 y: -65 로(으로) 이동하기
0.5 초 기다리기
x: 24 y: -60 로(으로) 이동하기
0.5 초 기다리기

책을 위와 아래로 반복하여 움직이도록 해서 사용자가 책을 클릭할 수 있도록 하기

③ 실행 결과 확인

❖ 스페이스키를 누르면, 카메라가 인쇄된 글자를 인식하고 음성으로 출력하는가?

 에서 체험한 인공지능 API 활용 과정을 바탕으로 아래 빈칸을 채워 봅시다.

데이터 준비	인공지능 API 불러오기	결과 보여 주기

를 카메라로 입력합니다.　　　　　API를 선택하여 추가합니다.　　　　　으로 출력합니다.

인공지능과 함께 정리하기

이번 활동에서 API가 어떻게 활용되었을까요? 두 대화를 읽고, 함께 정리해 봅시다.

인공지능이 글자를 인식하는 방법

활동1 에서는 책의 내용을 컴퓨터 키보드로 입력했는데, 활동2 에서는 카메라로 글자를 인식해 음성으로 출력해 주어 편리했어요.
그 밖에 일상생활 속 인공지능은 어떤 것이 있나요?

요즘에는 주차장을 관리하는 사람 대신 카메라가 자동차의 번호판을 인식해서 자동으로 주차 요금을 계산해 주어요.
이처럼 인공지능이 사람의 일을 대신하고 있어요.

컴퓨터는 화면을 아주 작은 칸으로 나누어서 글자를 표현하는데, 이 작은 칸을 픽셀(pixel)이라고 불러요. 그리고 컴퓨터는 이 작은 칸에 적혀 있는 숫자를 계산해서 글자를 배운답니다.
다양한 모양의 '가' 글자를 배우고 나면, 그 뒤로는 배우지 않았던 모양의 '가' 글자가 나와도 척척 알아차려요. 인공지능은 이런 방식으로 다른 숫자와 글자들도 배울 수 있어요.

사람이 보는 글자

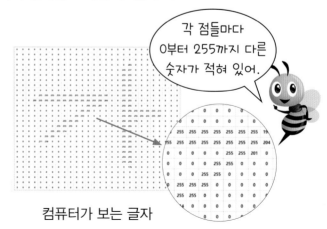

컴퓨터가 보는 글자

4 활동 정리하기

16쪽 >>> (ᗺ 활동 전 생각해 보기)와 비교하며 다음 내용을 정리해 봅시다.

(ᗺ 활동 후 생각해 보기

누구를 위한 인공지능을 만들고 싶나요?

책 속의 글자를 음성으로 바꾸어 들려주는 것은 난시 순기의 할아버지에게만 좋은
일은 아닐 거예요. 여러분은 이런 인공지능 서비스를 어디에, 어떻게 활용하여 사
람들을 돕고 싶은지 여러분의 생각을 써 봅시다.

....

....

....

....

....

....

수업을 마치며

수업을 마무리하면서 다음 항목에 체크해 봅시다.

*조금은 보통의 50%, 보통은 모두의 50%로 정한다.

항목	조금	보통	모두
사용한 API를 이해했나요?	☐	☐	☐
비어 있는 설명을 모두 채웠나요?	☐	☐	☐
인공지능을 활용해야 하는 이유를 설명할 수 있나요?	☐	☐	☐

Project 2

융합 교과
사회

다문화 친구와 소통해요

학습 목표
다문화 친구와 소통할 수 있는 번역 프로그램을
만들 수 있습니다.

인공지능 학습 요소

번역 API,
텍스트 음성 변환 API

⏻ 활동 전 생각해 보기

전 세계 사람들이 사용하는 언어는 약 7,000개 정도라고 해요.

그 많은 언어가 서로 간에 잘 번역될 수 있을까요?

 # 문제가 뭘까?

민혁이네 반에는 늘 말이 없는 친구가 있어요.
한국어가 서툴러 말이 잘 통하지 않는 그 친구와
친해지려면 어떻게 해야 할까요?

> 우리 반에 중국에서 온 다문화 친구 알지? 그 친구랑 친하게 지내고 싶은데 서로 말이 통하지 않아 친해지기가 참 어려워.

> 그래? 그럼 그 친구와 소통할 수 있는 방법을 생각해 보자.

미리 보기 | **어떤 과정으로 해결할까?**

언어가 다른 친구와 소통하기 위해 컴퓨터가 문장을 번역하는 과정을 알아봅시다.

활동1 에서 해결하기

| 번역할 문장이 무엇인지 묻기 | → | 문장의 성분 (주어·서술어·목적어) 찾아 바꾸기 | → | 언어에 따라 문장 성분 배열하기 | → | 배열한 문장을 화면에 출력하기 |

······ 인공지능 서비스를 활용하여 문제 해결 ······

활동2 에서 해결하기

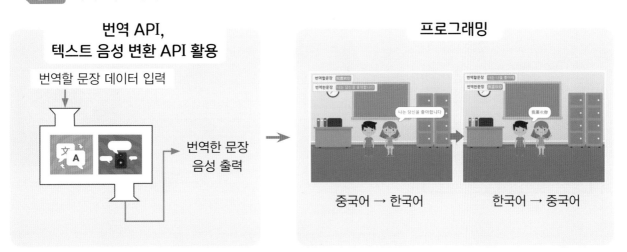

번역 API,
텍스트 음성 변환 API 활용

프로그래밍

번역할 문장 데이터 입력

번역한 문장 음성 출력

중국어 → 한국어   한국어 → 중국어

해결 방법 찾기

해결 방법을 생각해 보고, 그 방법에 따라 프로그램을 작성해 봅시다.

1 해결 방법 생각하기

➕ **다음 순서에 맞게 아래 빈칸을 채워 봅시다.**

◆ 번역할 한국어 문장을 입력하면 문장의 성분(주어·서술어·목적어)을 찾아 각각 중국어로 번역합니다.

◆ 번역한 중국어의 문장 성분을 중국어 어순에 맞게 배열하고, 그 결과를 화면에 출력합니다.

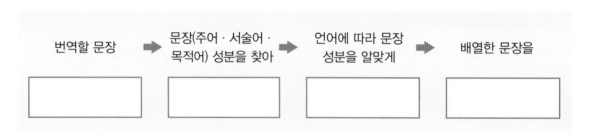

2 프로그램 작성하기

① 화면 구성

➕ **스프라이트와 배경을 선택하여 결과 화면을 구성합니다.**

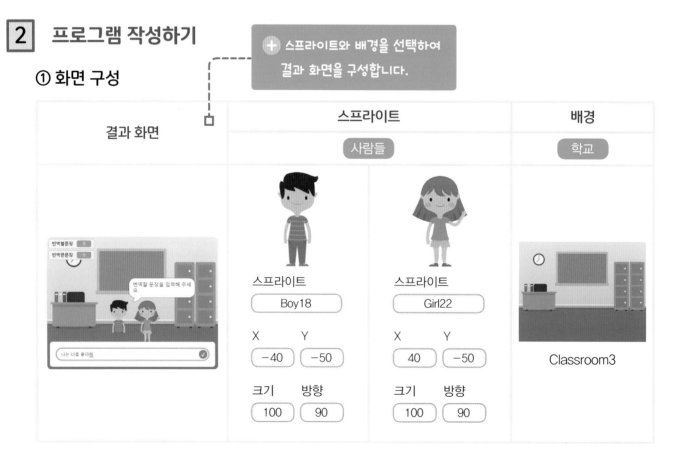

② 코드 작성

- **변수** — 변수 만들기 에서 '번역할문장', '번역한문장' 변수를 만듭니다.

- **이벤트** — '주어번역하기', '서술어번역하기', '목적어번역하기' 메시지를 만듭니다.

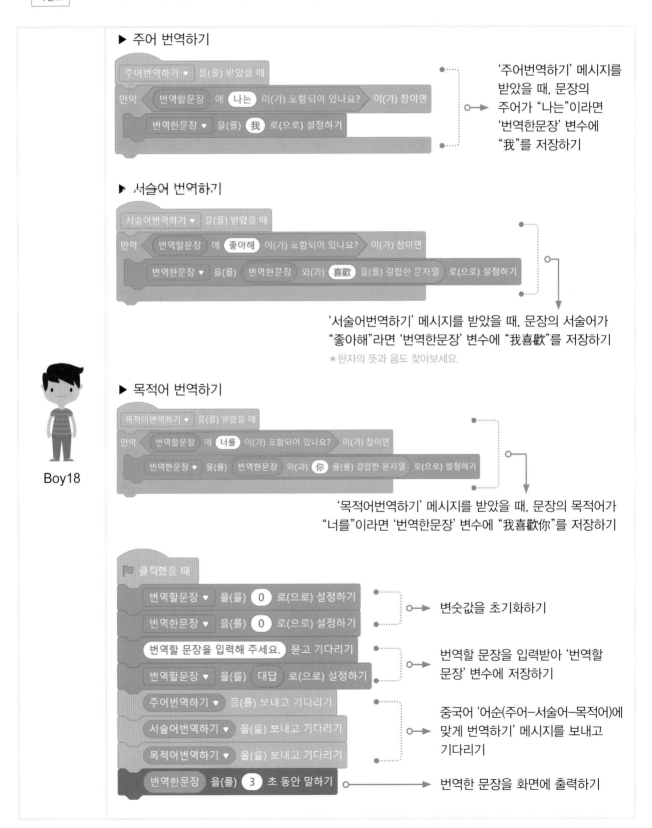

▶ 주어 번역하기

주어번역하기 ▼ 을(를) 받았을 때
만약 〈 번역할문장 에 나는 이(가) 포함되어 있나요? 〉 이(가) 참이면
　　번역한문장 ▼ 을(를) 我 로(으로) 설정하기

'주어번역하기' 메시지를 받았을 때, 문장의 주어가 "나는"이라면 '번역한문장' 변수에 "我"를 저장하기

▶ 서술어 번역하기

서술어번역하기 ▼ 을(를) 받았을 때
만약 〈 번역할문장 에 좋아해 이(가) 포함되어 있나요? 〉 이(가) 참이면
　　번역한문장 ▼ 을(를) 〈 번역한문장 와(과) 喜歡 을(를) 결합한 문자열 〉 로(으로) 설정하기

'서술어번역하기' 메시지를 받았을 때, 문장의 서술어가 "좋아해"라면 '번역한문장' 변수에 "我喜歡"를 저장하기
＊한자의 뜻과 음도 찾아보세요.

▶ 목적어 번역하기

목적어번역하기 ▼ 을(를) 받았을 때
만약 〈 번역할문장 에 너를 이(가) 포함되어 있나요? 〉 이(가) 참이면
　　번역한문장 ▼ 을(를) 〈 번역한문장 와(과) 你 을(를) 결합한 문자열 〉 로(으로) 설정하기

'목적어번역하기' 메시지를 받았을 때, 문장의 목적어가 "너를"이라면 '번역한문장' 변수에 "我喜歡你"를 저장하기

🏁 클릭했을 때
번역할문장 ▼ 을(를) 0 로(으로) 설정하기
번역한문장 ▼ 을(를) 0 로(으로) 설정하기
→ 변숫값을 초기화하기

번역할 문장을 입력해 주세요. 묻고 기다리기
번역할문장 ▼ 을(를) 대답 로(으로) 설정하기
→ 번역할 문장을 입력받아 '번역할 문장' 변수에 저장하기

주어번역하기 ▼ 을(를) 보내고 기다리기
서술어번역하기 ▼ 을(를) 보내고 기다리기
목적어번역하기 ▼ 을(를) 보내고 기다리기
→ 중국어 '어순(주어−서술어−목적어)에 맞게 번역하기' 메시지를 보내고 기다리기

번역한문장 을(를) 3 초 동안 말하기
→ 번역한 문장을 화면에 출력하기

Boy18

③ 실행 결과 확인

◇ 을 클릭하면 번역할 문장을 입력하는 창이 뜨는가?

◇ 입력 창에 한국어 문장을 입력하면, 중국어 문장으로 번역하여 출력하는가?

입력

출력

활동 중 생각해 보기

1 활동1 을 실행해 보고, 다음 항목에 체크해 봅시다.

항목	예	아니요
'나는 너를 좋아해.'라는 문장 외에 다른 문장을 중국어로 번역할 수 있나요?	☐	☐
중국어 문장을 다른 사람의 도움 없이 바르게 발음하여 말할 수 있나요?	☐	☐

2 만약, '아니요'에 체크되었다면 왜 그랬을까요? 친구들과 생각해 봅시다.

인공지능 API 활용하기

활동1 에서 해결되지 않은 부분을 인공지능 API로 해결해 봅시다.

Tip 다음은 27쪽 '미리보기' 과정에 따라 진행합니다.
활동을 마친 후에 33쪽에서 인공지능 API 활용 과정을 정리해 봅시다.

1 API 불러오기

이 활동에서는 [Translate], [Text to Speech]를 각각 선택하여 추가합니다.

((●)) Translate(번역)

어떤 언어로 된 글을 다른 언어의 글로 옮겨 줍니다.

명령어 블록	설명
	48개의 언어를 번역할 수 있습니다.

((●)) Text to Speech(텍스트 음성 변환)

음성 합성 기술을 이용해 다양한 언어의 문장을 읽어 줍니다.

명령어 블록		설명
텍스트 음성 변환	언어를 로 설정 한국어 ▼	다양한 언어를 설정할 수 있고, 23개 언어를 지원합니다.
	말할 안녕하세요	입력한 문장을 읽습니다.

2 프로그램 작성하기

① 화면 구성

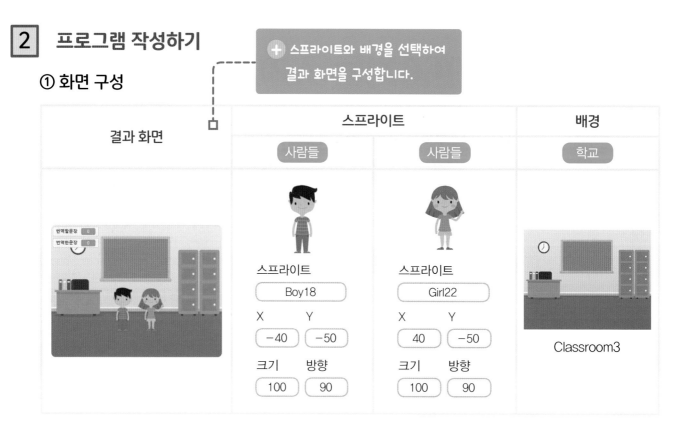

스프라이트와 배경을 선택하여 결과 화면을 구성합니다.

결과 화면	스프라이트		배경
	사람들	사람들	학교
	스프라이트 Boy18 X −40 Y −50 크기 100 방향 90	스프라이트 Girl22 X 40 Y −50 크기 100 방향 90	Classroom3

② 코드 작성하기

- 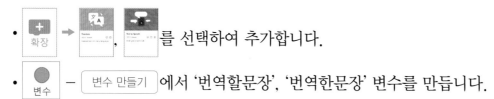 를 선택하여 추가합니다.

- 변수 – 변수 만들기 에서 '번역할문장', '번역한문장' 변수를 만듭니다.

➕ 한국어를 중국어로 번역하여 결과를 소리와 화면으로 출력하기

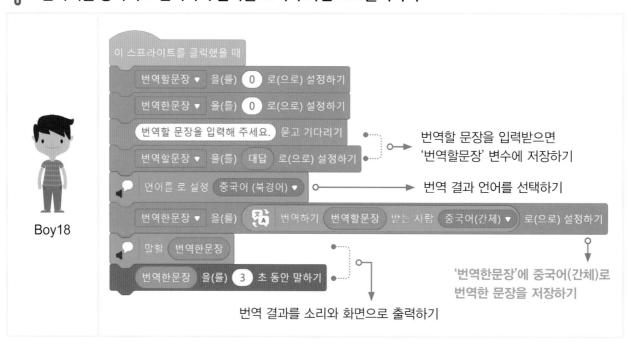

Boy18

이 스프라이트를 클릭했을 때
번역할문장 ▼ 을(를) 0 로(으로) 설정하기
번역한문장 ▼ 을(를) 0 로(으로) 설정하기
번역할 문장을 입력해 주세요. 묻고 기다리기 ……▶ 번역할 문장을 입력받으면 '번역할문장' 변수에 저장하기
번역할문장 ▼ 을(를) 대답 로(으로) 설정하기
언어를 로 설정 중국어 (북경어) ▼ ──▶ 번역 결과 언어를 선택하기
번역한문장 ▼ 을(를) 번역하기 번역할문장 받는 사람 중국어(간체) ▼ 로(으로) 설정하기 ──▶ '번역한문장'에 중국어(간체)로 번역한 문장을 저장하기
말할 번역한문장
번역한문장 을(를) 3 초 동안 말하기 ……▶ 번역 결과를 소리와 화면으로 출력하기

✛ 중국어를 한국어로 번역하여 결과를 소리와 화면으로 출력하기

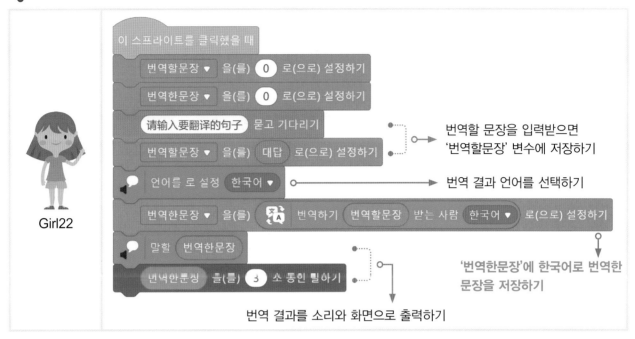

번역할 문장을 입력받으면
'번역할문장' 변수에 저장하기

번역 결과 언어를 선택하기

'번역한문장'에 한국어로 번역한
문장을 저장하기

번역 결과를 소리와 화면으로 출력하기

③ 실행 결과 확인

◆ 번역할 문장을 입력하였는가?

◆ 번역 서비스가 잘 작동하는가?

◆ 문장을 번역한 후 음성으로 합성하여 출력하는가?

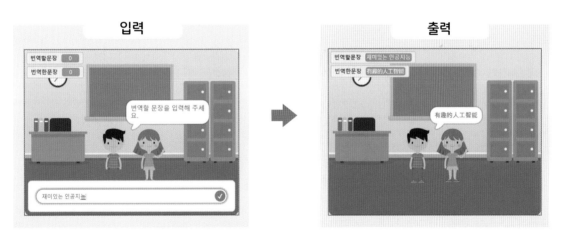

✛ 활동2 에서 체험한 인공지능 API 활용 과정을 바탕으로 아래 빈칸을 채워 봅시다.

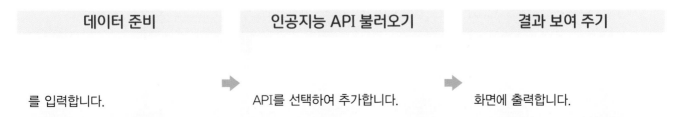

데이터 준비	인공지능 API 불러오기	결과 보여 주기
를 입력합니다.	API를 선택하여 추가합니다.	화면에 출력합니다.

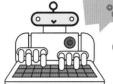 

이번 활동에서 API가 어떻게 활용되었을까요? 두 대화를 읽고, 함께 정리해 봅시다.

번역 API

활동1 에서 만든 번역 프로그램은 언어의 규칙을 찾고, 직접 문장을 구분하며 번역한 결과물을 어순에 따라 연결했어요. 하지만 이 세상에 있는 7000여 개가 넘는 언어의 모든 단어를 프로그램에 담아내기는 너무 힘들 거예요. 만약 모든 단어를 담아낼 수 있다 하더라도 프로그램의 코드가 너무 길어져 버릴 거예요.

오늘날에는 인터넷의 발달로 많은 정보를 공유할 수 있게 되었어요. 활동2 에서는 이로 말미암아 이미 번역된 문서를 딥러닝(심층 학습) 방식으로 비교하며 번역을 학습한 인공지능이 한국어와 중국어를 서로 간단하게 번역할 수 있었어요.

> 인공지능
> 머신 러닝
> 딥러닝

 프로그래밍할 때 다른 나라의 언어를 넣고 싶다면?

1. 검색창에 '구글 번역'을 검색한 뒤, 구글 번역 사이트에 접속합니다.
2. 언어를 설정한 후, 번역할 문장을 왼쪽 창에 입력하면 번역 결과를 바로 확인할 수 있습니다.

④ 활동 정리하기

26쪽 >>>> (⏻ 활동 전 생각해 보기)와 비교하며 다음 내용을 정리해 봅시다.

⏻ **활동 후 생각해 보기**

인공지능 번역, 완벽하기만 할까?

어느 텔레비전 프로그램에서 출연자가 외국 음식점에서 번역기를 활용하는 도중,
번역기가 한국어 "핫도그 세 개"를 영어로 "hot dog world"라고 번역하는
재미있는 상황이 연출된 적이 있어요. 이런 번역 결과가 나온 이유는 무엇일지
그 이유를 생각하여 써 봅시다.

....

....

....

....

....

📝 **수업을 마치며**

수업을 마무리하면서 다음 항목에 체크해 봅시다.

＊조금은 보통의 50%, 보통은 모두의 50%로 정한다.

항목	조금	보통	모두
사용한 API를 이해했나요?	☐	☐	☐
비어 있는 설명을 모두 채웠나요?	☐	☐	☐
인공지능을 활용해야 하는 이유를 설명할 수 있나요?	☐	☐	☐

Project 3

아빠,
안전 운전하세요

학습 목표
얼굴 표정을 인식하여 감정을 알아내고
소통하는 프로그램을 만들 수 있습니다.

융합 교과
도덕

인공지능 학습 요소

**감정 인식 API,
텍스트 음성 변환 API**

활동 전 생각해 보기

얼굴 표정을 인식하여 그 사람이 어떤 기분인지 판단해 주는 프로그램이 있다면
어떨까요?

....

활동1_https://planet.mblock.cc/project/298915   활동2_https://planet.mblock.cc/project/298916

문제가 뭘까?

버스를 운전하시는 아빠가 걱정이 된 혜원이는
아빠가 안전하게 운전하실 수 있도록 아빠가
슬퍼 보일 때 응원 메시지를 들려드리려고 해요.
어떻게 하면 좋을까요?

아빠 얼굴 표정을 보고 아빠가 슬퍼 보일 때 응원 메시지를 보내고 싶은데, 어떻게 하면 좋을까?

미리 보기 | **어떤 과정으로 해결할까?**

얼굴 표정을 인식하여 감정을 알아내는 과정을 알아봅시다.

활동1 에서 해결하기

| 운전하는 아빠의 얼굴을 관찰하며 슬픔 정도를 파악하기 | ➡ | 슬픔 감지값이 기준값 60보다 크면 응원하는 말을 하게 하기 |

⋯ 인공지능 서비스를 활용하여 문제 해결 ⋯

활동2 에서 해결하기

감정 인식 API,
텍스트 음성 변환 API 활용

프로그래밍

실시간 얼굴 표정
이미지 입력

감정에 따른
메시지 음성 출력

해결 방법 찾기

해결 방법을 생각해 보고, 그 방법에 따라 프로그램을 작성해 봅시다.

1 해결 방법 생각하기

➕ 다음 순서에 맞게 아래 빈칸을 채워 봅시다.

◈ 비디오를 켜고 비디오 투명도를 0으로 설정한 뒤, 카메라를 활용하여 얼굴 표정을 파악합니다.

◈ 자기가 정해 놓은 표정에 따른 '슬픔' 감정값을 판단하여 감정 변수를 조절합니다.

◈ '슬픔' 감정값이 60보다 크면 응원 메시지와 메시지를 녹음한 음성 파일을 재생합니다.

비디오 켜고, 비디오 투명도를 0으로 설정하기 ➡ 카메라를 활용하여 얼굴 표정 파악하기 ➡ [ ] ➡ [ ]

2 프로그램 작성하기

➕ 스프라이트를 선택하여 결과 화면을 구성합니다.

➕ 감정을 나타내는 표정이나 기준값은 정해진 것이 아니에요. 각자 감정을 나타내는 표정을 표현해 보고 기준값을 설정해 보세요.

① 화면 구성

결과 화면 ⏗	스프라이트	사람들
	스프라이트	크기	방향
	Girl9	200	90
	X	Y	
	100	−61	

비애(슬픔) 정도 ⏗	비애(슬픔) 감정값
표정에 찡그림이 잠시 나타났다 사라지곤 함.	0~20
표정이 무겁고 눈썹 사이가 조금 가까워짐.	20~40
눈썹 사이가 매우 가까워지고 얼굴 근육이 떨림.	40~60
눈썹 사이와 얼굴 근육에 떨림이 있고 눈물이 맺힘.	60~80
눈물이 흘러내리고 몸 전체로 흐느낌이 나타남.	80~100

② 코드 작성

- [확장] → [Video Sensing] 을 선택하여 추가합니다.

- [변수] – [변수 만들기] 에서 '비애' 변수를 만듭니다. 화면 속 [비애 0] 위에서 마우스 오른쪽 버튼을 클릭하여 '슬라이더 사용하기'를 선택합니다.

- [소리] – [pop 소리를 끝까지 재생하기 / pop 레코드...] 블록으로 메시지 내용을 미리 음성으로 녹음하여('사랑하는 딸의 응원') 파일을 만듭니다.

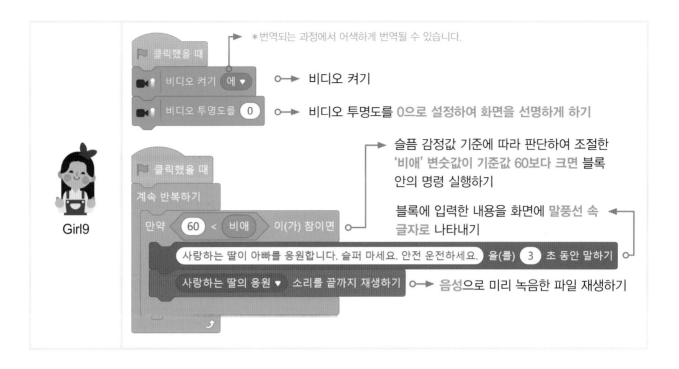

* 번역되는 과정에서 어색하게 번역될 수 있습니다.

○─→ 비디오 켜기

○─→ 비디오 투명도를 0으로 설정하여 화면을 선명하게 하기

슬픔 감정값 기준에 따라 판단하여 조절한 '비애' 변숫값이 기준값 60보다 크면 블록 안의 명령 실행하기

블록에 입력한 내용을 화면에 **말풍선 속 글자로 나타내기**

○─→ 음성으로 미리 녹음한 파일 재생하기

Girl9

③ 실행 결과 확인

◇ 🏳을 클릭한 뒤, 비애(슬픔) 감정값 변수 슬라이더를 마우스로 60보다 크게 직접 조절했는가?

◇ 아빠를 응원하는 문자 메시지와 그 메시지를 음성으로 녹음한 파일이 재생되는가?

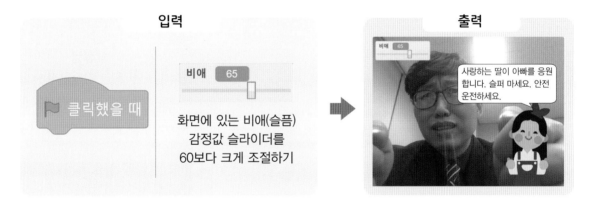

활동 중 생각해 보기

1 🏳활동1 을 실행해 보고, 다음 항목에 체크해 봅시다.

항목	예	아니요
아빠의 얼굴 표정을 인식하여 아빠가 슬픈지 자동으로 알려 주나요?	☐	☐
혜원이가 문자 내용을 녹음하지 않아도 자동으로 음성으로 들려주나요?	☐	☐

2 만약, '아니요'에 체크되었다면 왜 그랬을까요? 친구들과 생각해 봅시다.

③ 인공지능 API 활용하기

활동1 에서 해결되지 않은 부분을 인공지능 API로 해결해 봅시다.

1 API 불러오기

Tip 다음은 37쪽 '미리보기' 과정에 따라 진행합니다.
활동을 마친 후에 42쪽에서 인공지능 API 활용 과정을 정리해 봅시다.

이 활동에서는 [인식 서비스], [Text to Speech]를 각각 선택하여 추가합니다.

((●)) 인식 서비스(감정 인식)

사람 얼굴을 인식하여 감정을 파악해 주는 서비스로, [AI] 중 감정 인식 블록을 사용합니다.

명령어 블록	설명
recognize emotion after 1 ▼ secs	선택한 시간 동안 감정을 판단합니다. ※ 1초, 2초, 3초를 선택할 수 있습니다.
emotion 행복 ▼ intensity · emotion 중립 ▼ intensity emotion 놀람 ▼ intensity · emotion 비애 ▼ intensity emotion 분노 ▼ intensity · emotion 경멸 ▼ intensity emotion 싫음 ▼ intensity · emotion 무서움 ▼ intensity	다양한 감정 결과를 0~100의 값으로 나타냅니다. ➕ 영어에서 한국어로 번역되면서 어색한 단어가 포함되었어요. '중립'은 '무표정', '경멸'은 '무시'가 더 어울려요.
감정이 행복 ▼ 입니까?	다양한 감정의 참과 거짓 값 정보를 제공하는 블록으로, 조건문에 넣어 활용합니다.

((●)) Text to Speech(텍스트 음성 변환)

음성 합성 기술을 이용해 다양한 언어의 문장을 읽어 주는 서비스입니다.

명령어 블록	설명
말할 안녕하세요	입력한 문장을 읽습니다.

2 프로그램 작성하기

⊕ 스프라이트를 선택하여 결과 화면을 구성합니다. 현재는 실행한 후의 결과 화면입니다.

① 화면 구성

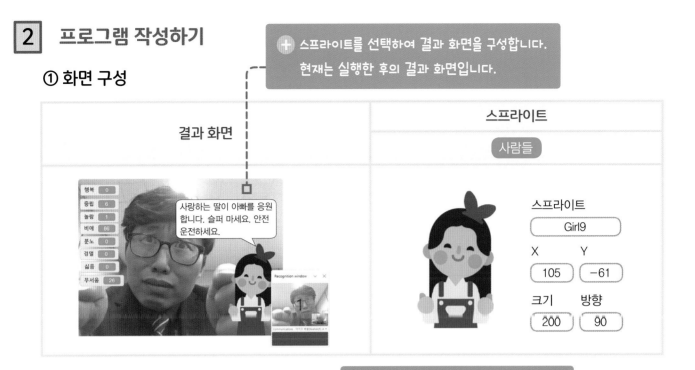

활동1의 화면 구성과 어떤 부분이 다른지 확인한 뒤, 코드 작성을 하도록 합니다.

② 코드 작성

- ⊞ 확장 → [Video Sensing], [Text to Speech] 을 선택하여 추가합니다.

- ● 변수 - [변수 만들기] 에서 '행복', '중립', '놀람', '비애', '분노', '경멸', '싫음', '무서움' 변수를 만듭니다.

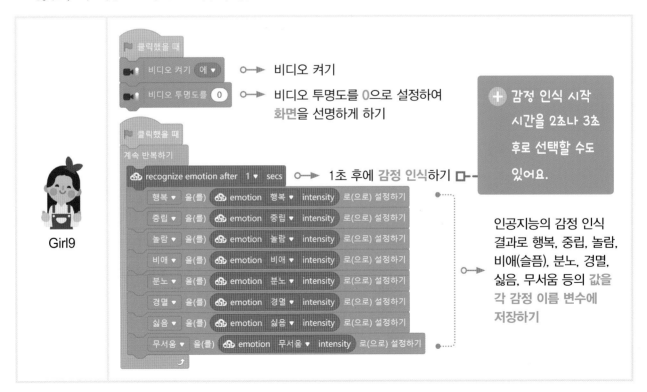

⊕ 감정 인식 시작 시간을 2초나 3초 후로 선택할 수도 있어요.

인공지능의 감정 인식 결과로 행복, 중립, 놀람, 비애(슬픔), 분노, 경멸, 싫음, 무서움 등의 값을 각 감정 이름 변수에 저장하기

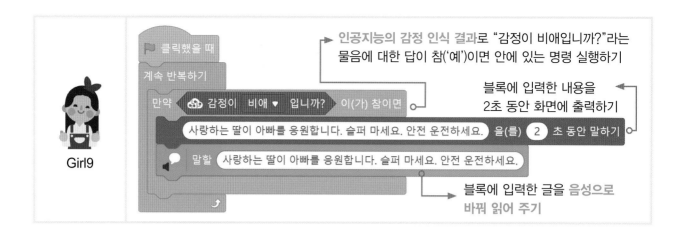

인공지능의 감정 인식 결과로 "감정이 비애입니까?"라는 물음에 대한 답이 참('예')이면 안에 있는 명령 실행하기

블록에 입력한 내용을 2초 동안 화면에 출력하기

블록에 입력한 글을 음성으로 바꿔 읽어 주기

Girl9

③ 실행 결과 확인

◇ 🏳을 클릭한 후, 컴퓨터 카메라 또는 웹캠에 얼굴 표정을 비추면 감정 인식 결과가 수치로 화면에 나타나는가?

◇ 화면에 나타난 각 감정의 수치가 카메라에 비춘 얼굴 표정에 적합하게 나타나는가?

◇ 인공지능 인식 결과로 비애(슬픔)의 수치가 가장 높을 때, 블록에 입력한 내용이 화면에 나타나는가?

◇ 블록에 입력한 내용이 자동으로 음성으로 바뀌어 들리는가?

➕ 활동2 에서 체험한 인공지능 API 활용 과정을 바탕으로 아래 빈칸을 채워 봅시다.

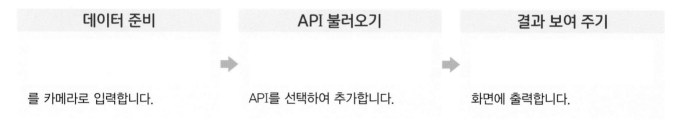

데이터 준비		API 불러오기		결과 보여 주기
를 카메라로 입력합니다.		API를 선택하여 추가합니다.		화면에 출력합니다.

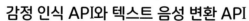
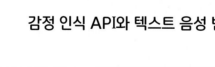
인공지능과 함께 정리하기

이번 활동에서 인공지능 API가 어떻게 활용되었을까요? 두 대화를 읽고, 함께 정리해 봅시다.

감정 인식 API와 텍스트 음성 변환 API

활동1 에서 혜원이는 아빠의 얼굴 표정을 보고 아빠가 슬픈지, 어느 정도로 슬픈지를 직접 판단해야 했어요. 또 아빠에게 들려주고 싶은 응원 메시지도 직접 녹음해서 음성 파일을 만들어야 해서 너무 불편했어요.

인공지능은 수많은 사진으로 그 사진 속 얼굴이 어떤 표정인지를 학습했어요. 이제 인공지능은 사람의 얼굴 특징을 파악하고 감정을 인식할 수 있어요. 그리고 문자를 자동으로 음성으로 바꾸어 들려줄 수도 있어요. 활동2 에서는 이러한 인공지능 API를 활용하여 활동1 에서 어려웠거나 불편했던 점을 해결하며 훨씬 더 편리한 프로그램을 만들 수 있었어요.

4 활동 정리하기

36쪽 >>>> 활동 전 생각해 보기 와 비교하며 다음 내용을 정리해 봅시다.

활동 후 생각해 보기

인공지능의 감정 인식 API는 누구를 위해 활용할 수 있을까?

혜원이는 인공지능 감정 인식 API를 활용하여 아빠가 슬퍼 보일 때마다 응원
메시지를 들려드릴 수 있는 프로그램을 만들었어요. 여러분은 인공지능 감정
인식 서비스를 어떤 사람을 위해, 어떻게 활용하고 싶은가요?
자신의 생각을 정리하여 써 봅시다.

....

....

....

....

....

수업을 마치며

수업을 마무리하면서 다음 항목에 체크해 봅시다.

*조금은 보통의 50%, 보통은 모두의 50%로 정한다.

항목	조금	보통	모두
사용한 API를 이해했나요?	☐	☐	☐
비어 있는 설명을 모두 채웠나요?	☐	☐	☐
인공지능을 활용해야 하는 이유를 설명할 수 있나요?	☐	☐	☐

Project 4

친구야,
다시 볼 수 있어

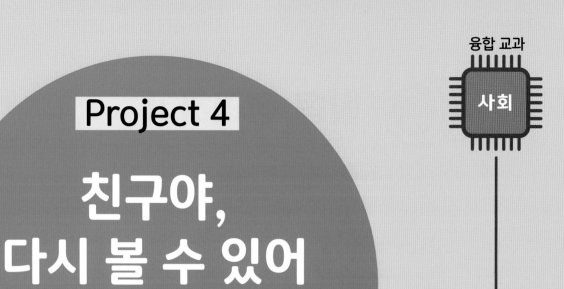

학습 목표
시각 장애 학생을 위한 시각 보조 프로그램을
만들 수 있습니다.

인공지능 학습 요소

이미지 묘사 API, 번역 API,
텍스트 음성 변환 API

⏻ 활동 전 생각해 보기

앞을 볼 수 없게 된 친구에게 컴퓨터가 주변 상황을 자동으로 인식하여 음성으로
안내해 주는 프로그램을 선물한다면 어떨까요?

활동1_https://planet.mblock.cc/project/298924   활동2_https://planet.mblock.cc/project/298925

문제가 뭘까?

어릴 적 친하게 지내던 친구가 사고로 시력을 잃었다고 해요. 눈이 보이지 않아 답답한 친구에게 잃어버린 세상을 다시 돌려줄 순 없을까요?

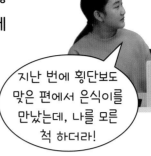

지난 번에 횡단보도 맞은 편에서 은식이를 만났는데, 나를 모른 척 하더라!

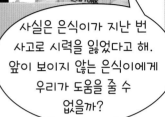

사실은 은식이가 지난 번 사고로 시력을 잃었다고 해. 앞이 보이지 않는 은식이에게 우리가 도움을 줄 수 없을까?

 미리 보기 | **어떤 과정으로 해결할까?**

시력을 잃은 친구에게 컴퓨터가 주변 상황을 인식하여 음성으로 말해 주는 과정을 알아봅시다.

활동1 에서 해결하기

| 주변 환경 안내 음성 자료 만들기 | ➡ | 주면 환경에 맞는 음성 자료 재생하기 |

 인공지능 서비스를 활용하여 문제 해결

활동2 에서 해결하기

**이미지 묘사 API, 번역 API,
텍스트 음성 변환 API 활용**

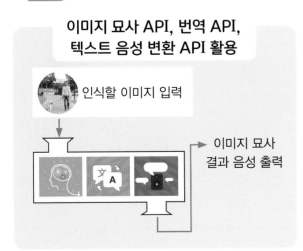

인식할 이미지 입력

이미지 묘사 결과 음성 출력

프로그래밍

한 남자와 개가 길을 걷고 있다.

② 해결 방법 찾기

해결 방법을 생각해 보고, 그 방법에 따라 프로그램을 작성해 봅시다.

1 해결 방법 생각하기

➕ 다음 순서에 맞게 아래 빈칸을 채워 봅시다.

◈ 친구가 자주 방문하는 장소에 대한 정보를 미리 녹음하여 음성 안내 자료를 만듭니다.

◈ 친구가 자주 방문하는 장소에 도착하면 미리 녹음해 둔 음성 안내 자료를 재생합니다.

친구가 자주 방문하는 장소에 대한

➡️

녹음해 둔 장소에 맞는

2 프로그램 작성하기

➕ 스프라이트와 배경을 선택하여 결과 화면을 구성합니다.

① 화면 구성

결과 화면	스프라이트	
	사람들	버팀대

	사람들	버팀대
스프라이트	Director1	Phone1
X / Y	80 / -100	0 / -30
크기 / 방향	200 / 90	100 / 90

배경		
학교	도시	
 School2	Bus station	Park

② 코드 작성

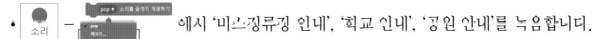

- 소리 에서 '버스정류장 안내', '학교 안내', '공원 안내'를 녹음합니다.

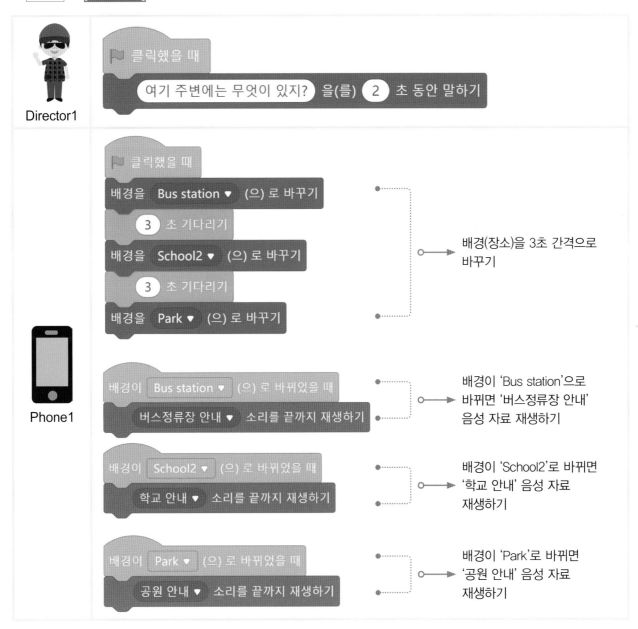

Director1

클릭했을 때
여기 주변에는 무엇이 있지? 을(를) 2 초 동안 말하기

Phone1

클릭했을 때
배경을 Bus station (으)로 바꾸기
3 초 기다리기
배경을 School2 (으)로 바꾸기
3 초 기다리기
배경을 Park (으)로 바꾸기

→ 배경(장소)을 3초 간격으로 바꾸기

배경이 Bus station (으)로 바뀌었을 때
버스정류장 안내 소리를 끝까지 재생하기

→ 배경이 'Bus station'으로 바뀌면 '버스정류장 안내' 음성 자료 재생하기

배경이 School2 (으)로 바뀌었을 때
학교 안내 소리를 끝까지 재생하기

→ 배경이 'School2'로 바뀌면 '학교 안내' 음성 자료 재생하기

배경이 Park (으)로 바뀌었을 때
공원 안내 소리를 끝까지 재생하기

→ 배경이 'Park'로 바뀌면 '공원 안내' 음성 자료 재생하기

③ 실행 결과 확인

✧ 을 클릭하면 입력 창이 뜨는가?

✧ 배경(장소)에 맞게 미리 녹음한 음성 안내 자료를 출력하는가?

입력

출력

장소에 따른 음성 안내 자료 출력

활동 중 생각해 보기

1 `활동1` 을 실행해 보고, 다음 항목에 체크해 봅시다.

항 목	예	아니요
'버스 정류장', '학교', '공원'이 아닌 다른 장소에서도 도움을 받을 수 있나요?	☐	☐
미리 녹음해 둔 정보 외 장소에 대한 실시간 정보를 음성으로 안내받을 수 있나요?	☐	☐

2 만약, '아니요'에 체크되었다면 왜 그랬을까요? 친구들과 생각해 봅시다.

③ 인공지능 API 활용하기

 에서 해결되지 않은 부분을 인공지능 API로 해결해 봅시다.

1 API 불러오기

 Tip 다음은 45쪽 '미리보기' 과정에 따라 진행합니다.
활동을 마친 후에 52쪽에서 인공지능 API 활용 과정을 정리해 봅시다.

이 활동에서는 [인식 서비스], [Translate], [Text to Speech]를 각각 선택하여 추가합니다.

((•)) 인식 서비스(이미지 인식)

인식 서비스는 컴퓨터가 특정 시간 동안 이미지를 인식한 후, 그것이 무엇인지 예상한 결과를 알려 줍니다. 이미지, 브랜드, 유명인, 랜드마크 등을 인식하고, 이미지를 묘사할 수 있습니다.

명령어 블록	설명
 recognize 이미지 인식 ▼ in image after 1 ▼ secs 　✓ 이미지 인식 　브랜드 　유명인 　랜드마크 　이미지 묘사 	카메라를 활용하여 주변 상황 정보를 인식하는 블록입니다. 이미지 묘사는 컴퓨터가 인식한 장면에서 나타나는 사물 간의 관계와 모습 전체를 묘사합니다.
이미지 인식 ▼ 인식 결과 　✓ 이미지 인식 　브랜드 　유명인 　랜드마크 　이미지 묘사	컴퓨터가 이미지를 인식한 결과를 확인할 수 있는 블록입니다.

((●)) Translate(번역)

인식 서비스의 이미지 묘사 결과는 영어로 제공되므로, 영어를 한국어로 번역합니다.

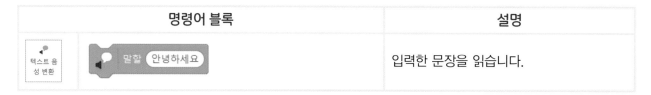

명령어 블록		설명
번역하기	번역하기 안녕하세요 받는 사람 한국어 ▼	이미지 묘사 결과를 한국어로 번역하기 위해 받는 사람을 '한국어'로 변경합니다.

((●)) Text to Speech(텍스트 음성 변환)

음성 합성 기술을 이용해 다양한 언어의 문장을 읽어 줍니다.

명령어 블록		설명
텍스트 음성 변환	말할 안녕하세요	입력한 문장을 읽습니다.

2 프로그램 작성하기

① 화면 구성

> ＋ 스프라이트와 배경을 선택하여 결과 화면을 구성합니다.

결과 화면	스프라이트	
	사람들	버팀대
	스프라이트 Director1	스프라이트 Phone1
	X 80 Y −100	X 0 Y −30
	크기 200 방향 90	크기 100 방향 90

> 활동1 의 화면 구성과 어떤 부분이 다른지 확인한 뒤, 코드 작성을 합니다.

② 코드 작성

- 이벤트 – '인공지능 이미지 묘사 시작', '인공지능 이미지 묘사 완료' 메시지를 만듭니다.

- 확장 → 을 선택하여 추가합니다.

이미지 묘사가 시작되는 때와 끝나는 때 알리기

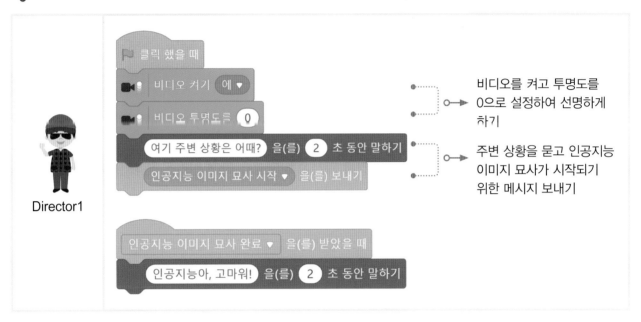

1초간 주변 상황 이미지를 인식한 뒤, 한국어로 번역하여 음성으로 안내하기

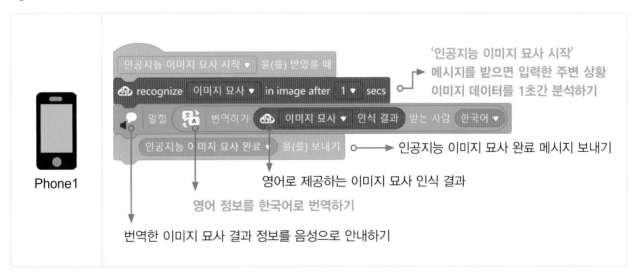

③ 실행 결과 확인

◆ 카메라를 이용하여 주변 환경 이미지 데이터를 입력하였는가?

◆ 이미지 인식 서비스가 잘 작동하는가?

◆ 이미지 묘사 결과를 한국어로 번역하여, 음성으로 출력하는가?

입력 → 출력

한 남자와 개가 길을 걷고 있다.

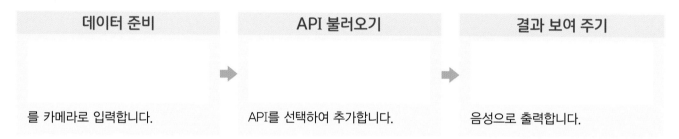

활동2 에서 체험한 인공지능 API 활용 과정을 바탕으로 아래 빈칸을 채워 봅시다.

데이터 준비	API 불러오기	결과 보여 주기
를 카메라로 입력합니다.	API를 선택하여 추가합니다.	음성으로 출력합니다.

인공지능과 함께 **정리하기**

이번 활동에서 API가 어떻게 활용되었을까요? 두 대화를 읽고, 함께 정리해 봅시다.

인식 서비스(이미지 인식) API

활동1 에서 만든 프로그램은 친구가 평소에 많이 방문하는 장소를 안내해요. 하지만 친구가 자주 들르는 장소는 학교, 공원, 버스정류장 외에도 많아서, 장소에 대한 안내를 일일이 다 코딩하기는 매우 번거롭고 어려워요.

인공지능은 학습을 통해 마치 사람이 눈으로 세상을 보듯이 카메라로 세상을 인식할 수 있어요. 그래서 **활동2** 에서는 인식 서비스(이미지 인식) API를 활용하여 친구 주변에서 벌어지는 상황을 이미지로 인식하고, 결과를 알려 줄 수 있었어요.

활동 정리하기

44쪽 >>>> 와 비교하며 다음 내용을 정리해 봅시다.

활동 후 생각해 보기

인공지능이 위험한 물체와 아닌 물체를 구분할 수 있을까?

인공지능이 만약 위험한 물체와 위험하지 않은 물체를 분류하지 못한다면 시각 장애가 있는 친구는 어떤 일을 겪게 될까요? 인공지능이 모두에게 완벽하고 믿음직스럽기만 할까요? 자신의 생각을 정리하여 써 봅시다.

....

....

....

....

....

....

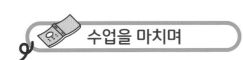

수업을 마무리하면서 다음 항목에 체크해 봅시다.

＊조금은 보통의 50%, 보통은 모두의 50%로 정한다.

항목	조금	보통	모두
사용한 API를 이해했나요?	☐	☐	☐
비어 있는 설명을 모두 채웠나요?	☐	☐	☐
인공지능을 활용해야 하는 이유를 설명할 수 있나요?	☐	☐	☐

Project 5

생명의 은인은 누구일까

학습 목표
여러 가지 신체 특징으로 사람을 찾는 프로그램을
만들 수 있습니다.

인공지능 학습 요소

신체 인식 API

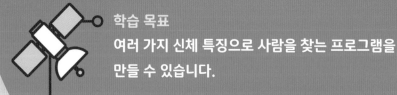

⏻ **활동 전** 생각해 보기

나를 말없이 도와주고 사라져 버린 사람을 찾고 싶을 때, 목격자가 알려 준 신체
특징으로 사람을 찾는 프로그램을 사용한다면 어떨까요?

....

활동1_https://planet.mblock.cc/project/298926   활동2_https://planet.mblock.cc/project/298927

문제가 뭘까?

공원에서 혼자 스마트폰을 보며 걷던 태환이는
그만 나무에 부딪혀 쓰러집니다. 그때, 태환이를
도와주고 말없이 떠난 사람이 있어요. 태환이는
그 사람을 꼭 찾고 싶은데 방법이 없을까요?

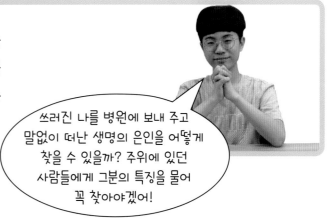

쓰러진 나를 병원에 보내 주고 말없이 떠난 생명의 은인을 어떻게 찾을 수 있을까? 주위에 있던 사람들에게 그분의 특징을 물어 꼭 찾아야겠어!

미리 보기 | **어떤 과정으로 해결할까?**

생명을 구해 준 사람을 여러 신체 특징으로 찾는 과정을 알아봅시다.

활동1 에서 해결하기

| 사람의 여러 신체 특징(성별, 옷 색, 안경 착용 여부 등) 파악하기 | ➡ | 각 특징에 맞게 사람을 구분하여 찾기 |

인공지능 서비스 활용하여 해결

활동2 에서 해결하기

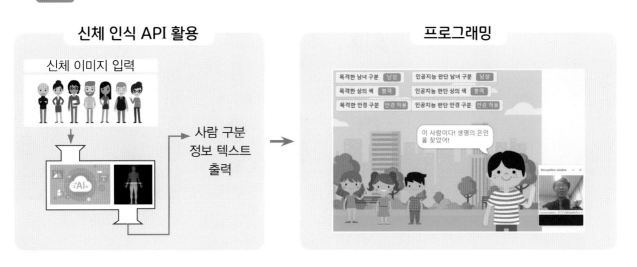

| 신체 인식 API 활용 | 프로그래밍 |

신체 이미지 입력

사람 구분 정보 텍스트 출력

목적한 남녀 구분 남성 | 인공지능 판단 남녀 구분 남성
목적한 상의 색 블록 | 인공지능 판단 상의 색 블록
목적한 안경 구분 안경 착용 | 인공지능 판단 안경 구분 안경 착용

이 사람이다! 생명의 은인을 찾았어!

해결 방법 찾기

해결 방법을 생각해 보고, 그 방법에 따라 프로그램을 작성해 봅시다.

1 해결 방법 생각하기

➕ 다음 순서에 맞게 아래 빈칸을 채워 봅시다.

◇ 생명의 은인에 대한 신체적 특징을 알아봅니다.
◇ 성별과 옷 색 및 안경 착용 여부 등을 알아봅니다.
◇ 알아낸 특징으로 생명의 은인을 찾습니다.

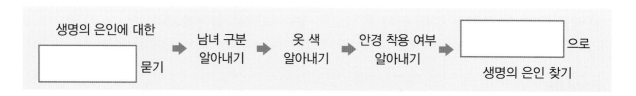

2 프로그램 작성하기

① 화면 구성

➕ 스프라이트와 배경을 선택하여 결과 화면을 구성합니다. 스프라이트 위치, 크기, 방향은 60쪽을 참고하세요.

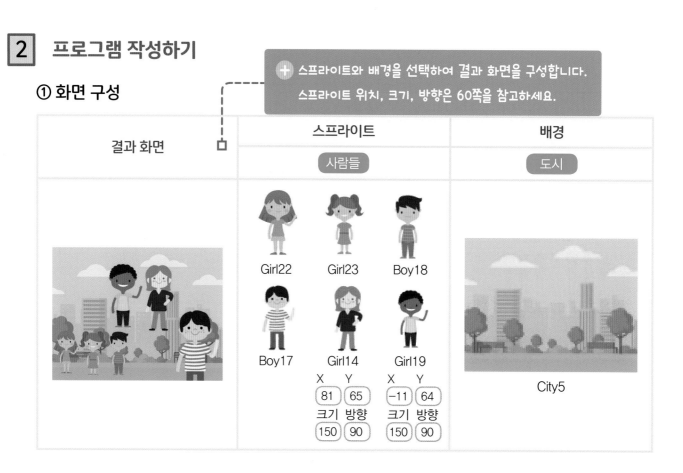

② 코드 작성

- 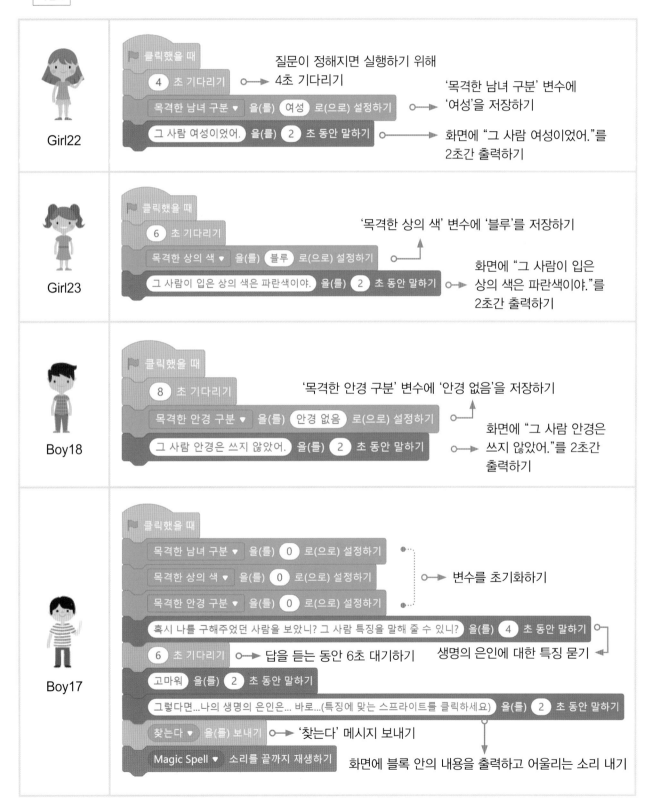 변수 – [변수 만들기] 에서 '목격한 남녀 구분', '목격한 상의 색', '목격한 안경 구분' 변수를 만듭니다.

- 이벤트 – '찾는다', '찾았다', '못 찾았다' 메시지를 만듭니다.

Girl22	**클릭했을 때** / 4 초 기다리기 → 질문이 정해지면 실행하기 위해 4초 기다리기 / 목격한 남녀 구분 ▼ 을(를) 여성 로(으로) 설정하기 → '목격한 남녀 구분' 변수에 '여성'을 저장하기 / 그 사람 여성이었어. 을(를) 2 초 동안 말하기 → 화면에 "그 사람 여성이었어."를 2초간 출력하기
Girl23	**클릭했을 때** / 6 초 기다리기 / 목격한 상의 색 ▼ 을(를) 블루 로(으로) 설정하기 → '목격한 상의 색' 변수에 '블루'를 저장하기 / 그 사람이 입은 상의 색은 파란색이야. 을(를) 2 초 동안 말하기 → 화면에 "그 사람이 입은 상의 색은 파란색이야."를 2초간 출력하기
Boy18	**클릭했을 때** / 8 초 기다리기 / 목격한 안경 구분 ▼ 을(를) 안경 없음 로(으로) 설정하기 → '목격한 안경 구분' 변수에 '안경 없음'을 저장하기 / 그 사람 안경은 쓰지 않았어. 을(를) 2 초 동안 말하기 → 화면에 "그 사람 안경은 쓰지 않았어."를 2초간 출력하기
Boy17	**클릭했을 때** / 목격한 남녀 구분 ▼ 을(를) 0 로(으로) 설정하기 / 목격한 상의 색 ▼ 을(를) 0 로(으로) 설정하기 / 목격한 안경 구분 ▼ 을(를) 0 로(으로) 설정하기 → 변수를 초기화하기 / 혹시 나를 구해주었던 사람을 보았니? 그 사람 특징을 말해 줄 수 있니? 을(를) 4 초 동안 말하기 → 생명의 은인에 대한 특징 묻기 / 6 초 기다리기 → 답을 듣는 동안 6초 대기하기 / 고마워 을(를) 2 초 동안 말하기 / 그렇다면...나의 생명의 은인은... 바로...(특징에 맞는 스프라이트를 클릭하세요) 을(를) 2 초 동안 말하기 / 찾는다 ▼ 을(를) 보내기 → '찾는다' 메시지 보내기 / Magic Spell ▼ 소리를 끝까지 재생하기 → 화면에 블록 안의 내용을 출력하고 어울리는 소리 내기

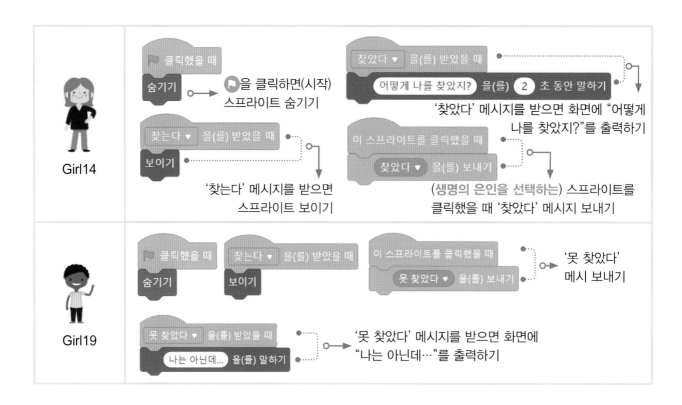

③ 실행 결과 확인

❖ 세 가지 목격자의 정보를 출력하는가?

❖ 목격자의 정보에 맞는 사람을 출력하는가?

| 입력 | 출력 |

활동 중 생각해 보기

1　**활동1** 을 실행해 보고, 다음 항목에 체크하거나 생각을 적어 봅시다.

항 목	예	아니요
만일 판단해야 하는 사람이 공원 전체에 있는 약 백 명, 천 명이라고 한다면 쉽게 찾을 수 있었을까요?	☐	☐
약 천 명의 사람 중에서 목격자 없이 혼자 찾는다면 시간은 대략 얼마나 걸릴까요?		시간

2　만약, '아니요'에 체크되었다면 왜 그랬을까요? 친구들과 생각해 봅시다.

③ 인공지능 API 활용하기

활동1 에서 해결되지 않은 부분을 인공지능 API로 해결해 봅시다.

1 API 불러오기

Tip 다음은 55쪽 '미리보기' 과정에 따라 진행합니다.
활동을 마친 후에 62쪽에서 인공지능 API 활용 과정을 정리해 봅시다.

이 활동에서는 [AI Service]를 선택하여 추가합니다.

AI Service(신체 인식)

((●)) AI Service(신체 인식)

AI Service는 음성, 텍스트, 이미지, 신체, 자연어 인식 AI 서비스를 제공합니다. 그중 이번 활동에서 사용하는 기능은 신체 인식 중 사람의 성별, 옷 색, 안경 착용 여부 정보를 활용합니다.

	명령어 블록	설명
Human Body...	recognize body feature after 2 ▼ secs ✓2 / 5 / 10	기준 시간 이후 신체 인식을 시작합니다. 기준 시간은 2, 5, 10초를 선택할 수 있습니다.
	body feature recognition result: gender ▼ ✓gender / age / body orientation / upper garment type / bottom garment type / upper garment color / bottom garment color / hat type / glass type	신체 인식을 한 후, 아래의 결과를 제공합니다. 성별, 나이, 신체의 방향, 상의 종류, 상의 색, 하의 종류, 하의 색, 모자의 종류, 안경 착용 구분

※ 인공지능 API의 신체 인식 결과가 계속 바뀌고 있으므로 제시된 내용과 다를 수 있습니다.

구분	내용	AI Service 신체 인식 결과표											
gender	성별	남성						여성					
upper grament clolor	상의 색	빨간	주황색	노랑	초록	푸른	보라색	가루	검정	하양	회색	갈색	몰라 (모름.)
glass type	안경	안경을 착용		선글라스를 착용		안경 없이		불확실한					

스프라이트와 배경을 선택하여 결과 화면을 구성합니다.
현재는 실행한 후의 결과 화면입니다.

① 화면 구성

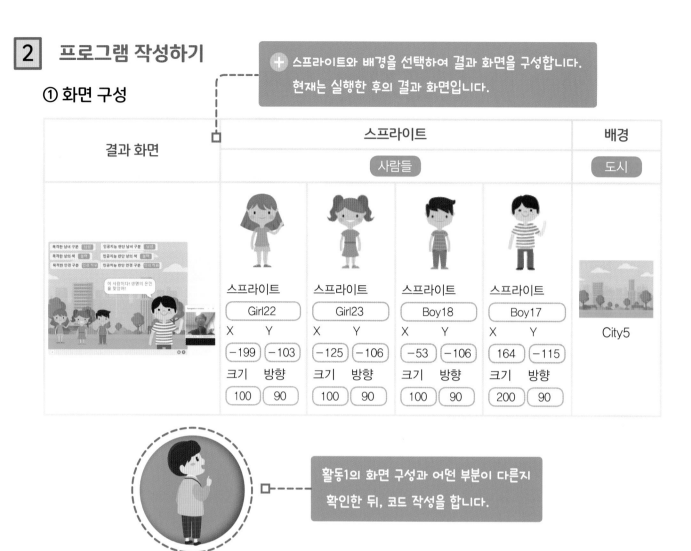

결과 화면	스프라이트				배경
	사람들				도시
	스프라이트 Girl22	스프라이트 Girl23	스프라이트 Boy18	스프라이트 Boy17	City5
	X −199 Y −103	X −125 Y −106	X −53 Y −106	X 164 Y −115	
	크기 100 방향 90	크기 100 방향 90	크기 100 방향 90	크기 200 방향 90	

활동1의 화면 구성과 어떤 부분이 다른지
확인한 뒤, 코드 작성을 합니다.

② 코드 작성

• ⊕ 확장 → , 을 선택하여 추가합니다.

• ● 변수 − 변수 만들기 에서 '목격한 남녀 구분', '목격한 상의 색', '목격한 안경 구분', '인공지능 판단 남녀 구분', '인공지능 판단 상의 색', '인공지능 판단 안경 구분' 변수를 만듭니다.

• ● 이벤트 − '인공지능 사용하기' 메시지를 만듭니다.

➕ 목격한 성별 정보 제공하기

Girl22

클릭했을 때
4 초 기다리기
목격한 남녀 구분 ▼ 을(를) 남성 로(으로) 설정하기
그 사람 남성이었어. 을(를) 2 초 동안 말하기

• '목격한 남녀 구분' 변수를 '남성'으로 정하기
• 화면에 "그 사람 남성이었어."를 2초간 출력하기

목격한 상의 색 정보 제공하기

Girl23

- '목격한 상의 색' 변수에 '검정'을 저장하기
- 화면에 "그 사람이 입은 상의 색은 검은색이야."를 2초간 출력하기

목격한 안경 정보 제공하기

Boy18

- '목격한 안경(착용) 구분' 변수에 '안경을 착용'을 지정하기
- 화면에 "그 사람 안경을 썼어."를 2초간 출력하기

초기 세팅 후, 생명의 은인의 특징을 묻고 답을 들은 다음 인공지능과 연결하기

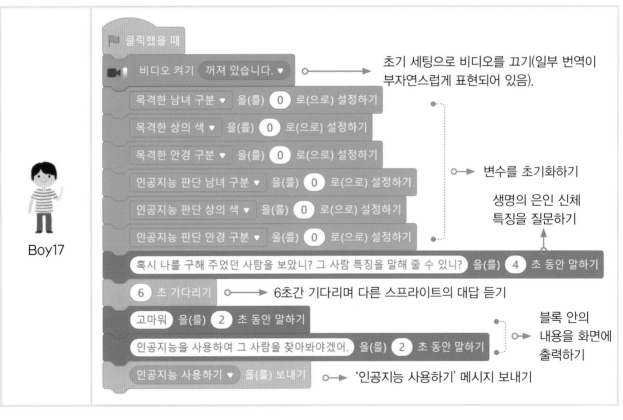

Boy17

초기 세팅으로 비디오를 끄기(일부 번역이 부자연스럽게 표현되어 있음).

변수를 초기화하기

생명의 은인 신체 특징을 질문하기

6초간 기다리며 다른 스프라이트의 대답 듣기

블록 안의 내용을 화면에 출력하기

'인공지능 사용하기' 메시지 보내기

인공지능 API가 어느 부분에 사용되고 있는지 확인하며 코드 작성을 합니다.

카메라에 입력받은 인물이 목격자가 알려 준 정보와 같은지 판단하기

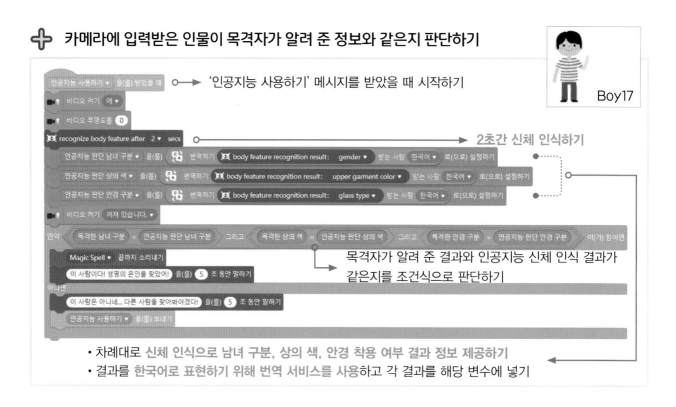

'인공지능 사용하기' 메시지를 받았을 때 시작하기

Boy17

2초간 신체 인식하기

목격자가 알려 준 결과와 인공지능 신체 인식 결과가 같은지를 조건식으로 판단하기

- 차례대로 신체 인식으로 남녀 구분, 상의 색, 안경 착용 여부 결과 정보 제공하기
- 결과를 한국어로 표현하기 위해 번역 서비스를 사용하고 각 결과를 해당 변수에 넣기

③ 실행 결과 확인

◈ 신체 인식 서비스가 잘 작동하는가?　　　　◈ 성별, 상의 옷 색, 안경 착용 여부를 바르게 출력하는가?

활동2 에서 체험한 인공지능 API 활용 과정을 바탕으로 아래 빈칸을 채워 봅시다.

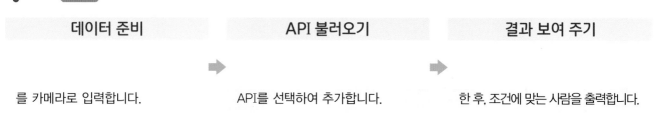

데이터 준비	API 불러오기	결과 보여 주기
를 카메라로 입력합니다.	API를 선택하여 추가합니다.	한 후, 조건에 맞는 사람을 출력합니다.

인공지능과 함께 정리하기

이번 활동에서 API가 어떻게 활용되었을까요? 두 대화를 읽고, 함께 정리해 봅시다.

AI Service_신체 인식 API

활동1 에서 만든 프로그램은 찾고자 하는 사람의 신체 정보를 목격한 사람이 알려 주면 그 정보를 바탕으로 사람이 직접 그 사람을 찾아야 해요.

활동2 의 [AI Service_신체 인식] API를 이용하면 마치 사람처럼 신체를 인식할 수 있는데, 사람이 하는 것보다 훨씬 많은 양을 빠른 시간 내에 구분하여 정답을 제시해요.

4 활동 정리하기

54쪽 >>>> 와 비교하며 다음 내용을 정리해 봅시다.

활동 후 생각해 보기

인공지능 안경을 착용한다면 무슨 일이 일어날까요?

현재 중국의 일부 경찰은 인공지능 안경을 착용하여 신체와 얼굴을 인식해 일반
사람들 속에서 범죄자를 쉽게 찾아낸답니다. 그런데 만약 이런 서비스를 바람직
하지 않은 쪽으로 사용한다면 어떤 일이 벌어질까요? 소설 또는 영화 속의 이야기
를 예로 들어 써 봅시다.

....

....

....

....

....

수업을 마치며

수업을 마무리하면서 다음 항목에 체크해 봅시다.

* 조금은 보통의 50%, 보통은 모두의 50%로 정한다.

항목	조금	보통	모두
사용한 API를 이해했나요?	☐	☐	☐
비어 있는 설명을 모두 채웠나요?	☐	☐	☐
인공지능을 활용해야 하는 이유를 설명할 수 있나요?	☐	☐	☐

융합 교과

체육

Project 6

현재 인원 수는 몇 명일까

학습 목표
현장체험학습의 안전을 위해 인원 수를 파악하는
프로그램을 만들 수 있습니다.

인공지능 학습 요소

신체 인식 API
텍스트 음성 변환 API

 활동 전 생각해 보기

현장체험학습처럼 단체로 이동할 때 가장 중요한 것은 뭐니 뭐니 해도 안전을 위한
인원 파악이에요. 인공지능이 인원 파악을 대신해 준다면 어떨까요?

활동1_https://planet.mblock.cc/project/298929   활동2_https://planet.mblock.cc/project/298932

문제가 뭘까?

오늘은 즐거운 현장체험학습 날이에요. 그런데 장소를 이동하던 중 친구 한 명이 없는 걸 발견했어요. 조장인 친구가 장소가 바뀔 때마다 인원 파악을 해야 하는데 깜빡했나 봐요. 인원 파악을 쉽게 할 수 있는 방법은 없을까요?

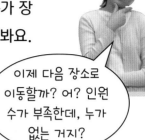

이제 다음 장소로 이동할까? 어? 인원 수가 부족한데, 누가 없는 거지?

이상하네. 어디서부터 없었던 걸까?

미리 보기 — 어떤 과정으로 해결할까?

인원 수를 알아서 체크해 주는 과정을 알아봅시다.

활동1 에서 해결하기

현재 인원 수를 직접 일일이 세어 파악하기 ➡ 인원 수를 화면에 출력하기

인공지능 서비스를 활용하여 해결

활동2 에서 해결하기

신체 인식 API, 텍스트 음성 변환 API 활용

주변 사람들 이미지 입력

인원 수 출력

프로그래밍

활동1

2 해결 방법 찾기

해결 방법을 생각해 보고, 그 방법에 따라 프로그램을 작성해 봅시다.

1 해결 방법 생각하기

➕ 다음 순서에 맞게 아래 빈칸을 채워 봅시다.

◇ 조의 인원 수를 파악하기 위해 일일이 셉니다.

◇ 정확하게 센 인원 수를 화면에 출력합니다.

| | 입력하기 | ➡ | | 화면에 출력하기 |

2 프로그램 작성하기

＋ 스프라이트와 배경을 선택하여 결과 화면을 구성합니다.

① 화면 구성

결과 화면 ⌁	스프라이트 사람들		배경 실외
	Programmer	Boy18	Seaside7

② 코드 작성

* 변수 – 변수 만들기 에서 '인원 수' 변수를 만들고, 이벤트 – '조원 설정 완료', '인원 파악 완료' 메시지를 만듭니다.

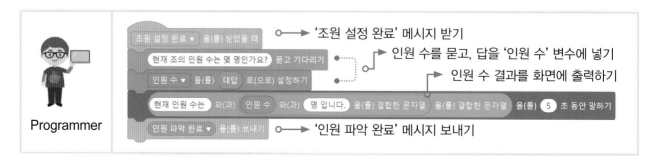

Programmer

○→ '조원 설정 완료' 메시지 받기

인원 수를 묻고, 답을 '인원 수' 변수에 넣기

인원 수 결과를 화면에 출력하기

○→ '인원 파악 완료' 메시지 보내기

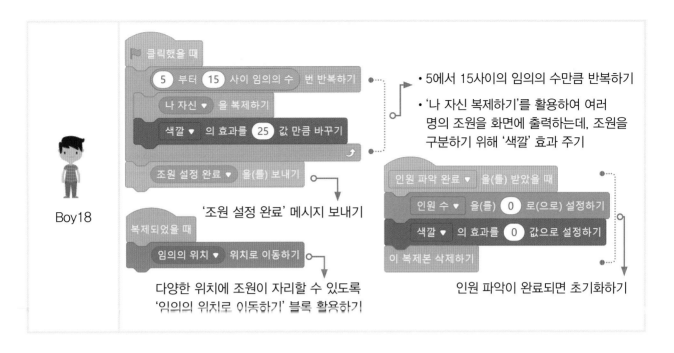

클릭했을 때
5 부터 15 사이 임의의 수 번 반복하기
　나 자신 ▼ 을 복제하기
　색깔 ▼ 의 효과를 25 값 만큼 바꾸기

• 5에서 15사이의 임의의 수만큼 반복하기
• '나 자신 복제하기'를 활용하여 여러 명의 조원을 화면에 출력하는데, 조원을 구분하기 위해 '색깔' 효과 주기

조원 설정 완료 ▼ 을(를) 보내기

'조원 설정 완료' 메시지 보내기

복제되었을 때
　임의의 위치 ▼ 위치로 이동하기

다양한 위치에 조원이 자리할 수 있도록 '임의의 위치로 이동하기' 블록 활용하기

인원 파악 완료 ▼ 을(를) 받았을 때
　인원 수 ▼ 을(를) 0 로(으로) 설정하기
　색깔 ▼ 의 효과를 0 값으로 설정하기
이 복제본 삭제하기

인원 파악이 완료되면 초기화하기

Boy18

③ 실행 결과 확인

◇ 화면에 보이는 사람 수를 직접 입력하였는가?

◇ 입력한 수를 출력하는가?

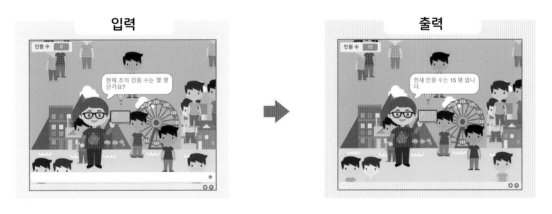

입력

출력

(power button icon) **활동 중 생각해 보기**

1 활동1 을 실행해 보고, 다음 항목에 체크해 봅시다.

항목	예	아니요
사람이 인원 수를 일일이 한 명씩 세지 않아도 되나요?	☐	☐
'학급 전체' 또는 '학년 전체' 인원 수처럼 많은 수를 파악해야 할 때에도 한 번에 잘 파악할 수 있을까요?	☐	☐

2 만약, '아니요'에 체크되었다면 왜 그랬을까요? 친구들과 생각해 봅시다.

인공지능 API 활용하기

활동1 에서 해결되지 않은 부분을 인공지능 API로 해결해 봅시다.

1 API 불러오기

 Tip 다음은 65쪽 '미리보기' 과정에 따라 진행합니다.
활동을 마친 후에 70쪽에서 인공지능 API 활용 과정을 정리해 봅시다.

이 활동에서는 [AI Service]와 [Text to Speech]를 각각 선택하여 추가합니다.

((●)) AI Service(신체 인식)

➕ 이 활동에서는 사람 수를 측정하는 서비스를 이용합니다.

보행자의 수를 파악하는 기능을 이용하여 학생 인원 수를 파악합니다.

명령어 블록		설명
Human Body...	measure 2 ▼ pedestrian volume	보행자의 양(수)를 2초간 측정합니다. ▶ measure: 측정하다 ▶ pedestrian: 보행자 ▶ volume: 양(수)
	pedestrian volume result	보행자의 양(수) 측정 결과를 제공합니다. ▶ result: 결과

((●)) Text to Speech(텍스트 음성 변환)

음성 합성 기술을 이용해 다양한 언어의 문장을 읽습니다.

명령어 블록		설명
텍스트 음성 변환	말할 안녕하세요	입력한 문장을 읽습니다.

2 프로그램 작성하기

① 화면 구성

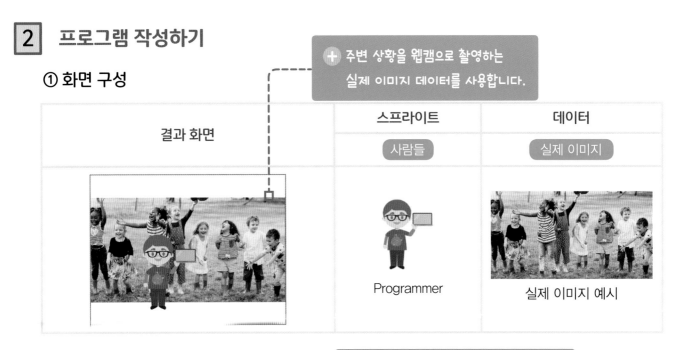

주변 상황을 웹캠으로 촬영하는 실제 이미지 데이터를 사용합니다.

결과 화면	스프라이트	데이터
	사람들	실제 이미지
	Programmer	실제 이미지 예시

활동1 의 화면 구성과 어떤 부분이 다른지 확인한 뒤, 코드 작성을 합니다.

② 코드 작성

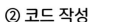

- 확장 → AI Service, Text to Speech, Video Sensing 을 선택하여 추가합니다.

- 변수 – 변수 만들기 에서 '인원 수' 변수를 만듭니다.

➕ AI Service(신체 인식) API를 사용하여 사람의 인원 수를 파악하고 출력하기

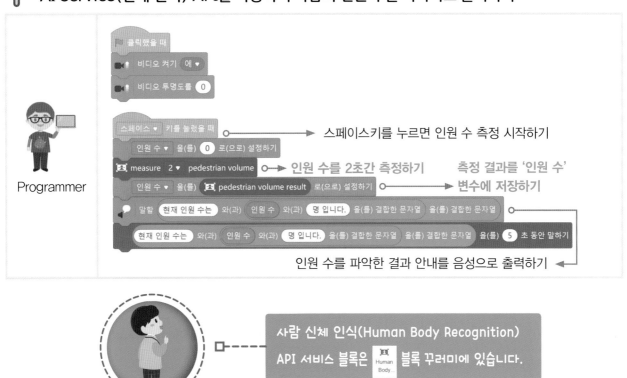

Programmer

스페이스키를 누르면 인원 수 측정 시작하기

인원 수를 2초간 측정하기   측정 결과를 '인원 수'
변수에 저장하기

인원 수를 파악한 결과 안내를 음성으로 출력하기

사람 신체 인식(Human Body Recognition) API 서비스 블록은 Human Body 블록 꾸러미에 있습니다.

③ 실행 결과 확인

◆ 친구들 모습 또는 단체 모습을 카메라에 입력하였는가?

◆ 신체 인식 서비스가 잘 작동하는가?

◆ 이미지 속 사람 수를 합하여 음성으로 바르게 출력하는가?

입력   출력

 에서 체험한 인공지능 API 활용 과정을 바탕으로 아래 빈칸을 채워 봅시다.

데이터 준비	API 불러오기	결과 보여 주기

를 카메라로 입력합니다.   API를 선택하여 추가합니다.   를 음성 또는 화면에 출력합니다.

이번 활동에서 API가 어떻게 활용되었을까요? 두 대화를 읽고, 함께 정리해 봅시다.

     사람의 신체 인식(수) API

인공지능 사용 전에는 다양한 센서를 사용하여 사람의 수를 감지하였어요. 그러나 여러 센서들은 각각의 단점이 있어 정확하지 않았어요. 그리고 활동1 처럼 대부분 일상에서는 사람이 일일이 그 수를 헤아려야 했어요. 세다가 헷갈리면 다시 세고, 다시 세고 하면서요.

이제 인공지능은 거짓말처럼 단 몇 초 만에 사람의 수를 뚝딱 세어 알려 줄 수 있답니다. 활동2 처럼 카메라로 사람들을 비춰 주기만 하면 사람의 신체를 바로 감지하여 그 수를 알려 줍니다. 수많은 센서가 없어도, 사람이 일일이 세지 않아도 된다니, 참 편하게 되었죠?

4 활동 정리하기

64쪽 >>> 와 비교하며 다음 내용을 정리해 봅시다.

활동 후 생각해 보기

신체 인식 프로그램은 또 어디에 쓰일까?

학원 버스 안에 어린 학생이 갇혔던 사고를 기억하시나요? 너무나 안타까웠던 일이었지요. 만약 차문이 닫힌 후에도 그 학원 버스 안에 남은 학생의 수를 헤아릴 수 있고, 또 남은 학생이 있을 경우에 소리가 나거나 차 문이 잠기지 않도록 조치할 수 있었다면 어땠을까요?

....

....

....

....

 수업을 마치며

수업을 마무리하면서 다음 항목에 체크해 봅시다.

*조금은 보통의 50%, 보통은 모두의 50%로 정한다.

항목	조금	보통	모두
사용한 API를 이해했나요?	☐	☐	☐
비어 있는 설명을 모두 채웠나요?	☐	☐	☐
인공지능을 활용해야 하는 이유를 설명할 수 있나요?	☐	☐	☐

융합 교과

사회

Project 7

친구에게 마음을
표현해요

학습 목표
전학 간 친구에게 미소로 마음을 전하는
프로그램을 만들 수 있습니다.

인공지능 학습 요소

미소 인식 API
IoT

활동 전 생각해 보기

멀리 떨어진 친구에게 내 생각이나 마음을 표현할 때 편지나 전화, 문자가 아닌

컴퓨터 프로그램으로 전달하면 어떨까요?

....

활동1_https://planet.mblock.cc/project/298934   활동2_https://planet.mblock.cc/project/298935

문제가 뭘까?

사랑하는 친구가 전학을 갔어요. 전학 간 친구와의 추억의 장소를 지날 때면 친구 생각이 많이 나요. 친구에게 내 마음을 전화나 문자가 아닌 방법으로 전할 방법은 없을까요?

> 전학 간 준기랑 함께 공부했던 교실이나, 도서관 그리고 맛있게 먹었던 분식점 등을 지날 때면 준기 생각이 많이 나지?

> 응, 그리고 준기랑 함께 나누었던 SNS를 보면 준기가 더 보고 싶어지는 거 같아. 준기에게 깜짝 선물로 우리 마음을 전해 보자.

미리 보기   어떤 과정으로 해결할까?

전학 간 친구에게 두 친구의 마음을 전하는 과정을 알아봅시다.

A(보내기 모드): 마음을 전하는 두 친구 / B(받기 모드): 전학 간 준기

활동1 에서 해결하기

A		A		B
장소에 어울리는 표정 고르기	➡	고른 표정 전달하기	➡	받은 미소 수만큼 하트 받기

⸻ 인공지능 서비스를 활용하여 해결 ⸻

활동2 에서 해결하기

미소 인식 API, IoT 활용   프로그래밍

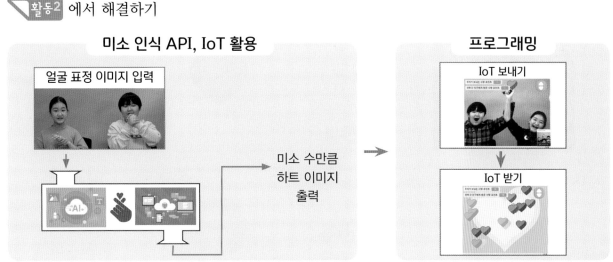

얼굴 표정 이미지 입력

미소 수만큼 하트 이미지 출력

IoT 보내기

IoT 받기

2 해결 방법 찾기

해결 방법을 생각해 보고, 그 방법에 따라 프로그램을 작성해 봅시다.

1 해결 방법 생각하기

➕ 다음 순서에 맞게 아래 빈칸을 채워 봅시다.

◇ 먼저 '보내기 모드'와 '받기 모드'로 구분합니다.

◇ 보내기 모드: 랜덤하게 나타나는 장소에 어울리는 표정 캐릭터를 고르고, 미소 표정 캐릭터 수만 합해 보냅니다.

◇ 받기 모드: [보내기 모드]에서 입력한 미소 표정 캐릭터를 합한 수만큼 하트 이미지를 출력합니다.

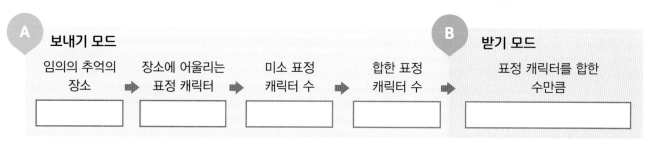

A 보내기 모드				B 받기 모드
임의의 추억의 장소 ➡	장소에 어울리는 표정 캐릭터 ➡	미소 표정 캐릭터 수 ➡	합한 표정 캐릭터 수 ➡	표정 캐릭터를 합한 수만큼

2 프로그램 작성하기

➕ 75쪽 안내 문구 만들기를 참고하세요.

➕ '배경 저장소' 학교 , 도시 , 휴일 , 자연 , 실외 에서 각각 선택합니다.

① 화면 구성

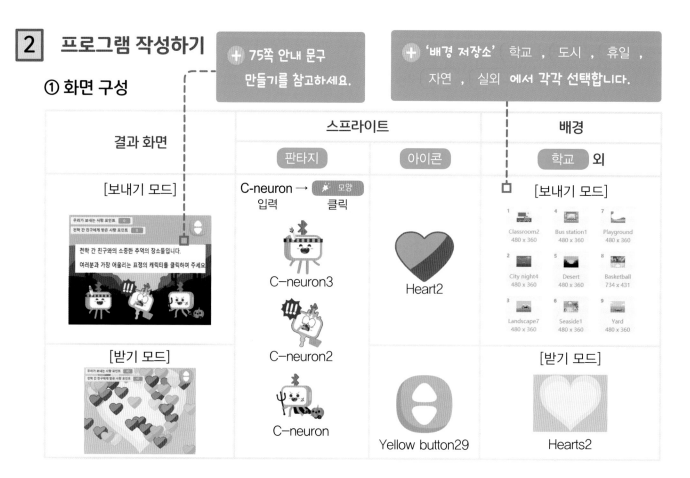

결과 화면	스프라이트		배경
	판타지	아이콘	학교 외
[보내기 모드]	C-neuron → 모양 클릭 입력 C-neuron3 C-neuron2 C-neuron	Heart2	[보내기 모드] 1 Classroom2 480 x 360 4 Bus station1 480 x 360 7 Playground 480 x 360 2 City night4 480 x 360 5 Desert 480 x 360 8 Basketball 734 x 431 3 Landscape7 480 x 360 6 Seaside1 480 x 360 9 Yard 480 x 360
[받기 모드]		Yellow button29	[받기 모드] Hearts2

② 코드 작성

- 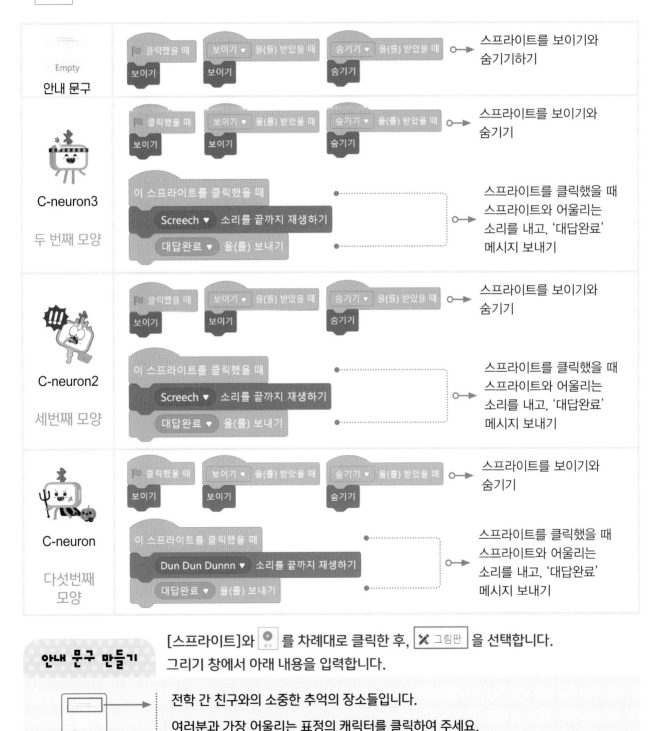 → 을 추가합니다.

- ■ 변수 – 변수 만들기 에서 '우리가 보내는 사랑 포인트', '전학 간 친구에게 받은 사랑 포인트' 변수를 만듭니다.

- ● 이벤트 – '보이기', '숨기기', '대답완료', '하트 표시', '하트 지우기' 메시지를 만듭니다.

Empty 안내 문구	클릭했을 때 / 보이기 / 숨기기 블록	스프라이트를 보이기와 숨기기하기
C-neuron3 두 번째 모양	클릭했을 때 / 보이기 / 숨기기 블록 이 스프라이트를 클릭했을 때 Screech ▼ 소리를 끝까지 재생하기 대답완료 ▼ 을(를) 보내기	스프라이트를 보이기와 숨기기 스프라이트를 클릭했을 때 스프라이트와 어울리는 소리를 내고, '대답완료' 메시지 보내기
C-neuron2 세번째 모양	클릭했을 때 / 보이기 / 숨기기 블록 이 스프라이트를 클릭했을 때 Screech ▼ 소리를 끝까지 재생하기 대답완료 ▼ 을(를) 보내기	스프라이트를 보이기와 숨기기 스프라이트를 클릭했을 때 스프라이트와 어울리는 소리를 내고, '대답완료' 메시지 보내기
C-neuron 다섯번째 모양	클릭했을 때 / 보이기 / 숨기기 블록 이 스프라이트를 클릭했을 때 Dun Dun Dunnn ▼ 소리를 끝까지 재생하기 대답완료 ▼ 을(를) 보내기	스프라이트를 보이기와 숨기기 스프라이트를 클릭했을 때 스프라이트와 어울리는 소리를 내고, '대답완료' 메시지 보내기

안내 문구 만들기

[스프라이트]와 ● 추가 를 차례대로 클릭한 후, ✖ 그림판 을 선택합니다.
그리기 창에서 아래 내용을 입력합니다.

Empty → 전학 간 친구와의 소중한 추억의 장소들입니다.
여러분과 가장 어울리는 표정의 캐릭터를 클릭하여 주세요.

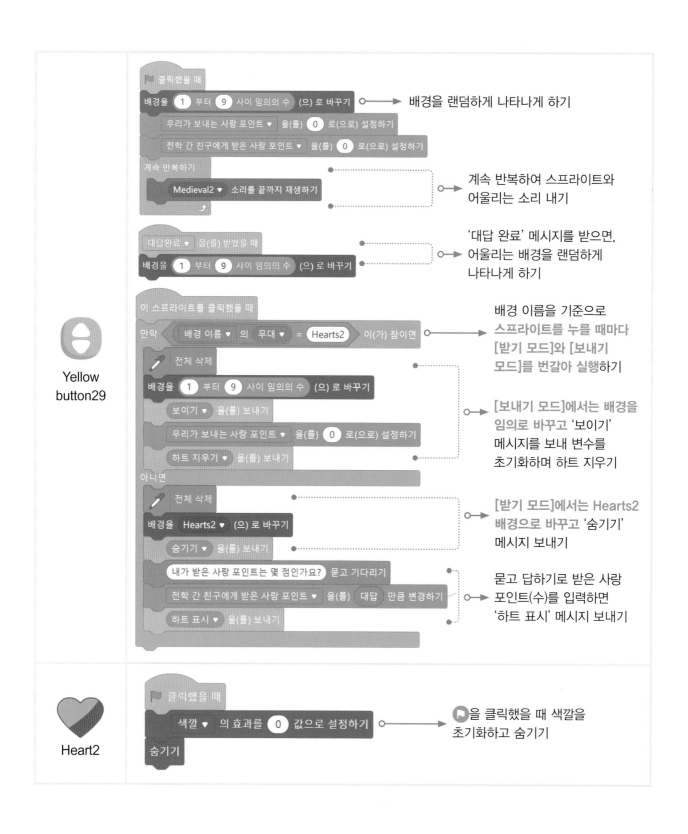

Yellow
button29

배경을 랜덤하게 나타나게 하기

계속 반복하여 스프라이트와
어울리는 소리 내기

'대답 완료' 메시지를 받으면,
어울리는 배경을 랜덤하게
나타나게 하기

배경 이름을 기준으로
스프라이트를 누를 때마다
[받기 모드]와 [보내기
모드]를 번갈아 실행하기

[보내기 모드]에서는 배경을
임의로 바꾸고 '보이기'
메시지를 보내 변수를
초기화하며 하트 지우기

[받기 모드]에서는 Hearts2
배경으로 바꾸고 '숨기기'
메시지 보내기

묻고 답하기로 받은 사랑
포인트(수)를 입력하면
'하트 표시' 메시지 보내기

Heart2

🏳을 클릭했을 때 색깔을
초기화하고 숨기기

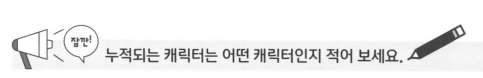

누적되는 캐릭터는 어떤 캐릭터인지 적어 보세요. ✏

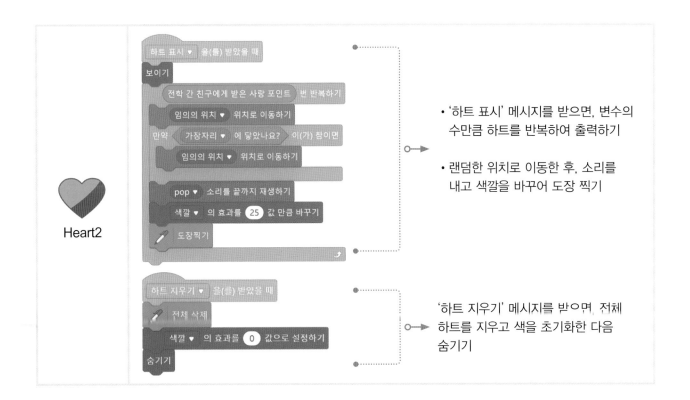

- '하트 표시' 메시지를 받으면, 변수의 수만큼 하트를 반복하여 출력하기

- 랜덤한 위치로 이동한 후, 소리를 내고 색깔을 바꾸어 도장 찍기

'하트 지우기' 메시지를 받으며, 전체 하트를 지우고 색을 초기화한 다음 숨기기

③ 실행 결과 확인

◆ [보내기 모드]에서 배경과 어울리는 표정 캐릭터를 클릭하면 미소 캐릭터만 합해지는가?

◆ [받기 모드]에서 전달받은 변숫값을 입력하면 그 수만큼 하트를 출력하는가?

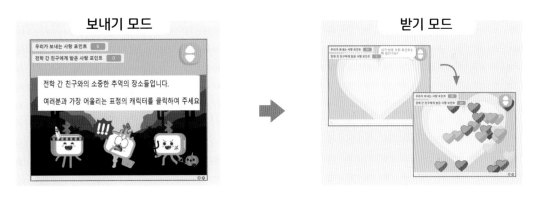

보내기 모드   받기 모드

활동 중 생각해 보기

1 활동1 을 실행해 보고, 다음 항목에 체크해 봅시다.

항목	예	아니요
[보내기 모드]에서 미소 값을 자동으로 인식하여 처리되었나요?	☐	☐
램덤하게 나타난 장소에서 미소 값이 전학 간 친구에게 자동으로 전달되었나요?	☐	☐

2 만약, '아니요'에 체크되었다면 왜 그랬을까요? 친구들과 생각해 봅시다.

활동2

인공지능 API 활용하기

활동1 에서 해결되지 않은 부분을 인공지능 API로 해결해 봅시다.

1 API 불러오기

 Tip 다음은 73쪽 '미리보기' 과정에 따라 진행합니다.
활동을 마친 후에 82쪽에서 인공지능 API 활용 과정을 정리해 봅시다.

이 활동에서는 [인식 서비스]와 [사용자 클라우드 메시지]를 각각 선택하여 추가합니다.

((●)) 인식 서비스(미소 인식)

인식 서비스의 기능 중 미소 점수 감지를 활용하여 인식한 이미지의 미소 여부를 파악합니다.

명령어 블록	설명
AI recognize smile score after 1 ▾ secs 미소 인식 결과	미소를 1초간 감지하고 미소 인식 결과를 제공합니다.

((●)) 사용자 클라우드 메시지(IoT)

사용자 클라우드 메시지를 활용하여 IoT를 구현합니다.

명령어 블록	설명
사용자 클라우드 … 사용자에게 1 값으로 클라우드 메시지 보내기 message	클라우드로 변수명과 그 값을 전송할 수 있습니다.
사용자 클라우드 메시지 message 값	클라우드 변수에 저장된 정보입니다.

인공지능 속으로

퐁당퐁당

사물인터넷(Internet of Things, 약어로 IoT)은 각종 사물에 센서와 통신 기능을 내장하여 인터넷에 연결하는 기술로 무선 통신을 통해 각종 사물을 연결하는 기술을 말합니다. 인터넷으로 연결된 사물들이 데이터를 주고받아 스스로 분석하고 학습한 정보를 사용자에게 제공하거나 사용자가 이를 원격 조정할 수 있는 인공지능 기술입니다.

2 프로그램 작성하기

스프라이트와 배경을 선택하여 결과 화면을 구성합니다. 현재는 실행한 후의 결과 화면입니다.

① 화면 구성

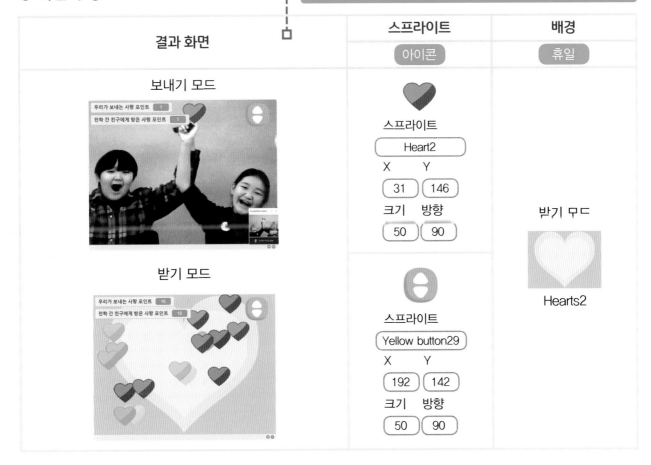

결과 화면	스프라이트	배경
	아이콘	휴일

보내기 모드

우리가 보내는 사랑 포인트 1
전학 간 친구에게 받은 사랑 포인트 1

받기 모드

우리가 보내는 사랑 포인트 16
전학 간 친구에게 받은 사랑 포인트 16

스프라이트
Heart2
X 31 Y 146
크기 50 방향 90

스프라이트
Yellow button29
X 192 Y 142
크기 50 방향 90

받기 모드
Hearts2

활동1 의 화면 구성과 어떤 부분이 다른지 확인한 뒤, 코드 작성을 합니다.

② 코드 작성

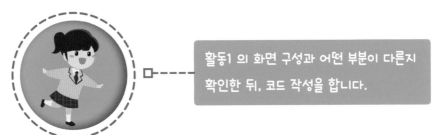

- 확장 → , , , 를 선택하여 추가합니다.

- 변수 – 변수 만들기 에서 '우리가 보내는 사랑 포인트', '전학 간 친구에게 받은 사랑 포인트' 변수를 만듭니다.

- 이벤트 – '하트 표시', '하트 지우기' 메시지를 만듭니다.

사용자 클라우드 메시지(IoT)를 활용하여 웃는 얼굴을 카메라로 인식하여 사랑 포인트 누적하기

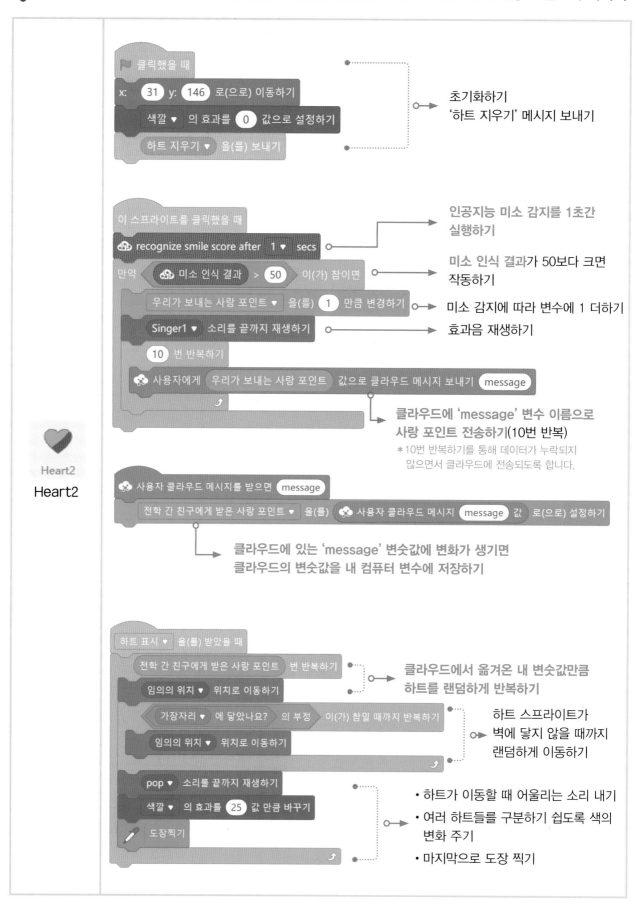

초기화하기
'하트 지우기' 메시지 보내기

인공지능 미소 감지를 1초간
실행하기

미소 인식 결과가 50보다 크면
작동하기

미소 감지에 따라 변수에 1 더하기
효과음 재생하기

클라우드에 'message' 변수 이름으로
사랑 포인트 전송하기(10번 반복)

＊10번 반복하기를 통해 데이터가 누락되지
않으면서 클라우드에 전송되도록 합니다.

클라우드에 있는 'message' 변숫값에 변화가 생기면
클라우드의 변숫값을 내 컴퓨터 변수에 저장하기

클라우드에서 옮겨온 내 변숫값만큼
하트를 랜덤하게 반복하기

하트 스프라이트가
벽에 닿지 않을 때까지
랜덤하게 이동하기

• 하트가 이동할 때 어울리는 소리 내기
• 여러 하트들을 구분하기 쉽도록 색의
　변화 주기
• 마지막으로 도장 찍기

Heart2

🔷 사용자 클라우드 메시지(IoT)를 활용하여 다른 곳에서 받은 메시지(수)를 하트로 출력하기

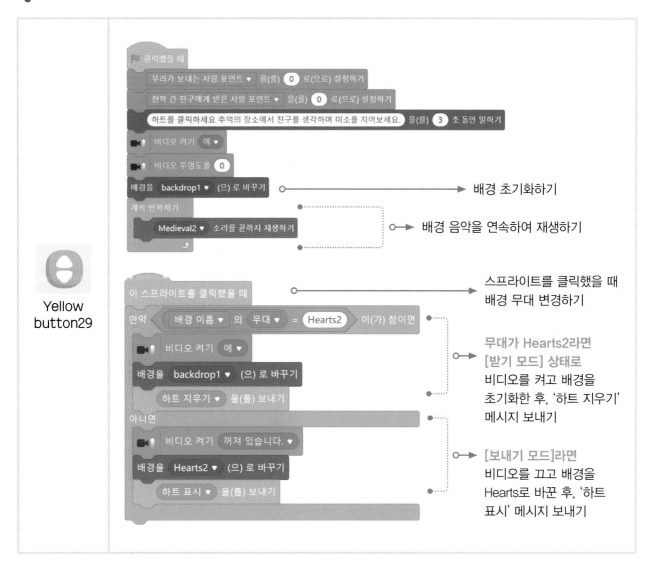

Yellow
button29

→ 배경 초기화하기

→ 배경 음악을 연속하여 재생하기

스프라이트를 클릭했을 때
배경 무대 변경하기

무대가 Hearts2라면
[받기 모드] 상태로
비디오를 켜고 배경을
초기화한 후, '하트 지우기'
메시지 보내기

[보내기 모드]라면
비디오를 끄고 배경을
Hearts로 바꾼 후, '하트
표시' 메시지 보내기

명령 블록 번역이 맞춤법에 맞지 않게 된
경우도 있습니다. 예 비디오 켜기 에 ▼

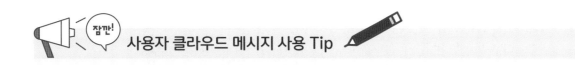

잠깐! 사용자 클라우드 메시지 사용 Tip ✏️

IoT를 활용하기 위해 연결된 컴퓨터는 같은 아이디로 로그인되어 있어야 합니다.

③ 실행 결과 확인

◆ 카메라를 이용하여 얼굴 표정 이미지 데이터를 입력하였는가?

◆ 미소 인식 서비스가 잘 작동하는가?

◆ [보내기 모드]에서 보낸 결괏값만큼 [받기 모드]에서 하트를 출력하는가? 이때 배경이 바뀌는가?

 에서 체험한 인공지능 API 활용 과정을 바탕으로 아래 빈칸을 채워 봅시다.

데이터 준비		API 불러오기		결과 보여 주기
	➡		➡	
를 카메라로 입력합니다.		를 선택하여 추가합니다.		를 출력합니다.

이번 활동에서 API가 어떻게 활용되었을까요? 두 대화를 읽고, 함께 정리해 봅시다.

미소 인식 API 와 IoT

 활동1 에서 만든 프로그램은 컴퓨터가 미소를 감지할 수 없어 사람이 직접 어울리는 표정 캐릭터를 클릭해야 했어요. IoT를 구현하는 것도 사용자 클라우드 메시지 API를 활용하지 못해 직접 전화나 문자로 변숫값을 보내야 해요. 무언가 너무 불편했어요.

오늘날은 4차 산업혁명 시대라고 불러요. 4차 산업혁명은 초지능과 초연결을 특징으로 한다고 해요. 활동2 에서 인공지능이 미소를 자동으로 감지할 수 있는 것(미소 감지)은 사람의 초지능이라고 할 수 있고, IoT로 값을 클라우드에 보내는 것은 초연결이라 할 수 있어요. 그래서 AI(미소 감지)와 IoT를 합쳐 AIoT라는 신조어가 생겨났어요.

④ 활동 정리하기

72쪽 >>>>> ⏻ 활동 전 생각해 보기 와 비교하며 다음 내용을 정리해 봅시다.

⏻ 활동 후 생각해 보기

인공지능과 IoT와의 만남!

최근의 강력한 성능을 보여 주는 인공지능은 딥러닝을 기반으로 해요.

딥러닝에서 딥은 영어로 깊다(deep)는 뜻입니다.

좋은 성능을 위해 더욱 깊어진 인공지능의 발전은 어느 순간 인공지능이

나타내는 결과만 알 뿐 그 과정을 이해할 수 없었습니다.

왜 그런 결과가 나오는지 설명할 수 없었던 거죠. 그리고 그런 인공지능은

인터넷으로 연결된 다양한 사물 기기, 즉 IoT에 연결되어 AIoT가 되고 있습니다.

만약, 이처럼 과정을 잘 모르는 인공지능으로 인터넷 연결된 다양한 장치들의

동작을 제어한다면 우리는 이를 어떻게 받아들여야 할까요?

....

....

....

수업을 마치며

수업을 마무리하면서 다음 항목에 체크해 봅시다.

*조금은 보통의 50%, 보통은 모두의 50%로 정한다.

항목	조금	보통	모두
사용한 API를 이해했나요?	☐	☐	☐
비어 있는 설명을 모두 채웠나요?	☐	☐	☐
인공지능을 활용해야 하는 이유를 설명할 수 있나요?	☐	☐	☐

융합 교과

기술·가정

Project 8

예쁜 말로
식물을 키워요

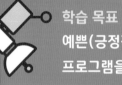

학습 목표
예쁜(긍정적인) 말로 식물을 튼튼하게 키우는
프로그램을 만들 수 있습니다.

인공지능 학습 요소
감정 분석 API, 번역 API,
텍스트 음성 변환 API

 활동 전 생각해 보기

어떤 말을 들을 때 기분이 좋은가요? 식물에게도 긍정적인 말을 전해 주면 잘
자란다고 하죠? 긍정적인 말을 할 수 있는 프로그램을 만들어 식물에게 전달하
면 어떨까요?

....

활동1_https://planet.mblock.cc/project/298936   활동2_https://planet.mblock.cc/project/298940

문제가 뭘까?

'똥손'은 손재주가 없는 사람을 뜻해요. 태환이는 키우는 식물마다 금방 시들거나 죽는다고 본인 손이 '똥손'인 것 같다고 식물을 잘 키우는 혜원이에게 비법을 물어보았어요. 아 그런데 식물에게도 예쁜 말을 해 줘야 한다고 하네요. 태환이를 도울 방법은 없을까요?

꽃동아, 오늘도 잘 지냈니? 별 일 없었지?

식물도 사람처럼 대해야 하는구나.

미리 보기   **어떤 과정으로 해결할까?**

식물에게 예쁜 말을 전하는 과정을 알아봅시다.

활동1 에서 해결하기

여러 말들 중 긍정적인 말 판단하기 ➡ 긍정적인 말을 선택하여 식물에게 말해 주기 ➡ 식물이 잘 자라는 것을 확인하기

인공지능 서비스를 활용하여 해결

활동2 에서 해결하기

감정 분석 API, 번역 API, 텍스트 음성 변환 API 활용

프로그래밍

랜덤하게 작성한 긍정과 부정의 말 입력

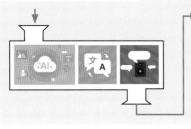

➡ 긍정의 말에 어울리는 식물의 성장 이미지 출력 ➡

활동1

② 해결 방법 찾기

해결 방법을 생각해 보고, 그 방법에 따라 프로그램을 작성해 봅시다.

---

1 해결 방법 생각하기

➕ **다음 순서에 맞게 아래 빈칸을 채워 봅시다.**

◇ 여러 가지 문장을 랜덤하게 작성합니다.

◇ 랜덤하게 나타나는 문장에서 긍정적인 문장과 부정적인 문장을 판단합니다.

◇ 긍정적인 말 변숫값을 더하고 식물에게 말합니다.

◇ 긍정적인 말 변숫값의 기준에 따라 식물이 자랍니다.

여러 가지 문장 랜덤하게 작성하기 ➡ [ ] ➡ 식물에게 [ ] 변숫값 더하기 ➡ [ ] 변숫값의 기준에 따라 식물 자라기

---

2 프로그램 작성하기

➕ 스프라이트와 배경을 선택하여 결과 화면을 구성합니다.

① 화면 구성

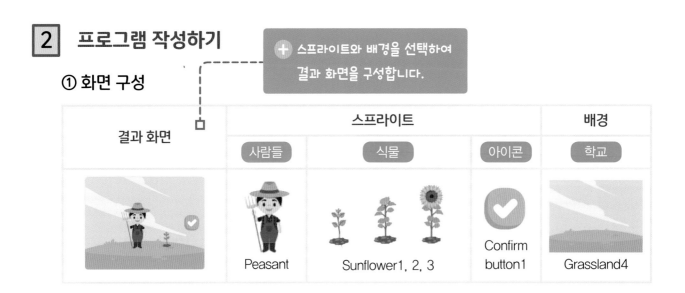

결과 화면	스프라이트			배경
	사람들	식물	아이콘	학교
	Peasant	Sunflower1, 2, 3	Confirm button1	Grassland4

② 코드 작성

- ⬤ 변수 – 변수 만들기 에서 '긍정적인 말', '하고자 하는 말' 변수를, 리스트 만들기 에서 '여러 가지 말들' 리스트를 만듭니다.

- 이벤트 – '어린 식물 보이기', '어린 식물 숨기기', '청년 식물 보이기', '청년 식물 숨기기', '어른 식물 보이기', '어른 식물 숨기기' 메시지를 만듭니다.

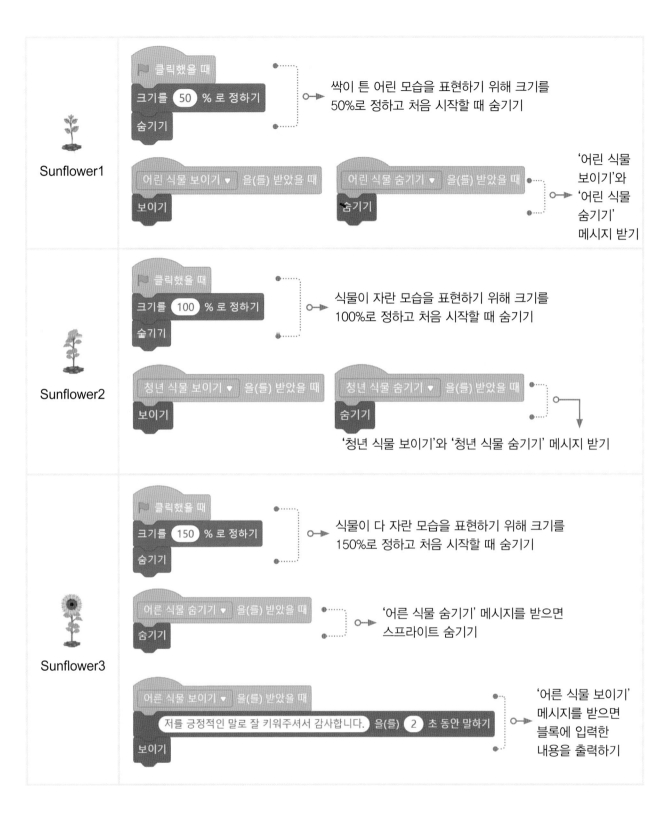

Sunflower1

🏳 클릭했을 때
크기를 50 % 로 정하기
숨기기

→ 싹이 튼 어린 모습을 표현하기 위해 크기를 50%로 정하고 처음 시작할 때 숨기기

어린 식물 보이기 ▼ 을(를) 받았을 때
보이기

어린 식물 숨기기 ▼ 을(를) 받았을 때
숨기기

→ '어린 식물 보이기'와 '어린 식물 숨기기' 메시지 받기

Sunflower2

🏳 클릭했을 때
크기를 100 % 로 정하기
숨기기

→ 식물이 자란 모습을 표현하기 위해 크기를 100%로 정하고 처음 시작할 때 숨기기

청년 식물 보이기 ▼ 을(를) 받았을 때
보이기

청년 식물 숨기기 ▼ 을(를) 받았을 때
숨기기

→ '청년 식물 보이기'와 '청년 식물 숨기기' 메시지 받기

Sunflower3

🏳 클릭했을 때
크기를 150 % 로 정하기
숨기기

→ 식물이 다 자란 모습을 표현하기 위해 크기를 150%로 정하고 처음 시작할 때 숨기기

어른 식물 숨기기 ▼ 을(를) 받았을 때
숨기기

→ '어른 식물 숨기기' 메시지를 받으면 스프라이트 숨기기

어른 식물 보이기 ▼ 을(를) 받았을 때
저를 긍정적인 말로 잘 키워주셔서 감사합니다. 을(를) 2 초 동안 말하기
보이기

→ '어른 식물 보이기' 메시지를 받으면 블록에 입력한 내용을 출력하기

식물이 자라는 상태를 '어린 식물'과 '청년 식물', '어른 식물'로 구분하여 표현합니다.

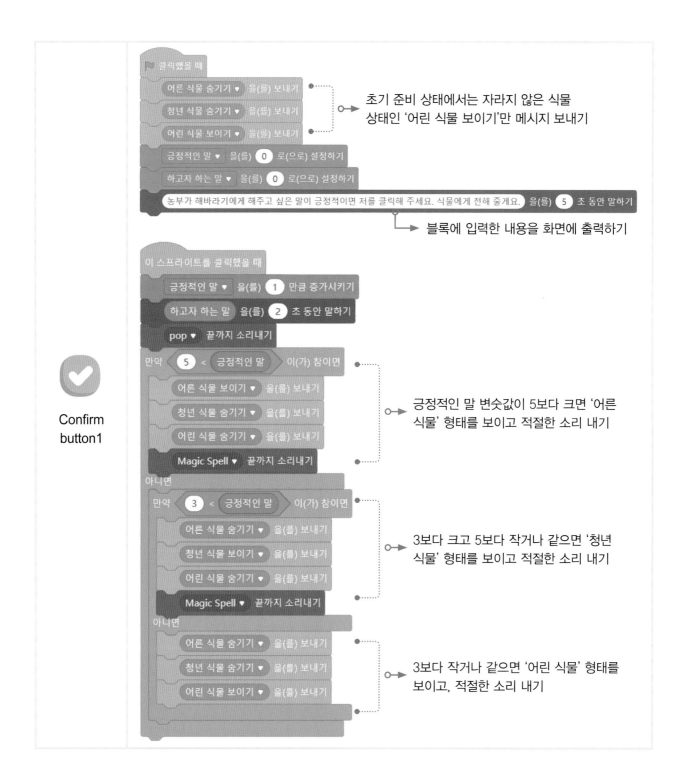

클릭했을 때
어른 식물 숨기기 ▼ 을(를) 보내기
청년 식물 숨기기 ▼ 을(를) 보내기
어린 식물 보이기 ▼ 을(를) 보내기

→ 초기 준비 상태에서는 자라지 않은 식물 상태인 '어린 식물 보이기'만 메시지 보내기

긍정적인 말 ▼ 을(를) 0 로(으로) 설정하기
하고자 하는 말 ▼ 을(를) 0 로(으로) 설정하기
농부가 해바라기에게 해주고 싶은 말이 긍정적이면 저를 클릭해 주세요. 식물에게 전해 줄게요. 을(를) 5 초 동안 말하기

→ 블록에 입력한 내용을 화면에 출력하기

Confirm button1

이 스프라이트를 클릭했을 때
긍정적인 말 ▼ 을(를) 1 만큼 증가시키기
하고자 하는 말 을(를) 2 초 동안 말하기
pop ▼ 끝까지 소리내기
만약 5 < 긍정적인 말 이(가) 참이면
　어른 식물 보이기 ▼ 을(를) 보내기
　청년 식물 숨기기 ▼ 을(를) 보내기
　어린 식물 숨기기 ▼ 을(를) 보내기
　Magic Spell ▼ 끝까지 소리내기

→ 긍정적인 말 변숫값이 5보다 크면 '어른 식물' 형태를 보이고 적절한 소리 내기

아니면
만약 3 < 긍정적인 말 이(가) 참이면
　어른 식물 숨기기 ▼ 을(를) 보내기
　청년 식물 보이기 ▼ 을(를) 보내기
　어린 식물 숨기기 ▼ 을(를) 보내기
　Magic Spell ▼ 끝까지 소리내기

→ 3보다 크고 5보다 작거나 같으면 '청년 식물' 형태를 보이고 적절한 소리 내기

아니면
　어른 식물 숨기기 ▼ 을(를) 보내기
　청년 식물 숨기기 ▼ 을(를) 보내기
　어린 식물 보이기 ▼ 을(를) 보내기

→ 3보다 작거나 같으면 '어린 식물' 형태를 보이고, 적절한 소리 내기

인공지능 속으로 퐁당퐁당

인공지능과 대화가 될까?

우리에게는 쉽지만 인공지능에게는 어려운 것도 많아요. 예를 들면, 인공지능과 여러 명의 사람이 한꺼번에 대화를 나누게 된다면 인공지능은 어디서 말이 끝났는지, 누가 어떤 말을 하고 있는지 잘 구분하지 못해요. 사람들과 함께 자유롭게 대화를 나누는 인공지능이 등장하기까지는 아직 시간이 더 필요해요. 앞으로 인공지능과 친구처럼 대화할 날이 곧 다가올 거라는 기대는 가져 보아요.

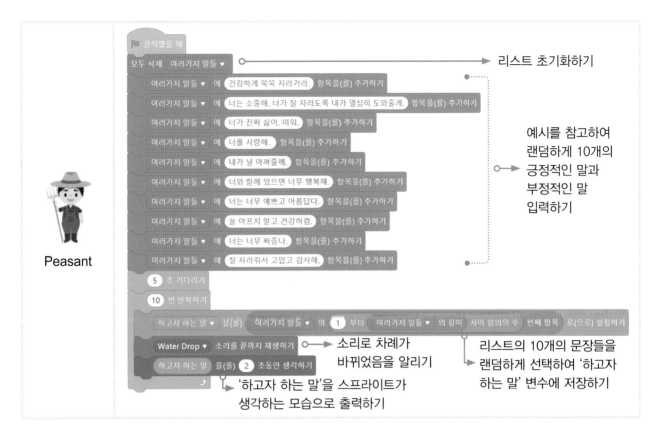

③ 실행 결과 확인

◇ '긍정적인 말'의 변숫값의 누적 수에 맞게 식물 크기를 조정하는가?

◇ 하고자 하는 말이 긍정적일 때 변숫값이 누락되고, 누적 수를 바르게 출력하는가?

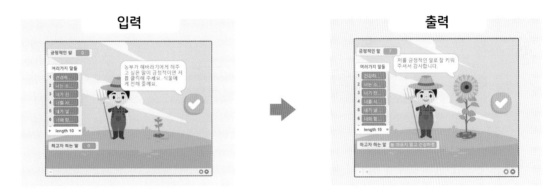

활동 중 생각해 보기

1 활동1 을 실행해 보고, 다음 항목에 체크해 봅시다.

항목	예	아니요
어떤 문장이 '긍정이다!', '부정이다!'라는 판단을 사람만 할 수 있나요?	☐	☐

2 어떤 문장의 긍정과 부정을 사람이 아닌 다른 방법으로 판단할 수는 없을까요?
친구들과 생각해 봅시다.

인공지능 API 활용하기

활동1 에서 해결되지 않은 부분을 인공지능 API로 해결해 봅시다.

1 API 불러오기

 Tip 다음은 85쪽 '미리보기' 과정에 따라 진행합니다.
활동을 마친 후에 94쪽에서 인공지능 API 활용 과정을 정리해 봅시다.

이 활동에서는 [AI Service], [Translate]와 [Text to Speech]를 각각 선택하여 추가합니다.

((●)) AI Service(자연어 처리 – 감정 분석)

문장의 감정을 분석하여 긍정과 부정으로 제공합니다.

명령어 블록		설명
Human Body... 자연어 처리 (감정 분석)	NLP lexical ▼ analysis text: 童心制物，让更多人享受创造的乐趣。 ✓ lexical sentiment	문장의 감정 분석을 위해 'sentiment'를 선택합니다.
	NLP sentiment analysis result	처리 결과(긍정, 부정, 중립)는 'sentiment analysis result'에 담겨 있습니다.

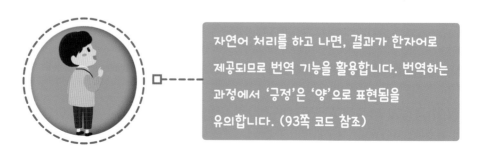

자연어 처리를 하고 나면, 결과가 한자어로 제공되므로 번역 기능을 활용합니다. 번역하는 과정에서 '긍정'은 '양'으로 표현됨을 유의합니다. (93쪽 코드 참조)

((●)) Translate(번역)

한 나라의 언어를 다른 나라의 언어로 바꾸는 것입니다.

명령어 블록	설명
텍스트 음성 변환 · 번역하기 (안녕하세요) 받는 사람 (갈리시아어 ▼) 갈리시아어 그리스어	48개의 언어의 번역을 지원하며, 엠블록에서는 기본적으로 제공하는 한자어 번역에 사용됩니다.

((●)) Text to Speech(텍스트 음성 변환)

음성 합성 기술을 이용해 다양한 언어의 문장을 읽습니다.

명령어 블록	설명
텍스트 음성 변환 · 언어를 로 설정 (한국어 ▼)	다양한 언어를 설정할 수 있고, 23개 언어를 지원합니다.
말할 (안녕하세요)	입력한 문장을 읽습니다.

2 프로그램 작성하기

① 화면 구성

> ＋ 스프라이트와 배경을 선택하여 결과 화면을 구성합니다.

활동1 의 화면 구성과 어떤 부분이 다른지 확인한 뒤, 코드 작성을 합니다.

② 코드 작성

- 확장 → 을 선택하여 추가합니다.

- 변수 – 변수 만들기 에서 '검사하는 말', '검사한 결과', '긍정적인 말', '순서' 변수를, 리스트 만들기 에서 '여러 가지 말들' 리스트를 만듭니다.

식물에게 들려줄 문자를 입력하고, 식물 성장에 따른 이미지 정하기

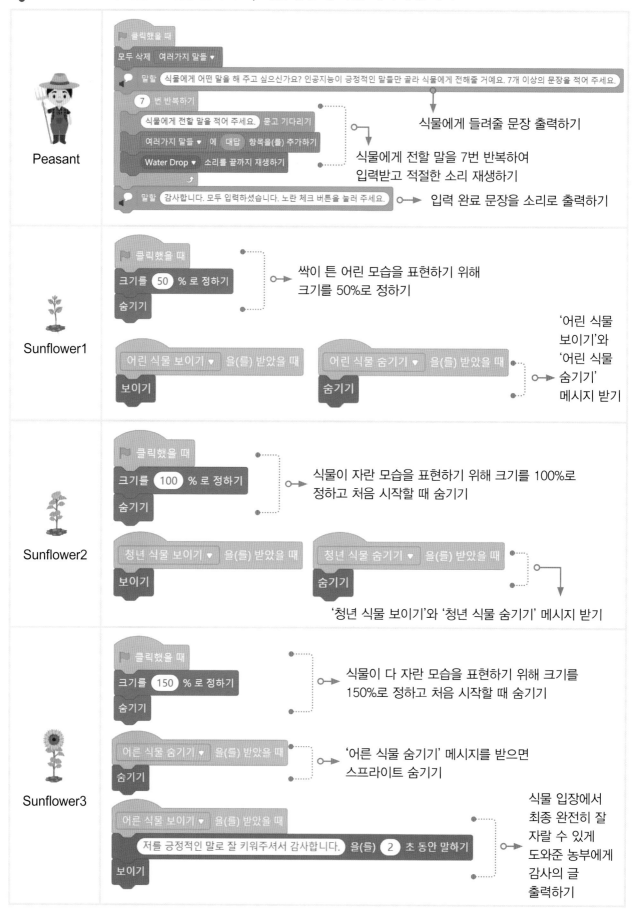

Peasant

- 클릭했을 때
- 모두 삭제 여러가지 말들 ▼
- 말할 식물에게 어떤 말을 해 주고 싶으신가요? 인공지능이 긍정적인 말들만 골라 식물에게 전해줄 거예요. 7개 이상의 문장을 적어 주세요.
- 7 번 반복하기
  - 식물에게 전할 말을 적어 주세요. 묻고 기다리기
  - 여러가지 말들 ▼ 에 대답 항목을(를) 추가하기
  - Water Drop ▼ 소리를 끝까지 재생하기
- 말할 감사합니다. 모두 입력하셨습니다. 노란 체크 버튼을 눌러 주세요.

→ 식물에게 들려줄 문장 출력하기

→ 식물에게 전할 말을 7번 반복하여 입력받고 적절한 소리 재생하기

→ 입력 완료 문장을 소리로 출력하기

Sunflower1

- 클릭했을 때
- 크기를 50 % 로 정하기
- 숨기기

→ 싹이 튼 어린 모습을 표현하기 위해 크기를 50%로 정하기

- 어린 식물 보이기 ▼ 을(를) 받았을 때
  - 보이기
- 어린 식물 숨기기 ▼ 을(를) 받았을 때
  - 숨기기

→ '어린 식물 보이기'와 '어린 식물 숨기기' 메시지 받기

Sunflower2

- 클릭했을 때
- 크기를 100 % 로 정하기
- 숨기기

→ 식물이 자란 모습을 표현하기 위해 크기를 100%로 정하고 처음 시작할 때 숨기기

- 청년 식물 보이기 ▼ 을(를) 받았을 때
  - 보이기
- 청년 식물 숨기기 ▼ 을(를) 받았을 때
  - 숨기기

→ '청년 식물 보이기'와 '청년 식물 숨기기' 메시지 받기

Sunflower3

- 클릭했을 때
- 크기를 150 % 로 정하기
- 숨기기

→ 식물이 다 자란 모습을 표현하기 위해 크기를 150%로 정하고 처음 시작할 때 숨기기

- 어른 식물 숨기기 ▼ 을(를) 받았을 때
  - 숨기기

→ '어른 식물 숨기기' 메시지를 받으면 스프라이트 숨기기

- 어른 식물 보이기 ▼ 을(를) 받았을 때
  - 저를 긍정적인 말로 잘 키워주셔서 감사합니다. 을(를) 2 초 동안 말하기
  - 보이기

→ 식물 입장에서 최종 완전히 잘 자랄 수 있게 도와준 농부에게 감사의 글 출력하기

➕ 긍정과 부정, 그리고 중립을 판단할 문장을 묻고 답하기로 입력 받기

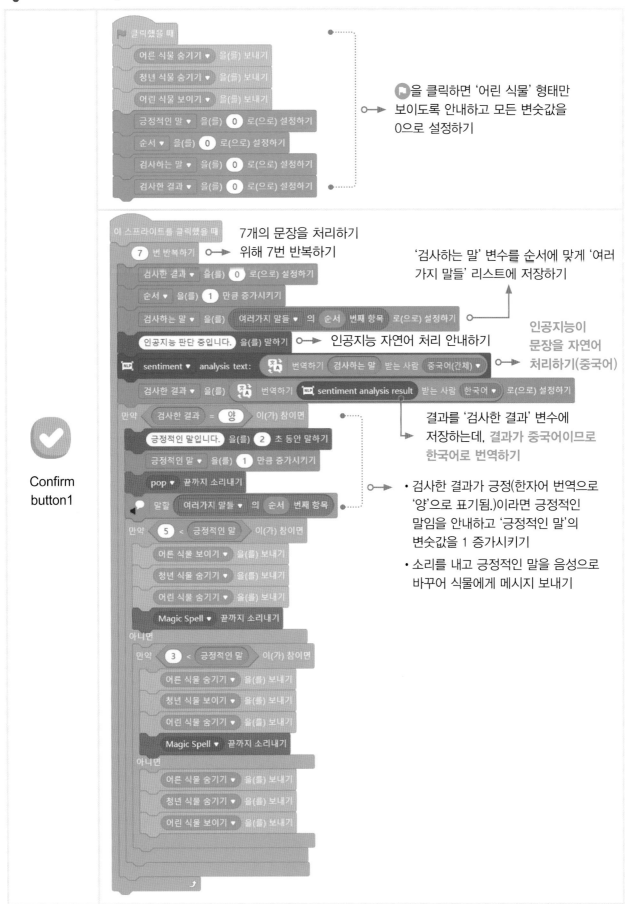

🚩을 클릭하면 '어린 식물' 형태만 보이도록 안내하고 모든 변숫값을 0으로 설정하기

7개의 문장을 처리하기 위해 7번 반복하기

'검사하는 말' 변수를 순서에 맞게 '여러 가지 말들' 리스트에 저장하기

인공지능 자연어 처리 안내하기

인공지능이 문장을 자연어 처리하기(중국어)

결과를 '검사한 결과' 변수에 저장하는데, 결과가 중국어이므로 한국어로 번역하기

• 검사한 결과가 긍정(한자어 번역으로 '양'으로 표기됨.)이라면 긍정적인 말임을 안내하고 '긍정적인 말'의 변숫값을 1 증가시키기

• 소리를 내고 긍정적인 말을 음성으로 바꾸어 식물에게 메시지 보내기

Confirm button1

③ 실행 결과 확인

◈ 식물에게 전할 7개의 다양한 문장을 입력하였는가?

◈ 자연어 처리 서비스가 잘 작동하는가?

◈ 긍정적인 말의 누적 수를 바르게 출력하고, 식물의 성장 이미지도 조건에 맞게 출력하는가?

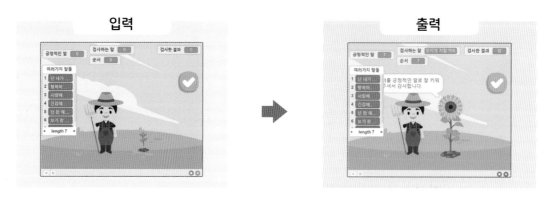

➕ 　활동2 에서 체험한 인공지능 API 활용 과정을 바탕으로 아래 빈칸을 채워 봅시다.

데이터 준비	API 불러오기	결과 보여 주기
을 묻고 답하기로 입력받습니다.	API를 선택하여 추가합니다.	하고 긍정적인 말의 수에 맞는 식물의 성장 이미지를 출력합니다.

인공지능과 함께 정리하기

이번 활동에서 API는 어떻게 활용되었을까요? 두 대화를 읽고, 함께 정리해 봅시다.

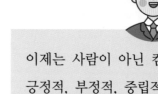

자연어 처리 API

　활동1 의 '해결 방법 찾기'에서 만든 프로그램은 문장이 긍정적, 부정적, 중립적인지를 사람이 판단할 수밖에 없었어요. 사람이 일일이 판단해야 하는 번거로움을 해결해 주는 인공지능 자연어 처리 API를 활용해야 겠어요.

이제는 사람이 아닌 컴퓨터도 사람의 말이 긍정적, 부정적, 중립적인지를 판단할 수 있어요. 　활동2 에서 우리가 입력한 문장들 중 식물이 자라는 데 도움을 줄 수 있는 긍정적인 말을 골라 내는 컴퓨터 인공지능이 너무 기특해요.

4 활동 정리하기

84쪽 >>>>  와 비교하며 다음 내용을 정리해 봅시다.

활동 후 생각해 보기

인공지능이 생명의 은인이 될 수 있을까?

우리나라는 급속한 경제 및 의료 분야의 발전으로 다른 나라의 모범이 되어 가고
있어요. 반면에 어두운 사회 문제를 해결해야 할 과제도 상당히 많이 안고 있습니다.
어린 학생들에게는 충격을 줄 수 있지만, 자신의 목숨을 함부로 여기는 사람들에
관한 뉴스를 예로 들 수 있어요. 그렇다면, 이처럼 부정적인 생각을 하는 사람들을
찾아내어 불행한 일을 미리 막을 방법은 없을까요?

....

....

....

....

....

 수업을 마치며

수업을 마무리하면서 다음 항목에 체크해 봅시다.

*조금은 보통의 50%, 보통은 모두의 50%로 정한다.

항목	조금	보통	모두
사용한 API를 이해했나요?	☐	☐	☐
비어 있는 설명을 모두 채웠나요?	☐	☐	☐
인공지능을 활용해야 하는 이유를 설명할 수 있나요?	☐	☐	☐

머신 러닝 체험하기

기계가 학습할수록 점점 더 똑똑해진대.

뭐? 기계가 사람처럼 스스로 학습을 한다고?

엠블록으로 기계를 학습시키는 방법 중의 한 가지인 지도 학습을 체험합니다.

머신 러닝을 체험해요

인공지능 연구의 목표는 사람처럼 생각하고 스스로 행동할 수 있는 기계를 만드는 것입니다. 처음에는 사람들의 지식을 컴퓨터가 알 수 있는 규칙으로 표현하여 인공지능 학습을 시도했지만, 규칙으로 표현하는 것은 다양한 현실 문제를 모두 해결하기 어려웠습니다. 그래서 기계에게 충분한 자료를 주고 스스로 규칙을 찾아 학습하여 문제를 해결하도록 하였습니다. 이처럼 기계가 데이터를 통해 스스로 학습한다는 의미로 머신 러닝(Machine Learning)이라고 합니다.

〈Project 9〉 서랍 속 편지는 누가 썼을까

훈련 데이터
테스트 데이터

〈Project 10〉 문어, 꼭꼭 숨어라

지도 학습

〈Project 11〉 반찬은 골고루가 좋아

분류

〈Project 12〉 누가 그린 그림일까

신뢰도

〈Project 13〉 얼굴형이 궁금해요

일반화

〈Project 14〉 꽃 이름이 뭘까

이진 분류
다중 분류

〈Project 15〉 입 모양을 읽어요

정확도

〈Project 16〉 손으로 말해요

인공지능 프로젝트 개발 과정

Project 9

서랍 속 편지는 누가 썼을까

학습 목표

글씨체를 인식하여 누가 쓴 글씨인지
예측하는 프로그램을 만들 수 있습니다.

인공지능 학습 요소

훈련 데이터,
테스트 데이터

활동 전 생각해 보기

누가 쓴 글씨인지 예측하는 프로그램을 사용한다면 어떤 점이 좋을까요?

활동1_https://planet.mblock.cc/project/298942   활동2_https://planet.mblock.cc/project/298943

1 문제가 뭘까?

태환이의 책상 서랍에는 종종 응원의 메시지가 담긴 편지가 놓여 있어요. 태환이는 자기에게 편지를 써 준 친구가 누구인지 궁금해요. 어떻게 알아낼 수 있을까요?

도대체 누가 썼을까? 성식이? 햇님이? 경선이? 일일이 물어보기도 좀 그렇고. 어떻게 하지?

글씨체로 누가 쓴 것인지 알려 주는 프로그램이 있으면 좋을 텐데.

미리 보기 | **어떤 과정으로 해결할까?**

누가 쓴 글씨인지 예측하는 프로그램을 만드는 과정을 알아봅시다.

글자마다 조금씩 다른 글씨체를 모두 확인할 수 있을까?

활동1 에서 해결하기

| 성식이가 쓴 글씨인가? | →아니요→ | 햇님이가 쓴 글씨인가? | →아니요→ | 경선이가 쓴 글씨인가? |

↓예 성식 ↓예 햇님 ↓예 경선

인공지능으로 문제 해결

활동2 에서 해결하기

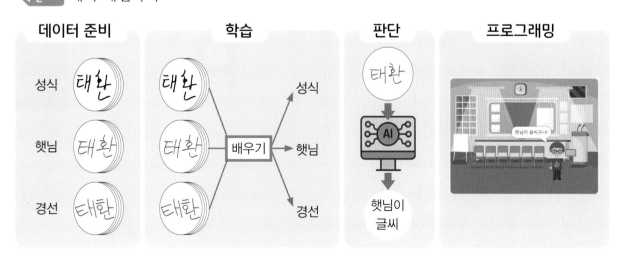

| 데이터 준비 | 학습 | 판단 | 프로그래밍 |

데이터 준비: 성식 태환 / 햇님 태환 / 경선 태환

학습: 태환 / 태환 / 태환 —배우기→ 성식 / 햇님 / 경선

판단: 태환 → AI → 햇님이 글씨

프로그래밍: 햇님이 글씨구나

② 해결 방법 찾기

해결 방법을 생각해 보고, 그 방법에 따라 프로그램을 작성해 봅시다.

1 해결 방법 생각하기

다음 순서에 맞게 아래 빈칸을 채워 봅시다.

실제 친구들의 글씨체를 새 스프라이트로 추가하면 좋지만, 활동1 에서는 프로그래밍 과정만 이해할 수 있도록 이미 있는 스프라이트에서 선택합니다.

◆ 친구들의 글씨체와 비슷한 글자 모양의 스프라이트를 선택합니다.

◆ 선택한 글자 모양 스프라이트를 각각 누가 쓴 것인지 표시합니다.

'A'를 쓴 성식이 글씨	'A'를 쓴 햇님이 글씨	'A'를 쓴 경선이 글씨

◆ 누가 쓴 글씨인지 조건문을 이용하여 확인합니다.

2 프로그램 작성하기

스프라이트와 배경을 선택하여 결과 화면을 구성합니다.

① 화면 구성

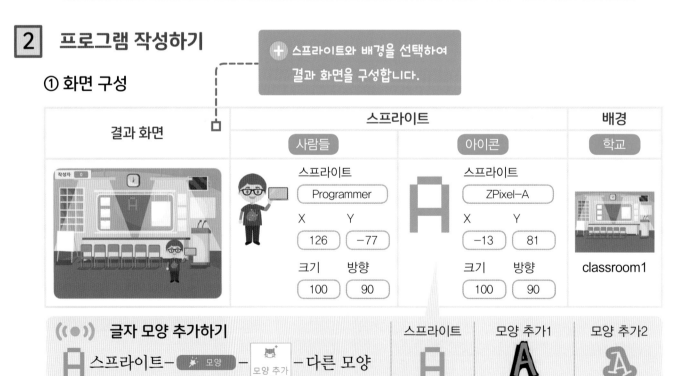

② 코드 작성

- 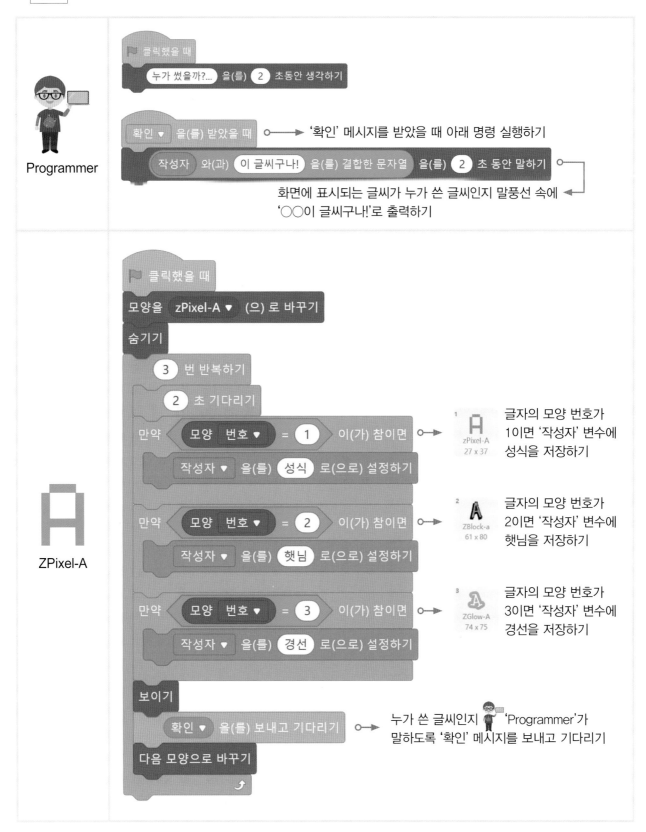 변수 – 변수 만들기 에서 '작성자' 변수를 만듭니다.

- 이벤트 – '확인' 메시지를 만듭니다.

Programmer

클릭했을 때
누가 썼을까?... 을(를) 2 초 동안 생각하기

확인 ▼ 을(를) 받았을 때 ○───→ '확인' 메시지를 받았을 때 아래 명령 실행하기
작성자 와(과) 이 글씨구나! 을(를) 결합한 문자열 을(를) 2 초 동안 말하기 ○─┐
│
화면에 표시되는 글씨가 누가 쓴 글씨인지 말풍선 속에 ◀─┘
'○○이 글씨구나!'로 출력하기

ZPixel-A

클릭했을 때
모양을 zPixel-A ▼ (으)로 바꾸기
숨기기
3 번 반복하기
2 초 기다리기
만약 모양 번호 ▼ = 1 이(가) 참이면 ○───→ 글자의 모양 번호가
작성자 ▼ 을(를) 성식 로(으로) 설정하기　　　　　　　　zPixel-A 　10이면 '작성자' 변수에
27 x 37 　성식을 저장하기

만약 모양 번호 ▼ = 2 이(가) 참이면 ○───→ 글자의 모양 번호가
작성자 ▼ 을(를) 햇님 로(으로) 설정하기　　　　　　　　ZBlock-a　20이면 '작성자' 변수에
61 x 80 　햇님을 저장하기

만약 모양 번호 ▼ = 3 이(가) 참이면 ○───→ 글자의 모양 번호가
작성자 ▼ 을(를) 경선 로(으로) 설정하기　　　　　　　　ZGlow-A　30이면 '작성자' 변수에
74 x 75 　경선을 저장하기

보이기
확인 ▼ 을(를) 보내고 기다리기 ○───→ 누가 쓴 글씨인지 'Programmer'가
다음 모양으로 바꾸기　　　　　　　　　말하도록 '확인' 메시지를 보내고 기다리기

③ 실행 결과 확인

❖ 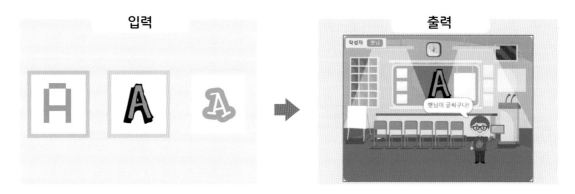을 클릭하면 2초 후에 화면에 글자 스프라이트가 나타나고, 그 글자를 쓴 친구의 이름을 출력하는가?

입력　　　　　　　　　　　　　　　　　출력

직접 쓴 글씨체로 스프라이트 만들기

┄┄┄┄┄┄┄┄ ➕ 실체 친구들의 글씨체를 스프라이트로 만들어서 프로그래밍해 보세요.

❶ 스프라이트 를 선택하고 ➕추가 버튼을 누릅니다.

❷ 스프라이트 추가 창이 열리면, ✎ 그림판 을 선택합니다.

❸ 🖌 을 선택하여 직접 쓴 글씨를 스프라이트로 만듭니다.

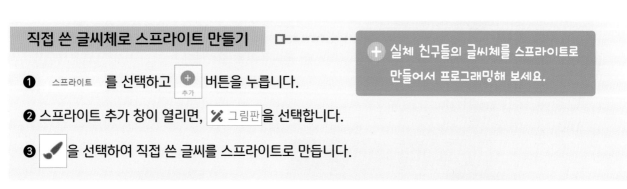

사람마다 글씨체가 너무나 다양하고, 같은 사람이 쓰더라도 쓸 때마다 글씨 모양이 조금씩 달라서 이렇게 하나하나 직접 프로그래밍하는 게 힘들어요.

⏻ **활동 중 생각해 보기**

1 　▷활동1 을 실행해 보고, 다음 항목에 체크해 봅시다.

항 목	예	아니요
같은 사람이 쓴 글씨 모양이 조금 달라져도 작성한 사람을 판단할 수 있나요?	☐	☐
세 친구들이 쓴 모든 글자의 글씨 모양을 모두 파악하여 설정할 수 있나요?	☐	☐

2 만약, '아니요'에 체크되었다면 왜 그랬을까요? 친구들과 생각해 봅시다.

③ 인공지능 적용하기

 에서 해결되지 않은 부분을 인공지능으로 해결해 봅시다.

Tip 다음은 99쪽 '미리보기' 과정에 따라 진행합니다.
활동을 마친 후에 106쪽에서 인공지능 학습 알고리즘을 정리해 봅시다.

1 인공지능 학습 알고리즘 따라하기

➕ 191~192쪽에 있는 빈 카드를 활용하여 굵기, 크기, 색 등 다르게 쓴 친구들의 글씨 데이터를 준비해 보세요.

① 데이터 준비

친구들이 쓴 글씨 데이터를 ☐ 부분과 ☐ 부분으로 분류하여 준비합니다.

성식이가 쓴 글씨		햇님이가 쓴 글씨		경선이가 쓴 글씨	
태환	태환	태환	태환	태환	태환
태환	태환	태환	태환	태환	태환
태환	태환	태환	태환	태환	태환
태환	태환	태환	태환	태환	태환
태환	태환	태환	태환	태환	태환

② 학습

◇ 앞에서 준비한 글씨 데이터 중 ☐ 안의 데이터로 친구들의 글씨체를 각각 학습시킵니다.

- **[확장]** → (기계 학습)을 추가하고, **[TM]** – [학습 모델]을 선택합니다.

- [새로운 모델 만들기]를 선택한 뒤, 모델 카테고리 수에 '3'을 입력하고 확인을 누릅니다.

- 목록 이름을 입력하고 카메라로 이미지를 인식한 뒤, [배우기]를 누릅니다.

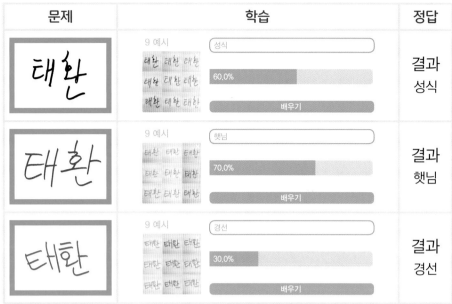

문제	학습	정답
태환	9 예시 / 성식 / 60.0% / 배우기	결과 성식
태환	9 예시 / 햇님 / 70.0% / 배우기	결과 햇님
태환	9 예시 / 경선 / 30.0% / 배우기	결과 경선

학습 모델
인식 창 열기
인식 결과
성식 ▼ 의 신뢰도
인식 결과는 성식 ▼ 입니까?

※모든 카테고리별 배우기 가 끝나면 ⬤ 블록 꾸러미에 위와 같이 블록이 생기며, '③ 판단' 과정 후에 모델 사용 을 선택하면 화면에서 블록이 보입니다.

③ 판단

◈ 학습시키지 않은 🔲 안의 데이터를 인식시켜 정답과 같으면 ○, 다르면 ✕에 ◯표 해 봅시다.

학습시키지 않은 문제	태환	태환	태환
학습시키지 않은 문제의 정답	성식	햇님	경선
학습 모델 결과	○, ✕	○, ✕	○, ✕

※ 학습이 잘되었으면 모델 사용 을 선택하여 편집 화면으로 이동합니다.

2 프로그램 작성하기

🔘 스프라이트와 배경을 선택하여 결과 화면을 구성합니다.

① 화면 구성

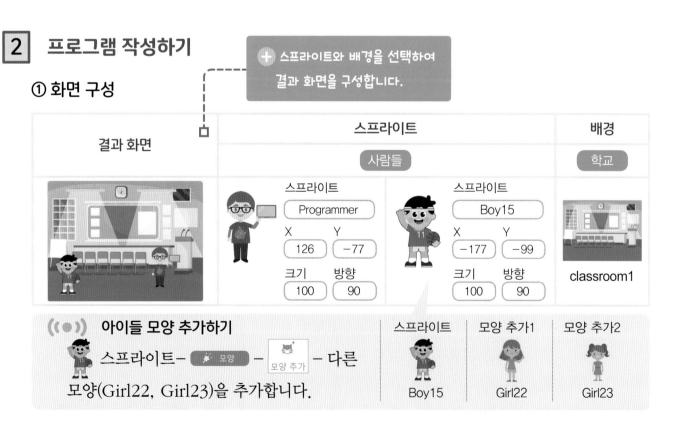

결과 화면	스프라이트		배경
	사람들		학교

스프라이트
Programmer
X 126 Y -77
크기 100 방향 90

스프라이트
Boy15
X -177 Y -99
크기 100 방향 90

classroom1

((•)) 아이들 모양 추가하기
스프라이트 - ✦ 모양 - 🐱 모양 추가 - 다른
모양(Girl22, Girl23)을 추가합니다.

스프라이트	모양 추가1	모양 추가2
Boy15	Girl22	Girl23

② 코드 작성

- 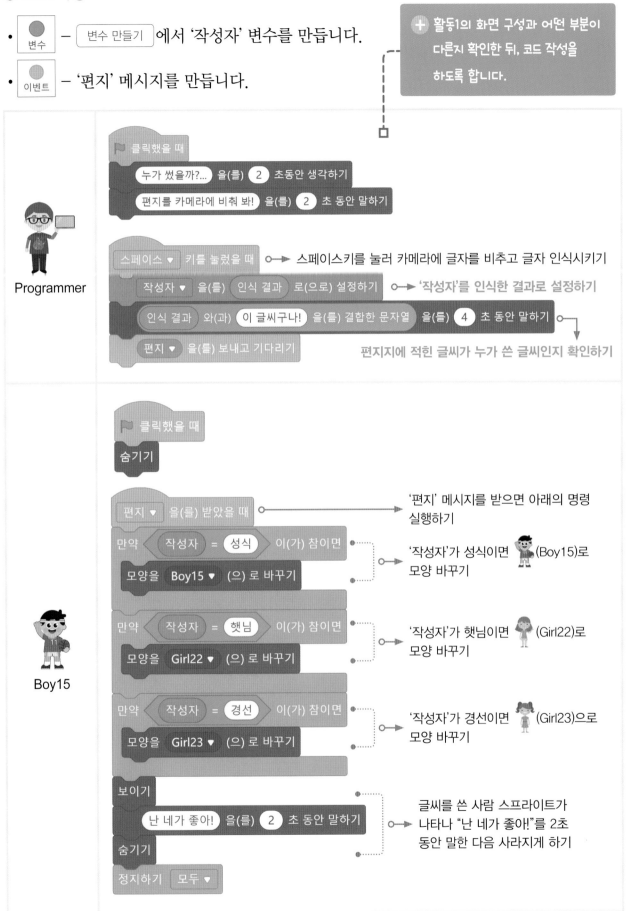 변수 – 변수 만들기 에서 '작성자' 변수를 만듭니다.

- 이벤트 – '편지' 메시지를 만듭니다.

➕ 활동1의 화면 구성과 어떤 부분이 다른지 확인한 뒤, 코드 작성을 하도록 합니다.

Programmer

▶ 클릭했을 때
  누가 썼을까?... 을(를) 2 초 동안 생각하기
  편지를 카메라에 비춰 봐! 을(를) 2 초 동안 말하기

스페이스 ▼ 키를 눌렀을 때 ○→ 스페이스키를 눌러 카메라에 글자를 비추고 글자 인식시키기
  작성자 ▼ 을(를) 인식 결과 로(으로) 설정하기 ○→ '작성자'를 인식한 결과로 설정하기
  인식 결과 와(과) 이 글씨구나! 을(를) 결합한 문자열 을(를) 4 초 동안 말하기 ○→
  편지 ▼ 을(를) 보내고 기다리기
  편지지에 적힌 글씨가 누가 쓴 글씨인지 확인하기

Boy15

▶ 클릭했을 때
숨기기

편지 ▼ 을(를) 받았을 때 ○——→ '편지' 메시지를 받으면 아래의 명령 실행하기
만약 작성자 = 성식 이(가) 참이면 •••→ '작성자'가 성식이면 (Boy15)로
  모양을 Boy15 ▼ (으)로 바꾸기 ••• 모양 바꾸기

만약 작성자 = 햇님 이(가) 참이면 •••→ '작성자'가 햇님이면 (Girl22)로
  모양을 Girl22 ▼ (으)로 바꾸기 ••• 모양 바꾸기

만약 작성자 = 경선 이(가) 참이면 •••→ '작성자'가 경선이면 (Girl23)으로
  모양을 Girl23 ▼ (으)로 바꾸기 ••• 모양 바꾸기

보이기
  난 네가 좋아! 을(를) 2 초 동안 말하기 •••→ 글씨를 쓴 사람 스프라이트가 나타나 "난 네가 좋아!"를 2초 동안 말한 다음 사라지게 하기
숨기기
정지하기 모두 ▼

③ 실행 결과 확인

◇ 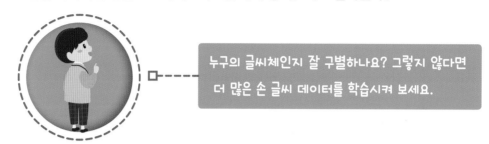을 클릭했을 때 '누가 썼을까?…'라고 생각한 뒤에 "편지를 카메라에 비춰 봐!"라고 말하는가?

◇ 스페이스키를 누르고 편지에 적힌 글을 컴퓨터 카메라에 비추었을 때 "○○이 글씨구나!"라고 말하는가?

◇ 편지를 쓴 사람을 나타내는 인물 스프라이트가 "난 네가 좋아!"라고 말하는가?

> 누구의 글씨체인지 잘 구별하나요? 그렇지 않다면 더 많은 손 글씨 데이터를 학습시켜 보세요.

➕ 활동2 에서 체험한 인공지능 학습 알고리즘 과정을 바탕으로 아래 빈칸을 채워 봅시다.

인공지능 학습 알고리즘		
데이터 준비	학습	판단
데이터를 분류하여 준비합니다.	를 바르게 분류할 수 있도록 학습시킵니다.	를 인식시켜 잘 학습했는지 확인합니다.

인공지능과 함께 정리하기

컴퓨터를 학습시킬 때 손 글씨 데이터를 ☐ 와 ☐ 색으로 구분하여 사용하였습니다. 왜 그랬을까요? 함께 정리해 봅시다.

훈련 데이터와 테스트 데이터

예를 들어, 여러분이 시험공부를 하기 위해 예상 문제와 정답을 열심히 학습하는 경우, 학습한 예상 문제와 정답이 ☐ 영역의 데이터에 해당합니다.

인공지능에서는 ☐ 영역의 데이터를 **훈련 데이터**라고 합니다.

만약 공부했던 예상 문제와 정답으로만 평가를 한다면 어떻게 될까요? 제대로 학습했는지 알 수 없습니다. 즉 컴퓨터가 잘 학습했는지 확인하려면 학습시키지 않는 ☐ 영역의 문제를 물어 학습 모델에서 답한 결과와 실제 정답을 비교해야 합니다. 같다면 학습이 잘되었다고 할 수 있습니다.

인공지능에서는 ☐ 영역의 데이터를 **테스트 데이터**라고 합니다.

4 활동 정리하기

98쪽 >>> 와 비교하며 다음 내용을 정리해 봅시다.

활동 후 생각해 보기

누가 쓴 글씨인지 판단해 주는 프로그램이 항상 좋을까?

누구의 글씨인지 판단해 주는 프로그램이 누구에게나 항상 좋을지, 편지를 받은
태환이의 입장과 편지를 쓴 햇님이의 입장에서 각각 생각하여 써 봅시다.

....

....

....

....

....

> 태환이는 편지를 쓴 친구가 누구인지 궁금해서 알고 싶었겠지만, 편지를 쓴 햇님이는 편지에
> 자기를 밝히지 않은 것으로 보아 자기가 편지를 쓴 것을 태환이가 몰랐으면 했던 것이
> 아닐까요? 그렇다면 햇님이 입장에서 보면 이 프로그램이 좋지만은 않을 수도 있겠어요.

 수업을 마치며

수업을 마무리하면서 다음 항목에 체크해 봅시다.

*조금은 보통의 50%, 보통은 모두의 50%로 정한다.

항목	조금	보통	모두
인공지능 알고리즘 과정을 이해했나요?	☐	☐	☐
비어 있는 설명을 모두 채웠나요?	☐	☐	☐
인공지능의 학습 요소인 훈련 데이터와 테스트 데이터를 비교하여 설명할 수 있나요?	☐	☐	☐
배운 인공지능 개념이 활용되는 사례를 찾을 수 있나요?	☐	☐	☐

Project 10

문어,
꼭꼭 숨어라

학습 목표
생물의 천적과 천적이 아닌 생물을 분류하여
알려 주는 프로그램을 만들 수 있습니다.

융합 교과

창체

인공지능 학습 요소

지도 학습

⏻ 활동 전 생각해 보기

인공지능을 학습시키는 데 사용할 데이터에 잘못된 데이터가 포함되어 있다면 어떤
일이 생길까요?

....

활동1_https://planet.mblock.cc/project/298944　　　활동2_https://planet.mblock.cc/project/298946

문제가 뭘까?

문어는 주변에 천적이 나타나면 위장을 해요.
문어가 좀 더 빨리 숨을 수 있도록 지나가는
생물이 문어의 천적인지 아닌지 가르쳐 주면
어떨까요?

미리 보기 **어떤 과정으로 해결할까?**

천적이 다가오면 문어가 위장술을 펼치는 과정을 알아봅시다.

활동1 에서 해결하기

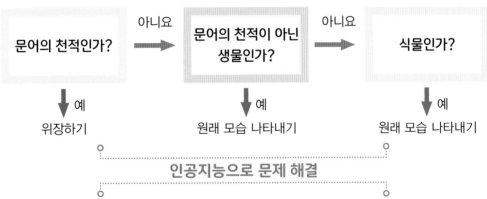

활동2 에서 해결하기

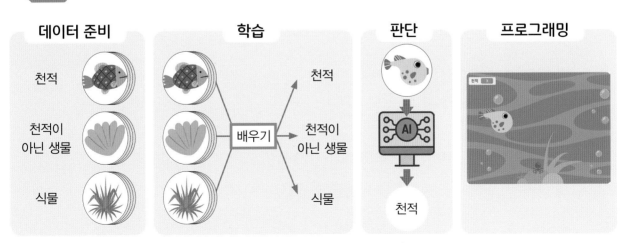

② 해결 방법 찾기

해결 방법을 생각해 보고, 그 방법에 따라 프로그램을 작성해 봅시다.

1 해결 방법 생각하기

➕ 다음 순서에 맞게 아래 빈칸을 채워 봅시다.

◇ 문어의 천적과 천적이 아닌 생물, 식물 4개의 이미지를 선택하고 각각 아래와 같이 구분합니다.

모양 번호1	모양 번호2	모양 번호3	모양 번호4
천적	천적이 아닌 생물	천적	식물

◇ 위 4개의 이미지가 랜덤으로 나타나고, 문어에게 천적을 구분하는 '위장술' 메시지를 보냅니다.

◇ '위장술' 메시지를 받았을 때, 랜덤으로 나타난 생물이
천적이면 문어의 몸 크기와 몸빛이 변하고,
천적이 아니면 원래 모습을 나타냅니다.

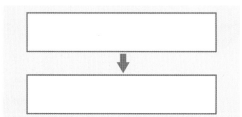

2 프로그램 작성하기

① 화면 구성

➕ 스프라이트와 배경을 선택하여 결과 화면을 구성합니다.

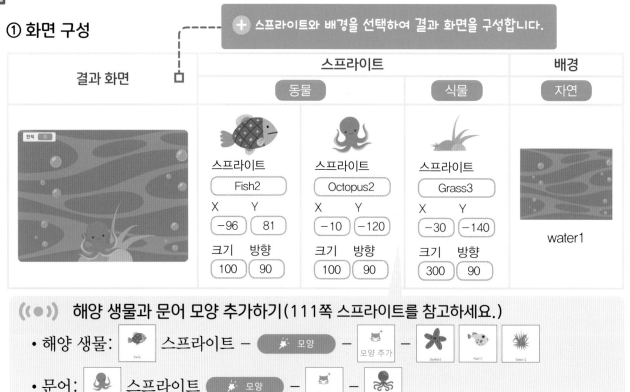

	스프라이트		배경
결과 화면	동물	식물	자연

	동물		식물		자연
스프라이트	Fish2	스프라이트 Octopus2	스프라이트 Grass3		water1
X / Y	−96 / 81	−10 / −120	−30 / −140		
크기 / 방향	100 / 90	100 / 90	300 / 90		

((•)) 해양 생물과 문어 모양 추가하기(111쪽 스프라이트를 참고하세요.)

• 해양 생물: 🐟 스프라이트 – 🌟 모양 – 🎨 모양 추가 – ⭐ 🐡 🌿

• 문어: 🐙 스프라이트 🌟 모양 – 🎨 모양 추가 – 🐙

② 코드 작성

- 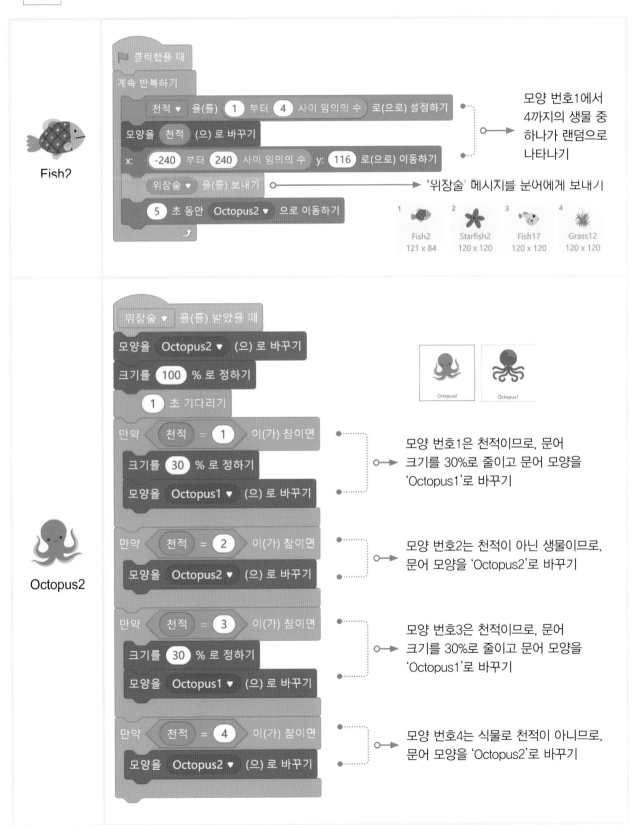 변수 – 변수 만들기 에서 '천적' 변수를 만듭니다.

- 이벤트 – '위장술' 메시지를 만듭니다.

Fish2

```
클릭했을 때
계속 반복하기
  천적 ▼ 을(를) 1 부터 4 사이 임의의 수 로(으로) 설정하기
  모양을 천적 (으)로 바꾸기
  x: -240 부터 240 사이 임의의 수 y: 116 로(으로) 이동하기
  위장술 ▼ 을(를) 보내기
  5 초 동안 Octopus2 ▼ 으로 이동하기
```

→ 모양 번호1에서 4까지의 생물 중 하나가 랜덤으로 나타나기

→ '위장술' 메시지를 문어에게 보내기

1 Fish2 121 x 84 2 Starfish2 120 x 120 3 Fish17 120 x 120 4 Grass12 120 x 120

Octopus2

```
위장술 ▼ 을(를) 받았을 때
모양을 Octopus2 ▼ (으)로 바꾸기
크기를 100 % 로 정하기
1 초 기다리기
만약  천적 = 1  이(가) 참이면
  크기를 30 % 로 정하기
  모양을 Octopus1 ▼ (으)로 바꾸기
만약  천적 = 2  이(가) 참이면
  모양을 Octopus2 ▼ (으)로 바꾸기
만약  천적 = 3  이(가) 참이면
  크기를 30 % 로 정하기
  모양을 Octopus1 ▼ (으)로 바꾸기
만약  천적 = 4  이(가) 참이면
  모양을 Octopus2 ▼ (으)로 바꾸기
```

Octopus2 Octopus1

→ 모양 번호1은 천적이므로, 문어 크기를 30%로 줄이고 문어 모양을 'Octopus1'로 바꾸기

→ 모양 번호2는 천적이 아닌 생물이므로, 문어 모양을 'Octopus2'로 바꾸기

→ 모양 번호3은 천적이므로, 문어 크기를 30%로 줄이고 문어 모양을 'Octopus1'로 바꾸기

→ 모양 번호4는 식물로 천적이 아니므로, 문어 모양을 'Octopus2'로 바꾸기

③ 실행 결과 확인

◆ 🏳을 클릭하고 천적 스프라이트가 나타나면, 문어 스프라이트가 모양을 바꾸는가?

활동 중 생각해 보기

1 활동1 을 실행해 보고, 다음 항목에 체크해 봅시다.

항 목	예	아니요
입력한 4가지 생물 데이터가 천적인지 아닌지 문어가 구분할 수 있었나요?	☐	☐
문어가 4가지 생물 데이터 외에 다른 생물 데이터가 천적인지 아닌지 구분할 수 있을까요?	☐	☐

2 만약, '아니요'에 체크되었다면 왜 그랬을까요? 친구들과 생각해 봅시다.

③ 인공지능 적용하기

 에서 해결되지 않은 부분을 인공지능으로 해결해 봅시다.

Tip 다음은 109쪽 '미리보기' 과정에 따라 진행합니다.
활동을 마친 후에 116쪽에서 인공지능 학습 알고리즘을 정리해 봅시다.

1 인공지능 학습 알고리즘 따라하기

① 데이터 순비

• 생물 이미지 데이터를 분류하여 준비합니다.

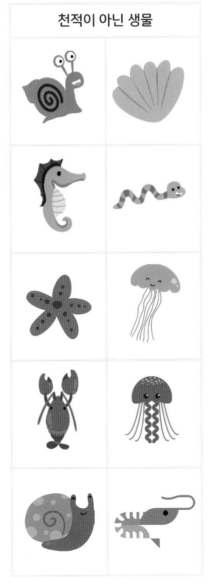

② 학습

◆ 준비한 세 가지 생물 이미지 데이터에서 각각 1개씩을 빼고 나머지를 학습시킵니다.

- 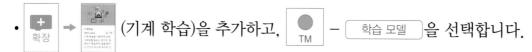 (기계 학습)을 추가하고, [TM] – [학습 모델]을 선택합니다.

- [새로운 모델 만들기]를 선택한 뒤, 모델 카테고리 수에 '3'을 입력하고 확인을 누릅니다.

- 목록 이름을 입력하고 카메라로 이미지를 인식한 뒤, [배우기]를 누릅니다.

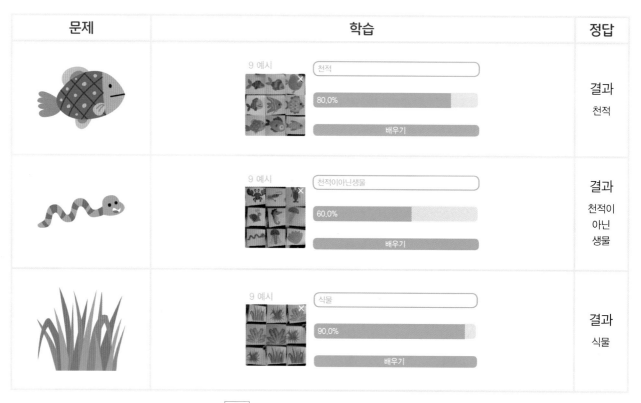

문제	학습	정답
	9 예시 [천적] 80.0% [배우기]	결과 천적
	9 예시 [천적이아닌생물] 60.0% [배우기]	결과 천적이 아닌 생물
	9 예시 [식물] 90.0% [배우기]	결과 식물

※ 모든 카테고리별 [배우기]가 끝나면 [TM] 블록 꾸러미에 [인식 결과], [천적 ▼ 의 신뢰도], [인식 결과는 천적 ▼ 입니까?] 블록이 생깁니다.

③ 판단

◆ 학습시키지 않은 생물 이미지 데이터를 인식시켜 정답과 같으면 ○, 다르면 ×에 ◯표 해 봅시다.

학습시키지 않은 문제			
학습시키지 않은 문제의 정답	천적	천적이 아닌 생물	식물
[학습 모델] 결과	○, ×	○, ×	○, ×

※ 학습이 잘되었으면 [모델 사용]을 선택하여 편집 화면으로 이동합니다.

① 화면 구성

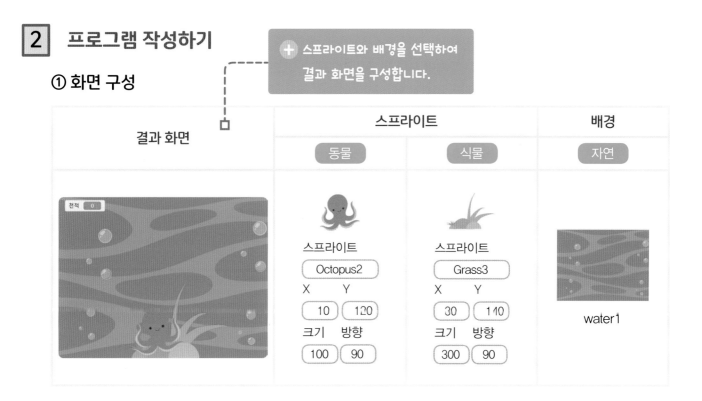

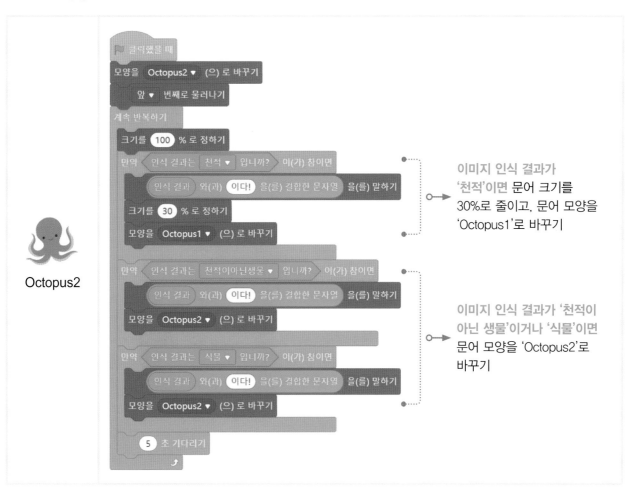

이미지 인식 결과가 '천적'이면 문어 크기를 30%로 줄이고, 문어 모양을 'Octopus1'로 바꾸기

이미지 인식 결과가 '천적이 아닌 생물'이거나 '식물'이면 문어 모양을 'Octopus2'로 바꾸기

② 코드 작성

Octopus2

③ 실행 결과 확인

◇ 천적 이미지 카드를 카메라에 비추면 문어가 몸을 작게 움츠리고 몸빛이 변하는가?

◇ 천적이 아닌 생물과 식물 이미지 카드를 카메라에 비추면 문어의 모양에 아무런 변화가 없는가?

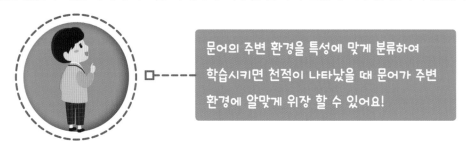

문어의 주변 환경을 특성에 맞게 분류하여 학습시키면 천적이 나타났을 때 문어가 주변 환경에 알맞게 위장할 수 있어요!

➕ 활동2 에서 체험한 인공지능 학습 알고리즘 과정을 바탕으로 빈칸을 채워 봅시다.

인공지능 학습 알고리즘		
데이터 준비	**학습**	**판단**
데이터를 분류하여 준비합니다.	⬜를 바르게 분류할 수 있도록 학습시킵니다.	⬜를 인식시켜 잘 학습했는지 확인합니다.

인공지능과 함께 **정리하기**

이번 활동에서 배운 인공지능 학습 요소를 함께 정리해 봅시다.

지도 학습

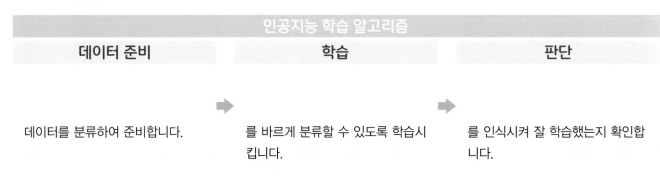

데이터 세트					
문제(데이터)	정답(레이블)	문제(데이터)	정답(레이블)	문제(데이터)	정답(레이블)
	천적 "이 생물은 문어의 천적이야! 위장술이 필요해!"		천적이 아닌 생물 "이 생물은 문어를 해치지 않아!"		식물 "바닷속 식물이니 겁먹지 마!"

기계를 학습시키는 방법에는 지도 학습이 있습니다. 지도 학습은 문제와 정답을 인공지능에게 모두 알려 주고 공부시키는 방법을 말합니다. 문제를 데이터라고 하고, 답을 레이블이라고 하며 이것을 합쳐 데이터 세트라고 합니다. 데이터 세트로 학습시킨 뒤, 학습시키지 않은  생물 이미지를 입력하여 학습된 알고리즘이 얼마나 정확한지 판단할 수 있답니다.

4 활동 정리하기

108쪽 >>>> ⏻ 활동 전 생각해 보기 와 비교하며 다음 내용을 정리해 봅시다.

⏻ 활동 후 생각해 보기

인공지능에게 잘못된 데이터를 학습시키면 어떻게 될까?

인공지능에게 학습시킬 때 문어의 천적이 아닌 생물 데이터에 천적 데이터가
포함되어 있다면 어떤 일이 생길까요? 여러분의 생각을 써 봅시다.

....

....

....

....

....

🎞 수업을 마치며

수업을 마무리하면서 다음 항목에 체크해 봅시다.

＊조금은 보통의 50%, 보통은 모두의 50%로 정한다.

항목	조금	보통	모두
인공지능 알고리즘 과정을 이해했나요?	☐	☐	☐
비어 있는 설명을 모두 채웠나요?	☐	☐	☐
인공지능 학습 요소인 지도 학습을 설명할 수 있나요?	☐	☐	☐
배운 인공지능 개념이 활용되는 사례를 찾을 수 있나요?	☐	☐	☐

융합 교과

기술 · 가정

Project 11

반찬은 골고루가 좋아

학습 목표
섭취한 식단에서 부족한 영양소를 알려 주는
프로그램을 만들 수 있습니다.

인공지능 학습 요소

분류

활동 전 생각해 보기

한국인의 식단표를 이용하여 외국인의 식단을 점검한다면 어떤 일이 생길까요?

활동1_https://planet.mblock.cc/project/298947   활동2_https://planet.mblock.cc/project/298949

문제가 뭘까?

지우랑 민혁이가 급식표를 보고 있어요. 지우와
민혁이가 건강을 유지할 수 있도록 여러 가지
영양소를 골고루 섭취했는지 알려 주면 어떨까요?

음식을 골고루 먹지
않으면 꼭 섭취해야
할 영양소가 부족해
진다는데 …….

우리가 먹은 음식
사진으로 균형 잡힌
식사를 했는지 알려
주는 프로그램을 만들어
볼까?

 미리 보기 　어떤 과정으로 해결할까?

오늘 섭취한 음식의 식품군 분포를 알려 주는 과정을 알아봅시다.

섭취한 음식과 식품군을 하나하나
구분해서 입력해야 하네?

활동1 에서 해결하기

곡류를 섭취했는가?	아니요 →	채소류를 섭취했는가?	아니요 →	고기·생선류를 섭취했는가?	아니요 →	과일류를 섭취했는가?	아니요 →	유제품류를 섭취했는가?
↓ 예		↓ 예		↓ 예		↓ 예		↓ 예
'곡류' 변수 1씩 증가		'채소류' 변수 1씩 증가		'고기생선류' 변수 1씩 증가		'과일류' 변수 1씩 증가		'유제품류' 변수 1씩 증가

인공지능으로 문제 해결

활동2 에서 해결하기

데이터 준비	학습	판단	프로그래밍

활동1

② 해결 방법 찾기

해결 방법을 생각해 보고, 그 방법에 따라 프로그램을 작성해 봅시다.

1 해결 방법 생각하기

➕ **다음 순서에 맞게 아래 빈칸을 채워 봅시다.**

◆ 하루 권장 섭취 식품 횟수에 대한 자료를 조사합니다.

※ 식품구성자전거의 일부분 제시

왼쪽 그림은 음식을 같은 식품군으로 분류하여 하루에 먹어야 하는 양을 표현한 도표입니다. 우리가 하루에 섭취해야 할 권장 식품 횟수는 아래 표와 같습니다.

남자		여자	
곡류	4회	곡류	3회
채소류	5회	채소류	5회
고기 · 생선류	4회	고기 · 생선류	3회
과일류	2회	과일류	2회
유제품류	2회	유제품류	2회

※ 일부 식품군 명칭을 약식으로 표기했습니다.

◆ 조사한 자료를 바탕으로 오늘 먹은 음식이 각각 어떤 식품군에 속하는지 조건문을 이용하여 확인합니다.

쌀밥	오이무침	계란말이	포도	우유
곡류	채소류	고기 · 생선류	과일류	유제품류

⬜ ➡ ⬜ ➡ ⬜

2 프로그램 작성하기

① 화면 구성

스프라이트와 배경을 선택하여 결과 화면을 구성합니다.

결과 화면	스프라이트		배경
	사람들	아이콘	실외
	스프라이트 Doctor1	스프라이트 Start button1	City7
	X −60 Y −30	X 150 Y 120	
	크기 150 방향 90	크기 100 방향 90	

② 코드 작성

- **변수** – **변수 만들기** 에서 '곡류', '채소류', '고기생선류', '과일류', '유제품류' 변수를 만듭니다.

Start button1

```
🏴 클릭했을 때
곡류 ▼ 을(를) 0 로(으로) 설정하기
채소류 ▼ 을(를) 0 로(으로) 설정하기
고기생선류 ▼ 을(를) 0 로(으로) 설정하기
과일류 ▼ 을(를) 0 로(으로) 설정하기
유제품류 ▼ 을(를) 0 로(으로) 설정하기
```

'곡류', '채소류', '고기생선류', '과일류', '유제품류' 변수를 초기화하기

교재에 제시한 식품군 명칭이 '한국영양학회'의 명칭과 약간 다를 수 있습니다.

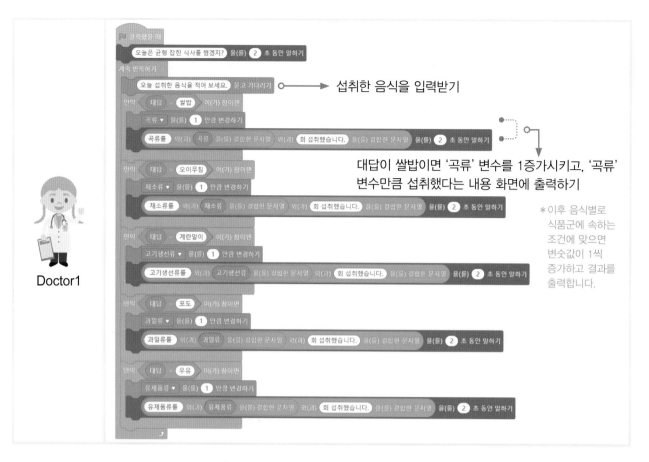

섭취한 음식을 입력받기

대답이 쌀밥이면 '곡류' 변수를 1증가시키고, '곡류' 변수만큼 섭취했다는 내용 화면에 출력하기

*이후 음식별로 식품군에 속하는 조건에 맞으면 변숫값이 1씩 증가하고 결과를 출력합니다.

Doctor1

③ 실행 결과 확인

◆ 🏳을 클릭하고 오늘 섭취한 음식을 문자로 입력하면, 영양소 섭취 상태를 출력하는가?

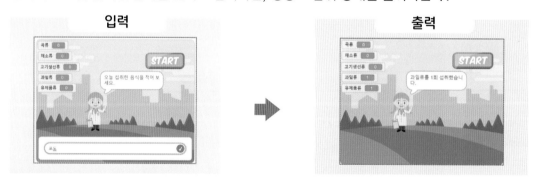

| 입력 | 출력 |

활동 중 생각해 보기

1 활동1 을 실행해 보고, 다음 항목에 체크해 봅시다.

항목	예	아니요
쌀밥, 오이무침, 계란말이, 포도, 우유 외에 다른 음식을 입력했을 때에도 영양소 섭취 상태를 바르게 안내하나요?	☐	☐
내가 섭취한 음식의 식품군을 잘 분류하여 알려 주나요?	☐	☐

2 만약, '아니요'에 체크되었다면 왜 그랬을까요? 친구들과 생각해 봅시다.

3 인공지능 적용하기

활동1 에서 해결되지 않은 부분을 인공지능으로 해결해 봅시다.

 Tip 다음은 119쪽 '미리보기' 과정에 따라 진행합니다.
활동을 마친 후에 128쪽에서 인공지능 학습 알고리즘을 정리해 봅시다.

1 인공지능 학습 알고리즘 따라하기

① 데이터 준비

식품군 명칭을 약식으로 표기합니다.

• 음식 이미지 데이터를 분류하여 준비합니다.

곡류	채소류	고기·생선류	과일류	유제품류

② 학습

◆ 준비한 다섯 가지 식품군 이미지 데이터에서 각각 1개씩을 빼고 나머지를 학습시킵니다.

-  (기계 학습)을 추가하고, [TM] – 학습 모델 을 선택합니다.

- 새로운 모델 만들기 를 선택한 뒤, 모델 카테고리 수에 '5'를 입력하고 확인을 누릅니다.

- 목록 이름을 입력하고 카메라로 이미지를 인식한 뒤, 배우기 를 선택합니다.

문제	학습	정답
	31 예시 곡류 배우기	결과 곡류
	30 예시 채소류 30.0% 배우기	결과 채소류
	32 예시 고기생선류 배우기	결과 고기 생선류
	29 예시 과일류 30.0% 배우기	결과 과일류
	18 예시 유제품류 50.0% 배우기	결과 유제품류

※ 모든 카테고리별 배우기 가 끝나면 [TM] 블록 꾸러미에 인식 결과 , 곡류 ▼ 의 신뢰도 , 인식 결과는 곡류 ▼ 입니까? 블록이 생깁니다.

③ 판단

◆ 학습시키지 않은 음식 이미지 데이터를 인식시켜 정답과 같으면 ○, 다르면 ×에 ○표 해 봅시다.

학습시키지 않은 문제			
학습시키지 않은 문제의 정답	채소류	과일류	고기생선류
학습 모델 결과	○, ×	○, ×	○, ×

※ 학습이 잘되었으면 모델 사용 을 선택하여 편집 화면으로 이동합니다.

2 프로그램 작성하기

스프라이트와 배경을 선택하여 결과 화면을 구성합니다.

① 화면 구성

결과 화면	스프라이트		배경
	사람들	아이콘	실외
	스프라이트 Doctor1 X Y −60 −30 크기 방향 150 90	스프라이트 Start button1 X Y 150 120 크기 방향 100 90　｜　스프라이트 Blue button53 X Y 170 −110 크기 방향 80 90	City7

② 코드 작성

· **변수** – 변수 만들기 에서 '곡류', '채소류', '고기생선류', '과일류', '유제품류', '영양소섭취', '영양소 부족' 변수를 만듭니다.

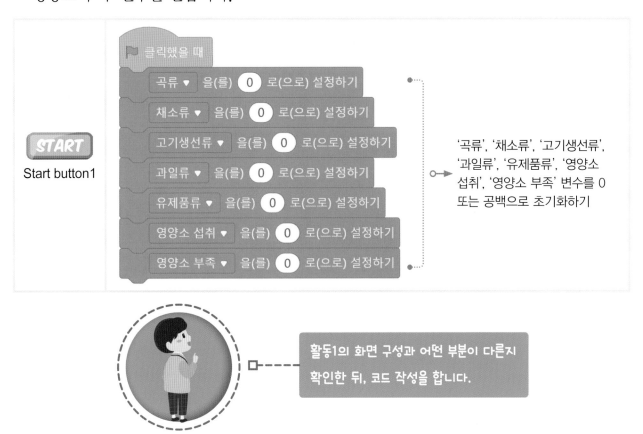

클릭했을 때
곡류 ▼ 을(를) 0 로(으로) 설정하기
채소류 ▼ 을(를) 0 로(으로) 설정하기
고기생선류 ▼ 을(를) 0 로(으로) 설정하기
과일류 ▼ 을(를) 0 로(으로) 설정하기
유제품류 ▼ 을(를) 0 로(으로) 설정하기
영양소 섭취 ▼ 을(를) 0 로(으로) 설정하기
영양소 부족 ▼ 을(를) 0 로(으로) 설정하기

Start button1

'곡류', '채소류', '고기생선류', '과일류', '유제품류', '영양소 섭취', '영양소 부족' 변수를 0 또는 공백으로 초기화하기

활동1의 화면 구성과 어떤 부분이 다른지 확인한 뒤, 코드 작성을 합니다.

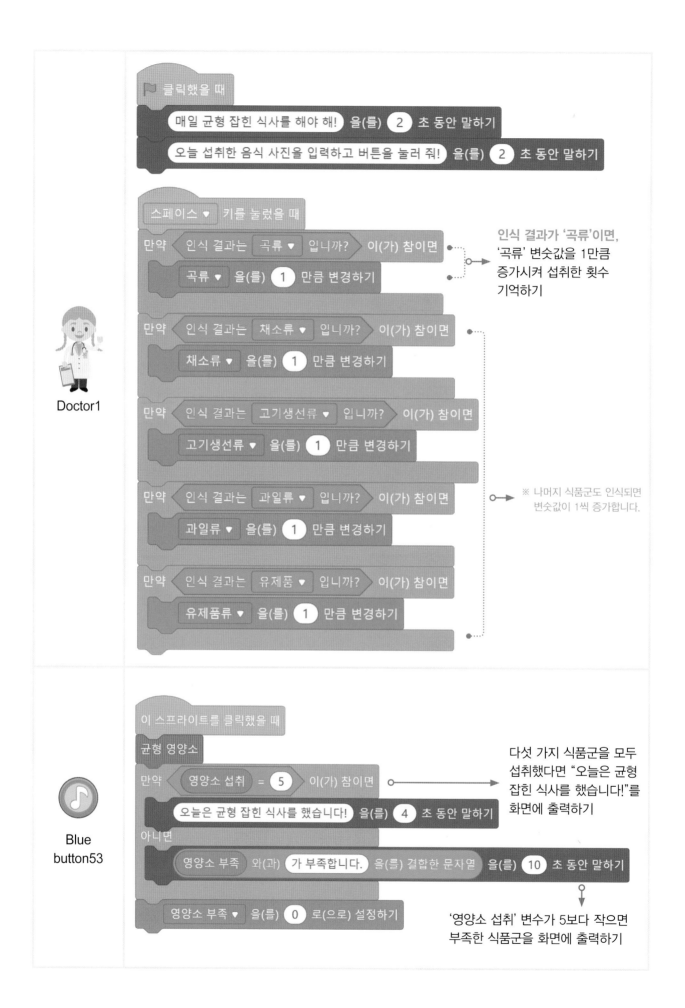

Doctor1

Blue button53

🏳 클릭했을 때
　매일 균형 잡힌 식사를 해야 해! 을(를) 2 초 동안 말하기
　오늘 섭취한 음식 사진을 입력하고 버튼을 눌러 줘! 을(를) 2 초 동안 말하기

스페이스 ▼ 키를 눌렀을 때
만약 〈 인식 결과는 곡류 ▼ 입니까? 〉 이(가) 참이면
　곡류 ▼ 을(를) 1 만큼 변경하기

인식 결과가 '곡류'이면,
'곡류' 변숫값을 1만큼
증가시켜 섭취한 횟수
기억하기

만약 〈 인식 결과는 채소류 ▼ 입니까? 〉 이(가) 참이면
　채소류 ▼ 을(를) 1 만큼 변경하기

만약 〈 인식 결과는 고기생선류 ▼ 입니까? 〉 이(가) 참이면
　고기생선류 ▼ 을(를) 1 만큼 변경하기

만약 〈 인식 결과는 과일류 ▼ 입니까? 〉 이(가) 참이면
　과일류 ▼ 을(를) 1 만큼 변경하기

※ 나머지 식품군도 인식되면
변숫값이 1씩 증가합니다.

만약 〈 인식 결과는 유제품 ▼ 입니까? 〉 이(가) 참이면
　유제품류 ▼ 을(를) 1 만큼 변경하기

이 스프라이트를 클릭했을 때
균형 영양소
만약 〈 영양소 섭취 = 5 〉 이(가) 참이면
　오늘은 균형 잡힌 식사를 했습니다! 을(를) 4 초 동안 말하기
아니면
　영양소 부족 와(과) 가 부족합니다. 을(를) 결합한 문자열 을(를) 10 초 동안 말하기

영양소 부족 ▼ 을(를) 0 로(으로) 설정하기

다섯 가지 식품군을 모두
섭취했다면 "오늘은 균형
잡힌 식사를 했습니다!"를
화면에 출력하기

'영양소 섭취' 변수가 5보다 작으면
부족한 식품군을 화면에 출력하기

하루 권장 섭취 횟수 판단하기(여자일 경우)

하루 곡류 권장 섭취 횟수인 3회를 섭취하지 않은 경우, '영양소 부족' 변수에 곡류 저장하기

하루 채소류 권장 섭취 횟수인 5회를 섭취하지 않은 경우, '영양소 부족' 변수에 채소류 저장하기

하루 고기·생선류 섭취 권장 횟수인 3회를 섭취하지 않은 경우, '영양소 부족' 변수에 고기생선류 저장하기

하루 과일류 권장 섭취 횟수인 2회를 섭취하지 않은 경우, '영양소 부족' 변수에 과일류 저장하기

하루 유제품류 권장 섭취 횟수인 2회를 섭취하지 않은 경우, '영양소 부족' 변수에 유제품류 저장하기

Blue button53

※ 식품군별 권장 섭취 횟수만큼 음식 이미지를 인식시켰으면 '영양소 섭취' 변숫값이 1씩 증가합니다.

③ 실행 결과 확인

◇ 섭취한 음식 이미지를 카메라에 비추면 알맞은 식품군으로 분류되고, 섭취 횟수에 따라 '곡류', '채소류', '고기생선류', '과일류', '유제품류' 변숫값이 증가하는가?

◇ 식품군의 하루 섭취 기준에 따라 부족한 영양소를 안내하는가?

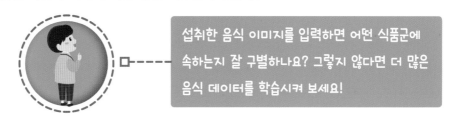

섭취한 음식 이미지를 입력하면 어떤 식품군에 속하는지 잘 구별하나요? 그렇지 않다면 더 많은 음식 데이터를 학습시켜 보세요!

활동2 에서 체험한 인공지능 학습 알고리즘 과정을 바탕으로 빈칸을 채워 봅시다.

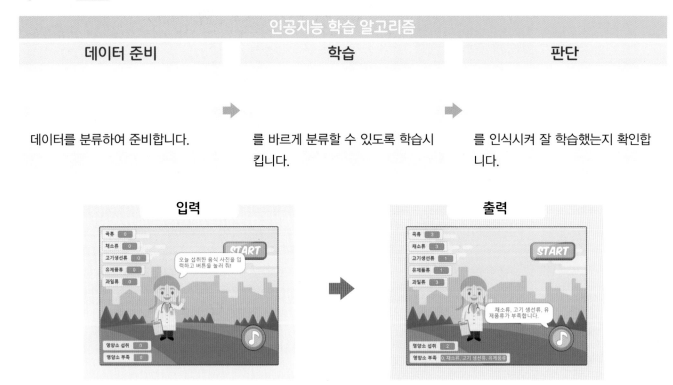

인공지능 학습 알고리즘		
데이터 준비	학습	판단

데이터를 분류하여 준비합니다.   를 바르게 분류할 수 있도록 학습시킵니다.   를 인식시켜 잘 학습했는지 확인합니다.

입력   출력

 **인공지능과 함께 정리하기**

이번 활동에서 배운 인공지능 학습 요소를 함께 정리해 봅시다.

분류

음식 이미지를 입력하면 곡류, 채소류, 고기 · 생선류, 과일류, 유제품류 다섯 가지의 식품군 중에 어느 식품군인지 예측할 수 있었습니다. 이렇게 입력한 값이 어떤 종류의 값인지 구별하는 것을 분류라고 하며, 이는 인공지능이 결과를 예측하기 위한 작업 방법 중에 하나입니다.

식품	쌀밥	깍두기	달걀부침	딸기	치즈
	↓	↓	↓	↓	↓
식품군	곡류	채소류	고기 · 생선류	과일류	유제품류

④ 활동 정리하기

118쪽 >>> (활동 전 생각해 보기)와 비교하며 다음 내용을 정리해 봅시다.

⏻ 활동 후 생각해 보기

한국 식단을 분석한 인공지능이 외국인에게도 유용할까?

우리가 만든 인공지능 프로그램에 외국인이 섭취한 음식을 입력한다면
프로그램이 어느 식품군인지 잘 분류할 수 있을까요? 여러분의 생각을 써 봅시다.

....

....

....

....

한국의 식단 외의 다른 나라의 식단을 분석하여 식품군에 맞게
음식을 학습시키면 식습관이 다른 나라 사람들도 우리가 만든
인공지능 프로그램을 유용하게 사용할 수 있습니다.

🗒 수업을 마치며

수업을 마무리하면서 다음 항목에 체크해 봅시다.

*조금은 보통의 50%, 보통은 모두의 50%로 정한다.

항목	조금	보통	모두
인공지능 알고리즘 과정을 이해했나요?	☐	☐	☐
비어 있는 설명을 모두 채웠나요?	☐	☐	☐
인공지능의 학습 요소인 분류를 설명할 수 있나요?	☐	☐	☐
배운 인공지능 개념이 활용되는 사례를 찾을 수 있나요?	☐	☐	☐

융합 교과
미술

Project 12

누가 그린 그림일까

학습 목표
그림을 보고 이 그림을 그린 사람을 알아맞히는
프로그램을 만들 수 있습니다.

인공지능 학습 요소

신뢰도

⏻ **활동 전** 생각해 보기

주어진 문제에 대한 정답을 말하는 인공지능을 얼마나 신뢰할 수 있을까요?

활동1_https://planet.mblock.cc/project/298951   활동2_https://planet.mblock.cc/project/298953

① 문제가 뭘까?

학교 담벼락에 누군가 그림을 그렸지만 그림을 그린 사람을
아무도 보지 못했어요. 그럼, 그림을 그린 사람을 어떻게
찾아야 할까요? 단서라고는 담벼락에 그린 그림뿐! 탐정이
되어 그림을 그린 사람이 누구인지 찾아볼까요?

대체,
누구지?

미리 보기 **어떤 과정으로 해결할까?**

담벼락의 그림을 보고 그린 사람을 찾는 과정을 알아봅시다.

낙서에는 이름이
없는데.

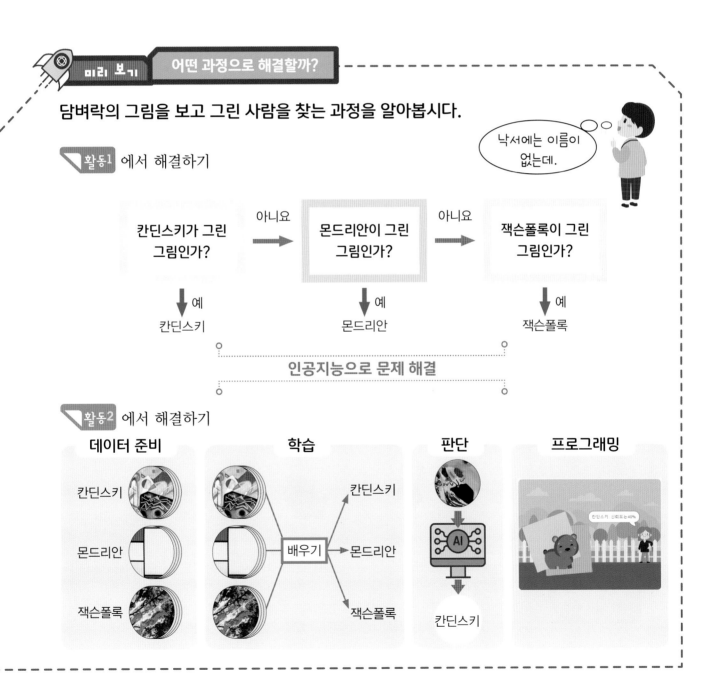

활동1 에서 해결하기

| 칸딘스키가 그린 그림인가? | 아니요 → | 몬드리안이 그린 그림인가? | 아니요 → | 잭슨폴록이 그린 그림인가? |

↓예 칸딘스키   ↓예 몬드리안   ↓예 잭슨폴록

인공지능으로 문제 해결

활동2 에서 해결하기

데이터 준비 | 학습 | 판단 | 프로그래밍

칸딘스키
몬드리안
잭슨폴록

배우기 → 칸딘스키 / 몬드리안 / 잭슨폴록

AI

칸딘스키

칸딘스키 신뢰도는 40%

② 해결 방법 찾기

해결 방법을 생각해 보고, 그 방법에 따라 프로그램을 작성해 봅시다.

1 해결 방법 생각하기

여기서는 그림 그린 사람을 화가 이름으로 정합니다.

➕ 다음 순서에 맞게 아래 빈칸을 채워 봅시다.

◈ 그림을 그린 사람을 알아볼 수 있도록 아래 이미지에 이름을 정합니다.

칸딘스키　　몬드리안　　잭슨폴록

◈ 그림을 그린 사람을 찾을 수 있도록 그린 사람의 이름을 비교합니다.

2 프로그램 작성하기

➕ 스프라이트와 배경을 선택하여 결과 화면을 구성합니다.

① 화면 구성

결과 화면	스프라이트			배경
	사람들	동물	버팀대	실외
	스프라이트 Girl14	스프라이트 칸딘스키	스프라이트 Paper2	Street2
	X 186　Y −34	X −96　Y −57	X −109　Y −29	
	크기 100　방향 90	크기 100　방향 90	크기 200　방향 90	

((●)) 동물 모양 추가하기

- 🐻 스프라이트 – [✦ 모양] – [모양 추가] 다른 모양(Beaver, Bear6)을 추가합니다.

- [+ 추가] – [동물] – 🐱(Cat18) 추가 – [✦ 모양] – [모양 추가] – 다른 모양(Bee1, Conch)을 추가 합니다.

- [+ 추가] – [동물] – 🐛 (Bug7) 추가 – [✦ 모양] – [모양 추가] – 다른 모양(Bug6, Caterpillar)을 추가합니다.

스프라이트	모양 추가1	모양 추가2
칸딘스키 (Bear)	Beaver	Bear6
몬드리안 (Cat18)	Bee1	Conch
잭슨폴록 (Bug7)	Bug6	Caterpillar

② 코드 작성

- 🔵 변수 – [변수 만들기] 에서 '화가' 변수를 만듭니다.

- 🔵 이벤트 – '작품' 메시지를 만듭니다.

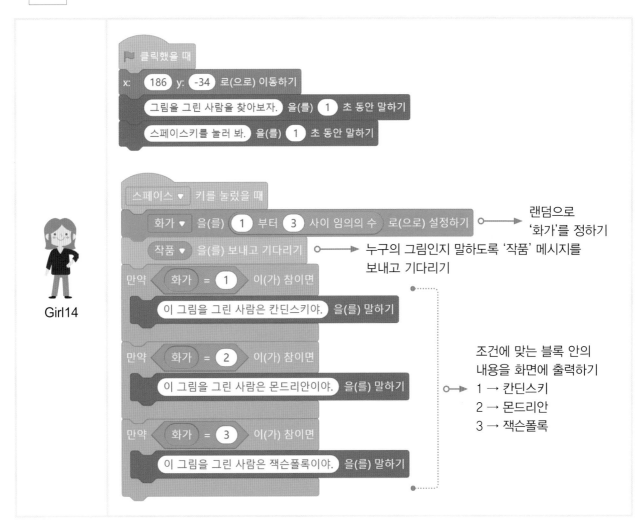

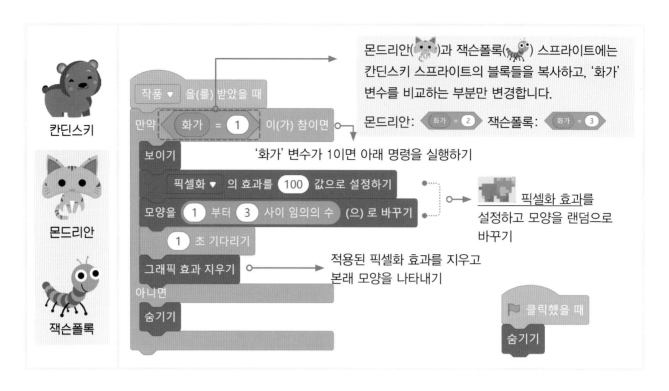

몬드리안(🐱)과 잭슨폴록(🐛) 스프라이트에는 칸딘스키 스프라이트의 블록들을 복사하고, '화가' 변수를 비교하는 부분만 변경합니다.

몬드리안: 화가 = 2   잭슨폴록: 화가 = 3

'화가' 변수가 1이면 아래 명령을 실행하기

픽셀화 효과를 설정하고 모양을 랜덤으로 바꾸기

적용된 픽셀화 효과를 지우고 본래 모양을 나타내기

③ 실행 결과 확인

◆ 스페이스키를 누르면 랜덤으로 작품을 그린 화가가 표시되는가?

◆ 화면에 출력된 그림의 화가를 말풍선으로 출력하는가?

활동 중 생각해 보기

1 [활동1] 을 실행해 보고, 다음 항목에 체크해 봅시다.

항목	예	아니요
수집한 그림(추가한 동물 모양) 외에 다른 그림을 입력해도 찾을 수 있나요?	☐	☐
프로그램으로 칸딘스키 또는 몬드리안, 잭슨폴록과 같은 화가들의 그림을 모두 비교할 수 있을까요?	☐	☐

2 만약, '아니요'에 체크되었다면 왜 그랬을까요? 친구들과 생각해 봅시다.

③ 인공지능 적용하기

활동1 에서 해결되지 않은 부분을 인공지능으로 해결해 봅시다.

Tip 다음은 131쪽 '미리보기' 과정에 따라 진행합니다.
활동을 마친 후에 140쪽에서 인공지능 학습 알고리즘을 정리해 봅시다.

1 인공지능 학습 알고리즘 따라하기

(1) 데이터 준비

- 칸딘스키, 몬드리안, 잭슨폴록의 그림 데이터를 분류하여 준비합니다.

칸딘스키	몬드리안	잭슨폴록

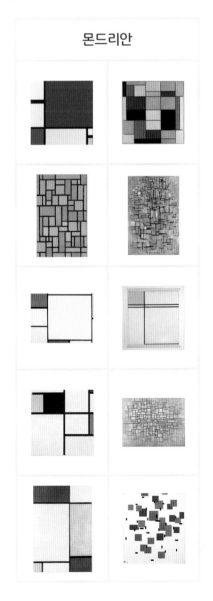

② 학습

◆ 준비한 세 가지 그림 데이터에서 각각 1개씩을 빼고 나머지를 학습시킵니다.

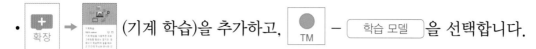

- (기계 학습)을 추가하고, TM – 학습 모델 을 선택합니다.

- 새로운 모델 만들기 를 선택한 뒤, 모델 카테고리 수에 '3'을 입력하고 확인을 누릅니다.

- 목록 이름을 입력하고 카메라로 이미지를 인식한 뒤, 배우기 를 누릅니다.

문제	학습	정답
	9 예시 · 칸딘스키 · 99.0% · 배우기	결과 칸딘스킨
	9 예시 · 몬드리안 · 80.0% · 배우기	결과 몬드리안
	9 예시 · 잭슨폴록 · 70.0% · 배우기	결과 잭슨폴록

※ 모든 카테고리별 배우기 가 끝나면 TM 블록 꾸러미에 인식 결과 , 칸딘스키 ▼ 의 신뢰도 , 인식 결과는 칸딘스키 ▼ 입니까? 블록이 생깁니다.

③ 판단

◆ 학습시키지 않은 그림 데이터를 인식시켜 정답과 같으면 ○, 다르면 ✕에 ◯표 해 봅시다.

학습시키지 않은 문제			
학습시키지 않은 문제의 정답	칸딘스키	몬드리안	잭슨폴록
학습 모델 결과	○, ✕	○, ✕	○, ✕

※ 학습이 잘되었으면 모델 사용 을 선택하여 편집 화면으로 이동합니다.

2 프로그램 작성하기

① 화면 구성

> ➕ 현재는 실행한 후의 결과 화면입니다.

결과 화면	스프라이트			배경
	사람들	동물	버팀대	실외
	스프라이트 Girl14 X Y 186 −34 크기 방향 100 90	스프라이트 칸딘스키 X Y −96 −57 크기 방향 100 90	스프라이트 Paper2 X Y −109 −29 크기 방향 200 90	Street2

> 133쪽의 동물 모양 추가하기와 똑같이 스프라이트를 추가하고 수정합니다.

② 코드 작성

- [변수] – [변수 만들기]에서 '화가', '신뢰도' 변수를 만듭니다.

- [이벤트] – '작품' 메시지를 만듭니다.

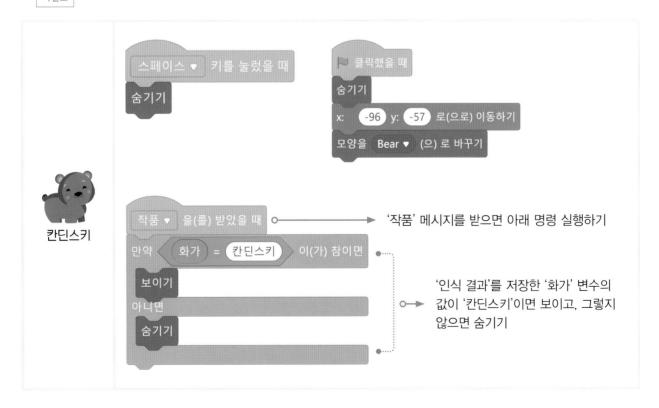

칸딘스키

'작품' 메시지를 받으면 아래 명령 실행하기

'인식 결과'를 저장한 '화가' 변수의 값이 '칸딘스키'이면 보이고, 그렇지 않으면 숨기기

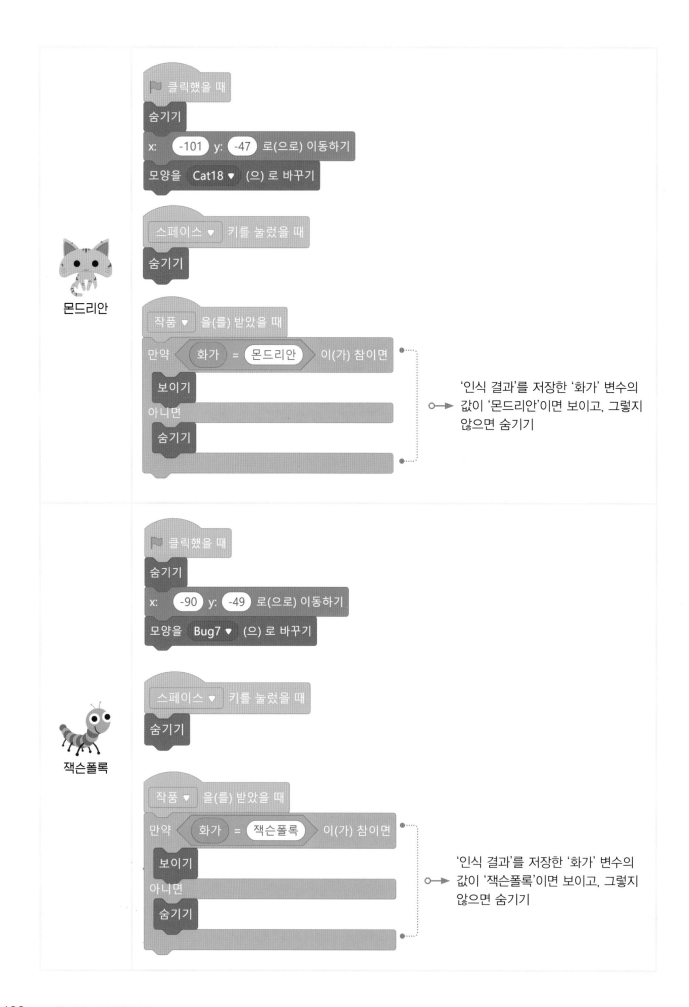

몬드리안

클릭했을 때
숨기기
x: -101 y: -47 로(으로) 이동하기
모양을 Cat18 ▼ (으)로 바꾸기

스페이스 ▼ 키를 눌렀을 때
숨기기

작품 ▼ 을(를) 받았을 때
만약 화가 = 몬드리안 이(가) 참이면
　보이기
아니면
　숨기기

'인식 결과'를 저장한 '화가' 변수의 값이 '몬드리안'이면 보이고, 그렇지 않으면 숨기기

잭슨폴록

클릭했을 때
숨기기
x: -90 y: -49 로(으로) 이동하기
모양을 Bug7 ▼ (으)로 바꾸기

스페이스 ▼ 키를 눌렀을 때
숨기기

작품 ▼ 을(를) 받았을 때
만약 화가 = 잭슨폴록 이(가) 참이면
　보이기
아니면
　숨기기

'인식 결과'를 저장한 '화가' 변수의 값이 '잭슨폴록'이면 보이고, 그렇지 않으면 숨기기

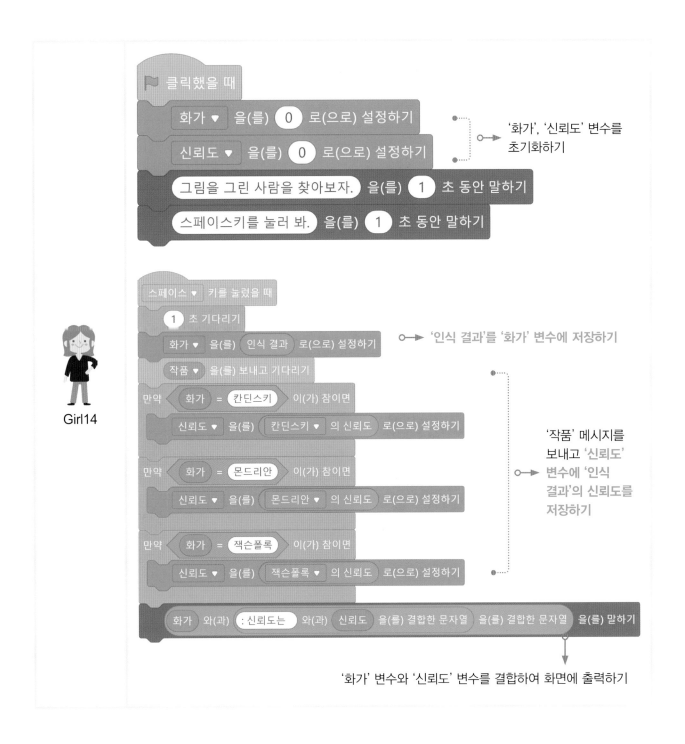

'화가', '신뢰도' 변수를 초기화하기

'인식 결과'를 '화가' 변수에 저장하기

'작품' 메시지를 보내고 '신뢰도' 변수에 '인식 결과'의 신뢰도를 저장하기

Girl14

'화가' 변수와 '신뢰도' 변수를 결합하여 화면에 출력하기

③ 실행 결과 확인

◇ 학습시키지 않은 그림 카드를 카메라에 비추면 칸딘스키, 몬드리안, 잭슨폴록 중 비슷한 패턴을 갖고 있는 화가를 보여 주는가?

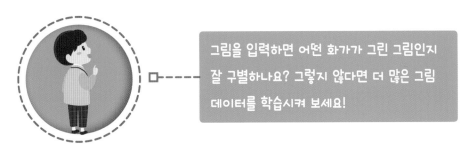

그림을 입력하면 어떤 화가가 그린 그림인지 잘 구별하나요? 그렇지 않다면 더 많은 그림 데이터를 학습시켜 보세요!

에서 체험한 인공지능 학습 알고리즘 과정을 바탕으로 빈칸을 채워 봅시다.

인공지능 학습 알고리즘		
데이터 준비	학습	판단
데이터를 분류하여 준비합니다.	를 바르게 분류할 수 있도록 학습시 킵니다.	를 인식시켜 잘 학습했는지 확인합 니다.

인공지능과 함께 **정리하기**

이번 활동에서 배운 인공지능 학습 요소를 함께 정리해 봅시다.

신뢰도

기계(컴퓨터)에게 세 명의 화가가 그린 그림을 학습시키고 담벼락에 그린 그림을 보여 주었을 때, 위 화면과 같이 가장 높은 신뢰도를 나타내는 정답(레이블)으로 분류해 주었습니다.

위 화면에서 보여 준 그림의 화가로 칸딘스키의 신뢰도가 20%, 몬드리안의 신뢰도가 80%, 잭슨 폴록의 신뢰도가 0%입니다. 이때, 결과에 대해 인공지능이 확신하고 있는 정도를 100점 만점으로 나타낸 것을 신뢰도라고 하며, 가장 신뢰도가 높은 몬드리안을 결과로 출력합니다. 하지만, 틀린 데이터를 학습했거나 학습량이 적었을 때에는 신뢰도가 높더라도 잘못된 예측을 할 수 있습니다.

4 활동 정리하기

130쪽 >>> 와 비교하며 다음 내용을 정리해 봅시다.

활동 후 생각해 보기

정답이 없는 데이터를 넣으면 어떻게 될까?

칸딘스키, 몬드리안, 잭슨폴록의 그림이 아닌 고흐의 그림을 보여 주었을 때
칸딘스키가 그린 그림이라고 결과가 나왔어요. 이유가 뭘까요? 여러분의 생각을
써 봅시다.

....

....

....

....

....

 수업을 마치며

수업을 마무리하면서 다음 항목에 체크해 봅시다.

*조금은 보통의 50%, 보통은 모두의 50%로 정한다.

항목	조금	보통	모두
인공지능 알고리즘 과정을 이해했나요?	☐	☐	☐
비어 있는 설명을 모두 채웠나요?	☐	☐	☐
인공지능의 학습 요소인 신뢰도를 설명할 수 있나요?	☐	☐	☐
배운 인공지능 개념이 활용되는 사례를 찾을 수 있나요?	☐	☐	☐

Project 13

얼굴형이
궁금해요

학습 목표
자신의 얼굴형을 알려 주는 프로그램을
만들 수 있습니다.

융합 교과

수학

인공지능 학습 요소

일반화

⏻ **활동 전** 생각해 보기

사람의 얼굴형을 판단하는 기준은 모두 같을까요?

활동1_https://planet.mblock.cc/project/298955   활동2_https://planet.mblock.cc/project/298958

문제가 뭘까?

어느 날 혜원이는 자신의 얼굴형이 궁금했어요.
언제나 혜원이가 제일 예쁘다고 말했던 거울에게
혜원이는 "내 얼굴은 무슨 형이니?"라고 물었어요.
거울은 뭐라고 대답했을까요?

> 거울아, 거울아!
> 내 얼굴은 무슨
> 형이니?

> 당신의 얼굴은
> 계란형이군요.

미리 보기 **어떤 과정으로 해결할까?**

혜원이의 얼굴은 어떤 모양인지 거울이 대답하는 과정을 알아봅시다.

> 어떻게 기준을
> 정해야 할까?

활동1 에서 해결하기

| 얼굴의 너비와 길이의 차이가 2.5cm 보다 작습니까? | 아니요 → | 턱이 뾰족하고 이마와 뺨의 너비가 큽니까? | 아니요 → | 얼굴의 너비보다 길이가 더 크고, 이마의 길이가 턱선의 길이보다 깁니까? |

↓ 예 · · · · · · · · · · · · · · · · ↓ 예 · · · · · · · · · · · · · · · · ↓ 예

도넛형(둥근 얼굴) · · · · · · · · · · 포도형(역삼각 얼굴) · · · · · · · · · 계란형(갸름한 얼굴)

인공지능으로 문제 해결

활동2 에서 해결하기

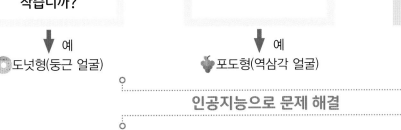

데이터 준비	학습	판단	프로그래밍

도넛형
(둥근 얼굴)

포도형
(역삼각 얼굴)

계란형
(갸름한 얼굴)

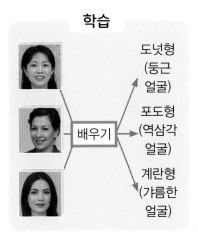

배우기 →

도넛형
(둥근
얼굴)

포도형
(역삼각
얼굴)

계란형
(갸름한
얼굴)

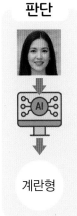

계란형

2 해결 방법 찾기

해결 방법을 생각해 보고, 그 방법에 따라 프로그램을 작성해 봅시다.

1 해결 방법 생각하기

➕ 다음 순서에 맞게 아래 빈칸을 채워 봅시다.

◇ 스프라이트 모양을 이용하여 얼굴의 너비와 길이의 비율로 얼굴형을 정의합니다.

◇ 얼굴 너비와 길이를 조건으로 하여 얼굴형이 어떤 모양인지 확인합니다.

2 프로그램 작성하기

➕ 스프라이트와 배경을 선택하여 결과 화면을 구성합니다.

① 화면 구성

결과 화면	스프라이트		배경
	판타지	음식	자연
	스프라이트 Witch	스프라이트 Doughnut4	Forest night1
	X −94 Y −7	X 97 Y 0	
	크기 100 방향 90	크기 100 방향 90	

((•)) 얼굴 모양 추가하기

-  스프라이트 – [✦ 모양] – [모양 추가] – 다른 모양
  (Egg-e, Grapes, Help button4)을 추가합니다.

스프라이트	모양 추가1	모양 추가2	모양 추가3
Doughnut4	Egg-e	Grapes	Help button4

② 코드 작성

- [변수] – [변수 만들기]에서 '얼굴형' 변수를 만듭니다.

- [이벤트] – '확인', '초기화' 메시지를 만듭니다.

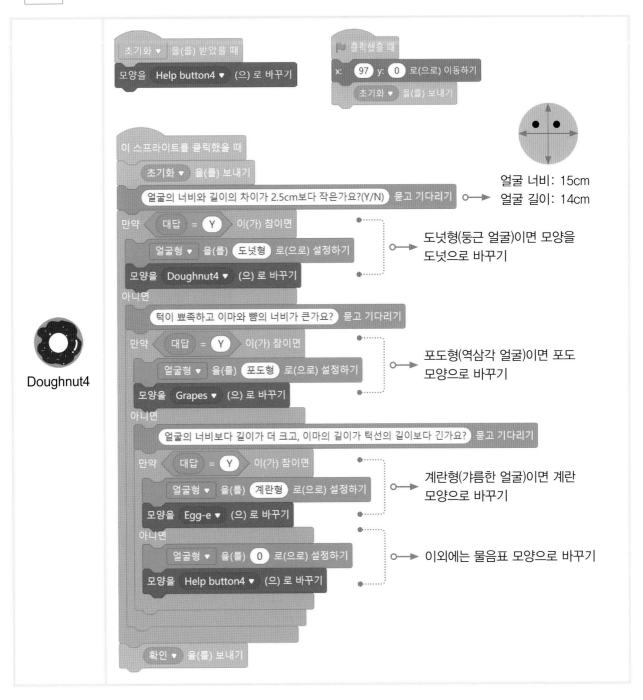

얼굴 너비: 15cm
얼굴 길이: 14cm

도넛형(둥근 얼굴)이면 모양을
도넛으로 바꾸기

포도형(역삼각 얼굴)이면 포도
모양으로 바꾸기

계란형(갸름한 얼굴)이면 계란
모양으로 바꾸기

이외에는 물음표 모양으로 바꾸기

③ 실행 결과 확인

◈ 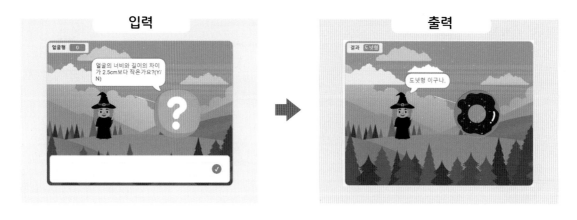을 클릭하고 질문에 대한 대답을 입력하면, 마녀가 얼굴형을 말하면서 얼굴 모양을 보여 주는가?

입력	출력

활동 중 생각해 보기

1 활동1 을 실행해 보고, 다음 항목에 체크해 봅시다.

항목	예	아니요
'도넛형', '포도형', '계란형' 외에 다른 얼굴형을 판단할 수 있나요?	☐	☐
얼굴형을 결정하는 기준을 빠짐없이 모두 포함하고 있나요?	☐	☐

2 만약, '아니요'에 체크되었다면 왜 그랬을까요? 친구들과 생각해 봅시다.

③ 인공지능 적용하기

 에서 해결되지 않은 부분을 인공지능으로 해결해 봅시다.

> **Tip** 다음은 143쪽 '미리보기' 과정에 따라 진행합니다.
> 활동을 마친 후에 152쪽에서 인공지능 학습 알고리즘을 정리해 봅시다.

1 인공지능 학습 알고리즘 따라하기

① 데이터 준비

• 도넛형, 포도형, 계란형 얼굴 데이터를 분류하여 준비합니다.

도넛형	포도형	계란형

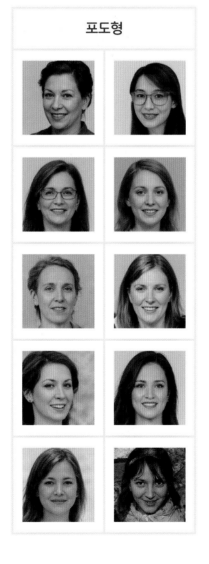
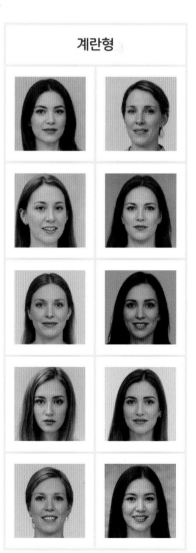

② 학습

◆ 준비한 세 가지 얼굴형 데이터에서 각각 1개씩을 빼고 나머지를 학습시킵니다.

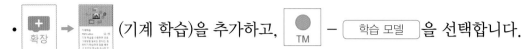

- ■ 확장 → ■ (기계 학습)을 추가하고, ● TM − [학습 모델]을 선택합니다.

- [새로운 모델 만들기]를 선택한 뒤, 모델 카테고리 수에 '3'을 입력하고 확인을 누릅니다.

- 목록 이름을 입력하고 카메라로 이미지를 인식한 뒤, [배우기]를 누릅니다.

문제	학습	정답
	9 예시 [도넛형] 40.0% 배우기	결과 도넛형
	9 예시 [포도형] 60.0% 배우기	결과 포도형
	9 예시 [계란형] 60.0% 배우기	결과 계린향

※ 모든 카테고리별 [배우기]가 끝나면 ● TM 블록 꾸러미에 [인식 결과], [도넛형 ▼ 의 신뢰도], [인식 결과는 도넛형 ▼ 입니까?] 블록이 생깁니다.

③ 판단

◆ 학습시키지 않은 얼굴형 데이터를 인식시켜 정답과 같으면 ○, 다르면 ×에 ○표 해 봅시다.

학습시키지 않은 문제			
학습시키지 않은 문제의 정답	도넛형	포도형	계란형
[학습 모델] **결과**	○, ×	○, ×	○, ×

※ 학습이 잘되었으면 [모델 사용]을 선택하여 편집 화면으로 이동합니다.

① 화면 구성

((●)) 얼굴 모양 추가하기

앞에서 사용한 프로그램(144쪽)과 같은 화면에서 다음 스프라이트를 추가합니다.

① 스프라이트 – [추가] – [아이콘] – ● (Ball) 스프라이트를 추가한 후, 스프라이트 이름을 '도넛형'으로 변경합니다.

② 추가한 'Ball' 스프라이트를 두 번 복사한 후, 각 모양의 이름을 '포도형'과 '계란형'으로 변경합니다.

- ● 포도형 – [모양] – ● (ball-b) 모양으로 변경합니다.

- ● 계란형 – [모양] – ● (ball-c) 모양으로 변경합니다.

② 코드 작성

- [확장] ➡ ▨ 을 추가합니다.

- [변수] – [변수 만들기] 에서 '결과', '도넛형', '포도형', '계란형' 변수를 만듭니다.

- [이벤트] – '확인', '초기화' 메시지를 만듭니다.

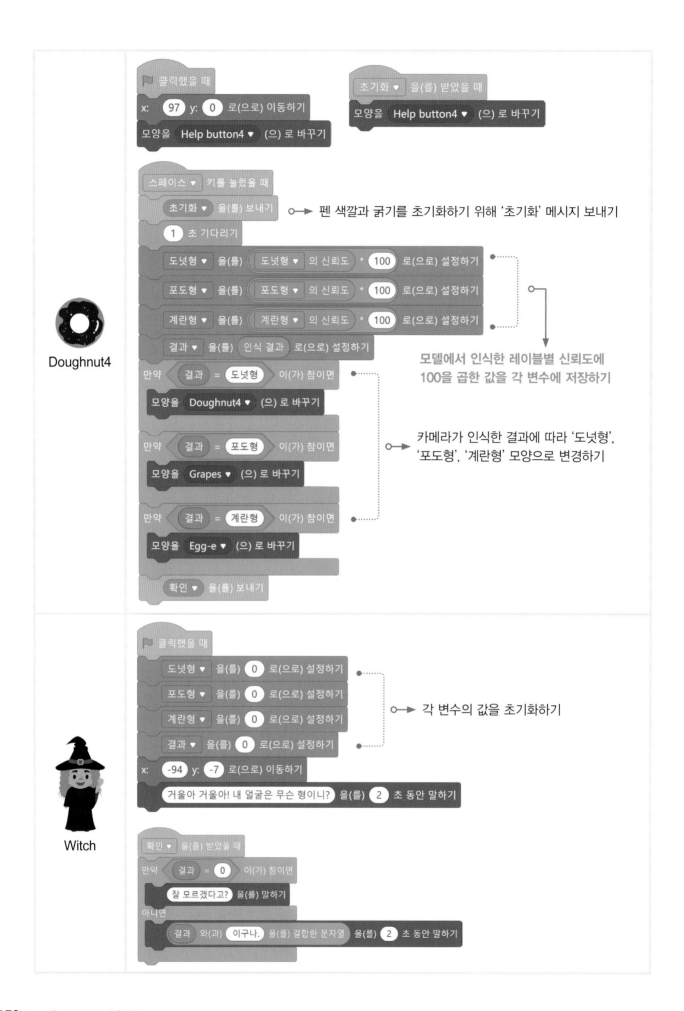

Doughnut4

클릭했을 때
x: 97 y: 0 로(으로) 이동하기
모양을 Help button4 ▼ (으) 로 바꾸기

초기화 ▼ 을(를) 받았을 때
모양을 Help button4 ▼ (으) 로 바꾸기

스페이스 ▼ 키를 눌렀을 때
초기화 ▼ 을(를) 보내기   ○→ 펜 색깔과 굵기를 초기화하기 위해 '초기화' 메시지 보내기
1 초 기다리기
도넛형 ▼ 을(를) (도넛형 ▼ 의 신뢰도 * 100) 로(으로) 설정하기
포도형 ▼ 을(를) (포도형 ▼ 의 신뢰도 * 100) 로(으로) 설정하기
계란형 ▼ 을(를) (계란형 ▼ 의 신뢰도 * 100) 로(으로) 설정하기   ○→ 모델에서 인식한 레이블별 신뢰도에 100을 곱한 값을 각 변수에 저장하기
결과 ▼ 을(를) (인식 결과) 로(으로) 설정하기
만약 (결과 = 도넛형) 이(가) 참이면
　모양을 Doughnut4 ▼ (으) 로 바꾸기
만약 (결과 = 포도형) 이(가) 참이면   ○→ 카메라가 인식한 결과에 따라 '도넛형', '포도형', '계란형' 모양으로 변경하기
　모양을 Grapes ▼ (으) 로 바꾸기
만약 (결과 = 계란형) 이(가) 참이면
　모양을 Egg-e ▼ (으) 로 바꾸기
확인 ▼ 을(를) 보내기

Witch

클릭했을 때
도넛형 ▼ 을(를) 0 로(으로) 설정하기
포도형 ▼ 을(를) 0 로(으로) 설정하기
계란형 ▼ 을(를) 0 로(으로) 설정하기   ○→ 각 변수의 값을 초기화하기
결과 ▼ 을(를) 0 로(으로) 설정하기
x: -94 y: -7 로(으로) 이동하기
거울아 거울아! 내 얼굴은 무슨 형이니? 을(를) 2 초 동안 말하기

확인 ▼ 을(를) 받았을 때
만약 (결과 = 0) 이(가) 참이면
　잘 모르겠다고? 을(를) 말하기
아니면
　(결과 와(과) 이구나. 을(를) 결합한 문자열) 을(를) 2 초 동안 말하기

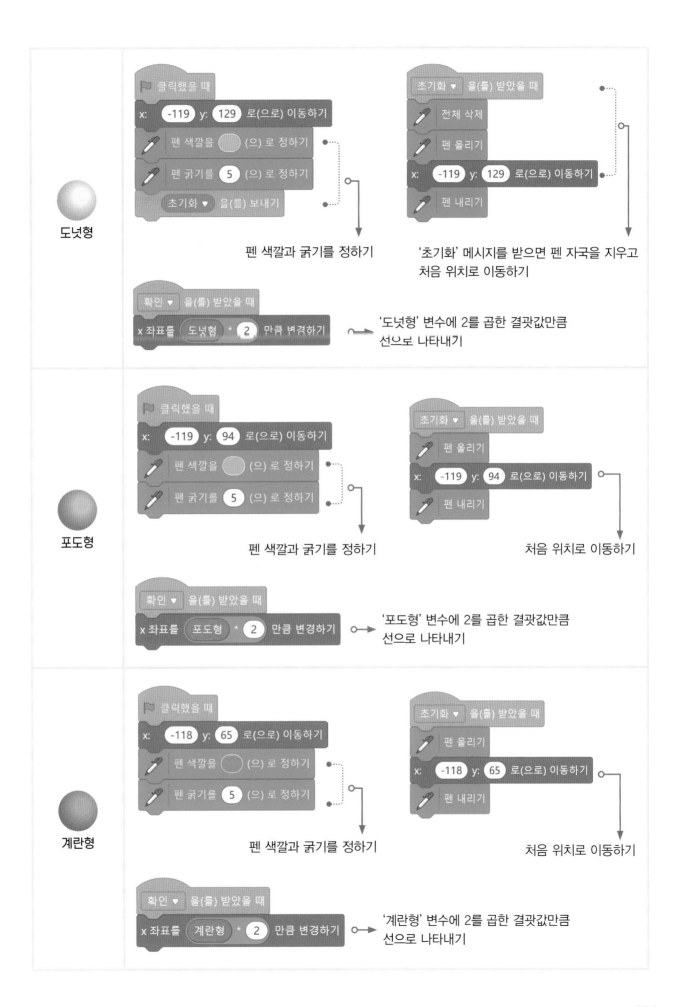

도넛형

클릭했을 때
x: -119 y: 129 로(으로) 이동하기
펜 색깔을 (으)로 정하기
펜 굵기를 5 (으)로 정하기
초기화 ▼ 을(를) 보내기

펜 색깔과 굵기를 정하기

초기화 ▼ 을(를) 받았을 때
전체 삭제
펜 올리기
x: -119 y: 129 로(으로) 이동하기
펜 내리기

'초기화' 메시지를 받으면 펜 자국을 지우고
처음 위치로 이동하기

확인 ▼ 을(를) 받았을 때
x 좌표를 도넛형 * 2 만큼 변경하기

'도넛형' 변수에 2를 곱한 결괏값만큼
선으로 나타내기

포도형

클릭했을 때
x: -119 y: 94 로(으로) 이동하기
펜 색깔을 (으)로 정하기
펜 굵기를 5 (으)로 정하기

펜 색깔과 굵기를 정하기

초기화 ▼ 을(를) 받았을 때
펜 올리기
x: -119 y: 94 로(으로) 이동하기
펜 내리기

처음 위치로 이동하기

확인 ▼ 을(를) 받았을 때
x 좌표를 포도형 * 2 만큼 변경하기

'포도형' 변수에 2를 곱한 결괏값만큼
선으로 나타내기

계란형

클릭했을 때
x: -118 y: 65 로(으로) 이동하기
펜 색깔을 (으)로 정하기
펜 굵기를 5 (으)로 정하기

펜 색깔과 굵기를 정하기

초기화 ▼ 을(를) 받았을 때
펜 올리기
x: -118 y: 65 로(으로) 이동하기
펜 내리기

처음 위치로 이동하기

확인 ▼ 을(를) 받았을 때
x 좌표를 계란형 * 2 만큼 변경하기

'계란형' 변수에 2를 곱한 결괏값만큼
선으로 나타내기

③ 실행 결과 확인

◆ 자신 또는 친구의 얼굴을 카메라에 비추면 마녀가 얼굴형을 말해 주는가?

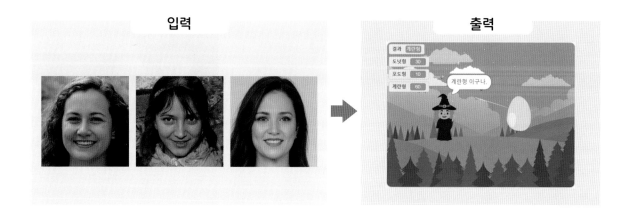

에서 체험한 인공지능 학습 알고리즘 과정을 바탕으로 빈칸을 채워 봅시다.

인공지능 학습 알고리즘		
데이터 준비	학습	판단
데이터를 분류하여 준비합니다.	를 바르게 분류할 수 있도록 학습시킵니다.	를 인식시켜 잘 학습했는지 확인합니다.

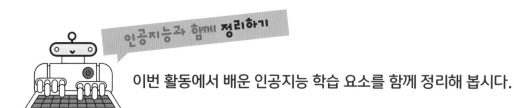

이번 활동에서 배운 인공지능 학습 요소를 함께 정리해 봅시다.

일반화

우리 반 친구들의 얼굴 사진을 학습하여 만들어진 모델이 있다면, 이 모델은 우리 반이 아닌 다른 반 친구들의 얼굴 사진을 입력받았을 때에도 비슷한 정확도로 예측할 수 있어야 합니다. 이것이 모델을 만드는 목적이라고 할 수 있습니다.

이때, 모델의 학습에 사용된 데이터가 아닌 새로운 데이터(학습시키지 않은 데이터)에 대해 올바른 예측을 수행하는 능력을 일반화(generalization)라고 합니다.

즉, 일반화는 다른 외부의 데이터를 넣어도 훈련 데이터로 모델을 학습한 것과 비슷한 결과를 얻는 것을 말합니다.

4 활동 정리하기

142쪽 >>>  와 비교하며 다음 내용을 정리해 봅시다.

활동 후 생각해 보기

데이터의 분류 기준이 다르면 어떻게 될까?

내가 만든 모델과 다른 사람이 만들 모델을 사용해서 내 얼굴을 인식했는데
두 모델의 얼굴형이 다른 결과로 나왔어요. 이유가 뭘까요? 여러분의 생각을
써 봅시다.

....

....

....

....

....

 수업을 마치며

수업을 마무리하면서 다음 항목에 체크해 봅시다.

＊조금은 보통의 50%, 보통은 모두의 50%로 정한다.

항목	조금	보통	모두
인공지능 알고리즘 과정을 이해했나요?	☐	☐	☐
비어 있는 설명을 모두 채웠나요?	☐	☐	☐
인공지능의 학습 요소인 일반화를 설명할 수 있나요?	☐	☐	☐
배운 인공지능 개념이 활용되는 사례를 찾을 수 있나요?	☐	☐	☐

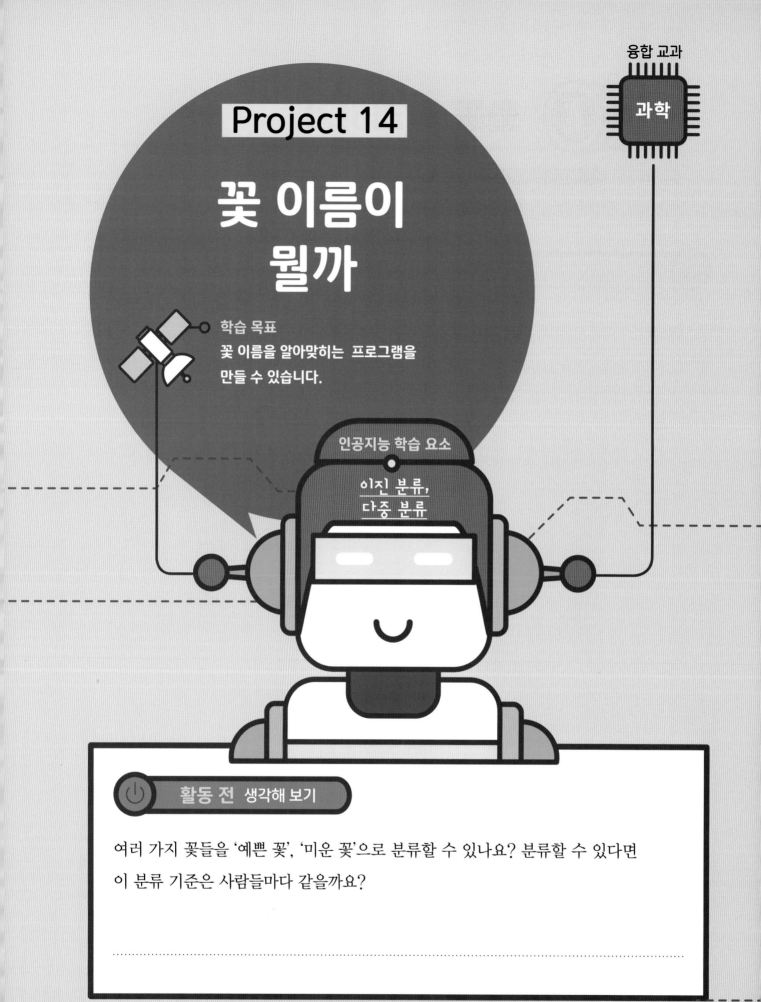

융합 교과

과학

Project 14

꽃 이름이 뭘까

학습 목표
꽃 이름을 알아맞히는 프로그램을
만들 수 있습니다.

인공지능 학습 요소

이진 분류,
다중 분류

활동 전 생각해 보기

여러 가지 꽃들을 '예쁜 꽃', '미운 꽃'으로 분류할 수 있나요? 분류할 수 있다면
이 분류 기준은 사람들마다 같을까요?

....

활동1_https://planet.mblock.cc/project/298959   활동2_https://planet.mblock.cc/project/298960

문제가 뭘까?

처음 보는 꽃을 선물 받았는데 이 꽃의 이름을 모르
겠어요. 이 꽃의 이름을 알아야 키우는 방법을 검색
해 볼텐데. 꽃의 이름을 알아보려면 어떻게 해야 할
까요?

물은 며칠에 한 번씩
줘야 하는 걸까?

우와, 이 꽃은
처음 보는 꽃이네.
이름이 뭘까?

미리 보기 | **어떤 과정으로 해결할까?**

처음 보는 꽃 사진을 입력하여 꽃의 이름을 알아보는 과정을 알아봅시다.

꽃마다 모양은
한 가지일까?

활동1 에서 해결하기

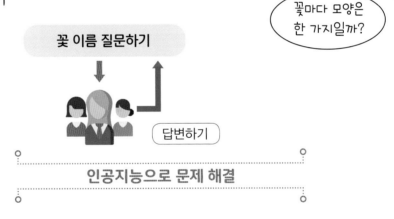

꽃 이름 질문하기

답변하기

인공지능으로 문제 해결

활동2 에서 해결하기

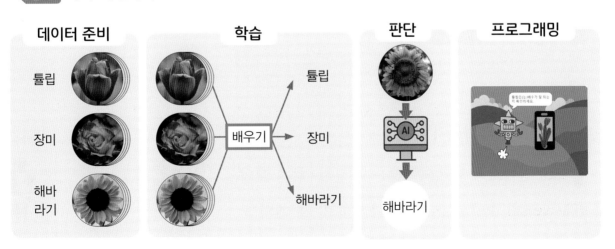

데이터 준비	학습	판단	프로그래밍
튤립	튤립		
장미	배우기 → 장미		
해바라기	해바라기	해바라기	

활동1

② 해결 방법 찾기

해결 방법을 생각해 보고, 그 방법에 따라 프로그램을 작성해 봅시다.

1 해결 방법 생각하기

➕ 다음 순서에 맞게 아래 빈칸을 채워 봅시다.

◇ 꽃 이미지에 이름을 정하고 꽃 전문가들에게 질문합니다.
◇ 질문을 받은 전문가들은 해당하는 꽃 이름을 출력합니다.

	➡

2 프로그램 작성하기

① 화면 구성

➕ 스프라이트와 배경을 선택하여 결과 화면을 구성합니다.

결과 화면	스프라이트				배경
	사람들			식물	자연
	스프라이트	스프라이트	스프라이트	스프라이트	
	Gardener	Boy17	Girl23	Flower10	Grassland2
	X Y	X Y	X Y	X Y	
	−98 28	−3 25	85 22	3 −108	
	크기 방향	크기 방향	크기 방향	크기 방향	
	100 90	100 90	100 90	100 90	

((•)) **꽃 모양 추가하기**

• 🌿 스프라이트 – ✨ 모양 – 🖼️ 모양 추가 – 다른 모양
(Flower20, Pot plant21)을 추가하고, 세 개의 모
양 이름(튤립, 장미, 해바라기)을 변경합니다.

스프라이트	모양 추가1	모양 추가2
튤립 (Flower10)	장미 (Flower20)	해바라기 (Pot plant21)

② 코드 작성

- 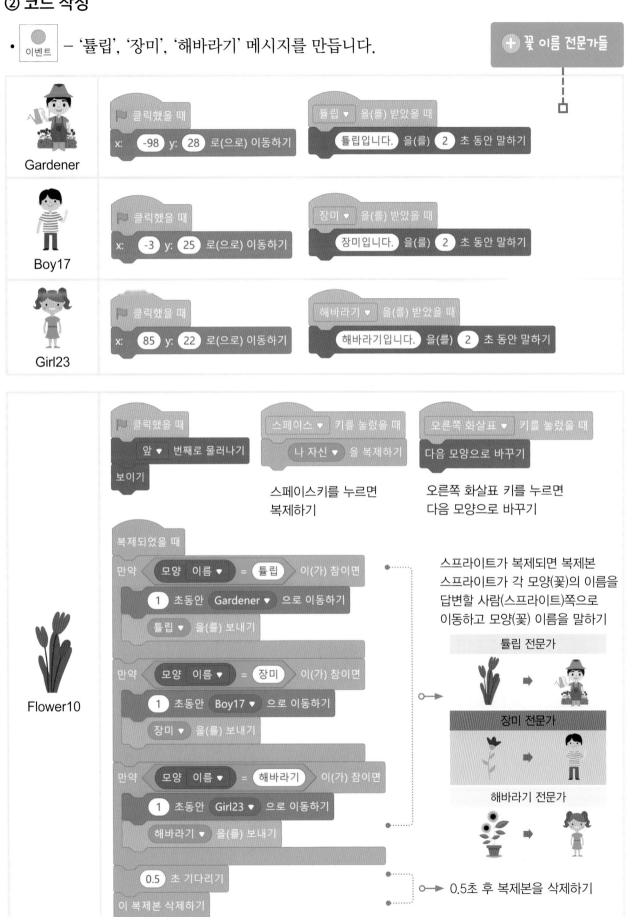 이벤트 – '튤립', '장미', '해바라기' 메시지를 만듭니다.

꽃 이름 전문가들

Gardener	클릭했을 때 x: -98 y: 28 로(으로) 이동하기	튤립 ▼ 을(를) 받았을 때 튤립입니다. 을(를) 2 초 동안 말하기
Boy17	클릭했을 때 x: -3 y: 25 로(으로) 이동하기	장미 ▼ 을(를) 받았을 때 장미입니다. 을(를) 2 초 동안 말하기
Girl23	클릭했을 때 x: 85 y: 22 로(으로) 이동하기	해바라기 ▼ 을(를) 받았을 때 해바라기입니다. 을(를) 2 초 동안 말하기

Flower10

클릭했을 때
앞 ▼ 번째로 물러나기
보이기

스페이스 ▼ 키를 눌렀을 때
나 자신 ▼ 을 복제하기

스페이스키를 누르면
복제하기

오른쪽 화살표 ▼ 키를 눌렀을 때
다음 모양으로 바꾸기

오른쪽 화살표 키를 누르면
다음 모양으로 바꾸기

복제되었을 때
만약 모양 이름 ▼ = 튤립 이(가) 참이면
  1 초동안 Gardener ▼ 으로 이동하기
  튤립 ▼ 을(를) 보내기
만약 모양 이름 ▼ = 장미 이(가) 참이면
  1 초동안 Boy17 ▼ 으로 이동하기
  장미 ▼ 을(를) 보내기
만약 모양 이름 ▼ = 해바라기 이(가) 참이면
  1 초동안 Girl23 ▼ 으로 이동하기
  해바라기 ▼ 을(를) 보내기
0.5 초 기다리기
이 복제본 삭제하기

스프라이트가 복제되면 복제본
스프라이트가 각 모양(꽃)의 이름을
답변할 사람(스프라이트)쪽으로
이동하고 모양(꽃) 이름을 말하기

튤립 전문가

장미 전문가

해바라기 전문가

0.5초 후 복제본을 삭제하기

③ 실행 결과 확인

◆ 스페이스키를 누르면 꽃 모양 스프라이트가 각각의 꽃 전문가에게 이동하고 꽃 이름을 말하는가?

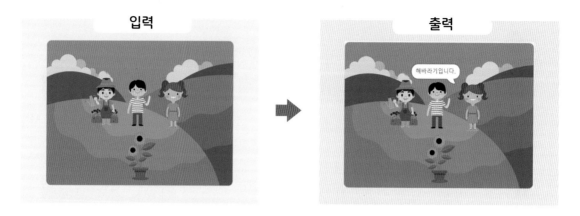

◆ 오른쪽 화살표를 누르면 꽃 모양이 바뀌는가?

활동 중 생각해 보기

1 ◣활동1 을 실행해 보고, 다음 항목에 체크해 봅시다.

항목	예	아니요
다른 색, 다른 모양인 같은 종류의 꽃을 잘 구별할 수 있나요?	☐	☐
프로그램에서 사용된 꽃 이외에 다른 꽃의 이름도 알 수 있나요?	☐	☐

2 만약, '아니요'에 체크되었다면 왜 그랬을까요? 친구들과 생각해 봅시다.

❸ 인공지능 적용하기

 에서 해결되지 않은 부분을 인공지능으로 해결해 봅시다.

Tip 다음은 155쪽 '미리보기' 과정에 따라 진행합니다.
활동을 마친 후에 163쪽에서 인공지능 학습 알고리즘을 정리해 봅시다.

1 인공지능 학습 알고리즘 따라하기

(1) 데이터 준비

• 튤립, 장미, 해바라기 꽃 데이터를 분류하여 준비합니다.

튤립	장미	해바라기

② 학습

◆ 준비한 세 가지 꽃 데이터에서 각각 1개씩을 빼고 나머지를 학습시킵니다.

- 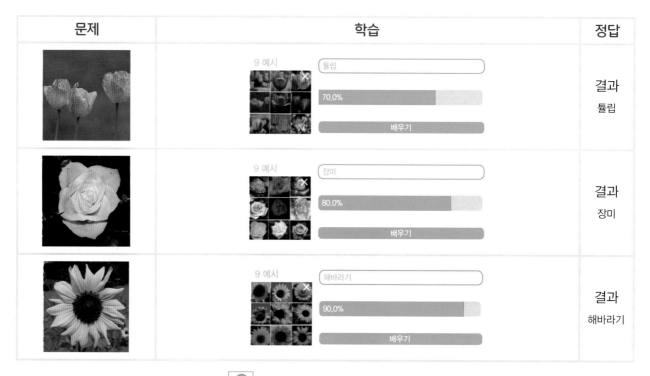 (기계 학습)을 추가하고, TM – 학습 모델 을 선택합니다.

- 새로운 모델 만들기 를 선택한 뒤, 모델 카테고리 수에 '3'을 입력하고 확인을 누릅니다.

- 목록 이름을 입력하고 카메라로 이미지를 인식한 뒤, 배우기 를 누릅니다.

문제	학습	정답
(튤립 이미지)	9 예시 튤립 70.0% 배우기	결과 튤립
(장미 이미지)	9 예시 장미 80.0% 배우기	결과 장미
(해바라기 이미지)	9 예시 해바라기 90.0% 배우기	결과 해바라기

※ 모든 카테고리별 배우기 가 끝나면 TM 블록 꾸러미에 인식 결과 , 튤립 ▼ 의 신뢰도 , 인식 결과는 튤립 ▼ 입니까? 블록이 생깁니다.

③ 판단

◆ 학습시키지 않은 꽃 데이터를 인식시켜 정답과 같으면 ○, 다르면 ✕에 ◯표 해 봅시다.

학습시키지 않은 문제	(튤립 이미지)	(장미 이미지)	(해바라기 이미지)
학습시키지 않은 문제의 정답	튤립	장미	해바라기
학습 모델 결과	○, ✕	○, ✕	○, ✕

※ 학습이 잘되었으면 모델 사용 을 선택하여 편집 화면으로 이동합니다.

① 화면 구성

스프라이트와 배경을 선택하여 결과 화면을 구성합니다.

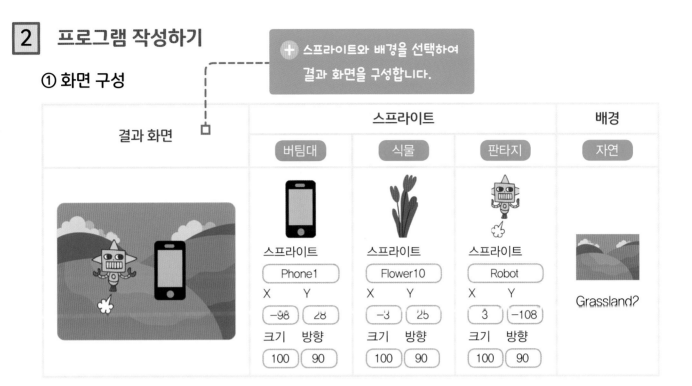

결과 화면	스프라이트			배경
	버팀대	식물	판타지	자연
	스프라이트 Phone1	스프라이트 Flower10	스프라이트 Robot	Grassland2
	X −98 Y 28	X −3 Y 25	X 3 Y −108	
	크기 100 방향 90	크기 100 방향 90	크기 100 방향 90	

((●)) **식물 모양 추가하기**

- 🌿 스프라이트 – [🪄 모양] – [모양 추가] – 다른 모양 (Flower20, Pot plant21)을 추가하고, 세 개의 모양 이름(튤립, 장미, 해바라기)을 변경합니다.

스프라이트	모양 추가1	모양 추가2
튤립 (Flower10)	장미 (Flower20)	해바라기 (Pot plant21)

활동1의 화면 구성과 어떤 부분이 다른지 확인한 뒤, 코드 작성을 하도록 합니다.

② 코드 작성

- [변수] – [변수 만들기]에서 '꽃', '설명' 변수를 만듭니다.

- [이벤트] – '확인' 메시지를 만듭니다.

Phone1

🏁 클릭했을 때
x: 64 y: 2 로(으로) 이동하기

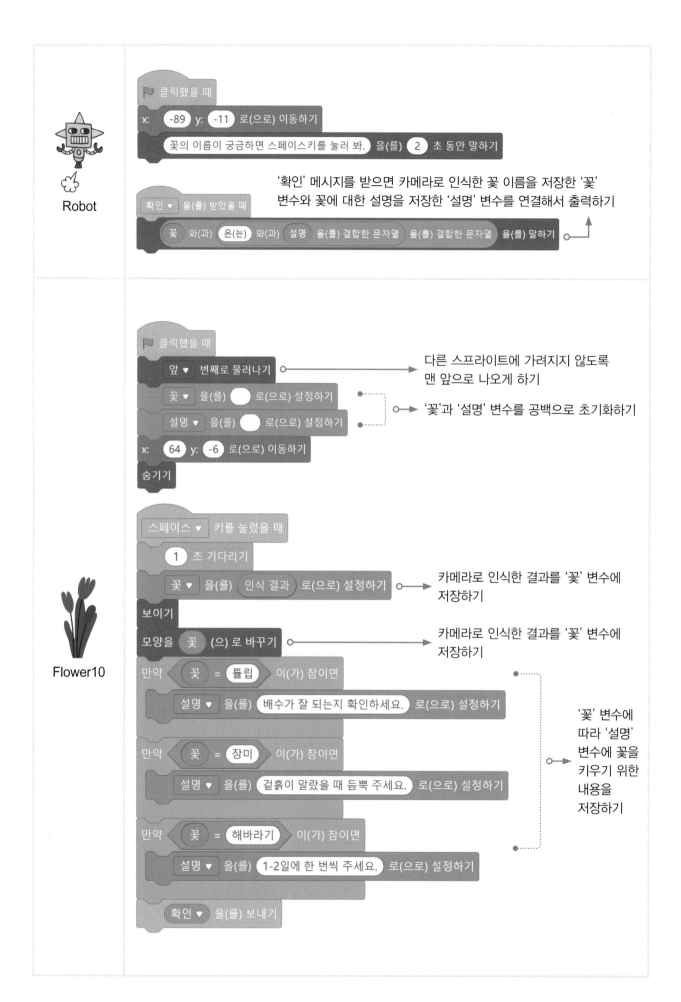

Robot

클릭했을 때

x: -89 y: -11 로(으로) 이동하기

꽃의 이름이 궁금하면 스페이스키를 눌러 봐. 을(를) 2 초 동안 말하기

'확인' 메시지를 받으면 카메라로 인식한 꽃 이름을 저장한 '꽃' 변수와 꽃에 대한 설명을 저장한 '설명' 변수를 연결해서 출력하기

확인 ▼ 을(를) 받았을 때

꽃 와(과) 은(는) 와(과) 설명 을(를) 결합한 문자열 을(를) 결합한 문자열 을(를) 말하기

Flower10

클릭했을 때

앞 ▼ 번째로 물러나기 ── 다른 스프라이트에 가려지지 않도록 맨 앞으로 나오게 하기

꽃 ▼ 을(를) ◯ 로(으로) 설정하기

설명 ▼ 을(를) ◯ 로(으로) 설정하기 ── '꽃'과 '설명' 변수를 공백으로 초기화하기

x: 64 y: -6 로(으로) 이동하기

숨기기

스페이스 ▼ 키를 눌렀을 때

1 초 기다리기

꽃 ▼ 을(를) 인식 결과 로(으로) 설정하기 ── 카메라로 인식한 결과를 '꽃' 변수에 저장하기

보이기

모양을 꽃 (으)로 바꾸기 ── 카메라로 인식한 결과를 '꽃' 변수에 저장하기

만약 꽃 = 튤립 이(가) 참이면

　설명 ▼ 을(를) 배수가 잘 되는지 확인하세요. 로(으로) 설정하기

만약 꽃 = 장미 이(가) 참이면

　설명 ▼ 을(를) 겉흙이 말랐을 때 듬뿍 주세요. 로(으로) 설정하기

만약 꽃 = 해바라기 이(가) 참이면

　설명 ▼ 을(를) 1-2일에 한 번씩 주세요. 로(으로) 설정하기

확인 ▼ 을(를) 보내기

'꽃' 변수에 따라 '설명' 변수에 꽃을 키우기 위한 내용을 저장하기

③ 실행 결과 확인

◇ 스페이스키를 눌렀을 때 카메라 인식 창이 화면에 나타나는가?

◇ 꽃을 인식한 결과를 화면에 출력하는가?

◇ 학습시키지 않은 꽃 이미지 카드를 카메라에 비추면, 튤립, 장미, 해바라기 꽃 중에서 비슷한 특징을 갖는
꽃의 이름을 말하는가?

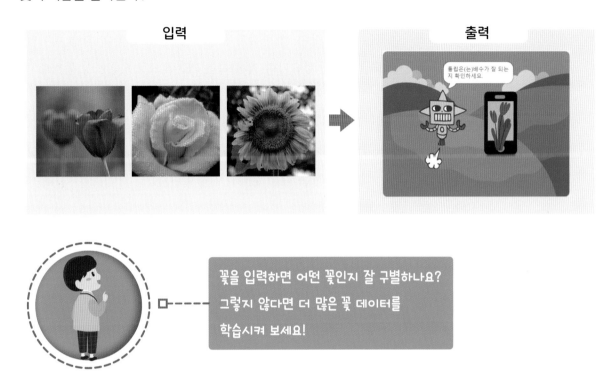

꽃을 입력하면 어떤 꽃인지 잘 구별하나요?
그렇지 않다면 더 많은 꽃 데이터를
학습시켜 보세요!

✚ 활동2 에서 체험한 인공지능 학습 알고리즘 과정을 바탕으로 빈칸을 채워 봅시다.

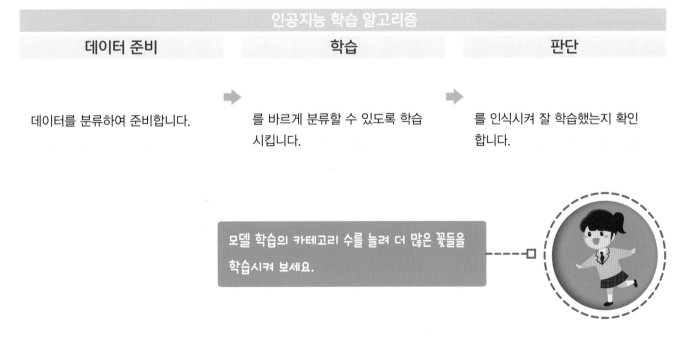

인공지능 학습 알고리즘

데이터 준비	학습	판단
데이터를 분류하여 준비합니다.	를 바르게 분류할 수 있도록 학습 시킵니다.	를 인식시켜 잘 학습했는지 확인 합니다.

모델 학습의 카테고리 수를 늘려 더 많은 꽃들을
학습시켜 보세요.

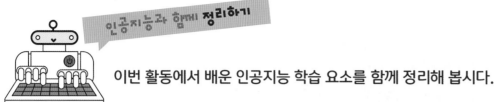

이번 활동에서 배운 인공지능 학습 요소를 함께 정리해 봅시다.

이진 분류, 다중 분류

우리는 튤립, 장미, 해바라기로 분류한 세 가지 꽃의 학습 데이터로 학습 모델을 만들었습니다. 엠블록은 기본적으로 3개 이상의 카테고리(그룹)로 모델을 만들어 사용해야 합니다.

이처럼 분류한 카테고리(그룹)의 개수가 2개인 경우를 '이진 분류(두 개로 나누기)', 3개 이상인 경우를 '다중 분류(여러 개로 나누기)'라고 합니다. 이 교재에서는 다중 분류만 사용합니다.

이진 분류와 다중 분류로 구분할 수 있는 예를 인터넷으로 검색하여 적어 봅시다.

이진 분류

남자

여자

....

....

다중 분류

튤립

장미

해바라기

....

....

4 활동 정리하기

154쪽 >>>  와 비교하며 다음 내용을 정리해 봅시다.

 활동 후 생각해 보기

인공지능의 판단 기준은 항상 올바를까?

'뷰티닷에이아이'는 최초로 로봇 판정단으로만 이루어진 미인 대회예요.
인공지능이 많은 사람의 사진 데이터로 얼굴 균형, 피부, 주름 등 아름다움을
구분할 수 있는 기준을 정하여 6천 명의 참가자들의 외모 순위를 매겼어요.
그 결과 미인으로 뽑힌 44명의 대부분은 백인이었어요. 이유가 뭘까요?
여러분의 생각을 써 봅시다.

....

....

....

 수업을 마치며

수업을 마무리하면서 다음 항목에 체크해 봅시다.　　　　　*조금은 보통의 50%, 보통은 모두의 50%로 정한다.

항목	조금	보통	모두
인공지능 알고리즘 과정을 이해했나요?	☐	☐	☐
비어 있는 설명을 모두 채웠나요?	☐	☐	☐
인공지능의 학습 요소인 이진 분류와 다중 분류를 비교하여 설명할 수 있나요?	☐	☐	☐
배운 인공지능 개념이 활용되는 사례를 찾을 수 있나요?	☐	☐	☐

Project 15

입 모양을 읽어요

학습 목표
입 모양을 인식하여 문자를 입력하는
프로그램을 만들 수 있습니다.

인공지능 학습 요소

정확도

⏻ 활동 전 생각해 보기

사람의 입 모양만 보고 대화 내용을 정확히 알 수 있을까요?

....

① 문제가 뭘까?

거리에서 공연하고 있는 음악가들의 노랫소리 때문에
옆에 있는 세훈이의 목소리가 들리지 않아요.
혜원이는 세훈이에게 무슨 말을 하고 있는 것일까요?

미리 보기 | **어떤 과정으로 해결할까?**

친구가 하는 말을 목소리가 아닌 다른 방법으로 알아듣는 과정을 알아봅시다.

활동1 에서 해결하기

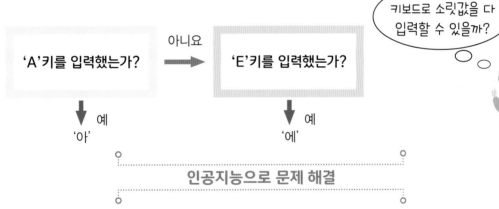

활동2 에서 해결하기

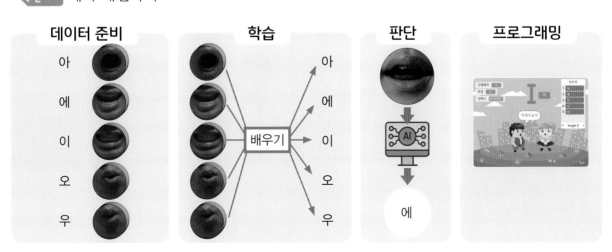

해결 방법을 생각해 보고, 그 방법에 따라 프로그램을 작성해 봅시다.

1 해결 방법 생각하기

➕ 다음 순서에 맞게 아래 빈칸을 채워 봅시다.

◈ 소릿값을 변환하기 위해 키보드로 알파벳을 입력합니다.

구분	[a]	[e]	[i]	[o]	[u]
소리	아	에	이	오	우
기호	ㅏ	ㅔ	ㅣ	ㅗ	ㅜ

◈ 알파벳 'A'는 '아', 'E'는 '에', 'I'는 '이', 'O'는 '오', 'U'는 '우'로 변환합니다.

	➡	

2 프로그램 작성하기

➕ 스프라이트와 배경을 선택하여 결과 화면을 구성합니다.

① 화면 구성

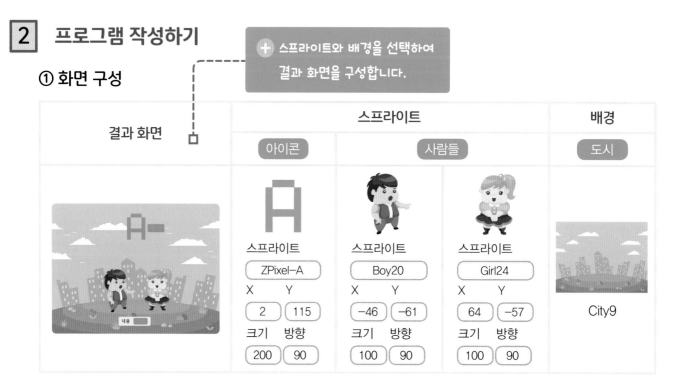

결과 화면	스프라이트			배경
	아이콘	사람들		도시
	스프라이트 ZPixel-A	스프라이트 Boy20	스프라이트 Girl24	City9
	X 2 / Y 115	X −46 / Y −61	X 64 / Y −57	
	크기 200 / 방향 90	크기 100 / 방향 90	크기 100 / 방향 90	

((●)) 알파벳 모양 추가하기

스프라이트	모양 추가1	모양 추가2	모양 추가3	모양 추가4
zPixel-A	ZPixel-E	ZPixel-I	ZPixel-O	ZPixel-U

· **A** 스프라이트 – [✨ 모양] – [🐱⁺ 모양 추가] –
다른 모양(ZPixel-E, ZPixel-I,
ZPixel-O, ZPixel-U)을 추가합니다.

② 코드 작성

· [● 변수] – [변수 만들기]에서 '입력', '내용' 변수를 만듭니다.

· 화면에 표시된 내용 글자 위에서 마우스의 오른쪽 버튼을 클릭하여
'변수값 크게 보기'를 선택합니다.

· '내용' 변수의 체크 박스를 해제하여 화면에서 보이지 않도록 합니다.

변수 이름−빈 값 보기
변수값 크게 보기
슬라이더 사용하기

변숫값이 문자일 때에는 공백으로 초기화하기,
따라서 '내용' 변수는 공백으로 초기화하기

'a' 키를 누르면 모양을 해당 모양으로 바꾸기

'아'를 '입력' 변수에 저장하고, '내용' 변수와 '입력'
변수를 결합하여 '내용' 변수에 저장하기

zPixel-A

③ 실행 결과 확인

❖ 🏳을 클릭하고 키보드로 알파벳 'A', 'E', 'I', 'O', 'U'를 입력하면, '아', '에', '이', '오', '우'를 출력하는가?

활동 중 생각해 보기

1 **활동1** 을 실행해 보고, 다음 항목에 체크해 봅시다.

항목	예	아니요
모든 소릿값을 키보드로 입력할 수 있나요?	☐	☐
컴퓨터 키보드 입력이 어려운 사람도 사용할 수 있나요?	☐	☐

2 만약, '아니요'에 체크되었다면 왜 그랬을까요? 친구들과 생각해 봅시다.

인공지능 적용하기

 에서 해결되지 않은 부분을 인공지능으로 해결해 봅시다.

Tip 다음은 167쪽 '미리보기' 과정에 따라 진행합니다.
활동을 마친 후에 176쪽에서 인공지능 학습 알고리즘을 정리해 봅시다.

1 인공지능 학습 알고리즘 따라하기

① 데이터 준비

• '아', '에', '이', '오', '우' 입 모양 데이터를 분류하여 준비합니다.

아	에	이	오	우

② 학습

❖ 준비한 다섯 가지 입 모양 데이터에서 각각 1개씩을 빼고 나머지를 학습시킵니다.

- 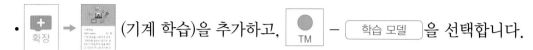 (기계 학습)을 추가하고, [TM] – [학습 모델]을 선택합니다.

- [새로운 모델 만들기]를 선택한 뒤, 모델 카테고리 수에 '5'을 입력하고 확인을 누릅니다.

- 목록 이름을 입력하고 카메라로 이미지를 인식한 뒤, [배우기]를 누릅니다.

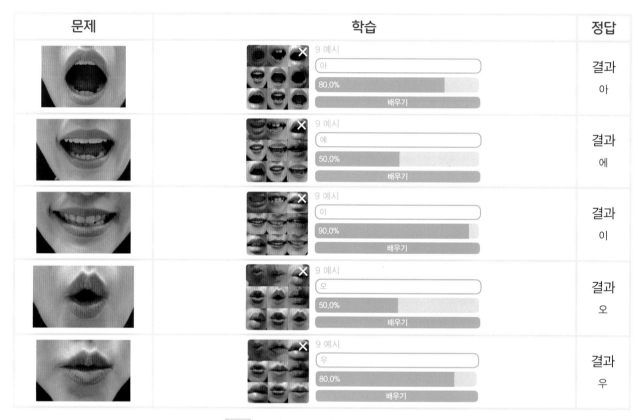

문제	학습	정답
	9 예시 / 아 / 80.0% / 배우기	결과 아
	9 예시 / 에 / 50.0% / 배우기	결과 에
	9 예시 / 이 / 90.0% / 배우기	결과 이
	9 예시 / 오 / 50.0% / 배우기	결과 오
	9 예시 / 우 / 80.0% / 배우기	결과 우

※ 모든 카테고리별 [배우기]가 끝나면 [TM] 블록 꾸러미에 [인식 결과], [아 ▾ 의 신뢰도], [인식 결과는 아 ▾ 입니까?] 블록이 생깁니다.

③ 판단

❖ 학습시키지 않은 입 모양 데이터를 인식시켜 정답과 같으면 ○, 다르면 ×에 ◯표 해 봅시다.

학습시키지 않은 문제					
학습시키지 않은 문제의 정답	아	에	이	오	우
[학습 모델] 결과	○, ×	○, ×	○, ×	○, ×	○, ×

※ 학습이 잘되었으면 [모델 사용]을 선택하여 편집 화면으로 이동합니다.

프로그램 작성하기

① 화면 구성

현재는 실행한 후의 결과 화면입니다.

결과 화면	스프라이트			배경
	아이콘	사람들		도시

스프라이트	스프라이트	스프라이트	
ZPixel-A	Boy20	Girl24	City9

X	Y	X	Y	X	Y
2	115	−46	−61	64	−57

크기	방향	크기	방향	크기	방향
200	90	100	90	100	90

((●)) 알파벳 추가하기

- 스프라이트 – 모양 – 모양 추가 – 다른 모양(ZPixel-E, ZPixel-I, ZPixel-O, ZPixel-U)을 추가합니다.

스프라이트	모양 추가	모양 추가	모양 추가	모양 추가
A	E	I	O	U
ZPixel-A	ZPixel-E	ZPixel-I	ZPixel-O	ZPixel-U

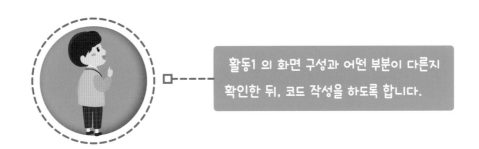

활동1 의 화면 구성과 어떤 부분이 다른지 확인한 뒤, 코드 작성을 하도록 합니다.

② 코드 작성

- 변수 – 변수 만들기 에서 '입력', '전체예측', '맞음', '정확도' 변수를 만듭니다.

- 변수 – 리스트 만들기 에서 '입모양' 리스트를 만듭니다..

- 결과 화면에 표시된 '입력' 주황색 빈칸 위에서 마우스의 오른쪽 버튼을 클릭 후 '변수값 크게 보기'를 선택합니다.

변수이름–변수값 보기
변수값 크게 보기
슬라이더 사용하기

- 이벤트 – '확인' 메시지를 만듭니다.

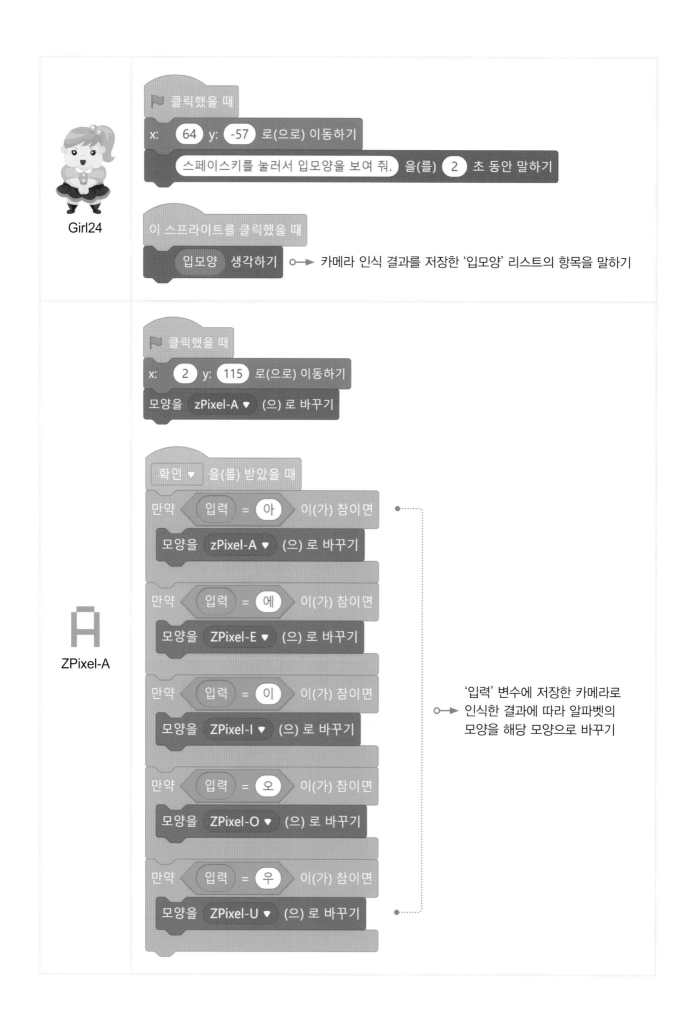

Girl24

클릭했을 때

x: 64 y: -57 로(으로) 이동하기

스페이스키를 눌러서 입모양을 보여 줘. 을(를) 2 초 동안 말하기

이 스프라이트를 클릭했을 때

입모양 생각하기 ○━▶ 카메라 인식 결과를 저장한 '입모양' 리스트의 항목을 말하기

ZPixel-A

클릭했을 때

x: 2 y: 115 로(으로) 이동하기

모양을 zPixel-A ▼ (으) 로 바꾸기

확인 ▼ 을(를) 받았을 때

만약 입력 = 아 이(가) 참이면

　　모양을 zPixel-A ▼ (으) 로 바꾸기

만약 입력 = 에 이(가) 참이면

　　모양을 ZPixel-E ▼ (으) 로 바꾸기

만약 입력 = 이 이(가) 참이면

　　모양을 ZPixel-I ▼ (으) 로 바꾸기

만약 입력 = 오 이(가) 참이면

　　모양을 ZPixel-O ▼ (으) 로 바꾸기

만약 입력 = 우 이(가) 참이면

　　모양을 ZPixel-U ▼ (으) 로 바꾸기

○━▶ '입력' 변수에 저장한 카메라로 인식한 결과에 따라 알파벳의 모양을 해당 모양으로 바꾸기

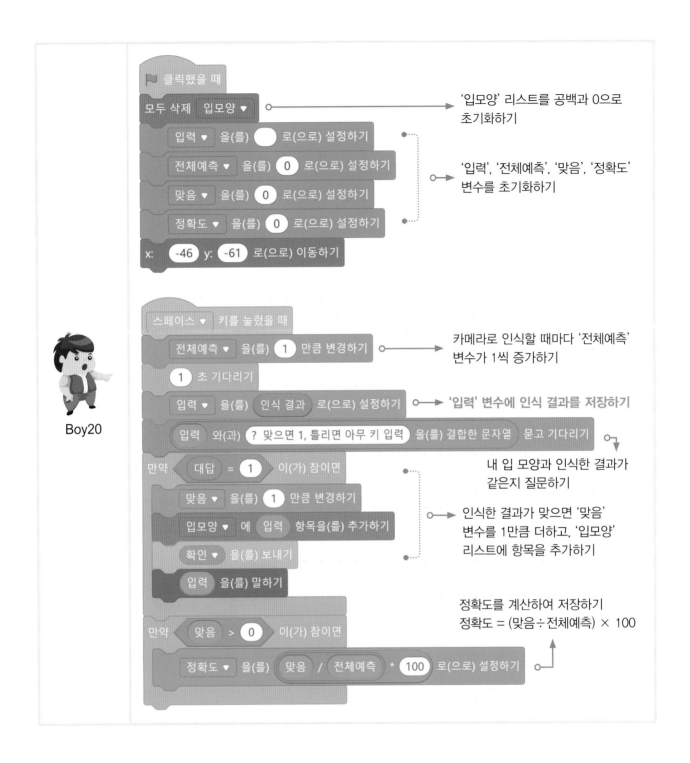

'입모양' 리스트를 공백과 0으로
초기화하기

'입력', '전체예측', '맞음', '정확도'
변수를 초기화하기

카메라로 인식할 때마다 '전체예측'
변수가 1씩 증가하기

'입력' 변수에 인식 결과를 저장하기

내 입 모양과 인식한 결과가
같은지 질문하기

인식한 결과가 맞으면 '맞음'
변수를 1만큼 더하고, '입모양'
리스트에 항목을 추가하기

정확도를 계산하여 저장하기
정확도 = (맞음÷전체예측) × 100

③ 실행 결과 확인

◆ 학습시키지 않은 입 모양을 카메라에 비추면 '아, 에, 이, 오, 우' 중에서 비슷한 특징을 갖는 입 모양을
출력하는가?

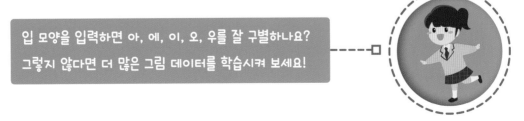

입 모양을 입력하면 아, 에, 이, 오, 우를 잘 구별하나요?
그렇지 않다면 더 많은 그림 데이터를 학습시켜 보세요!

활동2에서 체험한 인공지능 학습 알고리즘 과정을 바탕으로 빈칸을 채워 봅시다.

인공지능 학습 알고리즘		
데이터 준비	학습	판단
데이터를 분류하여 준비합니다.	를 바르게 분류할 수 있도록 학습시킵니다.	를 인식시켜 잘 학습했는지 확인합니다.

 인공지능과 함께 **정리하기**

이번 활동에서 배운 인공지능 학습 요소를 함께 정리해 봅시다.

정확도

머신러닝에서 입력 데이터를 받아 결과를 예측하는 것을 모델(Model)이라고 합니다. 모델은 주어진 데이터에 대한 최상의 결과를 만들기 위해 훈련합니다.

학습 데이터 세트를 사용하여 학습한 모델의 성능을 확인하기 위한 여러 기준 중 '정확도'는 모든 분류 건수 중에서 모델이 몇 개의 정답을 맞혔는가를 나타냅니다.

하지만, 정확도(Accuracy)가 모델의 성능을 결정하는 유일한 방법은 아닙니다.

자신의 모델이 테스트 데이터로도 좋은 성능을 보일 수 있도록 대표성을 띤 충분한 양의 데이터로 학습시켜야 합니다.

예시

기계(컴퓨터)에게 남자 아이와 여자 아이의 얼굴 데이터를 학습시키고, 아래의 그림처럼 남자 아이 5명과 여자 아이 5명의 사진을 카메라에 인식시켰습니다. 이때 결과가 여성 1명을 남성으로, 남성 1명을 여성으로 판단했다면 10명 중 8명을 정확하게 판단했으므로 정확도는 80%라고 할 수 있습니다.

 # 활동 정리하기

166쪽 >>>  활동 전 생각해 보기 와 비교하며 다음 내용을 정리해 봅시다.

활동 후 생각해 보기

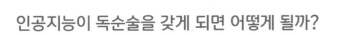

인공지능이 독순술을 갖게 되면 어떻게 될까?

'독순술'이라는 말을 들어 본 적이 있나요? 말할 때 움직이는 입술의 모양을 읽어서 상대방이
무슨 말을 하는지 알아내는 기술을 말해요. 사람의 말을 귀가 아닌 입 모양을 읽어서 상대방이
하는 말을 알아듣는 인공지능 기술은 청각 장애인의 대화를 돕고, 목소리가 녹음되지 않은
동영상을 해석하는 등 여러 분야에 활용될 수 있어요. 그렇지만 바람직하지 않은 방향에 이용될
수도 있어요. '독순술'을 갖게 되는 인공지능에 대한 여러분의 생각을 써 봅시다.

찬성	반대

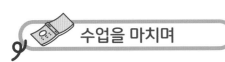 수업을 마치며

수업을 마무리하면서 다음 항목에 체크해 봅시다.

*조금은 보통의 50%, 보통은 모두의 50%로 정한다.

항목	조금	보통	모두
인공지능 알고리즘 과정을 이해했나요?	☐	☐	☐
비어 있는 설명을 모두 채웠나요?	☐	☐	☐
인공지능의 학습 요소인 정확도를 설명할 수 있나요?	☐	☐	☐
배운 인공지능 개념이 활용되는 사례를 찾을 수 있나요?	☐	☐	☐

Project 16

손으로 말해요

학습 목표
자음을 표현한 수어를 통역하는 프로그램을 만들 수 있습니다.

융합 교과
사회

인공지능 학습 요소
인공지능 프로젝트 개발 과정

활동 전 생각해 보기

청각 장애가 있어 말을 하지 못하는 사람들과 의사소통이 가능하도록 수어를 인식하는 인공지능 프로그램이 있다면 어떨까요?

활동1_https://planet.mblock.cc/project/298966   활동2_https://planet.mblock.cc/project/298967

문제가 뭘까?

"조선 시대 과학자로 자동으로 시간을 알려 주는 물시계인 자격루를 만든 사람은 누구일까요?"라고 혜원이가 퀴즈를 내고 수어로 첫 소리 힌트를 주었어요. 혜원이의 수어는 무엇을 말하고 있는 걸까요?

이 손 모양은 무슨 뜻인 걸까?

첫 소리 힌트를 수어로 알려 줄게.

미리 보기 | **어떤 과정으로 해결할까?**

한글 자음을 표현한 수어를 통역하는 과정을 알아봅시다.

활동1 에서 해결하기

수어 카드가 없으면?

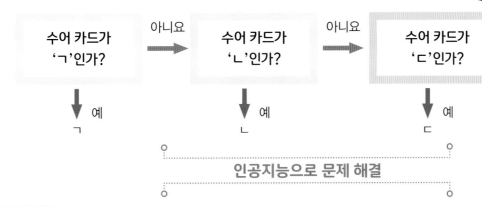

활동2 에서 해결하기

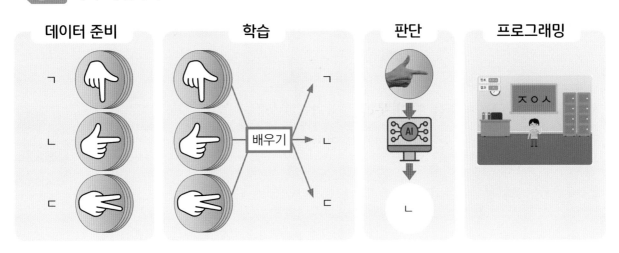

| 데이터 준비 | 학습 | 판단 | 프로그래밍 |

##
② 해결 방법 찾기

해결 방법을 생각해 보고, 그 방법에 따라 프로그램을 작성해 봅시다.

1 해결 방법 생각하기

➕ 다음 순서에 맞게 아래 빈칸을 채워 봅시다.

◆ 수어의 의미를 알 수 있도록 수어 그림을 그린 다음, 해당하는 자음을 써 놓습니다. 또는 수어 이미지를 다운로드해서 사용할 수 있습니다. (181쪽 참고)

◆ 조건문을 이용하여 수어 그림의 수어가 뜻하는 글자가 무엇인지 확인합니다.

2 프로그램 작성하기

① 화면 구성

스프라이트와 배경을 선택하여 결과 화면을 구성합니다.

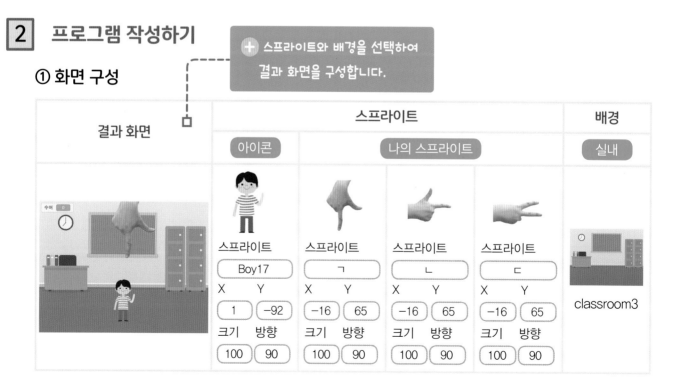

결과 화면	스프라이트			배경
	아이콘	나의 스프라이트		실내
	스프라이트 Boy17	스프라이트 ㄱ	스프라이트 ㄴ	스프라이트 ㄷ	classroom3

	X	Y	크기	방향
Boy17	1	−92	100	90
ㄱ	−16	65	100	90
ㄴ	−16	65	100	90
ㄷ	−16	65	100	90

((●)) 수어(자음) 카드 이미지 추가하기

❶ 이미지를 저장합니다.

방법 1: 노트북의 내장 카메라나 웹캠을 사용해서 수어 손 모양을 찍어 컴퓨터에 저장합니다.

방법 2: 인터넷 주소 창에 https://bit.ly/3grSfP1를 입력하고 마우스 오른쪽 버튼을 눌러서 수어 카드 이미지를 다운로드합니다..

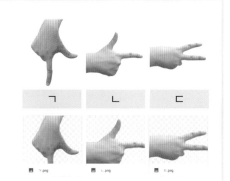

❷ 스프라이트 – [➕ 추가] – [📁 업로드] – 파일 열기 창 – 수어 카드 이미지를 클릭해서 '나의 스프라이트'로 추가합니다.

❸ '나의 스프라이트'에서 수어 카드 이미지를 선택하여 스프라이트를 추가합니다.

② 코드 작성

- [변수] – [변수 만들기] 에서 '수어' 변수를 만듭니다.

- [이벤트] – '수어 그림' 메시지를 만듭니다.

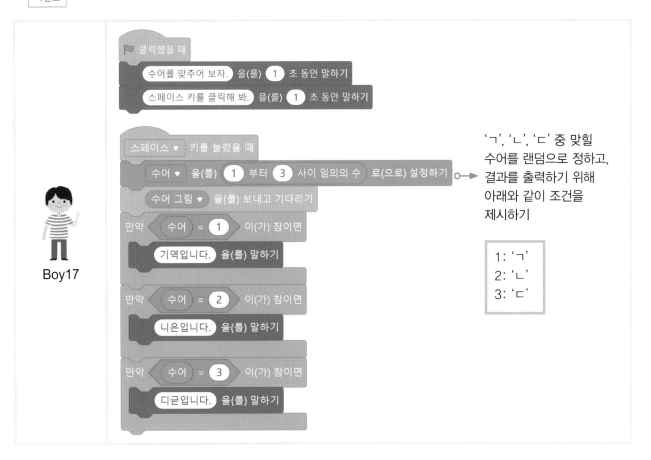

'ㄱ', 'ㄴ', 'ㄷ' 중 맞힐 수어를 랜덤으로 정하고, 결과를 출력하기 위해 아래와 같이 조건을 제시하기

1: 'ㄱ'
2: 'ㄴ'
3: 'ㄷ'

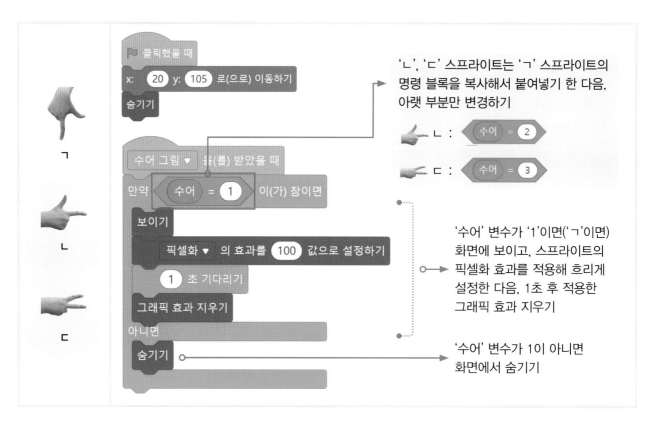

‘ㄴ’, ‘ㄷ’ 스프라이트는 ‘ㄱ’ 스프라이트의 명령 블록을 복사해서 붙여넣기 한 다음, 아랫 부분만 변경하기

ㄴ : 수어 = 2

ㄷ : 수어 = 3

‘수어’ 변수가 ‘1’이면(‘ㄱ’이면) 화면에 보이고, 스프라이트의 픽셀화 효과를 적용해 흐리게 설정한 다음, 1초 후 적용한 그래픽 효과 지우기

‘수어’ 변수가 1이 아니면 화면에서 숨기기

③ 실행 결과 확인

◆ 스페이스키를 누르면 랜덤으로 수어의 손 모양을 화면에 출력하는가?

◆ 화면 상단에 출력된 손 모양의 의미를 말풍선으로 출력하는가?

입력 　　　　　　　　　　　　　　　　출력

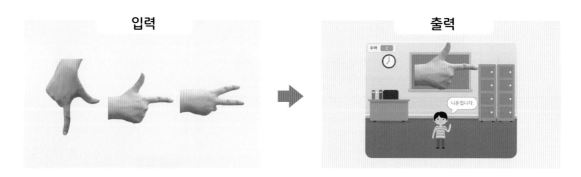

활동 중 생각해 보기

1 활동1 을 실행해 보고, 다음 항목에 체크해 봅시다.

항목	예	아니요
수어로 말하는 사람의 손 모양과 일치하는 수어 카드를 빨리 찾을 수 있나요?	☐	☐
그 밖에 다른 의미의 수어 카드를 모두 수집할 수 있나요?	☐	☐
수어의 설명이 없어도 수어의 의미를 알아맞힐 수 있나요?	☐	☐

2 만약, ‘아니요’에 체크되었다면 왜 그랬을까요? 친구들과 생각해 봅시다.

※ 제시한 이미지는 상대방이 보았을 때의 모양입니다.

수어의 의미를 설명하는 수어 카드 없이 수어 통역이 가능하도록 하고 싶어요.

3 인공지능 적용하기

에서 해결되지 않은 부분을 인공지능으로 해결해 봅시다.

Tip 다음은 179쪽 '미리보기' 과정에 따라 진행합니다.
활동을 마친 후에는 188쪽 인공지능 학습 알고리즘을 정리해 봅시다.

1 인공지능 학습 알고리즘 따라하기

① 데이터 준비

• 'ㄱ'부터 'ㅎ'까지 수어의 손 모양 데이터를 분류하여 준비합니다.

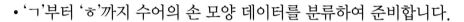

ㄱ		오른 주먹의 1·5지를 펴서 1지 끝이 아래에, 손등이 밖으로 향하게 세웁니다.
ㄴ		오른 주먹의 1·5지를 펴서 1지 끝이 왼쪽으로, 손등이 밖으로 향하게 합니다.
ㄷ		오른 주먹의 1·2지를 펴서 벌려 끝이 왼쪽으로, 손등이 밖으로 향하게 합니다.
ㄹ		오른 주먹의 1·2·3지를 펴서 벌려 끝이 왼쪽으로, 손등이 밖으로 향하게 합니다.
ㅁ		손등이 안으로 향하게 세워 쥔 오른 주먹의 1·2지를 구부립니다.
ㅂ		오른 주먹의 1·2·3·4지를 위로 펴고 붙여서 손바닥이 밖으로, 손끝이 위로 향하게 세웁니다.
ㅅ		오른 주먹의 1·2지를 펴서 벌려 손등이 밖으로, 끝이 아래로 향하게 합니다.
ㅇ		손바닥이 밖으로 향하게 펴서 세운 오른손의 1·5지 끝을 맞대어 동그라미를 만들어 보입니다.
ㅈ		오른 주먹의 1·2·5지를 펴서 손등이 밖으로, 끝이 아래로 향하게 세웁니다.
ㅊ		오른 주먹의 1·2·3·5지를 펴서 등이 밖으로, 끝이 아래로 향하게 세웁니다.
ㅋ		오른 주먹의 1지를 반쯤 굽히고 2·5지를 펴서 등이 밖으로, 끝이 아래로 향하게 세웁니다.
ㅌ		손등이 밖으로 향하게 쥔 오른 주먹의 1·2·3지를 펴서 끝이 왼쪽으로 향하게 하여 2·3지는 붙이고 1지는 뗍니다.
ㅍ		손등이 안으로 향하게 세운 오른손의 1·2·3·4·5지를 반쯤 굽힙니다.
ㅎ		오른 주먹의 5지만 위로 펴서 손등이 밖으로 향하게 세웁니다.

② 학습

◇ 준비한 수어 데이터에서 각각 1개씩을 빼고 나머지를 학습시킵니다.

- 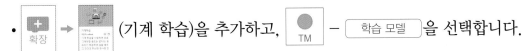 (기계 학습)을 추가하고, TM – 학습 모델 을 선택합니다.

- 새로운 모델 만들기 를 선택한 뒤, 모델 카테고리 수에 '14'를 입력하고 확인을 누릅니다.

- 목록 이름을 입력하고 카메라로 이미지를 인식한 뒤, 배우기 를 누릅니다. 지면상 소개하지 않은 나머지 한글 자음 전체를 모두 학습시킵니다.

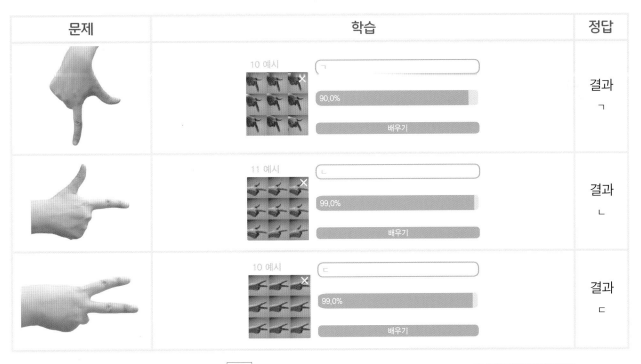

문제	학습	정답
	10 예시 · ㄱ · 90.0% · 배우기	결과 ㄱ
	11 예시 · ㄴ · 99.0% · 배우기	결과 ㄴ
	10 예시 · ㄷ · 99.0% · 배우기	결과 ㄷ

※ 모든 카테고리별 배우기 가 끝나면 TM 블록 꾸러미에 인식 결과 , ㄱ ▼ 의 신뢰도 , 인식 결과는 ㄱ ▼ 입니까? 블록이 생깁니다.

③ 판단

◇ 학습시키지 않은 수어 데이터를 인식시켜 정답과 같으면 ○, 다르면 ✕에 ○표 해 봅시다.

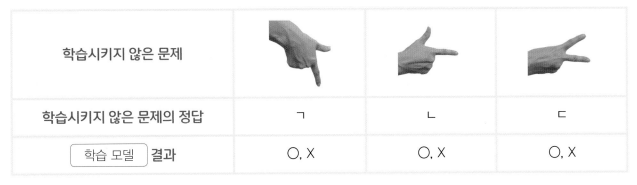

학습시키지 않은 문제			
학습시키지 않은 문제의 정답	ㄱ	ㄴ	ㄷ
학습 모델 결과	○, ✕	○, ✕	○, ✕

※ 학습이 잘되었으면 모델 사용 을 선택하여 편집 화면으로 이동합니다.

① 화면 구성

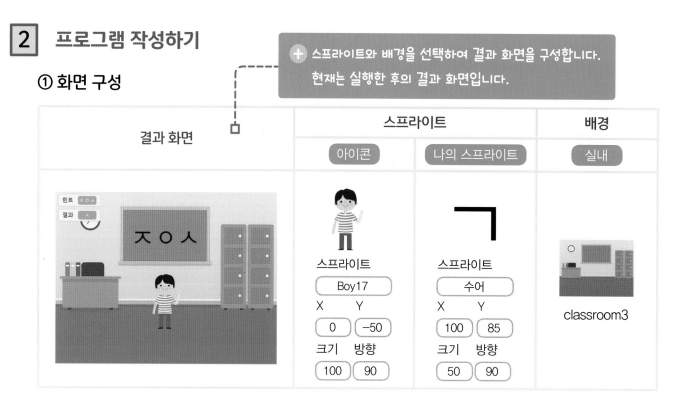

스프라이트와 배경을 선택하여 결과 화면을 구성합니다.
현재는 실행한 후의 결과 화면입니다.

결과 화면	스프라이트		배경
	아이콘	나의 스프라이트	실내

결과 화면	아이콘	나의 스프라이트	실내
	스프라이트 Boy17	스프라이트 수어	classroom3
	X: 0 Y: −50	X: 100 Y: 85	
	크기: 100 방향: 90	크기: 50 방향: 90	

((●)) **그림판에서 나의 스프라이트(자음) 추가하기**

❶ 스프라이트 탭 – [추가] – [그림판] – [T]을 선택합니다.

❷ 중심점을 기준으로 한글 자음 'ㄱ'을 입력한 다음, [↖]를 선택합니다.

❸ 크기를 조절하고 모양 이름을 'ㄱ'으로 변경합니다. 모양 [ㄱ ❸]

❹ [모양 추가]를 선택하고 위와 같은 방법으로 'ㄴ'부터 'ㅎ'까지 13개의 모양을 추가한 후, 모양 이름을 해당 자음으로 변경합니다.

1 ㄱ	2 ㄴ ❹	3 ㄷ	4 ㄹ	5 ㅁ	6 ㅂ	7 ㅅ
107 x 142	107 x 142	107 x 142	107 x 142	107 x 142	107 x 142	107 x 142

8 ㅇ	9 ㅈ	10 ㅊ	11 ㅋ	12 ㅌ	13 ㅍ	14 ㅎ
107 x 142	107 x 142	107 x 142	107 x 142	107 x 142	107 x 142	107 x 142

② 코드 작성

- 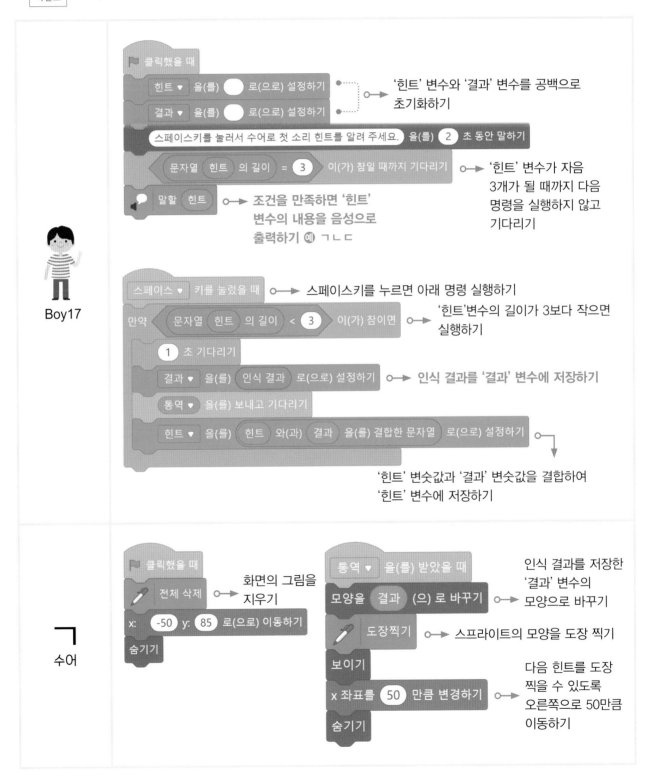 → , 를 선택하여 추가합니다.

- − 변수 만들기 에서 '힌트', '결과' 변수를 만듭니다.

- − '통역' 메시지를 만듭니다.

Boy17

클릭했을 때
힌트 ▼ 을(를) ◯ 로(으로) 설정하기 ┈┈→ '힌트' 변수와 '결과' 변수를 공백으로 초기화하기
결과 ▼ 을(를) ◯ 로(으로) 설정하기
스페이스키를 눌러서 수어로 첫 소리 힌트를 알려 주세요. 을(를) 2 초 동안 말하기
문자열 힌트 의 길이 = 3 이(가) 참일 때까지 기다리기 ──→ '힌트' 변수가 자음 3개가 될 때까지 다음 명령을 실행하지 않고 기다리기
말할 힌트 ○──→ 조건을 만족하면 '힌트' 변수의 내용을 음성으로 출력하기 예 ㄱㄴㄷ

스페이스 ▼ 키를 눌렀을 때 ──→ 스페이스키를 누르면 아래 명령 실행하기
만약 문자열 힌트 의 길이 < 3 이(가) 참이면 ○──→ '힌트'변수의 길이가 3보다 작으면 실행하기
1 초 기다리기
결과 ▼ 을(를) 인식 결과 로(으로) 설정하기 ──→ 인식 결과를 '결과' 변수에 저장하기
통역 ▼ 을(를) 보내고 기다리기
힌트 ▼ 을(를) 힌트 와(과) 결과 을(를) 결합한 문자열 로(으로) 설정하기 ○──→
'힌트' 변숫값과 '결과' 변숫값을 결합하여 '힌트' 변수에 저장하기

ㄱ 수어

클릭했을 때
전체 삭제 ○──→ 화면의 그림을 지우기
x: -50 y: 85 로(으로) 이동하기
숨기기

통역 ▼ 을(를) 받았을 때 ──→ 인식 결과를 저장한 '결과' 변수의 모양으로 바꾸기
모양을 결과 (으)로 바꾸기 ○──→
도장찍기 ──→ 스프라이트의 모양을 도장 찍기
보이기
x 좌표를 50 만큼 변경하기 ○──→ 다음 힌트를 도장 찍을 수 있도록 오른쪽으로 50만큼 이동하기
숨기기

③ 실행 결과 확인

◈ 스페이스키를 눌렀을 때 카메라 인식 창이 화면에 나타나는가?

◈ 한글 자음 수어의 손 모양을 인식한 결과를 화면에 출력하는가?

◈ 자음 3개를 인식했을 때 '힌트' 변수의 내용을 음성으로 출력하는가?

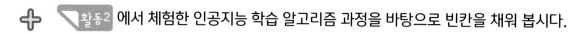 활동2 에서 체험한 인공지능 학습 알고리즘 과정을 바탕으로 빈칸을 채워 봅시다.

인공지능 학습 알고리즘		
데이터 준비	학습	판단
데이터를 분류하여 준비합니다.	를 바르게 분류할 수 있도록 학습 시킵니다.	를 인식시켜 잘 학습했는지 확인 합니다.

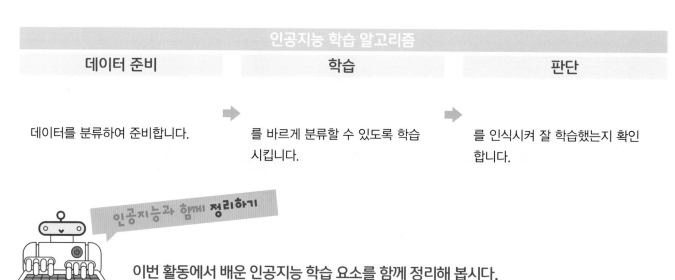

인공지능과 함께 정리하기

이번 활동에서 배운 인공지능 학습 요소를 함께 정리해 봅시다.

인공지능(AI) 프로젝트 사이클(Project Cycle)

본 교재의 활동이 AI 프로젝트 사이클의 각 단계와 어떻게 연결되는지 확인해 봅시다.

AI 단계	본 교재			활동
문제 설정하기	문제가 뭘까?			'수어의 🖐 손동작의 의미는 무엇일까?' 수어를 통역해 주는 인공지능 프로그램을 만들 수 있을까 생각합니다.
데이터 수집하기	인공 지능 적용 하기	인공지능 학습 알고리즘 따라하기	데이터 준비	수어의 자음을 표현하는 데이터를 14가지로 분류합니다.
데이터 탐색하기				수어 사진을 찍는 과정에서 잘못 나온 사진은 빼고, 잘 나온 사진만을 골라서 선택합니다.
인공지능 모델 만들기			학습	인공 지능 모델을 컴퓨터에게 학습시킵니다.
모델 평가하기			판단	학습시키지 않은 수어의 손 모양을 카메라에 비추고 잘 판단하는지 확인합니다. 틀린 결과를 말하면, 다시 사진을 찍어 반복 학습시키면서 테스트합니다.
활용하기		프로그램 작성하기		만들어진 인공지능 모델로 첫 소리 퀴즈를 할 수 있는 엠블록 프로그램을 작성하여 활용합니다.

④ 활동 정리하기

178쪽 >>> 와 비교하며 다음 내용을 정리해 봅시다.

활동 후 생각해 보기

사회적 약자들에게 도움을 줄 수 있는 방법은 무엇이 있을까?

우리가 함께 사는 세상에는 말을 할 수 없어 수어를 사용하거나 보지 못해서 점자를 이용해야 하는 분들이 많아요. 누구에게나 행복하게 함께 사는 세상을 만들기 위해 여러분들이 배운 인공지능 기술을 어떻게 사용하면 좋을까요? 여러분의 생각을 써 봅시다.

....

....

....

....

....

수업을 마치며

수업을 마무리하면서 다음 항목에 체크해 봅시다.

*조금은 보통의 50%, 보통은 모두의 50%로 정한다.

항목	조금	보통	모두
인공지능 알고리즘 과정을 이해했나요?	☐	☐	☐
비어 있는 설명을 모두 채웠나요?	☐	☐	☐
인공지능 프로젝트 사이클을 설명할 수 있나요?	☐	☐	☐

AI. 나랑 친구할래?

초판발행   2020년 7월 24일

지 은 이   씨마스에듀 코딩교육연구회 (장병철, 유경선, 이준기, 이은경)
펴 낸 이   이미래
펴 낸 곳   (주)씨마스
주   소   서울특별시 중구 서애로 23(필동 3가 21-7) 통일빌딩
등록번호   제301호-2011-214호
내용문의   02)2274-1590~2 | 팩스 02)2278-6702

편   집   권소민, 김영미, 신태환, 최햇님
디 자 인   표지: 이기복, 내지: 김용주
마 케 팅   김진주

홈페이지   www.cmass21.co.kr | **이메일**   cmass@cmass21.co.kr
이 책에 대한 의견이나 잘못된 내용에 대한 수정 정보는 씨마스 홈페이지나 이메일로 알려 주시기 바랍니다.
잘못된 책은 구매처 또는 본사에서 교환해 드립니다.

I S B N   979-11-5672-389-9

인공지능 데이터 카드와 웹캠 교구는 별도 판매합니다.
구 매 처   T. 02) 2274-1590~2
홈페이지   cmassedumall.com

데이터 활동지

'Project 9. 서랍 속 편지는 누가 썼을까' 103쪽 글씨체 데이터를 준비할 때 아래 활동지를 오려서 활용할 수 있습니다.

〈앞면〉　　　　　　　　　　　　　　　　※ 앞면에만 글씨를 쓰세요.

자르는 선

자르는 선

〈뒷면〉

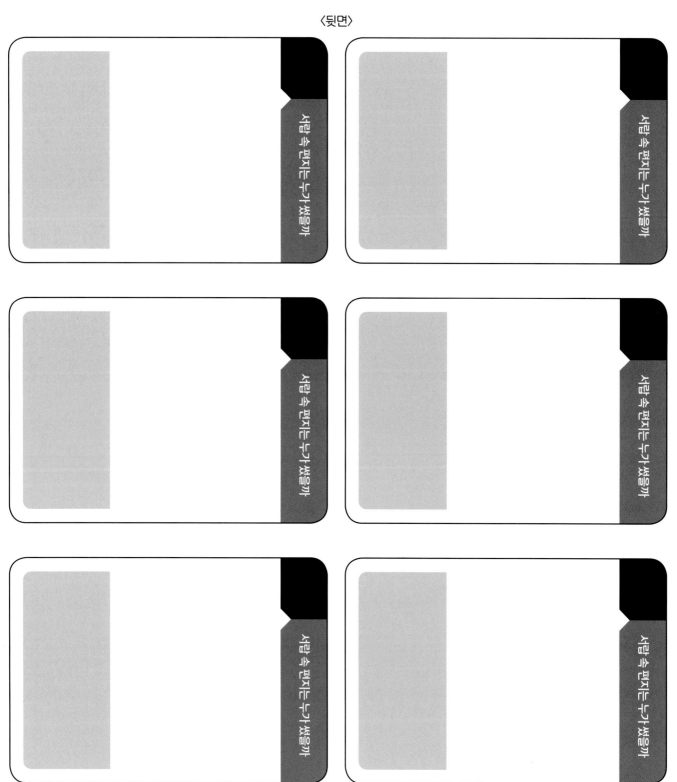

사람 속 편지는 누가 썼을까

사람 속 편지는 누가 썼을까

사람 속 편지는 누가 썼을까

사람 속 편지는 누가 썼을까

사람 속 편지는 누가 썼을까

사람 속 편지는 누가 썼을까

자르는 선

자르는 선

꿈 꾸어라!
이 루어라!
당 신 뜻대로!

사관학교 수리(가)

유형별 기출문제 총정리

특수대학 입학시험 연구회 편

KB004974

> 나는 똑똑한 것이 아니라
> 단지 문제를 더 오래 연구할 뿐이다.
>
> – 알버트 아인슈타인

성과를 내려는 사람들은 수없이 많습니다.
하지만 마음만으로 원하는 결과를 얻을 수 있는 것은 아닙니다.

어렵고 힘든 목표를 성취하려면 끈기 있는 자세가 필요합니다.
쉽게 단념하지 않고 견딜 때 노력이 결실을 맺을 수 있는 가능성이 열립니다.

재능이 부족하다고 도중에 멈춘다면 성공할 수 있는 기회도 주어지지 않습니다.
스스로 포기하기보다는 끈기를 가지고 노력하세요.

〈꿈이당〉은 수험생 여러분의 노력을 응원합니다.
〈꿈이당〉과 함께 합격의 그날까지 꾸준히 나아가시기 바랍니다.

씨마스

목차

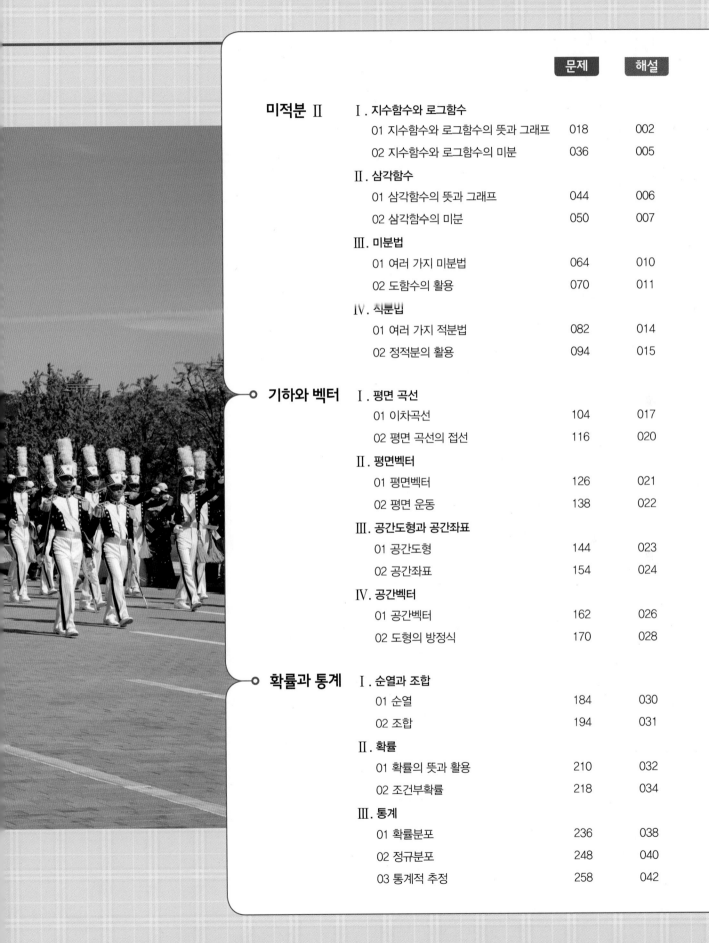

이 책의 구성과 특징

1 사관학교 경쟁률 및 출제 경향

지난 3년간 사관학교 경쟁률 및 국어·영어·수학 과목의 전반적인 출제 경향과 대비책, 2018학년도 수학 가형 기출문제 분석표를 수록하였습니다.

2 사관학교 수학 가형 기출문제 단원별·유형별 출제 경향 분석

사관학교 수학 가형 출제 범위에 해당하는 기출문제의 단원별·유형별 출제 경향을 분석하여 수험생들이 학습 방향을 잡을 수 있도록 하였습니다.

3 수학 가형 단원별 개념 정리

교과서 개념을 정리하여 수록하였습니다. 문제를 풀기 전 해당 개념을 학습할 수 있습니다.

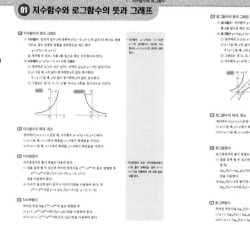

4 사관학교 수학 가형 문제 유형을
설명하는 **기출 유형 살피기**

각 유형별 대표 기출문제를 선정하여 각
단원 맨 앞에 수록하였습니다. 해당 문제
의 풀이 및 해결 Tip을 담아 수험생들이
스스로 풀이 과정을 점검해 볼 수 있도록
하였습니다.

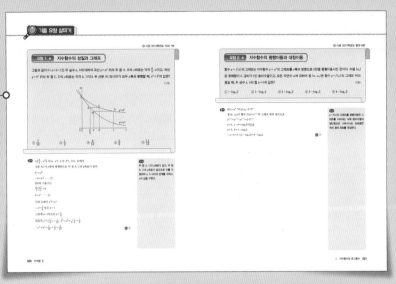

5 사관학교 기출문제를 수록한
기출 유형 더 풀기

각 유형별 사관학교 수학 가형 기출문제
를 수록하였습니다. 수험생들은 해당 문
제를 통해 사관학교 수학 가형 유형에 익
숙해 질 수 있습니다.

6 동일 유형 경찰대학 · 수능 · 평가원 ·
교육청 기출 문제를 수록한
유형 연습 더하기

추가 연습이 가능하도록 경찰대학, 대학수
학능력시험, 평가원, 교육청 기출문제를 수
록하였습니다.

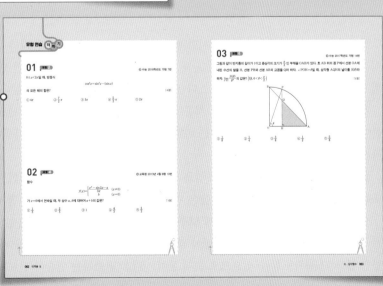

사관학교 경쟁률 및 출제 경향

1. 최근 3년간 경쟁률 및 인원

구분		육군사관학교			해군사관학교			공군사관학교			국군간호사관학교		
		평균	남	여	평균	남	여	평균	남	여	평균	남	여
2018	비율	32.8	27.1	85.3	39.1	33.6	87.7	38.6	33	90.4	50	62.1	48.8
	인원	310명	280명	30명	170명	153명	17명	205명	185명	20명	85명	8명	77명
2017	비율	31.2	26.7	72.5	29.4	25.4	65.5	39.0	34.2	83.6	51.7	57.4	51.1
	인원	310명	280명	30명	170명	153명	17명	205명	185명	20명	85명	8명	77명
2016	비율	22			25.1			33.9			35.6		
	인원	310명	280명	30명	170명	153명	17명	185명	167명	18명	85명	8명	77명

2. 출제경향에 따른 2019학년도 사관학교 1차 시험 대비책

● 총론

〈2018학년도 사관학교 1차 시험 영역별 출제 범위〉

영역	국어	수학-가형(이과)	수학-나형(문과)	영어
출제 범위	화법과 작문 독서와 문법 문학	미적분 Ⅱ 확률과 통계 기하와 벡터	수학 Ⅱ 미적분 Ⅰ 확률과 통계	영어 Ⅰ 영어 Ⅱ

사관학교의 1차 시험은 수학능력시험과 유사한 출제 경향을 따른다. 따라서 수학능력시험을 꾸준히 준비해 온 수험생이라면 사관학교 1차 시험의 유형에도 빠르게 적응할 수 있을 것이다. 다만 난이도별 문제 구성에서 차이가 있으므로 수험생들은 우선 기출 문제를 분석하고 다음과 같은 점들에 유념하여 시험에 대비하도록 한다.

첫째, 국어의 경우 다양한 주제의 지문에 익숙해질 필요가 있다. 2018학년도 사관학교 1차 시험에서 생소한 주제의 지문이 등장하여, 낯선 지문에 당황하는 바람에 풀 수 있는 문제를 놓친 수험생이 많았다. 따라서 잘 모르는 주제의 지문을 독해하는 실전 연습이 필요하다.

둘째, 영어의 경우 어휘 학습에 초점을 맞추어야 한다. 사관학교 1차 시험 영어 영역의 경우 어휘 문항의 비중이 크다. 또한 어휘의 범위가 넓고 난이도도 높은 편이다. 따라서 각 주제별로 자주 출제되는 어휘들을 따로 정리하도록 한다.

셋째, 수학은 수학능력시험 범위에 맞추어 학습하되 꾸준히 출제되는 유형의 문항을 반복 학습해야 한다. 출제 비중이 큰 단원에서는 전형적인 유형의 문항이 많이 출제된다. 대표 유형의 문항을 빠르고 정확하게 해결해야 새로운 유형의 문항을 풀 시간을 확보할 수 있으므로 문제 풀이 시간을 단축하는 연습이 필요하다.

● 수학 영역 : 가형(미적분 II, 기하와 벡터, 확률과 통계)

〈2018학년도 수학 영역 가형 과목별 출제 문항 분석〉

구분		개수	2점	3점	4점
미적분II	지수함수와 로그함수	2		1	1
	삼각함수	3		2	1
	미분법	4	1	1	2
	적분법	4		4	
기하와 벡터	평면곡선	1		1	
	평면벡터	3	1		2
	공간도형과 공간벡터	3		2	1
확률과 통계	순열과 조합	3		1	2
	확률	4		1	3
	통계	3	1	1	1

2018학년도 사관학교 수학 가형은 미적분II, 기하와 벡터, 확률과 통계에서 총 30문항이 출제되었다. 미적분II는 2017학년도보다 2문항 늘어난 13문항이 출제되었다. 적분법의 경우 3점 문항만 4개 출제되었는데 총 5문항에 4점 문항이 3개 출제되었던 작년과는 대조적이다. 각각 삼각함수의 적분법, 부분적분법, 정적분으로 정의된 함수의 미분, 입체의 부피 문항으로 모두 전형적인 유형이었다. 미분법에서는 4점 문항이 2개 출제되었는데 이 중 역함수의 미분법과 수열의 합을 응용한 문항에서 많은 수험생들이 어려움을 겪었을 것으로 예상된다.

기하와 벡터 문항은 총 7개로 작년에 비해 3개 줄어들었다. 작년에 3개 출제되었던 평면곡선 문항이 1개, 1개 출제되었던 평면벡터 문항이 3개, 6개 출제되었던 공간도형과 공간벡터 문항이 3개 출제되었다. 이번에 출제 문항 개수가 늘어난 평면벡터에서는 평면벡터의 내적을 묻는 문항이 2개, 속도와 가속도에 관한 문항이 1개 출제되었다.

확률과 통계는 작년에 비해 1개 늘어난 10문항이 출제되었다. 4점 문항이 총 6개 출제되어 작년에 2개 출제되었던 것과는 대조적이다. 비교적 전형적인 유형의 문제가 출제되었지만 구슬을 상자에 넣는 경우의 수를 묻는 문항과 카드 개수의 평균값을 구하는 문항에서 풀이에 시간이 많이 소요되었을 것으로 예상된다.

2018학년도 사관학교 1차 시험 수학 가형의 경우 과거 사관학교 기출문제와 마찬가지로 미적분II의 비중이 가장 컸다. 이러한 경향이 2019학년도에도 이어진다고 가정하면 미적분II의 주요 개념과 대표 유형 문제는 시험 전 빠짐없이 준비할 필요가 있다. 또한 사관학교 1차 시험 수학 가형의 경우 수학 나형에 비해 확률과 통계 문항의 비중이 높고 난이도 또한 조금 더 어려운 편이다. 따라서 전형적인 유형의 문제는 반드시 맞춘다는 생각으로 대비해야 한다. 또한 기하와 벡터에서는 최근 자주 출제되고 있는 정사영 및 구의 방정식에 관한 문제를 꼭 풀어보도록 한다.

사관학교 수학 가형 문제 유형별 출제 경향

미적분 Ⅱ

Ⅰ. 지수함수와 로그함수: 지수함수와 로그함수의 뜻과 그래프, 지수함수와 로그함수의 미분

2017학년도와 2018학년도 모두 로그함수의 그래프 문제가 출제되었다. 지수함수의 그래프 문제도 출제된 적이 있으므로 두 함수의 성질 및 그래프, 관계를 정리할 필요가 있다. 또한 지수함수나 로그함수를 미분하는 간단한 계산 문제도 출제된 적이 있다.

Ⅱ. 삼각함수: 삼각함수의 뜻과 그래프, 삼각함수의 미분

최근 3년간 삼각함수의 극한을 도형에 활용한 4점 문제는 매년 1문제씩 출제되었다. 도형에 응용되는 삼각함수의 극한 문제의 경우 상대적으로 시간이 많이 소요된다. 또한 삼각함수의 덧셈정리와 삼각함수의 극한값을 계산하는 문제도 출제되었다.

Ⅲ. 미분법: 여러 가지 미분법, 도함수의 활용

삼각함수, 지수함수, 로그함수의 미분법에 몫의 미분법과 역함수의 미분법이 활용된 다양한 문제가 출제되었다. 곡선의 접선, 함수의 증가와 감소, 극대와 극소, 최대와 최소를 구할 수 있고 그래프의 개형을 파악할 수 있는지를 평가하는 문제들에 대비할 필요가 있다.

Ⅳ. 적분법: 여러 가지 적분법, 정적분의 활용

치환적분법 그리고 정적분과 급수의 관계를 이용한 문제가 주로 출제되었다. 2018학년도에는 거의 출제되지 않던 부분적분법이 출제되기도 했다. 좌표축과 곡선 사이의 넓이, 두 곡선 사이의 넓이를 구하는 문제가 출제되었던 과거와 달리 2018학년도에는 입체의 부피를 구하는 문제가 등장하였다.

기하와 벡터

Ⅰ. 평면 곡선: 이차곡선, 평면 곡선의 접선

포물선, 타원, 쌍곡선의 그래프와 관련된 성질, 접선의 방정식에 관한 문제가 번갈아서 출제되었다. 음함수의 미분법, 매개변수로 나타낸 함수의 접선의 방정식도 자주 이용되는 개념이므로 시험 전 숙지하도록 한다.

II. 평면벡터: 평면벡터, 평면 운동

평면벡터의 내적을 구하는 문제는 난이도를 가리지 않고 자주 출제되었다. 평면 운동에 관한 문제는 출제 빈도가 높지 않지만 이 중 2012학년도에 이어 2018학년도에 출제된 속도와 가속도를 묻는 유형은 유의해야 한다.

III. 공간도형과 공간좌표: 공간도형, 공간좌표

정사영의 개념을 이용한 유형은 최근 3년간 매년 4점 문제로 1개씩 출제되었다. 또한 공간좌표 상에서 선분의 내분점과 외분점에 관한 비교적 쉬운 문제 역시 최근 3년간 계속 출제되었다. 구의 방정식은 점 사이의 거리나 단면의 넓이와 관련하여 4점의 높은 난이도로 출제되었다.

IV. 공간벡터: 공간벡터, 도형의 방정식

공간벡터의 내적과 입체도형이 결합된 문제의 경우 보통 4점 배점의 주관식으로 출제되었다. 도형의 방정식의 경우 공간상에서 도형 사이의 거리를 구하는 문제의 출제 비중이 높았다.

확률과 통계

I. 순열과 조합: 순열, 조합

순열에서는 합의 법칙과 곱의 법칙, 함수의 개수, 중복순열 등 다양한 문제들이 출제되었다. 특히 최단거리의 경우의 수를 구하는 유형에서는 다양한 경로가 등장했다. 조합 단원에서는 중복조합을 이용한 문제의 비중이 가장 컸다.

II. 확률: 확률의 뜻과 활용, 조건부확률

순열과 조합을 이용한 수학적 확률을 구하는 유형과 조건부확률 관련 유형으로 구분된다. 조건부확률에서는 확률의 곱셈정리 유형의 출제 비중이 압도적으로 컸다. 또한 독립사건과 종속사건, 독립시행에 관한 문제도 빈번하게 출제되었다.

III. 통계: 확률분포, 정규분포, 통계적 추정

모든 확률변수에 대한 확률의 합이 1임을 이용하는 문제가 꾸준히 출제되었다. 확률변수의 기댓값과 분산을 구하는 문제, 표준정규분포표를 이용한 확률을 구하는 문제, 이항분포와 정규분포의 관계를 구하는 문제는 꼭 대비하도록 한다.

사관학교 모집요강 및 사정표

1. 전형 일정

구분		육사	해사	공사	국간사
원서접수 (온라인)		6월 하순~7월 초순			
1차	시험 일자	7월 하순			
	합격자 발표	8월 초순			
2차	서류 제출	8월 중순			
	시험 일자	8월~9월			
		조별 1박 2일	개인별 2박 3일	개인별 1박 2일	개인별 2박 3일
2차 및 수시 합격자 발표		10월 중순~하순(공사는 최종합격자 발표)			
최종	대학수학능력시험	시험 11월 중순(목) / 성적 발표 12월 초순			
	최종합격자 발표	12월 중순~12월 하순(공사 제외)			

2. 모집 인원

구분	모집 인원	문·이과 비율(문과 : 이과)
육사	310명(여자 30명 내외 포함)	남자 – 50% : 50%, 여자 – 60% : 40%
해사	170명(여자 10% 포함)	남자 – 45% : 55%, 여자 – 60% : 40%
공사	000명(여자 10% 내외 포함)	남자 – 45% : 55% 내외, 여자 – 50% : 50% 내외
국간사	85명(남자 8명, 여 77명)	남자 – 3명 : 5명, 여자 – 31명 : 46명

3. 전형 기준

구분		육사	해사	공사	국간사
1차 (학과)	선발 인원	남 4배수, 여 6배수	남 4배수, 여 8배수	전체 모집정원의 6배수 내외	남·여 4배수
	과목(문항)	국어(45 – 80분), 영어(45 – 70분, 듣기 제외), 수학[문과/이과](30 – 100분) ※ 수능 응시 계열과 동일해야 함			
	가산점	상위 10% 10점 차등 부여 (10~1점)			
2차 (적성)	신체검사	합·불	합·불	합·불	합·불
	체력 검정	50점(정시 선발 기준)	40점	30점	50점
	면접	200점(정시 선발 기준)+ 국가 유공자 3점	110점	80점+역사·안보 논술 10점	수시 : 200점, 정시 : 150점
	불합격	2종목 이상 16급, 오래달리기 불합격 기준, 한국사 60 미만	신체검사 3급 이하, 체력검정 2종목 최저 기준 미달	체력 검정 오래달리기 불합격, 15등급 3개 이상, 30점 만점에 15점 미만	1종목 이상 불합격
학생부	과목	국어, 영어, 수학, 사회, 과학 관련 교과 이수한 전 과목			
	반영 비율	교과 90점+비교과(출결) 10점=100점		100점	수시 : 교과 180점+비교과 20점 정시 : 교과 90점+비교과 10점
수능	과목	국어, 영어, 수학(문/이과), 한국사, 사회탐구(문과)/과학탐구(이과)(각 2과목)			
	영역별 점수	국어(200)+영어(100)+ 수학(200)+한국사(30)+ 탐구(35*2=70)	국어(200)+영어(200)+ 수학(200)+한국사(50)+ 탐구(50*2=100)	100% 우선선발로 수능 미반영	국어(200)+영어(200)+ 수학(200)+탐구(50*2=100)
	만점	600점	700점+한국사 50점		수시 : 한국사 5점 정시 : 700점+한국사 10점
최종	총점 (가산점 만점 포함)	• 정시(50%) : 1차(50)+2차(250)+내신(100)+수능(600)=1,000점 • 우선(50%) : 학교장 10%, 군적성 20%, 일반 20%	• 정시 : 1차[가산점(10)]+2차 [면접(110)+체력(40)]+내신(100)+수능(750)=1,000점 • 모집정원 : 40% 수시 30% 정시	• 일반(유공자, 고른기회 포함) : 1차(30)+2차[논술(10)+면접(80)+체력(30)]+학생부(100)+한국사검정(10)=260점 • 특별(어학, 재외국민) : 어학능력평가(학생부 대체)	• 수시(50%) : 1차(50)+2차(250)+학생부(200)=500점+α(한국사검정 5) • 정시(50%) : 2차(200)+학생부(100)+수능(700)=1,000점+α(한국사10)
	선발 기준	성별, 계열별 총점순 선발		2차 합격자 중 모집단위별 종합성적순	종합성적순

※ 위 내용은 2018학년도 모집요강에 근거한 것입니다. 정확한 모집 내용은 각 학교 홈페이지를 참고하시기 바랍니다.
※ 사관학교 1차 필기시험 성적은 합·불 판정에 매우 중요합니다.

4. 각 학교별 최종 사정표

학교			1차	2차	내신	수능	총점
육사	수시 (우선선발)	학교장추천(10%)	합불	800점	200점		1,000점
		군적성우수(20%)	100점	800점	100점		
		일반(20%)	500점	500점			
	정시		50점	250점	100점	600점	1,000점
해사	학교장추천(30%)		300점	500점	200점		1,000점
	일반선발	정시(30%)	합불	150점	100점	750점	1,000점
		수시(40%)	300점	150점	100점		550점
공사	수시(우선선발)(100%)		30점	120점	100점		250+α(한국사)
국간사	수시(우선선발)(50%)		50점	250점	200점		500점
	정시(50%)		합불	200점	100점	700점	1,000점
경찰대학(정시 100%)			200점	150점	150점	500점	1000점

※ 학교에 따라서 한국사능력검정시험에 3~10점의 가산점을 부여함.

5. 2차 시험 면접평가 영역

평가 영역	영역별 내용
가치관	희생봉사, 국가관(안보관), 역사관, 도덕성, 책임성, 성실성
품성	포용력(배려), 주도력, 사회성, 인내성, 대인관계
지적역량	지적능력, 판단력(통찰력), 논리성, 표현력
생활	리더십, 지원동기, 생활환경(가정 및 학교)
기타	주제 토론(해사), 집단 토론(육사), 심리검사(인적성검사), 적응력 등

6. 2차 시험 체력검정 내용

학교		체력검정 종목	불합격 기준	점수	기타
육사	3종목	오래달리기(25) 윗몸일으키기(15) 팔굽혀펴기(10)	오래달리기 남자 7′39″이상 여자 7′29″이상	50점	1종목 이상 과락시 우선선발에서 제외됨.
해사	3종목	오래달리기(16) 윗몸일으키기(12) 팔굽혀펴기(12)	2종목 이상 최하 등급	40점	
공사	4종목	오래달리기(10) 윗몸일으키기(7) 팔굽혀펴기(7) 제자리멀리뛰기(6)	오래달리기 불합격 3종목 이상 15등급 총 15점 미만	30점	
국간사	3종목	오래달리기(20) 윗몸일으키기(15) 팔굽혀펴기(15)	1종목 이상 불합격	50점	

대입 중심 연중 행사표

월	일정(날짜,요일)	
	1, 2학년	3학년
3월	모의학력평가 대학별 선행학습영향평가보고서 발표 (31일 이전)	모의학력평가 대학별 선행학습영향평가보고서 발표 (31일 이전)
4월	2019학년도 대입전형 시행계획 발표 (5월 1일 이전) 중간고사	3학년 모의학력평가 대학 모의논술, 모의면접, 모의전형 일정 확인 중간고사
5월		대학별 수시요강 발표(5월 초) 대학별 모의수능, 적성 실시
6월	모의학력평가	평가원 모의 대수능 사관학교 원서접수(6월 말) 경찰대학 원서접수(6월 말)
7월	기말고사	기말고사 사관학교 원서접수마감(7월 초) 경찰대학 원서접수마감(7월 초) 모의학력평가 사관학교 1차 시험(7월 말) 경찰대학 1차 시험(7월 말)
8월	2021학년도 대입전형 기본사항 발표 (9월 1일 이전)	사관학교 1차합격자 발표(8월 초) 경찰대학 1차합격자 발표(8월 초) 사관학교 2차 시험(8~9월) 경찰대학 2차 시험(8~9월) 대학수학능력시험 원서접수 시작(8월 말) 수시 학생부 기준일(8월 31일)
9월	중간고사 모의학력평가	중간고사 평가원 모의 대수능 대학별 정시요강 발표(9월 초) 대학수학능력시험 원서접수 마감(9월 초) KAIST, DGIST, GIST, UNIST 원서접수(9월 초중) 수시모집 원서접수(4년제)(9월 중) 수시모집 원서접수(전문대학)(9월 중)

10월		모의학력평가 해군사관학교 특별/수시 합격자 발표(10월 중) 육군사관학교 우선선발 합격자발표(10월 중) 공군사관학교 최종합격자발표(10월 중) 경찰대학 면접 시험표(10월 중)
11월	모의학력평가	수시2차 접수기간(전문대학)(11월 초중) 대학수학능력시험 정시 학생부 기준일(11월 30일)
12월	기말고사(12월 말)	기말고사 수능성적 발표(12월 초) 수시합격자 발표마감(4년제, 전문대학)(12월 중) 수시합격자 등록기간(4년제, 전문대학공통)(12월 중) 수시미등록충원 등록마감(4년제)(12월 말) 수시충원발표등록(전문대학)(12월 말) 정시원서접수(4년제)(12월 말~1월 초) 정시원서접수(전문대학)(12월 말~1월 초) 사관학교 최종합격 발표(12월 중말) 경찰대학 최종합격 발표(12월 중)
1월		정시원서접수 마감(4년제)(1월 초) 정시원서접수 마감(전문대학)(1월 중) 정시합격자 발표마감(1월 말) 정시합격자 등록기간(1월 말~2월초)
2월		정시 최초합격자 발표(전문대학)(2월 초) 정시 미등록충원합격 등록마감(4년제)(2월 초중) 정시 충원합격자 발표 및 등록(전문대학)(2월 중) 추가모집 발표(2월 중) 추가모집 접수(2월 중말) 추가모집 발표(2월 말) 추가모집 합격자 등록기간(2월 말)

공무원 직급표

대우 급수	행정부							
	일반	외교	초중등 교원	고등 교원	치안	교정	소방	군인
원수	대통령							
총리	국무총리							
부총리	감사원장							
장관	각부 장관 국정원장 교섭본부장	외통부 장관 특1급 외교관	교과부 장관					국방장관 대장 합참정/부의장 참모총장 군사령관
차관	국무총리실장 각부 차관 처장, 청장	외통부 차관	서울교육감	국립대 총장 대학 총장	치안총감	교정본부장	소방총감	국방차관
준차관	교육원장	특2급 외교관	교육감					중장 군작전사령관 해병대사령관
차관보	차관보	차관보			치안정감			중장 (군단장)
1급	관리관	대사				교정관리관	소방정감	소장
2급	이사관	공사 영사 총영사		30호봉 이상	치안감	교정이사관	소방감	준장
3급	부이사관	부영사 참사관 영사 대리		정교수 24~29 호봉	경무관	교정부이사관	소방준감	대령
4급	서기관	1등 서기관	교육연구관 24호봉 이상	부교수 17~23 호봉	총경	교정감 (서기관)	소방정	중령
5급	사무관	2등 서기관	교장 장학관 교감 18~23호봉	조교수 11~16 호봉	경정	교정관	소방령	소령
6급 갑	주사	3등 서기관	장학사 14~17호봉	9~10호봉	경감	교감	소방경	대위
6급 을			11~13호봉	7~8호봉	경위			중위
7급	주사보		9~10호봉	6호봉 이하	경사	교위	소방위 소방장	소위/준위
8급	서기		4~8호봉		경장	교사	소방교	원사 상사 중사
9급	서기보		3호봉 이하		순경	교도	소방사	하사
의무복무	4등급 3등급 2등급 1등급				수경 상경 일경 이경	수교 상교 일교 이교	수방 상방 일방 이방	병장(수병) 상병 일병 이병

| 검찰 | 연구직 | 지도직 | 전문경력관 | 지방 행정 | | 입법부 | 사법부 | 공기업 | 기타 |
				관선	자치				
						국회의장	헌재소장 대법원장 선관위원장		
						부의장			
검찰총장 (대검 검사장)					서울시장	상임위원장 원내대표 사무처장 국회의원	대법관 헌법재판관 행정처장 헌재사무처장	한국은행 총재	
고검 검사장				서울 부시장	광역시장 도지사	입법조사장 사무차장 입법차장	고법원장 지법원장 선관위원	사장 원장	
대검 차장검사				광역시 부시장 부지사		도서관장 예산정책처장	고법 부장판사 고법 부장판사	사장 원장 본부장	사기업사장 사기업본부장
지검 검사장 지검 차장검사				광역시도 실장	서울구청장 광역부시장				
				부시장 광역시도 국장	시장 구청장			본부장	사기업본부장
	연구관 23년 초과			관선구청장 부군수 국장	군수	관리관	관리관 11호봉 이상		
	19년 초과	지도관 19년 초과		읍면동장		이사관	이사관 8~10호봉	처장	전무이사
지검 부장검사	15년 초과	15년 초과		주사		부이사관	지법 부장판사 5~7호봉	실장	상무이사
부부장검사 평검사	8년 초과 전문의	8년 초과	가군 27호봉 이상	주사보		서기관	부부장판사 평판사 2~4호봉	국장	상무이사
사무관	연구관 이상 전문의	지도관 이상	가군 26호봉 이상	서기		사무관	사무관	부장 팀장 지방관장	사법연수원생 국법무관 부장 이사보
주사	연구사 5년 초과	지도사 10년 초과	나군 28호봉 이상	서기보		주사	주사	차장	
주사보	연구사 약사	지도사 5년 초과	나군 27호봉 이상			주사보	주사보	과장	
서기	간호사	지도사	다군 28호봉 이상			서기	서기	대리	
서기보			다군 27호봉 이상			서기보		사원	10급 기능직 공기업 주임

※ 이 표는 2015년 공무원 보수 등의 업무 지침인 '인사혁신처 예규 제5호' '호봉획정을 위한 상당계급 구분'을 참고하여 정리한 것입니다.

미적분 II

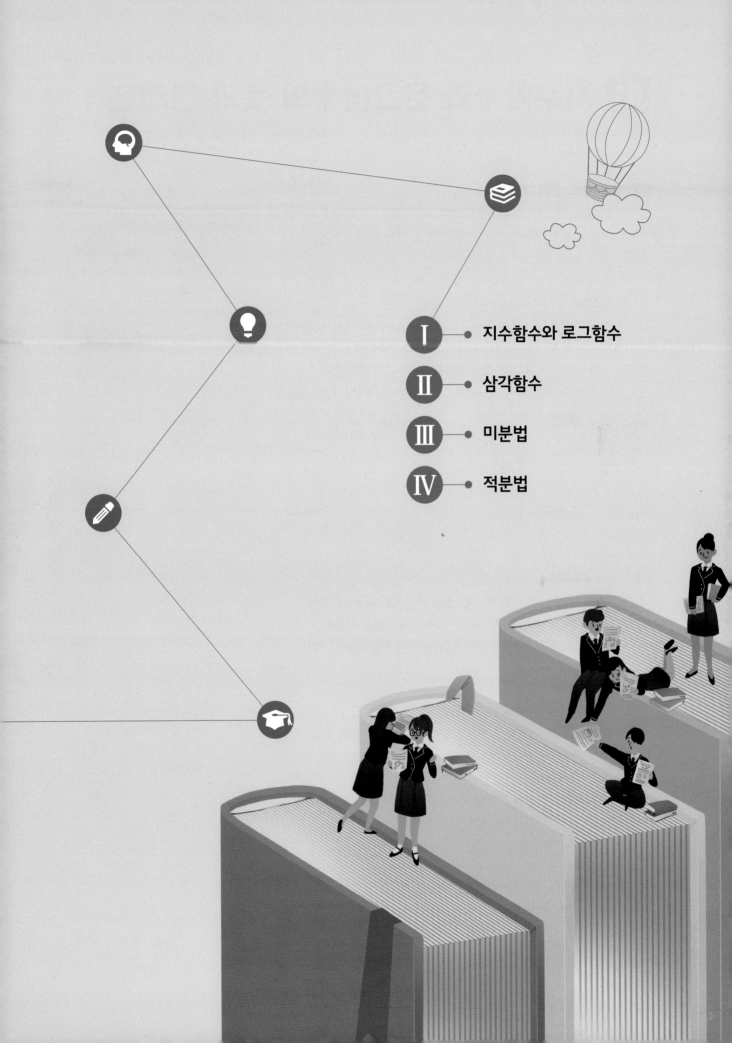

01 지수함수와 로그함수의 뜻과 그래프

01 지수함수의 뜻과 그래프

(1) **지수함수**: 임의의 실수 x에 대하여 $a^x(a>0, a\neq1)$의 값은 단 하나로 정해 지므로 실수 전체의 집합을 정의역으로 하는 함수

$$y=a^x(a>0, a\neq1)$$

을 정의할 수 있다. 이를 a를 밑으로 하는 지수함수라 한다.

(2) **지수함수 $y=a^x(a>0, a\neq1)$의 그래프**

① 정의역은 $\{x|x$는 모든 실수$\}$, 치역은 $\{y|y$는 $y>0$인 실수$\}$이다.

② $a>1$일 때, x의 값이 증가하면 y의 값도 증가한다.

 $0<a<1$일 때, x의 값이 증가하면 y의 값은 감소한다.

③ 그래프는 점 $(0, 1)$, $(1, a)$를 지나고, x축을 점근선으로 가진다.

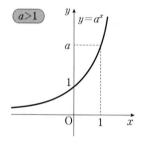 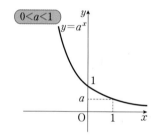

02 지수함수의 최대, 최소

정의역이 $\{x|\alpha\leq x\leq\beta\}$일 때, 지수함수 $y=a^x(a>0, a\neq1)$에서

(1) $a>1$일 때, $x=\alpha$에서 최솟값, $x=\beta$에서 최댓값을 가진다.

(2) $0<a<1$일 때, $x=\alpha$에서 최댓값, $x=\beta$에서 최솟값을 가진다.

03 지수방정식

지수방정식의 풀이 방법은 다음과 같다.

(1) 밑을 같게 할 수 있으면 주어진 방정식을 $a^{f(x)}=a^{g(x)}$의 꼴로 변형한 후,

$$a^{f(x)}=a^{g(x)}\text{이면 } f(x)=(x) \text{ (단, } a>0, a\neq1)$$

임을 이용하여 푼다.

(2) 지수가 같으면 밑이 같거나 지수가 0임을 이용하여 푼다. 즉

$$a^{f(x)}=b^{f(x)}\text{이면 } a=b \text{ 또는 } f(x)=0 \text{ (단, } a>0, b>0)$$

04 지수부등식

주어진 부등식을 $a^{f(x)}<a^{g(x)}$의 꼴로 변형한 후

(1) $a>1$: $a^{f(x)}<a^{g(x)}$이면 $f(x)<g(x)$임을 이용하여 푼다.

(2) $0<a<1$: $a^{f(x)}<a^{g(x)}$이면 $f(x)>g(x)$임을 이용하여 푼다.

• 지수함수 $y=a^x$에서 $a=1$이면 $y=1$인 상수함수가 되므로 지수 함수는 $a\neq1(a>0)$인 경우만 생각 한다.

• 지수방정식 또는 지수부등식에서 a^x의 꼴이 반복되는 경우 $a^x=t$ $(t>0)$로 치환하여 t에 대한 방정 식을 푼다.

05 로그함수의 뜻과 그래프

(1) **로그함수**: 지수함수 $y=a^x(a>0,\ a\neq1)$의 역함수 $y=\log_a x(a>0,\ a\neq1)$를 a를 밑으로 하는 로그함수라 한다.

(2) **로그함수 $y=\log_a x\ (a>0,\ a\neq1)$의 그래프**

① 정의역은 $\{x|x$는 $x>0$인 실수$\}$, 치역은 $\{y|y$는 모든 실수$\}$이다.

② $a>1$일 때, x의 값이 증가하면 y의 값도 증가한다.

　$0<a<1$일 때, x의 값이 증가하면 y의 값은 감소한다.

③ 그래프는 점 $(1, 0)$, $(a, 1)$을 지나고, y축을 점근선으로 가진다.

④ 지수함수 $y=a^x$의 그래프와 직선 $y=x$에 대하여 대칭이다.

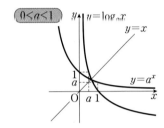

• 지수함수 $y=a^x(a>0,\ a\neq1)$은 실수 전체의 집합에서 양의 실수 전체의 집합으로의 일대일 대응이므로 역함수가 존재한다.

06 로그함수의 최대, 최소

정의역이 $\{x|\alpha\leq x\leq\beta\}$일 때, 로그함수 $y=\log_a x\ (a>0,\ a\neq1)$에서

(1) $a>1$일 때, $x=\alpha$에서 최솟값, $x=\beta$에서 최댓값을 가진다.

(2) $0<a<1$일 때, $x=\alpha$에서 최댓값, $x=\beta$에서 최솟값을 가진다.

07 로그방정식

로그방정식의 풀이 방법은 다음과 같다.

(1) 밑을 같게 할 수 있으면 주어진 방정식을 $\log_a f(x)=\log_a g(x)$ 꼴로 변형한 후,

$\log_a f(x)=\log_a g(x)$이면 $f(x)=g(x)$ (단, $a>0$, $a\neq1$, $f(x)>0$, $g(x)>0$) 임을 이용한다.

(2) $\log_a f(x)=b$의 꼴이면 로그의 정의를 이용하여 푼다. 즉,

$\log_a f(x)=b$이면 $f(x)=a^b$ (단, $a>0$, $a\neq1$, $f(x)>0$)

• 로그방정식과 로그부등식을 풀 때에는 밑과 진수의 조건을 반드시 확인한다.

(1) (밑)>0, (밑)$\neq1$

(2) (진수)>0

• 로그방정식 또는 로그부등식에서 $\log_a f(x)$의 꼴이 반복되는 경우 $\log_a f(x)=t(t>0)$로 치환하여 t에 대한 방정식을 푼다.

08 로그부등식

주어진 부등식을 $\log_a f(x)=\log_a g(x)$ 꼴로 변형한 후

(1) $a>1$: $\log_a f(x)<\log_a g(x)$이면 $0<f(x)<g(x)$임을 이용하여 푼다.

(2) $0<a<1$: $\log_a f(x)<\log_a g(x)$이면 $f(x)>g(x)>0$임을 이용하여 푼다.

유형 1 ★ 지수함수의 성질과 그래프

그림과 같이 $0<a<b<1$인 두 실수 a, b에 대하여 곡선 $y=a^x$ 위의 두 점 A, B의 x좌표는 각각 $\frac{b}{4}$, a이고, 곡선 $y=b^x$ 위의 두 점 C, D의 x좌표는 각각 b, 1이다. 두 선분 AC와 BD가 모두 x축과 평행할 때, a^2+b^2의 값은?

[3점]

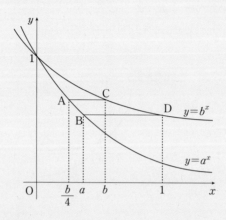

① $\frac{7}{16}$ ② $\frac{1}{2}$ ③ $\frac{9}{16}$ ④ $\frac{5}{8}$ ⑤ $\frac{11}{16}$

풀이 $A\left(\frac{b}{4},\ a^{\frac{b}{4}}\right)$, $B(a,\ a^a)$, $C(b,\ b^b)$, $D(1,\ b)$에서

선분 AC가 x축에 평행하므로 두 점 A, C의 y좌표가 같다.

$b^b=a^{\frac{b}{4}}$

$\therefore b=a^{\frac{1}{4}}$ …… ㉠

BD의 기울기는

$\frac{b-a^a}{1-a}=0$

$b=a^a$ …… ㉡

㉠과 ㉡에서 $a^{\frac{1}{4}}=a^a$

$\therefore a=\frac{1}{4}$ 또는 $a=1$

그런데 $a<1$이므로 $a=\frac{1}{4}$

따라서 $a^2=\left(\frac{1}{4}\right)^2=\frac{1}{16}$, $b^2=a^{\frac{1}{2}}=\sqrt{\frac{1}{4}}=\frac{1}{2}$

$\therefore a^2+b^2=\frac{1}{16}+\frac{1}{2}=\frac{9}{16}$

답 ③

TIP

두 점 A, C의 y좌표가 같고, 두 점 B, D의 y좌표가 같으므로 이를 이용하여 a, b 사이의 관계를 구하고, a의 값을 구한다.

유형 2 ★ 지수함수의 평행이동과 대칭이동

함수 $y=f(x)$의 그래프는 지수함수 $y=a^x$의 그래프를 x축의 방향으로 b만큼 평행이동시킨 것이다. 수열 $\{a_n\}$은 첫째항이 2, 공비가 3인 등비수열이고, 모든 자연수 n에 대하여 점 (n, a_n)은 함수 $y=f(x)$의 그래프 위의 점일 때, 두 상수 a, b의 합 $a+b$의 값은? [3점]

① $-\log_3 2$ ② $1-\log_3 2$ ③ $2-\log_3 2$ ④ $3-\log_3 2$ ⑤ $4-\log_3 2$

풀이 $f(x)=a^{x-b}$이고 $a_n=2\cdot 3^{n-1}$

점 (n, a_n)이 함수 $f(x)=a^{x-b}$의 그래프 위의 점이므로

$a^{n-b}=a^{1-b}\cdot a^{n-1}=2\cdot 3^{n-1}$

$a=3$, $1-b=\log_3 2$이므로

$a=3$, $b=1-\log_3 2$

$\therefore a+b=3+(1-\log_3 2)=4-\log_3 2$

답 ⑤

TIP
$y=f(x)$의 그래프를 평행이동한 그래프를 나타내는 식에 등비수열의 일반항으로 이루어지는 좌표평면 위의 점의 좌표를 대입한다.

유형 3 ★ 로그함수의 성질과 그래프

좌표평면에서 자연수 n에 대하여 다음 조건을 만족시키는 정사각형의 개수를 a_n이라 하자.

> (가) 한 변의 길이가 n이고 네 꼭짓점의 x좌표와 y좌표가 모두 자연수이다.
>
> (나) 두 곡선 $y=\log_2 x$, $y=\log_{16} x$와 각각 서로 다른 두 점에서 만난다.

a_3+a_4의 값은? [4점]

① 21   ② 23   ③ 25   ④ 27   ⑤ 29

풀이 오른쪽 그림에서 $A(a, b)$ (a, b는 자연수)라 하면 주어진 정사각형의 한 변의 길이 n에 대하여 $B(a, b+n)$, $C(a+n, b+n)$, $D(a+n, b)$이다.
이때 조건 (나)에 의하여
$$\log_2 a < b+n, \quad \log_{16}(a+n) > b$$
이므로
$$2^{4b}-n < a < 2^{b+n}$$

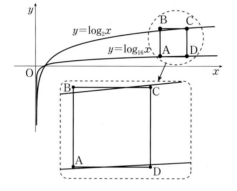

(ⅰ) $n=3$일 때,

  $2^{4b}-3 < a < 2^{b+3}$을 만족하는 순서쌍 (a, b)의 개수를 구한다.

  $b=1$일 때, $13 < a < 16$ ∴ $(1, 14)$, $(1, 15)$

  $b=2$일 때, $a<32$이고 $a>61$ ∴ 없다.

  ⋮

  ∴ $a_3=2$

(ⅱ) $n=4$일 때,

  $2^{4b}-4 < a < 2^{b+4}$을 만족하는 순서쌍 (a, b)의 개수를 구한다.

  $b=1$일 때, $12 < a < 32$

  ∴ $(1, 13)$, $(1, 14)$, $\cdots$, $(1, 30)$, $(1, 31)$

  $b=2$일 때, $a<64$이고 $a>252$ ∴ 없다.

  ⋮

  ∴ $a_4=19$

(ⅰ), (ⅱ)에서 $a_3+a_4=2+19=21$

답 ①

TIP
그래프를 그려 A, B, C, D의 점의 좌표를 n이 포함된 식으로 나타내고, 좌표의 조건을 조건 (나)를 이용하여 찾는다.

유형 4 ★ **지수함수와 로그함수의 대소 비교**

다음 등식을 만족시키는 세 실수 a, b, c가 있다.

$$\left(\frac{1}{3}\right)^a = 2a, \qquad \left(\frac{1}{3}\right)^{2b} = b, \qquad \left(\frac{1}{2}\right)^{2c} = c$$

이때, 세 실수 a, b, c의 대소 관계를 옳게 나타낸 것은? [4점]

① $a < b < c$ ② $a < c < b$ ③ $b < a < c$ ④ $b < c < a$ ⑤ $c < a < b$

풀이 $\left(\frac{1}{3}\right)^a > 0$, $\left(\frac{1}{3}\right)^{2b} > 0$, $\left(\frac{1}{2}\right)^{2c} > 0$이므로 $a > 0$, $b > 0$, $c > 0$이다.

또한, $\left(\frac{1}{3}\right)^a = 2a$에서 a는 $y = \left(\frac{1}{3}\right)^x$와 $y = 2x$의 교점의 x좌표이다.

마찬가지로 b는 $y = \left(\frac{1}{3}\right)^{2x} = \left(\frac{1}{9}\right)^x$와 $y = x$의 교점의 x좌표이고,

c는 $y = \left(\frac{1}{2}\right)^{2x} = \left(\frac{1}{4}\right)^x$와 $y = x$의 교점의 x좌표이다.

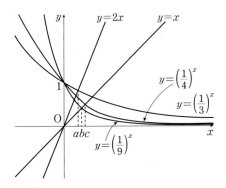

각각의 그래프의 교점의 x좌표를 비교해보면 $a < b < c$이다. **답** ①

TIP
주어진 세 실수 a, b, c가 각각
$y = \left(\frac{1}{3}\right)^x$, $y = \left(\frac{1}{3}\right)^{2x}$, $y = \left(\frac{1}{2}\right)^{2x}$의
그래프 위의 어느 점인지 조건을 파악한다.

유형 5 ★ 지수함수 · 로그함수와 직선의 교점

$0<a<b<1$일 때, 직선 $y=1$이 $y=\log_a x$의 그래프와 $y=\log_b x$의 그래프와 만나는 점을 각각 P, Q라 하고,
직선 $y=-1$이 $y=\log_a x$의 그래프와 $y=\log_b x$의 그래프와 만나는 점을 각각 R, S라 하자. 네 직선 PS, PR,
QS, QR의 기울기를 각각 α, β, γ, δ라 할 때, 다음 중 옳은 것은? [4점]

① $\delta < \alpha < \beta < \gamma$ ② $\gamma < \alpha < \delta < \beta$ ③ $\gamma < \alpha < \beta < \delta$

④ $\gamma < \alpha = \delta < \beta$ ⑤ $\alpha = \delta < \beta < \gamma$

풀이 함수 $y=\log_a x$, $y=\log_b x$의 그래프와 직선 $y=1$, $y=-1$을 그리고 점 P, Q, R, S를 표시하면 다음과 같다.

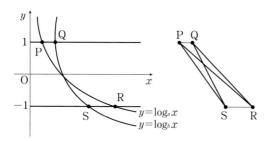

P$(a, 1)$, Q$(b, 1)$, R$\left(\dfrac{1}{a}, -1\right)$, S$\left(\dfrac{1}{b}, -1\right)$이므로

$\overline{PQ}=b-a$, $\overline{SR}=\dfrac{1}{a}-\dfrac{1}{b}=\dfrac{b-a}{ab}$

직선의 기울기가 음수이므로 가파를수록 기울기의 값은 작다.
위 그림에서 직선 PS의 기울기보다 직선 QS의 기울기가 더 가파르다.
또한 직선 PR의 기울기보다 직선 QR의 기울기가 더 가파르다.

$\therefore$ $\alpha > \gamma$, $\beta > \delta$ …… ㉠

또한 선분 PQ의 길이는 선분 SR의 길이보다 짧다.

$\dfrac{1}{a}>b$이므로 점 R의 x좌표가 점 Q의 x좌표보다 더 크다.

따라서 직선 PS가 QR보다 더 가파르다.

$\therefore$ $\delta > \alpha$ …… ㉡

㉠, ㉡에 의하여

$\gamma < \alpha < \delta < \beta$

답 ②

TIP
좌표평면 위에 네 점 P, Q, R, S를 찍고, $0<a<b<1$임을 이용하여 구하는 직선의 기울기의 대소 관계를 파악한다.

유형 6 ★ 지수함수와 로그함수의 교점

방정식 $2^{\frac{x}{2}}=\log_{\sqrt{2}}|x|$의 서로 다른 실근의 개수는? [4점]

① 1   ② 2   ③ 3   ④ 4   ⑤ 0

풀이 방정식 $2^{\frac{x}{2}}=\log_{\sqrt{2}}|x|$의 서로 다른 실근의 개수는 두 함수 $y=2^{\frac{x}{2}}$와 $y=\log_{\sqrt{2}}|x|$의 교점의 개수와 같다.

절댓값이 포함된 $y=\log_{\sqrt{2}}|x|$를 x의 범위에 따라 나누어 정리하면

$$y=\log_{\sqrt{2}}|x|=\begin{cases}\log_{\sqrt{2}}x & (x>0)\\ \log_{\sqrt{2}}(-x) & (x<0)\end{cases}$$

(i) $x>0$일 때,

$y=2^{\frac{x}{2}}$와 $\log_{\sqrt{2}}x$는 역함수 관계이다.

역함수 관계에 있는 두 함수의 교점은 항상 $y=x$ 위에 있다.

따라서 $y=2^{\frac{x}{2}}$와 $\log_{\sqrt{2}}x$의 교점은 $y=2^{\frac{x}{2}}$와 $y=x$의 교점과 같다.

$y=2^{\frac{x}{2}}$와 $y=x$는 $(2, 2)$, $(4, 4)$에서 만나므로 $y=2^{\frac{x}{2}}$와 $\log_{\sqrt{2}}x$는 서로 다른 두 개의 실근 $x=2$, $x=4$를 갖는다.

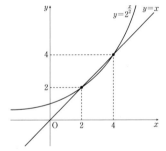

(ii) $x<0$일 때,

$\log_{\sqrt{2}}(-x)$의 그래프는 $\log_{\sqrt{2}}x$의 그래프와 y축 대칭이므로

$\lim\limits_{x\to-\infty}\log_{\sqrt{2}}(-x)=\infty$이고, $y=0$을 점근선으로 하는 감소 함수이다.

또한 $y=2^{\frac{x}{2}}$의 그래프는 $\lim\limits_{x\to\infty}2^{\frac{x}{2}}=\infty$이고, $x=0$을 점근선으로 하는 증가 함수이므로 $y=2^{\frac{x}{2}}$와 $\log_{\sqrt{2}}(-x)$는 한 개의 교점을 갖는다.

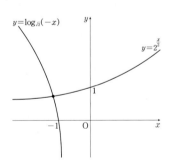

(i), (ii)에 의하여 방정식 $2^{\frac{x}{2}}=\log_{\sqrt{2}}|x|$의 서로 다른 실근의 개수는 3개이다.

답 ③

Tip

$x>0$, $x<0$인 경우로 나누어 $2^{\frac{x}{2}}$와 $\log_{\sqrt{2}}|x|$의 각 식이 나타내는 그래프의 교점의 개수를 센다.

유형 7 ★ 지수·로그방정식과 지수· 로그 부등식

로그방정식

$$\log_2(3x^2+7x)=1+\log_2(x+1)$$

의 해는 $x=\dfrac{q}{p}$이다. p^2+q^2의 값을 구하시오. (단, p, q는 서로소인 자연수이다.) [3점]

풀이 $\log_2(3x^2+7x)$의 진수 조건에서

$3x^2+7x>0$, $x(3x+7)>0$

$\therefore x<-\dfrac{7}{3}$ 또는 $x>0$ …… ㉠

$\log_2(x+1)$의 진수 조건에서

$x+1>0$

$\therefore x>-1$ …… ㉡

㉠, ㉡에서 $x>0$

$\log_2(3x^2+7x)=1+\log_2(x+1)$에서

$\log_2(3x^2+7x)=\log_2 2(x+1)$

$3x^2+7x=2(x+1)$, $3x^2+5x-2=0$

$(3x-1)(x+2)=0$

$\therefore x=\dfrac{1}{3}$ $(\because x>0)$

따라서 $p=3$, $q=1$이므로

$p^2+q^2=9+1=10$

답 10

유형 8 ★ 실생활의 활용

지질학에서 암석의 연대를 측정하는 방법 중 하나로 포타슘−40은 방사선 분해과정을 거쳐 일정한 비율로 아르곤−40으로 바뀌는 점을 이용한 포타슘−아르곤 연대측정법을 사용한다. 암석이 생성되어 t년이 되었을 때, 포타슘−40과 아르곤−40의 양을 각각 $P(t)$, $A(t)$라 하면

$$2^t = \left\{1 + 8.3 \times \frac{A(t)}{P(t)}\right\}^c \text{ (단, } c\text{는 상수이다.)}$$

이 성립한다고 하자. 이 방법으로 암석의 연대를 측정하였을 때 포타슘−40의 양이 아르곤−40의 양의 20배인 암석이 생성된 것은 k년 전이다. k의 값은? (단, $\log 1.415 = 0.15$, $\log 2 = 0.30$으로 계산한다.)

[3점]

① $\dfrac{1}{3}c$ ② $\dfrac{1}{2}c$ ③ $2c$ ④ $3c$ ⑤ $4c$

풀이 $P(k) = 20A(k)$이므로

$$2^k = \left\{1 + 8.3 \times \frac{1}{20}\right\}^c = 1.415^c$$

양변에 상용로그를 취하면

$$\log 2^k = \log 1.415^c$$

$$k \log 2 = c \log 1.415$$

$$0.3k = 0.15c$$

$$\therefore k = \frac{1}{2}c$$

답 ②

TIP
$P(k) = 20A(k)$로 놓고 주어진 식에 대입하여 k와 c의 관계를 찾는다.

01 유형 1

사관 2015학년도 A형 13번

그림과 같이 좌표평면에서 직선 $x=k$가 곡선 $y=2^x+4$와 만나는 점을 A_k라 하고, 직선 $x=k+1$이 직선 $y=x$와 만나는 점을 B_{k+1}이라 하자. 선분 A_kB_{k+1}을 대각선으로 하고 각 변은 x축 또는 y축에 평행한 직사각형의 넓이를 S_k라 할 때, $\sum_{k=1}^{8}S_k$의 값은?

[3점]

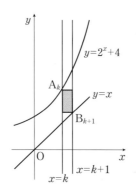

① 494   ② 496   ③ 498   ④ 500   ⑤ 502

02 유형 1

사관 2012학년도 이과 24번

1보다 큰 실수 a에 대하여 두 함수 $f(x)=a^{2x}$, $g(x)=a^{x+1}-2$가 있다. 실수 전체의 집합에서 정의된 함수 $h(x)$를 $h(x)=|f(x)-g(x)|$라 하자. $y=h(x)$의 그래프에 대한 설명으로 <보기>에서 옳은 것만을 있는 대로 고른 것은?

[4점]

┌ 보기 ┐

ㄱ. $a=2\sqrt{2}$일 때 $y=h(x)$의 그래프와 x축은 한 점에서 만난다.

ㄴ. $a=4$일 때 $x_1<x_2<\dfrac{1}{2}$이면 $h(x_1)>h(x_2)$이다.

ㄷ. $y=h(x)$의 그래프와 직선 $y=1$이 오직 한 점에서 만나는 a의 값이 존재한다.

① ㄱ   ② ㄱ, ㄴ   ③ ㄱ, ㄷ   ④ ㄴ, ㄷ   ⑤ ㄱ, ㄴ, ㄷ

03 유형 3

🔵 사관 2017학년도 가형 13번

그림과 같이 곡선 $y=|\log_a x|$ 가 직선 $y=1$과 만나는 점을 각각 A, B라 하고 x축과 만나는 점을 C라 하자. 두 직선 AC, BC가 서로 수직이 되도록 하는 모든 양수 a의 값의 합은? (단, $a\neq1$)　　　　[3점]

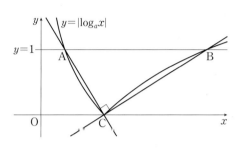

① 2　　　　② $\dfrac{5}{2}$　　　　③ 3　　　　④ $\dfrac{7}{2}$　　　　⑤ 4

04 유형 3

🔵 사관 2011학년도 이과 22번

그림과 같이 직선 $y=\dfrac{2}{3}$가 두 곡선 $y=\log_a x, y=\log_b x$와 만나는 점을 각각 P, Q라 하자. 점 P를 지나고 x축에 수직인 직선이 곡선 $y=\log_b x$와 x축과 만나는 점을 각각 A, B라 하고, 점 Q를 지나고 x축에 수직인 직선이 곡선 $y=\log_a x$와 x축과 만나는 점을 각각 C, D라 하자.

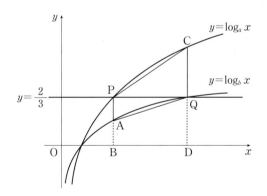

$\overline{PA}=\overline{AB}$이고, 사각형 PAQC의 넓이가 1일 때, 두 상수 a, b의 곱 ab의 값은? (단, $1<a<b$이다.)　　　　[4점]

① $12\sqrt{2}$　　　　② $14\sqrt{2}$　　　　③ $16\sqrt{2}$　　　　④ $18\sqrt{2}$　　　　⑤ $20\sqrt{2}$

05 유형5

◎ 사관 2016학년도 A형 18번

그림과 같이 곡선 $y=2^{x-1}+1$ 위의 점 A와 곡선 $y=\log_2(x+1)$ 위의 두 점 B, C에 대하여 두 점 A와 B는 직선 $y=x$ 에 대하여 대칭이고, 직선 AC는 x축과 평행하다. 삼각형 ABC의 무게중심의 좌표가 (p, q)일 때, $p+q$의 값은?

[4점]

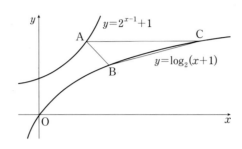

① $\dfrac{16}{3}$ 　　② $\dfrac{17}{3}$ 　　③ 6 　　④ $\dfrac{19}{3}$ 　　⑤ $\dfrac{20}{3}$

06 유형7

◎ 사관 2013학년도 문과 26번

$$\log_2(x+y-4)+\log_2(x+y)\leq 1+\log_2 x+\log_2 y$$

를 만족시키는 실수 x, y에 대하여 $7y-x$의 최댓값을 구하시오.

[3점]

07 유형 7

◎ 사관 2012학년도 문과 12번

x, y에 대한 연립방정식

$$\begin{cases} \log_3 x + \log_2 \dfrac{1}{y} = 1 \\ \log_9 3x + \log_{\frac{1}{2}} y = 1 - \dfrac{k}{2} \end{cases}$$

의 해를 $x=\alpha$, $y=\beta$라 할 때, $\alpha \leq \beta$를 만족시키는 정수 k의 최댓값은?　　　　　　[3점]

① -5　　　　　② -4　　　　　③ -3　　　　　④ -2　　　　　⑤ -1

08 유형 7

◎ 사관 2011학년도 문과 9번

모든 실수 x에 대하여 부등식

$$2^{4x} + a \cdot 2^{2x-1} + 10 > \frac{3}{4}a$$

를 만족시키는 자연수 a의 최댓값은?　　　　　　[3점]

① 11　　　　　② 13　　　　　③ 15　　　　　④ 17　　　　　⑤ 19

09 유형 7

사관 2010학년도 문과 18번

실수 전체의 집합의 두 부분집합 A, B를 각각

$$A=\{x|\log_4(x-1)\leq \log_{16}(x+5)\}$$

$$B=\{x|8^x-11\cdot 4^x+38\cdot 2^x-40=0\}$$

이라 할 때, 집합 $A\cap B$의 모든 원소들의 합은? [4점]

① $\log_2 10$ ② $\log_2 20$ ③ $\log_2 40$ ④ $\log_2 60$ ⑤ $\log_2 80$

01 유형 2

교육청 2013년 4월 A형 19번

함수 $f(x)=2^{x-2}$의 역함수의 그래프를 x축의 방향으로 -2만큼, y축의 방향으로 a만큼 평행이동시키면 함수 $y=g(x)$의 그래프가 된다. 두 함수 $y=f(x)$, $y=g(x)$의 그래프가 직선 $y=1$과 만나는 점을 각각 A, B라 할 때, 선분 AB의 중점의 좌표가 $(8, 1)$이다. 이때, 실수 a의 값은? [4점]

① -8　　　　② -7　　　　③ -6　　　　④ -5　　　　⑤ -4

02 유형 4

평가원 2010학년도 6월 나형 27번

지수함수 $f(x)=3^{-x}$에 대하여

$$a_1=f(2),\ a_{n+1}=f(a_n)\ (n=1, 2, 3)$$

일 때, a_2, a_3, a_4의 대소 관계를 옳게 나타낸 것은?

[3점]

① $a_2 < a_3 < a_4$　　　② $a_4 < a_3 < a_2$　　　③ $a_2 < a_4 < a_3$

④ $a_3 < a_2 < a_4$　　　⑤ $a_3 < a_4 < a_2$

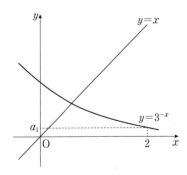

03 유형 5

◎ 교육청 2011년 3월 가형 14번

그림과 같이 지수함수 $y=a^x$와 $y=a^{2x}$의 그래프는 직선 $y=x$와 각각 서로 다른 두 점에서 만난다. $y=a^x$의 그래프, $y=a^{2x}$의 그래프와 직선 $x=k$의 교점을 각각 P, Q라 하고 직선 $y=x$와 직선 $x=k$의 교점을 R라 하자.

$k=2$이면 두 점 Q와 R가 일치할 때, 옳은 것만을 <보기>에서 있는 대로 고른 것은? (단, $a>1$) [4점]

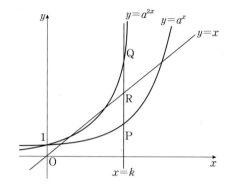

─── 보 기 ───

ㄱ. $k=4$이면 두 점 Q, R가 일치한다.

ㄴ. $\overline{PQ}=12$이면 $\overline{QR}=8$이다.

ㄷ. $\overline{PQ}=\dfrac{1}{8}$을 만족시키는 실수 k의 값의 개수는 2이다.

① ㄱ   ② ㄱ, ㄴ   ③ ㄱ, ㄷ   ④ ㄴ, ㄷ   ⑤ ㄱ, ㄴ, ㄷ

04 유형 6

◎ 교육청 2012년 10월 가형 16번

그림과 같이 지수함수 $y=a^x$과 로그함수 $y=\log_a x$가 두 점 P, Q에서 만날 때, 점 P에서 x축, y축에 내린 수선의 발을 각각 A, B라 하자. 점 Q를 지나고 x축과 평행한 직선이 직선 AP와 만나는 점을 D, 점 Q를 지나고 y축과 평행한 직선이 직선 BP와 만나는 점을 C라 할 때, 두 사각형 OAPB와 PCQD는 합동이다. a의 값은?(단, O는 원점이다.) [4점]

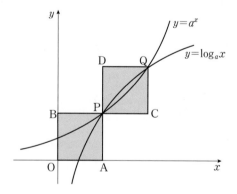

① $\sqrt{2}$ ② $\sqrt{3}$ ③ $\dfrac{\sqrt{5}}{2}$ ④ $\dfrac{\sqrt{6}}{2}$ ⑤ 2

05 유형 7

◎ 경찰 2010학년도 17번

방정식 $7^{\log_3 x} \cdot x^{\log_3 5x} = 1$의 모든 근의 합이 $\dfrac{q}{p}$일 때, $p+q$의 값은? (단, p, q는 서로소인 양의 정수이다.)

① 81   ② 71   ③ 61   ④ 51   ⑤ 41

06 유형 8

◎ 평가원 2012학년도 9월 가형 7번

특정 환경의 어느 웹사이트에서 한 메뉴 안에 선택할 수 있는 항목이 n개 있는 경우, 항목을 1개 선택하는 데 걸리는 시간 T(초)가 다음 식을 만족시킨다.

$$T = 2 + \frac{1}{3} \log_2 (n+1)$$

메뉴가 여러 개인 경우, 모든 메뉴에서 항목을 1개씩 선택하는 데 걸리는 전체 시간은 각 메뉴에서 항목을 1개씩 선택하는 데 걸리는 시간을 모두 더하여 구한다. 예를 들어, 메뉴가 3개이고 각 메뉴 안에 항목이 4개씩 있는 경우, 모든 메뉴에서 항목을 1개씩 선택하는 데 걸리는 전체 시간은 $3\left(2+\dfrac{1}{3}\log_2 5\right)$초이다. 메뉴가 10개이고 각 메뉴 안에 항목이 n개씩 있을 때, 모든 메뉴에서 항목을 1개씩 선택하는 데 걸리는 전체 시간이 30초 이하가 되도록 하는 n의 최댓값은?

[3점]

① 7   ② 8   ③ 9   ④ 10   ⑤ 11

02 지수함수와 로그함수의 미분

01 지수함수의 극한

지수함수 $y=a^x (a>0, a\neq1)$에서

(1) $a>1$일 때,
$$\lim_{x\to\infty}a^x=\infty, \ \lim_{x\to-\infty}a^x=0$$

(2) $0<a<1$일 때,
$$\lim_{x\to\infty}a^x=0, \ \lim_{x\to-\infty}a^x=\infty$$

02 로그함수의 극한

로그함수 $y=\log_a x \ (a>0, a\neq1)$에서

(1) $a>1$일 때,
$$\lim_{x\to\infty}\log_a x=\infty, \ \lim_{x\to0+}\log_a x=-\infty$$

(2) $0<a<1$일 때,
$$\lim_{x\to\infty}\log_a x=-\infty, \ \lim_{x\to0+}\log_a x=\infty$$

03 무리수 e의 정의와 자연로그

(1) **무리수 e**
$$e=\lim_{x\to0}(1+x)^{\frac{1}{x}}=\lim_{x\to\infty}\left(1+\frac{1}{x}\right)^x$$

(2) **자연로그**: 무리수 e를 밑으로 하는 로그 $\log_e x$를 x의 자연로그라 하고, 기호로 $\ln x$로 나타낸다.

04 무리수 e의 정의를 이용한 지수함수와 로그함수의 극한

$a>0, a\neq1$일 때

(1) $\displaystyle\lim_{x\to0}\frac{\ln(1+x)}{x}=1$

(2) $\displaystyle\lim_{x\to0}\frac{e^x-1}{x}=1$

(3) $\displaystyle\lim_{x\to0}\frac{\log_a(1+x)}{x}=\frac{1}{\ln a}$

(4) $\displaystyle\lim_{x\to0}\frac{a^x-1}{x}=\ln a$

05 지수함수와 로그함수의 도함수

(1) **지수함수의 도함수**

① $y=e^x$이면 $y'=e^x$

② $y=a^x$이면 $y'=a^x\ln a$ (단, $a>0, a\neq1$)

(2) **로그함수의 도함수**

① $y=\ln x$이면 $y'=\dfrac{1}{x}$ (단, $x>0$)

② $y=\log_a x$이면 $y'=\dfrac{1}{x\ln a}$ (단, $x>0, a>0, a\neq1$)

• 지수함수의 극한과 그래프

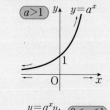

• 로그함수의 극한과 그래프

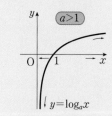

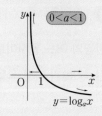

◎ 사관 2018학년도 가형 9번

유형 1 ★ 지수함수와 로그함수의 극한

함수 $f(x)$가 $\lim\limits_{x \to \infty}\left\{f(x)\ln\left(1+\dfrac{1}{2x}\right)\right\}=4$를 만족시킬 때, $\lim\limits_{x \to \infty}\dfrac{f(x)}{x-3}$의 값은? [3점]

① 6   ② 8   ③ 10   ④ 12   ⑤ 14

풀이 $\lim\limits_{x \to \infty}\left\{f(x)\ln\left(1+\dfrac{1}{2x}\right)\right\}=4$에서

$$\lim\limits_{x \to \infty}\left\{f(x)\ln\left(1+\dfrac{1}{2x}\right)\right\}=\lim\limits_{x \to \infty}\left\{\dfrac{f(x)}{2x}\cdot\dfrac{\ln\left(1+\dfrac{1}{2x}\right)}{\dfrac{1}{2x}}\right\}$$

$$=\lim\limits_{x \to \infty}\dfrac{f(x)}{2x}\times\lim\limits_{x \to \infty}\dfrac{\ln\left(1+\dfrac{1}{2x}\right)}{\dfrac{1}{2x}}$$

$$=\lim\limits_{x \to \infty}\dfrac{f(x)}{2x}=4$$

$$\therefore \lim\limits_{x \to \infty}\dfrac{f(x)}{x-3}=\lim\limits_{x \to \infty}\left(\dfrac{f(x)}{x}\times\dfrac{x}{x-3}\right)=\lim\limits_{x \to \infty}\dfrac{f(x)}{x}\times\lim\limits_{x \to \infty}\dfrac{x}{x-3}$$

$$=\lim\limits_{x \to \infty}\dfrac{f(x)}{x}=8$$

답 ②

TIP

$\lim\limits_{x \to \infty}\dfrac{\ln(1+x)}{x}=1$임을 이용하여 주어진 식을 정리한다.

유형 2 ★ 지수함수와 로그함수의 미분

지수함수 $f(x)=a^x(0<a<1)$의 그래프가 직선 $y=x$와 만나는 점의 x좌표를 b라 하자. 함수

$$g(x)=\begin{cases} f(x) & (x\le b) \\ f^{-1}(x) & (x>b) \end{cases}$$

가 실수 전체의 집합에서 미분가능할 때, ab의 값은?

[4점]

① e^{-e-1}　　　② $e^{-e-\frac{1}{e}}$　　　③ $e^{-e+\frac{1}{e}}$　　　④ e^{e-1}　　　⑤ e^{e+1}

풀이 $f^{-1}(x)=\log_a x$, $f(b)=b$이므로 $f^{-1}(b)=b$

따라서 $x=b$에서 좌우 극한값이 함숫값과 같아지고 이 함수는 $x=b$에서 연속이다.

$\therefore a^b=\log_a b=b$　……　㉠

이 함수가 미분가능하기 위해서는 $x=b$에서의 좌우 미분계수가 같아야 한다.

좌미분계수 : $\displaystyle\lim_{x\to b-}f'(x)=\lim_{x\to b-}a^x\ln a=a^b\ln a$

우미분계수 : $\displaystyle\lim_{x\to b+}(f^{-1}(x))'=\lim_{x\to b+}\frac{1}{x\ln a}=\frac{1}{b\ln a}$

$a^b\ln a=\dfrac{1}{b\ln a}$에서

$b\ln a=\dfrac{1}{b\ln a}$　$(\because ㉠)$

$\ln a<0$, $b>0$이므로 $b\ln a=-1$이고, 정리하면

$e^{b\ln a}=a^b=b=e^{-1}$이고 $a=e^{-e}$

$\therefore ab=e^{-e-1}$

답 ①

TIP

함수 $g(x)$가 실수 전체에서 미분가능하려면 다음 조건을 만족해야 한다.

(i) $\displaystyle\lim_{x\to b+}g(x)=\lim_{x\to b-}g(x)=g(b)$

(ii) $\displaystyle\lim_{x\to b+}g'(x)=\lim_{x\to b-}g'(x)$

01 유형 1

◎ 사관 2014학년도 B형 2번

$\lim\limits_{x \to 1} \dfrac{\ln x}{x^3 - 1}$의 값은?

[2점]

① $\dfrac{1}{3}$　　　② $\dfrac{1}{2}$　　　③ 1　　　④ $\dfrac{3}{2}$　　　⑤ 2

02 유형 2

◎ 사관 2018학년도 가형 3번

함수 $f(x) = x^2 e^{x-1}$에 대하여 $f'(1)$의 값은?

[2점]

① 1　　　② 2　　　③ 3　　　④ 4　　　⑤ 5

03 유형 2

◎ 사관 2016학년도 B형 26번

이차함수 $f(x)$가

$$f(1)=2, \ f'(1)=\lim_{x \to 0}\frac{\ln f(x)}{x}+\frac{1}{2}$$

을 만족시킬 때, $f(8)$의 값을 구하시오.

[4점]

04 유형 2

◎ 사관 2012학년도 이과 2번

함수 $f(x)=x\ln x$에 대하여 등식 $f(e^2)-f(e)=e(e-1)f'(c)$를 만족시키는 c가 열린 구간 (e, e^2)에 존재한다.

$\ln c$의 값은?

[2점]

① $\dfrac{3}{e}$ ② $\dfrac{e+2}{e}$ ③ $\dfrac{2}{e-1}$ ④ $\dfrac{e}{e-1}$ ⑤ $\dfrac{2e}{e+1}$

01 유형1

◎ 경찰 2015학년도 14번

함수 $f(x)=\log_2 x+1\,(x\geq 1)$에 대하여

$$f_1(x)=f(x),\ f_2(x)=f(f_1(x)),\ \cdots,\ f_n(x)=f(f_{n-1}(x)),\ \cdots$$

로 나타낼 때 <보기>에서 옳은 것만을 있는 대로 고른 것은? [5점]

┤ 보 기 ├

ㄱ. $m<n$이면 $f_m(x)\leq f_n(x)$이다.

ㄴ. $x\geq\dfrac{3}{2}$일 때 $\lim\limits_{n\to\infty}f_n(x)$는 수렴한다.

ㄷ. 임의의 자연수 m, n에 대하여 $f_m(x)=f_n(x)$이면 $x=1$ 또는 $x=2$이다.

① ㄱ   ② ㄴ   ③ ㄱ, ㄷ   ④ ㄴ, ㄷ   ⑤ ㄱ, ㄴ, ㄷ

02 유형1

◎ 경찰 2015학년도 15번

자연수 n에 대하여 직선 $y=n$이 두 함수 $y=\log_2 x$, $y=\log_3 x$의 그래프와 만나는 점을 각각 A_n, B_n이라 하자.
삼각형 $A_n B_{n-1} B_n$과 삼각형 $A_n A_{n-1} B_{n-1}$의 넓이를 각각 S_n, T_n이라 할 때, $\lim\limits_{n\to\infty}\dfrac{S_n}{T_n}$의 값은? [4점]

① $\dfrac{3}{2}$ ② 2 ③ $\dfrac{5}{2}$ ④ 3 ⑤ $\dfrac{7}{2}$

03 유형 1

◎ 평가원 2008학년도 6월 가형 미분과 적분 26번

양수 a가 $\lim\limits_{x \to 0} \dfrac{(a+12)^x - a^x}{x} = \ln 3$을 만족시킬 때, a의 값은?

[3점]

04 유형 1

◎ 교육청 2013년 10월 B형 9번

연속함수 $f(x)$에 대하여 $\lim\limits_{x \to 0} \dfrac{\ln\{1 + f(2x)\}}{x} = 10$일 때, $\lim\limits_{x \to 0} \dfrac{f(x)}{x}$의 값은?

[3점]

① 1 　　　 ② 2 　　　 ③ 3 　　　 ④ 4 　　　 ⑤ 5

05 유형2

교육청 2016년 7월 가형 20번

두 함수 $f(x) = \ln x$, $g(x) = \ln \dfrac{1}{x}$의 그래프가 만나는 점을 P라 할 때 <보기>에서 옳은 것만을 있는 대로 고른 것은? [4점]

┌─ 보기 ┐

ㄱ. 점 P의 좌표는 $(1, 0)$이다.

ㄴ. 두 곡선 $y = f(x)$, $y = g(x)$ 위의 점 P에서의 각각의 접선은 서로 수직이다.

ㄷ. $t > 1$일 때, $-1 < \dfrac{f(t)g(t)}{(t-1)^2} < 0$이다.

① ㄱ   ② ㄷ   ③ ㄱ, ㄴ   ④ ㄴ, ㄷ   ⑤ ㄱ, ㄴ, ㄷ

06 유형2

수능 2015학년도 B형 30번

함수 $f(x) = e^{x+1} - 1$과 자연수 n에 대하여 함수 $g(x)$를

$$g(x) = 100|f(x)| - \sum_{k=1}^{n} |f(x^k)|$$

이라 하자. $g(x)$가 실수 전체의 집합에서 미분가능하도록 하는 모든 자연수 n의 값의 합을 구하시오. [4점]

01 삼각함수의 뜻과 그래프

01 일반각과 호도법

(1) 일반각의 뜻

① 시초선: 각의 크기를 정할 때, 고정된
반직선을 시초선이라 한다.

② 동경: 각의 크기를 정할 때, 회전하는
반직선을 동경이라 한다.

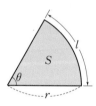

③ 일반각

일반적으로 시초선 OX와 동경 OP가
나타내는 한 각의 크기를 $\alpha°$라 하면 ∠XOP의 크기는

$$360°\times n+\alpha° \ (n\text{은 정수})$$

의 꼴로 나타낼 수 있다. 이것을 동경 OP가 나타내는 일반각이라 한다.

(2) 호도법

반지름의 길이가 r인 원에서 길이가 r인 호에 대한 중심각의 크기는 원의

반지름의 길이에 관계없이 $\dfrac{180°}{\pi}$로 항상 일정하다. 이 일정한 각의 크기

를 1라디안이라 하며, 이것을 단위로 각의 크기를 나타내는 방법을 호도
법이라 한다. 즉,

$$1\text{라디안}=\frac{180°}{\pi}, 1°=\frac{\pi}{180}\text{라디안}$$

(3) 부채꼴의 호의 길이와 넓이

반지름의 길이가 r, 중심각의 크기가 θ(라디안)인
부채꼴의 호의 길이를 l, 넓이를 S라 하면

$$l=r\theta, \ S=\frac{1}{2}r^2\theta=\frac{1}{2}rl$$

02 삼각함수

(1) 삼각함수의 정의

좌표평면에서 동경이 나타내는 각의 크기 중 하나를 θ라 하면

$$\sin\theta=\frac{y}{r}, \cos\theta=\frac{x}{r}, \tan\theta=\frac{y}{x} \ (x\neq0)$$
$$\csc\theta=\frac{r}{y} \ (y\neq0), \sec\theta=\frac{r}{x} \ (x\neq0), \cot\theta=\frac{x}{y} \ (y\neq0)$$

와 같은 함수를 정의할 수 있다. 이 함수들을 차례로 θ의 사인함수, 코사
인함수, 탄젠트함수, 코시컨트함수, 시컨트함수, 코탄젠트함수라 한다.
또, 이와 같은 함수를 통틀어 θ에 대한 삼각함수라 한다.

(2) 삼각함수의 값의 부호

삼각함수의 값의 부호는 각 θ의 동경이 위치한 사분면에 따라 다음과 같
이 결정된다.

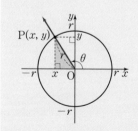

● 동경 OP가 점 O를 중심으로 회전
할 때,

(1) 시곗바늘이 도는 반대방향으로
돌면 양의 방향이라 하고 각의
크기는 양의 부호 +를 붙여 나
타낸다.

(2) 시곗바늘이 도는 방향으로 돌면
음의 방향이라 하고 각의 크기는
음의 부호 −를 붙여 나타낸다.

● 호도법으로 각의 크기를 나타낼 때에
는 보통 단위인 라디안을 생략한다.

〈sin θ의 부호〉

〈cos θ의 부호〉

〈tan θ의 부호〉

(3) 삼각함수 사이의 관계

① $\tan\theta = \dfrac{\sin\theta}{\cos\theta}$

② $\sin^2\theta + \cos^2\theta = 1$

③ $1 + \tan^2\theta = \sec^2\theta,\ 1 + \cot^2\theta = \csc^2\theta$

03 삼각함수의 그래프와 그 성질

(1) 삼각함수의 그래프

함수	$y = \sin x$	$y = \cos x$	$y = \tan x$
정의역	모든 실수	모든 실수	$x \neq n\pi + \dfrac{\pi}{2}$ (n은 정수)인 실수
치역	$\{y \mid -1 \leq y \leq 1\}$	$\{y \mid -1 \leq y \leq 1\}$	모든 실수
주기	2π	2π	π
대칭성	원점 대칭	y축 대칭	원점 대칭

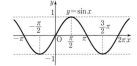
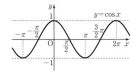
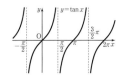

(2) 여러 가지 각의 삼각함수

① $\sin(\pi + x) = -\sin x,\ \cos(\pi + x) = -\cos x,\ \tan(\pi + x) = \tan x$

② $\sin(\pi - x) = \sin x,\ \cos(\pi - x) = -\cos x,\ \tan(\pi - x) = -\tan x$

③ $\sin\left(\dfrac{\pi}{2} + x\right) = \cos x,\ \cos\left(\dfrac{\pi}{2} + x\right) = -\sin x,\ \tan\left(\dfrac{\pi}{2} + x\right) = -\cot x$

④ $\sin\left(\dfrac{\pi}{2} - x\right) = \cos x,\ \cos\left(\dfrac{\pi}{2} - x\right) = \sin x,\ \tan\left(\dfrac{\pi}{2} - x\right) = \cot x$

04 삼각방정식과 삼각부등식

(1) 각의 크기가 미지수인 삼각함수를 포함하는 방정식, 부등식을 각각 삼각 방정식, 삼각부등식이라 한다.

(2) 삼각방정식의 풀이 방법

① 주어진 방정식을 $\sin x = k$ 등의 꼴로 고친 후 $y = \sin x$ 등의 그래프와 직선 $y = k$의 교점의 x좌표를 구한다.

② 원점을 중심으로 하는 단위원에 주어진 조건에 맞는 동경을 나타내어 해를 구한다.

(3) 삼각부등식의 풀이 방법

주어진 부등식을 $\sin x > k$ 등의 꼴로 고쳐 $\sin x = k$의 해를 구한 후, 부등 호의 방향에 따라 삼각부등식의 해를 구한다.

• $y = a\sin x$에서 a는 삼각함수의 치역의 범위를 결정한다. 즉, 함수 $y = a\sin x$의 치역은 $\{y \mid -a \leq y \leq a\}$이다.

• $y = \sin bx$에서 b는 삼각함수의 주기를 결정한다. 즉, $y = \sin bx$의 주기는 $\dfrac{2\pi}{b}$이다.

• $y = \sin(x + c) + d$에서 c와 d는 각각 x축의 방향으로 $-c$만큼, y축의 방향으로 d만큼 평행이동한 것이다.

◑ 사관 2018학년도 가형 6번

유형 1 ★ **삼각함수의 최대 · 최소**

함수 $f(x)=a\sin bx+c$ $(a>0,\ b>0)$의 최댓값은 4, 최솟값은 -2이다. 모든 실수 x에 대하여 $f(x+p)=f(x)$를 만족시키는 양수 p의 최솟값이 π일 때, abc의 값은? (단, a, b, c는 상수이다.) [3점]

① 6 ② 8 ③ 10 ④ 12 ⑤ 14

풀이 주어진 삼각함수의 최댓값과 최솟값의 차이는

$4-(-2)=6$

$\therefore a=\dfrac{6}{2}=3,\ c=4-3=1$

또, 주어진 조건에서 삼각함수 $f(x)$의 주기는 π이므로 $b=2$

$\therefore abc=3\times2\times1=6$

답 ①

TIP

주어진 조건에서 a는 진폭, b는 주기, c는 그래프가 y축에 대하여 평행이동한 값을 나타낸다. 이때, $b=\left|\dfrac{2\pi}{p}\right|$가 성립한다.

유형2 ★ 삼각함수의 성질

$\sin\theta+\cos\theta=\dfrac{1}{2}$ 을 만족하는 각 θ가 존재하는 사분면은? [3점]

① 제2사분면

② 제1사분면 또는 제2사분면

③ 제1사분면 또는 제4사분면

④ 제2사분면 또는 제4사분면

⑤ 제1사분면 또는 제2사분면 또는 제4사분면

풀이 $\sin\theta+\cos\theta=\dfrac{1}{2}$의 양변을 제곱하면

$\sin^2\theta+2\sin\theta\cos\theta+\cos^2\theta=\dfrac{1}{4}$

$\therefore \sin\theta\cos\theta=-\dfrac{3}{8}\ (\because \sin^2\theta+\cos^2\theta=1)$

가능한 경우를 따져보면

(i) $\sin\theta>0$, $\cos\theta<0$일 때, 각 θ는 제2사분면에 존재한다.

(ii) $\sin\theta<0$, $\cos\theta>0$일 때, 각 θ는 제4분면에 존재한다.

답 ④

TiP

$\sin^2\theta+\cos^2\theta=1$임을 이용하여 $\sin\theta$, $\cos\theta$의 부호의 조건을 찾는다.

01 유형 2

◉ 사관 2002학년도 문과 6번

두 함수 $f(\theta)$와 $g(\theta)$를

$$f(\theta)=\frac{\sin(\pi+\theta)}{1+\cos\left(\dfrac{\pi}{2}+\theta\right)}, \ g(\theta)=\frac{\cos(\pi+\theta)}{1+\cos\left(\dfrac{3\pi}{2}-\theta\right)}$$

로 정의할 때, $f(\theta)f(-\theta)g(\theta)g(-\theta)$를 간단히 하면? [3점]

① $-\cot^2\theta$
② $-\tan^2\theta$
③ $\sec^2\theta$
④ $\tan^2\theta$
⑤ $\cot^2\theta$

01 유형 1

경찰 2014학년도 7번

함수 $y=a\cos^2 x+a\sin x+b$의 최댓값이 10이고 최솟값이 1일 때, 실수 a, b의 곱 ab의 값은 p 또는 q이다. $p+q$의 값은? [4점]

① -4 ② -2 ③ 2 ④ 4 ⑤ 6

02 유형 2

수능 2001학년도 인문계 5번

그림과 같이 직사각형 ABCD가 중심이 원점이고 반지름의 길이가 1인 원에 내접해 있다. x축과 선분 OA가 이루는 각을 θ라 할 때, $\cos(\pi-\theta)$와 같은 것은? $\left(\text{단, } 0<\theta<\dfrac{\pi}{4}\right)$ [3점]

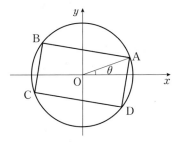

① A의 x좌표 ② B의 y좌표 ③ C의 x좌표 ④ C의 y좌표 ⑤ D의 x좌표

02 삼각함수의 미분

01 삼각함수의 덧셈정리

(1) 사인함수, 코사인함수의 덧셈정리

① $\sin(\alpha+\beta)=\sin\alpha\cos\beta+\cos\alpha\sin\beta$

② $\sin(\alpha-\beta)=\sin\alpha\cos\beta-\cos\alpha\sin\beta$

③ $\cos(\alpha+\beta)=\cos\alpha\cos\beta-\sin\alpha\sin\beta$

④ $\cos(\alpha-\beta)=\cos\alpha\cos\beta+\sin\alpha\sin\beta$

(2) 탄젠트함수의 덧셈정리

$$\tan(\alpha+\beta)=\frac{\tan\alpha+\tan\beta}{1-\tan\alpha\tan\beta},\ \tan(\alpha-\beta)=\frac{\tan\alpha-\tan\beta}{1+\tan\alpha\tan\beta}$$

(3) 배각공식

① $\sin 2\alpha=2\sin\alpha\cos\alpha$

② $\cos 2\alpha=\cos^2\alpha-\sin^2\alpha=2\cos^2\alpha-1=1-2\sin^2\alpha$

③ $\tan 2\alpha=\dfrac{2\tan\alpha}{1-\tan^2\alpha}$

(4) 삼각함수의 합성

$$a\sin\theta+b\cos\theta=\sqrt{a^2+b^2}\sin(\theta+\alpha)$$

$$\left(단,\ \cos\alpha=\frac{a}{\sqrt{a^2+b^2}},\ \sin\alpha=\frac{b}{\sqrt{a^2+b^2}}\right)$$

- 삼각함수 $y=a\sin\theta+b\cos\theta$의 주기와 최대, 최소
  (1) 주기: 2π
  (2) 최댓값: $\sqrt{a^2+b^2}$
  (3) 최솟값: $-\sqrt{a^2+b^2}$

02 삼각함수의 극한

(1) 삼각함수의 극한

임의의 실수 α에 대하여

① $\displaystyle\lim_{x\to\alpha}\sin x=\sin\alpha$

② $\displaystyle\lim_{x\to\alpha}\cos x=\cos\alpha$

③ $\displaystyle\lim_{x\to\alpha}\tan x=\tan\alpha$ $\left(단,\ \alpha\neq n\pi+\dfrac{\pi}{2},\ n은\ 정수\right)$

(2) 함수 $\dfrac{\sin x}{x}$, $\dfrac{\tan x}{x}$의 극한

x의 단위가 라디안일 때,

① $\displaystyle\lim_{x\to 0}\frac{\sin x}{x}=1$

② $\displaystyle\lim_{x\to 0}\frac{\tan x}{x}=1$

03 삼각함수의 도함수

(1) $y=\sin x$이면 $y'=\cos x$

(2) $y=\cos x$이면 $y'=-\sin x$

⊙ 사관 2018학년도 가형 8번

유형 1 ★ 삼각함수의 덧셈정리

그림과 같이 직선 $3x+4y-2=0$이 x축의 양의 방향과 이루는 각의 크기를 θ라 할 때, $\tan\left(\dfrac{\pi}{4}+\theta\right)$의 값은?

[3점]

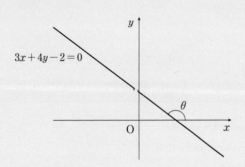

① $\dfrac{1}{14}$ ② $\dfrac{1}{7}$ ③ $\dfrac{3}{14}$ ④ $\dfrac{2}{7}$ ⑤ $\dfrac{5}{14}$

풀이 $3x+4y-2=0$을 정리하면

$y=-\dfrac{3}{4}x+\dfrac{1}{2}$

주어진 직선의 기울기는 $-\dfrac{3}{4}$이므로 $\tan\theta=-\dfrac{3}{4}$

$\therefore \tan\left(\dfrac{\pi}{4}+\theta\right)=\dfrac{\tan\dfrac{\pi}{4}+\tan\theta}{1-\tan\dfrac{\pi}{4}\times\tan\theta}=\dfrac{1+\left(-\dfrac{3}{4}\right)}{1-\left(-\dfrac{3}{4}\right)}$

$\qquad\qquad\qquad =\dfrac{1}{7}$

답 ②

TIP

직선의 기울기를 구한 후,

$\tan(\alpha+\beta)=\dfrac{\tan\alpha+\tan\beta}{1-\tan\alpha\tan\beta}$임을

이용한다.

유형2 ★ 삼각방정식과 삼각부등식

$0<x<2\pi$에서 삼각방정식

$$3\sin x+3\sin x\cos 2x-6\sin x\cos x-\cos x+1=0$$

의 모든 실근의 합은?   [3점]

① $\dfrac{5}{2}\pi$ ② 3π ③ $\dfrac{7}{2}\pi$ ④ 4π ⑤ $\dfrac{9}{2}\pi$

풀이 $3\sin x+3\sin x\cos 2x-6\sin x\cos x-\cos x+1=0$에서

$3\sin x+3\sin x(2\cos^2 x-1)-6\sin x\cos x-\cos x+1=0$

$6\sin x\cos^2 x-6\sin x\cos x-\cos x+1=0$

$6\sin x\cos x(\cos x-1)-(\cos x-1)=0$

$(\cos x-1)(6\sin x\cos x-1)=0$

$(\cos x-1)(3\sin 2x-1)=0$

$\therefore \sin 2x=\dfrac{1}{3}$ $(\because 0<x<2\pi)$

$0<\alpha<\dfrac{\pi}{2}$일 때, $\sin\alpha=\dfrac{1}{3}$을 만족한다면

θ가 $\alpha, \pi-\alpha, 2\pi+\alpha, 3\pi-\alpha(0<\theta=2x<4\pi)$일 때 모두 $\sin\theta=\dfrac{1}{3}$을 만족한다.

따라서 네 실근은 각각

$x=\dfrac{\alpha}{2}, \dfrac{\pi}{2}-\dfrac{\alpha}{2}, \pi+\dfrac{\alpha}{2}, \dfrac{3}{2}\pi-\dfrac{\alpha}{2}$이고 모든 실근의 합을 구하면

$\dfrac{\alpha}{2}+\left(\dfrac{\pi}{2}-\dfrac{\alpha}{2}\right)+\left(\pi+\dfrac{\alpha}{2}\right)+\left(\dfrac{3}{2}\pi-\dfrac{\alpha}{2}\right)=3\pi$ **답** ②

TiP

(i) $\sin 2x=2\sin x\cos x$

(ii) $\cos 2x=2\cos^2 x-1$

임을 이용하여 주어진 방정식을 인수분해한다.

유형 3 ★ 삼각함수의 극한

$\lim\limits_{x \to \frac{\pi}{2}} (1 - \cos x)^{\sec x}$의 값은?

[3점]

① $\dfrac{1}{e^2}$ ② $\dfrac{1}{e}$ ③ 1 ④ e ⑤ e^2

풀이 $\cos x$를 t로 치환하면 주어진 극한값은

$$\lim_{t \to 0} (1+t)^{-\frac{1}{t}} = \lim_{t \to 0} \left\{ (1+t)^{\frac{1}{t}} \right\}^{-1} = e^{-1} = \frac{1}{e}$$

답 ②

Tip

$\sec x = \dfrac{1}{\cos x}$임을 이용하여 주어진 식을 $\lim\limits_{t \to 0} (1+t)^{\frac{1}{t}}$ 꼴로 고친다.

유형 4 ★ 삼각함수의 극한의 활용과 연속성

두 함수 $f(x)=[x]$, $g(x)=\sin\pi x$에 대하여 옳은 것만을 <보기>에서 있는 대로 고른 것은? (단, $[x]$는 x보다 크지 않은 최대의 정수이다.)

[4점]

┌─ 보 기 ─┐

ㄱ. 함수 $f(x)g(x)$는 $x=0$에서 연속이다.

ㄴ. 함수 $(f\circ g)(x)$는 모든 정수에서 연속이다.

ㄷ. 함수 $(g\circ f)(x)$는 모든 실수에서 연속이다.

① ㄱ   ② ㄴ   ③ ㄱ, ㄷ   ④ ㄴ, ㄷ   ⑤ ㄱ, ㄴ, ㄷ

풀이 ㄱ. $f(0)g(0)=0$이고,

$$\lim_{x\to 0-}f(x)g(x)=\lim_{x\to 0-}[x]\sin\pi x=\lim_{x\to 0-}(-\sin\pi x)=0$$

$$\lim_{x\to 0+}f(x)g(x)=\lim_{x\to 0+}[x]\sin\pi x=\lim_{x\to 0+}0\cdot\sin\pi x=0$$

이므로 $f(x)g(x)$는 $x=0$에서 연속이다. (참)

ㄴ. 홀수 a에 대해서

$$\lim_{x\to a+}(f\circ g)(x)=\lim_{t\to 0-}[t]=-1$$

$$\lim_{x\to a-}(f\circ g)(x)=\lim_{t\to 0+}[t]=0$$

이므로 모든 정수에서 연속인 것은 아니다. (거짓)

ㄷ. $f(x)$의 값은 항상 정수이므로 모든 실수에 대하여

$$(g\circ f)(x)=g(f(x))=0$$

따라서 모든 실수에서 연속이다. (참)

따라서 옳은 것은 ㄱ, ㄷ이다.

답 ③

TIP
주어진 x의 값의 좌극한과 우극한을 비교한다. 이때, 가우스 함수의 값의 변화에 주의한다.

유형5 ★ 삼각함수의 극한의 활용과 도형

그림과 같이 직선 $x=t\,(0<t<1)$이 세 곡선 $y=1-\dfrac{x^2}{2}$, $y=\sqrt{1-x^2}$, $y=\sin^4 x$ 및 x축과 만나는 점을 각각

A, B, C, D라 하자. 두 삼각형 AOB, COD의 넓이를 각각 S_1, S_2라 할 때, $\displaystyle\lim_{t\to0+}\dfrac{S_1}{S_2}$의 값은?

(단, O는 원점이다.)

[4점]

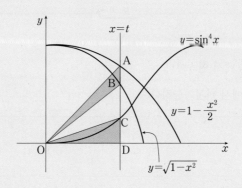

① $\dfrac{1}{8}$　　② $\dfrac{1}{4}$　　③ $\dfrac{3}{8}$　　④ $\dfrac{1}{2}$　　⑤ $\dfrac{5}{8}$

풀이 $A\left(t,\ 1-\dfrac{t^2}{2}\right)$, $B(t,\ \sqrt{1-t^2})$, $C(t,\ \sin^4 t)$, $D(t,\ 0)$이므로

$$S_1=\dfrac{1}{2}\times t\times\left(1-\dfrac{t^2}{2}-\sqrt{1-t^2}\right),\quad S_2=\dfrac{1}{2}\times t\times\sin^4 t$$

$$\therefore \lim_{t\to0+}\dfrac{S_1}{S_2}=\lim_{t\to0+}\dfrac{1-\dfrac{t^2}{2}-\sqrt{1-t^2}}{\sin^4 t}$$

$$=\lim_{t\to0+}\dfrac{\dfrac{t^4}{4}}{\sin^4 t\times\left(1-\dfrac{t^2}{2}+\sqrt{1-t^2}\right)}$$

$$=\lim_{t\to0+}\left\{\dfrac{1}{\left(\dfrac{\sin t}{t}\right)^4}\times\dfrac{1}{4\left(1-\dfrac{t^2}{2}+\sqrt{1-t^2}\right)}\right\}$$

$$=1\times\dfrac{1}{4\times2}=\dfrac{1}{8}$$

답 ①

TIP

세 점 A, B, C의 y좌표를 파악하여 두 선분 AB, CD의 길이를 t에 대한 식으로 나타낸다.

유형6 ★ 삼각함수와 미분

함수

$$f(x)=\begin{cases} 1+\sin x & (x\le 0) \\ -1+\sin x & (x>0) \end{cases}$$

에 대하여 <보기>에서 옳은 것만을 있는 대로 고른 것은?　　　　　　　　[4점]

┌ 보 기 ┐

ㄱ. $\lim\limits_{x\to 0} f(x)f(-x)$

ㄴ. 함수 $f(f(x))$는 $x=\dfrac{\pi}{2}$에서 연속이다.

ㄷ. 함수 $\{f(x)\}^2$은 $x=0$에서 미분가능하다.

① ㄱ　　　　　② ㄱ, ㄴ　　　　　③ ㄱ, ㄷ　　　　　④ ㄴ, ㄷ　　　　　⑤ ㄱ, ㄴ, ㄷ

풀이 ㄱ. $\lim\limits_{x\to 0+} f(x)f(-x)=(-1)\times 1=-1$

$\lim\limits_{x\to 0-} f(x)f(-x)=1\times(-1)=-1$

∴ $\lim\limits_{x\to 0} f(x)f(-x)=-1$ (참)

ㄴ. (i) $f\left(f\left(\dfrac{\pi}{2}\right)\right)=f(0)=1$

(ii) $\lim\limits_{x\to\frac{\pi}{2}+} f(f(x))=\lim\limits_{t\to 0-} f(t)=1$, $\lim\limits_{x\to\frac{\pi}{2}-} f(f(x))=\lim\limits_{t\to 0-} f(t)=1$

∴ $\lim\limits_{x\to\frac{\pi}{2}} f(f(x))=1$

따라서 $f(f(x))$는 $x=\dfrac{\pi}{2}$에서 연속이다. (참)

ㄷ. $x\le 0$에서 $\{f(x)\}^2=\sin^2 x+1+2\sin x$

$x>0$에서 $\{f(x)\}^2=\sin^2 x+1-2\sin x$

이때 $g(x)=\begin{cases} 2\sin x & (x\le 0) \\ -2\sin x & (x>0) \end{cases}$ 라고 두면

$\lim\limits_{x\to 0+} g(x)=\lim\limits_{x\to 0+} 2\sin x=0$

$\lim\limits_{x\to 0-} g(x)=\lim\limits_{x\to 0-}(-2\sin x)=0$

$\lim\limits_{x\to 0+}\dfrac{g(x)-g(0)}{x}=\lim\limits_{x\to 0+}\dfrac{2\sin x-2\sin 0}{x}=2$

$\lim\limits_{x\to 0-}\dfrac{g(x)-g(0)}{x}=\lim\limits_{x\to 0-}\dfrac{-2\sin x+2\sin 0}{x}=-2$

이때 $x=0$에서 뾰족한 점이 생기므로 미분불가능이다.

따라서 $\{f(x)\}^2$은 $x=0$에서 미분불가능하다. (거짓)

답 ②

TIP

연속임을 확인할 때에는 좌극한값과 우극한값, 그리고 극한값이 같은지 확인하고, 미분가능함을 확인할 때에는 연속임을 확인한 다음, 좌미분계수와 우미분계수가 같은지 확인한다.

01 유형 1

◎ 사관 2017학년도 가형 22번

$\sin^2\theta = \dfrac{4}{5}\left(0 < \theta < \dfrac{\pi}{2}\right)$일 때, $\cos\left(\theta + \dfrac{\pi}{4}\right) = p$이다. $\dfrac{1}{p^2}$의 값을 구하시오.

[3점]

02 유형 1

◎ 사관 2015학년도 B형 4번

함수 $f(x) = 8\sin x + 4\cos 2x + 1$의 최댓값은?

[3점]

① 6   ② 7   ③ 8   ④ 9   ⑤ 10

03 유형1

● 사관 2014학년도 B형 6번

$0<\alpha<\beta<\dfrac{\pi}{2}$인 두 수 α, β가

$$\sin\alpha\sin\beta=\frac{\sqrt{3}+1}{4}, \quad \cos\alpha\cos\beta=\frac{\sqrt{3}-1}{4}$$

을 만족시킬 때, $\cos(3\alpha+\beta)$의 값은? [3점]

① -1 ② $-\dfrac{\sqrt{3}}{2}$ ③ $-\dfrac{\sqrt{2}}{2}$ ④ $-\dfrac{1}{2}$ ⑤ 0

04 유형3

● 사관 2013학년도 이과 2번

$\lim\limits_{x\to\frac{\pi}{2}}\dfrac{\cos^2 x}{(2x-\pi)^2}$의 값은? [2점]

① $\dfrac{1}{4}$ ② $\dfrac{1}{2}$ ③ 1 ④ 2 ⑤ 4

05 유형 3

◎ 사관 2012학년도 이과 29번

수열 $\{a_n\}$, $\{b_n\}$이 3 이상인 모든 자연수 n에 대하여 $\sin\dfrac{\pi}{n}=\dfrac{a_n}{2+a_n}=\dfrac{b_n}{2-b_n}$을 만족시킬 때,

$\dfrac{1}{\pi^3}\lim\limits_{n\to\infty}n^3(a_n+b_n)(a_n-b_n)$의 값을 구하시오.　　　　　　　　　　　　　　　　　　　[4점]

06 유형 5

◎ 사관 2018학년도 가형 20번

그림과 같이 $\overline{AB}=2$, $\overline{BC}=2\sqrt{3}$, $\angle ABC=\dfrac{\pi}{2}$인 직각삼각형 ABC가 있다. 선분 CA 위의 점 P에 대하여 $\angle ABP=\theta$ 라 할 때, 선분 AB 위의 점 O를 중심으로 하고 두 선분 AP, BP에 동시에 접하는 원의 넓이를 $f(\theta)$라 하자. 이 원과 선분 PO가 만나는 점을 Q 라 할 때, 선분 PQ를 지름으로 하는 원의 넓이를 $g(\theta)$ 라 하자.

$\lim\limits_{\theta\to 0+}\dfrac{f(\theta)+g(\theta)}{\theta^2}$의 값은?　　　　　　　　　　　　　　　　　　　　　　　[4점]

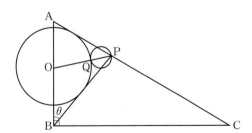

① $\dfrac{17-5\sqrt{3}}{3}\pi$　　② $\dfrac{18-5\sqrt{3}}{3}\pi$　　③ $\dfrac{19-5\sqrt{3}}{3}\pi$　　④ $\dfrac{18-4\sqrt{3}}{3}\pi$　　⑤ $\dfrac{19-4\sqrt{3}}{3}\pi$

07 유형 5

◎ 사관 2017학년도 가형 29번

그림과 같이 반지름의 길이가 1이고 중심각의 크기가 $\frac{\pi}{3}$인 부채꼴 OAB가 있다. 호 AB 위의 점 P를 지나고 선분 OB 와 평행한 직선이 선분 OA와 만나는 점을 Q라 하고 $\angle$AOP$=\theta$라 하자. 점 A를 지름의 한 끝점으로 하고 지름이 선분 AQ 위에 있으며 선분 PQ에 접하는 반원의 반지름의 길이를 $r(\theta)$라 할 때, $\lim\limits_{\theta \to 0+}\dfrac{r(\theta)}{\theta}=a+b\sqrt{3}$ 이다. a^2+b^2의 값을 구하시오. (단, $0<\theta<\dfrac{\pi}{3}$이고, a, b는 유리수이다.) [4점]

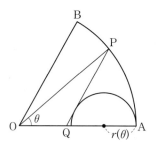

08 유형 5

◎ 사관 2016학년도 B형 27번

좌표평면에서 곡선 $y=\cos 2x$가 두 직선 $x=t$, $x=-t\left(0<t<\dfrac{\pi}{4}\right)$와 만나는 점을 각각 P, Q라 하고, 곡선 $y=\cos 2x$ 가 y축과 만나는 점을 R라 하자. 세 점 P, Q, R를 지나는 원의 중심을 C$(0, f(t))$라 할 때, $\lim\limits_{t \to 0+}f(t)=\alpha$이다. 100α의 값을 구하시오. [4점]

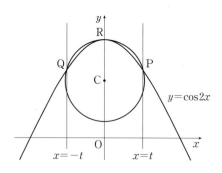

09 유형 5

◎ 사관 2014학년도 B형 27번

그림과 같이 길이가 2인 선분 AB를 지름으로 하는 반원 위를 움직이는 점 C가 있다. 호 BC의 길이를 이등분하는 점을 M이라 하고, 두 점 C, M에서 선분 AB에 내린 수선의 발을 각각 D, N이라 하자. $\angle CAB = \theta$ 라 할 때, 사각형 CDNM의 넓이를 $S(\theta)$ 라 하자. $\lim\limits_{\theta \to 0+} \dfrac{S(\theta)}{\theta^3} = a$ 일 때, $16a$의 값을 구하시오. (단, 점 C는 선분 AB의 양 끝점이 아니다.)

[4점]

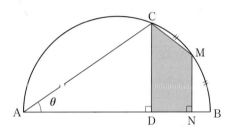

01 유형 2

수능 2018학년도 가형 7번

$0 \le x < 2\pi$일 때, 방정식

$$\cos^2 x = \sin^2 x - (\sin x)$$

의 모든 해의 합은? [4점]

① 4π　　② $\dfrac{7}{2}\pi$　　③ 3π　　④ $\dfrac{5}{2}\pi$　　⑤ 2π

02 유형 4

교육청 2013년 4월 B형 10번

함수

$$f(x) = \begin{cases} \dfrac{e^x - \sin 2x - a}{3x} & (x \ne 0) \\ b & (x = 0) \end{cases}$$

가 $x=0$에서 연속일 때, 두 상수 a, b에 대하여 $a+b$의 값은? [3점]

① $\dfrac{1}{3}$　　② $\dfrac{2}{3}$　　③ 1　　④ $\dfrac{4}{3}$　　⑤ $\dfrac{5}{3}$

03 _{유형}5

⊙ 수능 2017학년도 가형 14번

그림과 같이 반지름의 길이가 1이고 중심각의 크기가 $\frac{\pi}{2}$인 부채꼴 OAB가 있다. 호 AB 위의 점 P에서 선분 OA에 내린 수선의 발을 H, 선분 PH와 선분 AB의 교점을 Q라 하자. ∠POH＝θ일 때, 삼각형 AQH의 넓이를 $S(\theta)$라 하자. $\lim\limits_{\theta \to 0+}\dfrac{S(\theta)}{\theta^4}$의 값은? (단, $0<\theta<\frac{\pi}{2}$) [4점]

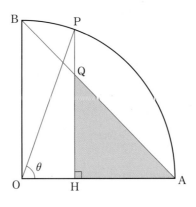

① $\dfrac{1}{8}$　　　② $\dfrac{1}{4}$　　　③ $\dfrac{3}{8}$　　　④ $\dfrac{1}{2}$　　　⑤ $\dfrac{5}{8}$

01 여러 가지 미분법

01 함수의 몫의 미분법

(1) 함수의 몫의 미분법

두 함수 $f(x)$, $g(x)(g(x) \neq 0)$가 미분가능할 때

① $\left\{ \dfrac{1}{g(x)} \right\}' = -\dfrac{g'(x)}{\{g(x)\}^2}$ ② $\left\{ \dfrac{f(x)}{g(x)} \right\}' = \dfrac{f'(x)g(x) - f(x)g'(x)}{\{g(x)\}^2}$

(2) 삼각함수의 도함수

① $(\tan x)' = \sec^2 x$ ② $(\csc x)' = -\csc x \cot x$

③ $(\sec x)' = \sec x \tan x$ ④ $(\cot x)' = -\csc^2 x$

02 합성함수의 미분법

(1) 합성함수의 미분법

미분가능한 두 함수 $y = f(u)$, $u = g(x)$에 대하여 합성함수 $y = f(g(x))$는 미분가능하고, 그 도함수는

$$\frac{dy}{dx} = \frac{dy}{du} \cdot \frac{du}{dx} \text{ 또는 } \{f(g(x))\}' = f'(g(x))g'(x)$$

(2) 지수함수의 도함수

① $y = e^{f(x)}$이면 $y' = e^{f(x)} \cdot f'(x)$

② $y = a^{f(x)}$이면 $y' = a^{f(x)} \cdot \ln a \cdot f'(x)$ (단, $a > 0$, $a \neq 1$)

(3) 함수 $y = x^n$(n은 실수)의 도함수

n이 실수일 때, $y = x^n$이면 $y' = nx^{n-1}$

(4) 로그함수의 도함수

① $y = \ln|x|$이면 $y' = \dfrac{1}{x}$

② $y = \log_a |x|$이면 $y' = \dfrac{1}{x \ln a}$ (단, $a > 0$, $a \neq 1$)

③ $y = \ln|f(x)|$이면 $y' = \dfrac{f'(x)}{f(x)}$ (단, $f(x) \neq 0$)

03 역함수의 미분법

미분가능한 함수 $f(x)$의 역함수 $f^{-1}(x)$가 존재하고 미분가능할 때, $f^{-1}(x)$의 도함수는

$$(f^{-1})'(x) = \frac{1}{f'(f^{-1}(x))} \quad (\text{단, } f'(f^{-1}(x)) \neq 0)$$

04 이계도함수

함수 $f(x)$의 도함수 $f'(x)$가 미분가능할 때, $f'(x)$의 도함수

$$\lim_{\Delta x \to 0} \frac{f'(x + \Delta x) - f'(x)}{\Delta x}$$

를 함수 $f(x)$의 이계도함수라 하고, 기호로 $f''(x)$, y'', $\dfrac{d^2 y}{dx^2}$, $\dfrac{d^2}{dx^2} f(x)$ 등으로 나타낸다.

- $(\tan x)'$
$= \left(\dfrac{\sin x}{\cos x} \right)'$
$= \dfrac{(\sin x)' \cos x - \sin x (\cos x)'}{\cos^2 x}$
$= \dfrac{\cos^2 x + \sin^2 x}{\cos^2 x}$
$= \dfrac{1}{\cos^2 x} = \sec^2 x$

- $y = a^{f(x)}$에서 $u = f(x)$로 놓으면 $y = a^u$이므로
$$\frac{dy}{dx} = \frac{dy}{du} \cdot \frac{du}{dx}$$
$= a^u \ln a \cdot f'(x)$
$= a^{f(x)} \ln a \cdot f'(x)$

◉ 사관 2015학년도 B형 27번

유형 1 ★ 함수의 몫의 미분법

두 함수 $f(x)=\dfrac{1}{x}$, $g(x)=\dfrac{k}{x}$ $(k>1)$에 대하여 좌표평면에서 직선 $x=2$가 두 곡선 $y=f(x)$, $y=g(x)$와 만나는 점을 각각 P, Q라 하자.

곡선 $y=f(x)$에 대하여 점 P에서의 접선을 l, 곡선 $y=g(x)$에 대하여 점 Q에서의 접선을 m이라 하자.

두 직선 l, m이 이루는 예각의 크기가 $\dfrac{\pi}{4}$일 때, 상수 k에 대하여 $3k$의 값을 구하시오. [4점]

풀이 P$\left(2, \dfrac{1}{2}\right)$, Q$\left(2, \dfrac{k}{2}\right)$이고,

$f'(x)=-\dfrac{1}{x^2}$, $g'(x)=-\dfrac{k}{x^2}$이므로

직선 l이 x축과 이루는 각의 크기를 α, 직선 m이 x축과 이루는 각의 크기를 β라고 하면

$\tan\alpha=f'(2)=-\dfrac{1}{4}$, $\tan\beta=g'(2)=-\dfrac{k}{4}$

$\therefore |\tan(\beta-\alpha)|=|\tan(\alpha-\beta)|=\left|\dfrac{\tan\alpha-\tan\beta}{1+\tan\alpha\tan\beta}\right|$

$=\left|\dfrac{-\dfrac{1}{4}-\left(-\dfrac{k}{4}\right)}{1+\dfrac{k}{16}}\right|=\left|\dfrac{4(k-1)}{16+k}\right|=1$

$4|k-1|=|k+16|$

$4k-4=k+16$ $(\because k>1)$

$\therefore 3k=20$

답 20

TiP
몫의 미분법을 이용하여 두 곡선 $y=f(x)$, $y=g(x)$의 $x=2$에서의 접선의 기울기를 각각 구한다.

유형 2 ★ **역함수의 미분법**

모든 실수 x에서 미분가능하고 역함수가 존재하는 함수 $f(x)$에 대하여

$$\lim_{x \to 1} \frac{f(x)-2}{x-1} = \frac{1}{2}, \ \lim_{x \to 2} \frac{f(x)-3}{x-2} = 4$$

가 성립한다. 함수 $f(x)$의 역함수를 $g(x)$라 할 때, $\displaystyle\lim_{x \to 3} \frac{g(g(x))-1}{x-3}$의 값은? [3점]

① $\dfrac{1}{4}$ ② $\dfrac{1}{2}$ ③ 1 ④ 2 ⑤ 4

풀이 $\displaystyle\lim_{x \to 1} \frac{f(x)-2}{x-1} = \frac{1}{2}$에서 $x=1$일 때 분모는 0이 되므로 분자도 0이 되어야 한다.

따라서 $f(1)=2$이고, $\displaystyle\lim_{x \to 1} \frac{f(x)-f(1)}{x-1} = f'(1) = \frac{1}{2}$

$g(x)$는 $f(x)$의 역함수이므로 $g(2)=1$, $g'(2) = \dfrac{1}{f'(1)} = 2$

$\displaystyle\lim_{x \to 2} \frac{f(x)-3}{x-2} = 4$에서도 $x=2$일 때 분모는 0이 되므로 분자도 0이 되어야 한다.

$f(2)=3$이므로 $\displaystyle\lim_{x \to 2} \frac{f(x)-f(2)}{x-2} = f'(2) = 4$

$\therefore g(3)=2$, $g'(3) = \dfrac{1}{f'(2)} = \dfrac{1}{4}$

$h(x)=g(g(x))$라고 하면

$h'(x)=g'(g(x))g'(x)$

$h(3)=g(g(3))=g(2)=1$

$\therefore \displaystyle\lim_{x \to 3} \frac{g(g(x))-1}{x-3} = \lim_{x \to 3} \frac{h(x)-h(3)}{x-3}$
$= h'(3)$
$= g'(g(3))g'(3)$
$= g'(2)g'(3)$
$= 2 \times \dfrac{1}{4} = \dfrac{1}{2}$

답 ②

TIP

$f(a)=b$일 때, $g(b)=a$이고, $g'(b) = \dfrac{1}{f'(a)}$이므로 $h(x)=g(g(x))$라 놓고 필요한 $g(x)$의 함숫값과 미분계수를 찾는다.

01 유형 2

◉ 사관 2018학년도 가형 30번

함수 $f(x)=x^3+ax^2-ax-a$의 역함수가 존재할 때, $f(x)$의 역함수를 $g(x)$라 하자. 자연수 n에 대하여 $n \times g'(n)=1$을 만족시키는 실수 a의 개수를 a_n이라 할 때, $\sum\limits_{n=1}^{27} a_n$의 값을 구하시오. [4점]

01 유형1

◎ 교육청 2013년 3월 B형 19번

열린 구간 $(0,\ 2\pi)$에서 정의된 함수 $f(x)=\dfrac{\sin x}{e^{2x}}$가 $x=a$에서 극솟값을 가질 때, $\cos a$의 값은?　　[4점]

① $-\dfrac{2\sqrt{5}}{5}$　　　② $-\dfrac{\sqrt{5}}{5}$　　　③ 0　　　④ $\dfrac{\sqrt{5}}{5}$　　　⑤ $\dfrac{2\sqrt{5}}{5}$

02 유형1

◎ 수능 2018학년도 가형 9번

실수 전체의 집합에서 미분가능한 함수 $f(x)$에 대하여 함수 $g(x)$를

$$g(x)=\dfrac{fx}{e^{x-2}}$$

라 하자. $\displaystyle\lim_{x\to 2}\dfrac{f(x)-3}{x-2}=5$일 때, $g'(2)$의 값은?　　[3점]

① 1　　　② 2　　　③ 3　　　④ 4　　　⑤ 5

03 유형 2

❯ 평가원 2010학년도 9월 가형 미분과 적분 27번

함수 $f(x)=\ln(e^x-1)$의 역함수를 $g(x)$라 할 때, 양수 a에 대하여 $\dfrac{1}{f'(a)}+\dfrac{1}{g'(a)}$의 값은? [3점]

① 2   ② 4   ③ 6   ④ 8   ⑤ 10

04 유형 2

❯ 교육청 2016년 10월 가형

함수 $f(x)=e^{x-1}$의 역함수 $g(x)$에 대하여 $\displaystyle\lim_{h\to 0}\dfrac{g(1+h)-g(1-2h)}{h}$의 값을 구하시오. [3점]

02 도함수의 활용

01 접선의 방정식

(1) 접선의 방정식

함수 $f(x)$가 $x=a$에서 미분가능할 때, 곡선 $y=f(x)$ 위의 점 $\mathrm{P}(a, f(a))$에서의 접선의 방정식은

$$y-f(a)=f'(a)(x-a)$$

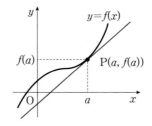

(2) 접선의 방정식을 구하는 방법

(ⅰ) 그래프 위의 한 점에서의 접선의 방정식

곡선 $y=f(x)$ 위의 접점의 좌표 $(a, f(a))$가 주어졌을 때,

① 접선의 기울기 $f'(a)$를 구한다.

② $y-f(a)=f'(a)(x-a)$를 이용하여 접선의 방정식을 구한다.

(ⅱ) 기울기 m이 주어진 접선의 방정식

① 접점의 좌표를 $(a, f(a))$라 한다.

② $f'(a)=m$임을 이용하여 접점의 좌표를 구한다.

③ $y-f(a)=m(x-a)$임을 이용하여 접선의 방정식을 구한다.

(ⅲ) 곡선 밖의 한 점에서의 접선의 방정식

곡선 $y=f(x)$ 위에 있지 않은 한 점 (x_1, y_1)이 주어졌을 때,

① 접점의 좌표를 $(a, f(a))$라 한다.

② $y-f(a)=f'(a)(x-a)$에 점 (x_1, y_1)의 좌표를 대입하여 a의 값을 구한다.

③ a의 값을 $y-f(a)=f'(a)(x-a)$에 대입하여 접선의 방정식을 구한다.

02 함수의 극대, 극소

(1) 함수의 극대, 극소

함수 $f(x)$에서 $x=a$를 포함하는 어떤 열린 구간에 속하는 모든 x에 대하여

① $f(x) \leq f(a)$일 때, 함수 $f(x)$는 $x=a$에서 극대라 하고, $f(a)$를 극댓값이라 한다.

② $f(x) \geq f(a)$일 때, 함수 $f(x)$는 $x=a$에서 극소라 하고, $f(a)$를 극솟값이라 한다.

③ 극댓값과 극솟값을 통틀어 극값이라 한다.

(2) 함수의 극대, 극소의 판정

미분가능한 함수 $f(x)$에서 $f'(a)=0$이고, $x=a$의 좌우에서 $f'(x)$의 부호가

① 양에서 음으로 바뀌면 $f(x)$는 $x=a$에서 극대이고, 극댓값은 $f(a)$이다.

② 음에서 양으로 바뀌면 $f(x)$는 $x=a$에서 극소이고, 극솟값은 $f(a)$이다.

• 두 곡선 $y=f(x)$, $y=g(x)$가 $x=a$인 점에서 공통인 접선을 가지면 $f(a)=g(a)$, $f'(a)=g'(a)$

• 함수 $f(x)$가 $x=a$에서 극값을 가져도 $f'(a)$의 값은 존재하지 않을 수 있다.

(3) **이계도함수를 이용한 함수의 극대, 극소의 판정**

이계도함수를 갖는 함수 $f(x)$에서 $f'(a)=0$일 때,

① $f''(a)<0$이면 $f(x)$는 $x=a$에서 극대이다.

② $f''(a)>0$이면 $f(x)$는 $x=a$에서 극소이다.

• 이계도함수를 이용한 함수의 극대, 극소의 판정의 역은 성립하지 않는다.

03 곡선의 오목, 볼록 및 변곡점

(1) **곡선의 오목과 볼록**

함수 $f(x)$가 어떤 구간에서

① $f''(x)>0$이면 곡선 $y=f(x)$는 이 구간에서 아래로 볼록하다.

② $f''(x)<0$이면 곡선 $y=f(x)$는 이 구간에서 위로 볼록하다.

(2) **변곡점**: 곡선 $y=f(x)$ 위의 점 $(a, f(a))$에 대하여 $x=a$의 좌우에서 곡선의 오목, 볼록인 상태가 바뀔 때, 이 점을 곡선 $y=f(x)$의 변곡점이라 한다.

• $f''(a)=0$인 모든 점 $(a, f(a))$가 변곡점인 것은 아니다.

(3) **변곡점의 판정**

함수 $f(x)$에서 $f''(a)=0$이고 $x=a$의 좌우에서 $f''(x)$의 부호가 바뀌면 점 $(a, f(a))$는 곡선 $y=f(x)$의 변곡점이다.

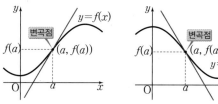

04 함수의 그래프의 개형

함수 $y=f(x)$의 그래프의 개형을 그릴 때에는 도함수와 이계도함수를 이용하여 다음과 같은 사항을 조사하고 종합하여 그린다.

① 함수의 정의역과 치역   ② 대칭성과 주기성

③ 좌표축과의 교점   ④ 함수의 증가, 감소, 극대, 극소

⑤ 곡선의 오목, 볼록, 변곡점   ⑥ $\lim\limits_{x \to \infty} f(x)$, $\lim\limits_{x \to -\infty} f(x)$, 점근선

05 방정식과 부등식에의 활용

(1) **방정식의 실근의 개수**

① 방정식 $f(x)=0$의 서로 다른 실근의 개수는 함수 $y=f(x)$의 그래프와 x축과의 교점의 개수와 같다.

② 방정식 $f(x)=g(x)$의 서로 다른 실근의 개수는 두 함수 $y=f(x)$와 $y=g(x)$의 그래프의 교점의 개수와 같다.

(2) **부등식의 증명**

① 어떤 구간에서 부등식 $f(x) \geq 0$이 성립한다는 증명은 그 구간에서 함수 $f(x)$의 최솟값을 구한 다음, 그 최솟값이 0보다 큼을 보이면 된다.

② 어떤 구간에서 부등식 $f(x)-g(x) \geq 0$이 성립한다는 증명은 $h(x)=f(x)-g(x)$로 놓고 그 구간에서 $h(x) \geq 0$임을 보이면 된다.

● 사관 2018학년도 가형 23번

유형 1 ★ 곡선의 접선과 미분

직선 $y=-4x$ 가 곡선 $y=\dfrac{1}{x-2}-a$에 접하도록 하는 모든 실수 a의 값의 합을 구하시오. [3점]

풀이 곡선 $y=\dfrac{1}{x-2}-a$에 접하는 접선의 기울기가 -4이므로

$y'=-\dfrac{1}{(x-2)^2}$에서

$-4=-\dfrac{1}{(x-2)^2}$

$\therefore x=\dfrac{3}{2}$ 또는 $x=\dfrac{5}{2}$

즉, 주어진 곡선과 접선이 접하는 점의 x좌표가 $\dfrac{3}{2}$ 또는 $\dfrac{5}{2}$이고, 이 점들은 직선 $y=-4x$

를 지나므로 접점의 좌표는 $\left(\dfrac{3}{2},\ -6\right)$ 또는 $\left(\dfrac{5}{2},\ -10\right)$이다.

이때, 위 두 접점은 곡선 $y=\dfrac{1}{x-2}-a$를 지나므로

$y=\dfrac{1}{x-2}-a$에 $\left(\dfrac{3}{2},\ -6\right)$ 또는 $\left(\dfrac{5}{2},\ -10\right)$을 대입하면

$-6=\dfrac{1}{\dfrac{3}{2}-2}-a$에서 $a=4$

$-10=\dfrac{1}{\dfrac{5}{2}-2}-a$에서 $a=12$

따라서 모든 a의 값의 합을 구하면

$4+12=16$

답 16

TIP
곡선의 도함수 y'을 이용하여 주어진 곡선과 직선이 접하는 점의 x좌표를 찾는다.

유형 2 ★ 함수의 증가 · 감소, 극대 · 극소와 미분

두 함수

$$f(x)=e^x(x^2+ax+b),$$
$$g(x)=e^{-x}(x^2+ax+b)$$

는 각각 $x=-3$, $x=2$에서 극댓값을 갖는다. 두 함수 $f(x)$, $g(x)$의 극솟값을 각각 m_1, m_2라 할 때, m_1+m_2의 값은? (단, a, b는 상수이다.) [4점]

① $-2e$ ② $-e-1$ ③ 0 ④ $e-1$ ⑤ $2e$

풀이 두 함수 $f(x)$와 $g(x)$는 지수함수와 다항함수의 곱의 형태이므로 미분가능하다.

$f'(x)=e^x(x^2+ax+b)+e^x(2x+a)$
$\qquad =e^x\{x^2+(a+2)x+a+b\}$
$g'(x)=-e^{-x}(x^2+ax+b)+e^{-x}(2x+a)$
$\qquad =-e^{-x}\{x^2+(a-2)x-a+b\}$

두 함수 $f(x)$와 $g(x)$가 각각 $x=-3$, $x=2$에서 극댓값을 가지므로

$f'(-3)=0$, $g'(2)=0$

$f'(-3)=e^{-3}\{9-3(a+2)+a+b\}=0$에서

$9-3(a+2)+a+b=0$, $9-3a-6+a+b=0$

$\therefore 2a-b=3 \cdots\cdots$ ㉠

$g'(2)=-e^{-2}\{4+2(a-2)-a+b\}=0$에서

$4+2(a-2)-a+b=0$, $4+2a-4-a+b=0$

$\therefore a+b=0 \cdots\cdots$ ㉡

㉠, ㉡을 연립하여 풀면 $a=1$, $b=-1$

a와 b의 값에 의하여

$f'(x)=e^x(x^2+3x)=e^x\cdot x(x+3)$이므로

$f'(x)=0$에서 $x=-3$ 또는 $x=0$

$f(x)$는 $x=0$에서 극솟값을 가지고 $f(x)=e^x(x^2+x-1)$이므로

$m_1=f(0)=e^0\cdot(0+0-1)=-1$

또한 $g'(x)=-e^{-x}(x^2-x-2)=-e^{-x}(x-2)(x+1)$이므로

$g'(x)=0$에서 $x=-1$ 또는 $x=2$

$g(x)$는 $x=-1$에서 극솟값을 가지고 $g(x)=e^{-x}(x^2+x-1)$이므로

$m_2=g(-1)=e^1(1-1-1)=-e$

$\therefore m_1+m_2=-e-1$

답 ②

TiP
$f(x)$, $g(x)$의 도함수를 구한 후, 극댓값을 가지는 조건을 이용하여 a, b의 값을 구한다.

유형 3 ★ 최대 · 최소와 미분

$0 \le x \le \pi$에서 함수

$$f(x) = 2\sin\left(x + \frac{\pi}{3}\right) + \sqrt{3}\cos x$$

는 $x = \theta$일 때, 최댓값을 갖는다. $\tan\theta$의 값은? [3점]

① $\dfrac{\sqrt{3}}{12}$ ② $\dfrac{\sqrt{3}}{6}$ ③ $\dfrac{\sqrt{3}}{4}$ ④ $\dfrac{\sqrt{3}}{3}$ ⑤ $\dfrac{\sqrt{3}}{2}$

풀이 $x = \theta$일 때 최댓값을 가지므로 $f'(\theta) = 0$

$f'(x) = 2\cos\left(x + \dfrac{\pi}{3}\right) - \sqrt{3}\sin x$

$\qquad = 2\left\{\cos x \cos\dfrac{\pi}{3} - \sin x \sin\dfrac{\pi}{3}\right\} - \sqrt{3}\sin x$

$\qquad = \cos x - 2\sqrt{3}\sin x$

$f'(x) = \cos x - 2\sqrt{3}\sin x = 0$에서

$\tan x = \dfrac{\sqrt{3}}{6}$

이를 만족하는 x의 값을 α라 하면

$0 < \alpha < \dfrac{\pi}{2}$

x	0	$\cdots$	α	$\cdots$	π
$f'(x)$		$+$	0	$-$	
$f(x)$	$2\sqrt{3}$	↗	극대	↘	$-2\sqrt{3}$

따라서 함수 $f(x)$는 $x = \alpha$일 때 극대이자 최댓값을 가지므로 $\theta = \alpha$

$\cos\theta - 2\sqrt{3}\sin\theta = 0$

$\therefore \tan\theta = \dfrac{\sin\theta}{\cos\theta} = \dfrac{\sqrt{3}}{6}$

답 ②

TIP
함수 $f(x)$는 극댓값을 최댓값으로 가지므로 $x = \theta$에서의 미분계수가 0이 된다.

유형 4 ★ 미분법의 활용

함수 $f(x)=(x^3-a)e^x$과 실수 t에 대하여 방정식 $f(x)=t$의 실근의 개수를 $g(t)$라 하자. 함수 $g(t)$가 불연속인 점의 개수가 2가 되도록 하는 10 이하의 모든 자연수 a의 값의 합을 구하시오. (단, $\lim\limits_{x \to -\infty} f(x)=0$) [4점]

풀이 $f'(x)=(x^3+3x^2-a)e^x$

에서 $h(x)=x^3+3x^2-a$라고 하면

$h'(x)=3x^2+6x$

x	$\cdots$	-2	$\cdots$	0	$\cdots$
$h'(x)$	$+$	0	$-$	0	$+$
$h(x)$	$\nearrow$	$4-a$	$\searrow$	$-a$	$\nearrow$

그러므로

  $a=1, 2, 3$일 때, $f'(x)=0$의 개수는 3

  $a=4$일 때, $f'(x)=0$의 개수는 2

  $a=5, \cdots, 10$일 때, $f'(x)=0$의 개수는 1

이다.

이때, $\lim\limits_{x \to -\infty} f(x)=0$이므로 함수 $g(t)$가 불연속인 점의 개수가 2가 되도록 하려면 오른쪽 그림과 같이 함수 $f(x)$가 감소 후 증가하는 횟수가 1번이어야 한다.

그런데 $a=1, 2, 3$일 경우 $f(x)$가 감소 후 증가하는 횟수가 2번이므로 함수 $g(t)$가 불연속인 점의 개수가 2가 아니다.

따라서 가능한 자연수 a의 값은 4, 5, $\cdots$, 10이므로

그 합은

$4+5+\cdots+10=49$

답 49

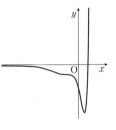

TIP

$g(t)=2$를 만족하는 $f(x)$의 그래프의 개형을 미분을 이용하여 구하고, 이를 만족하는 a값을 구한다.

01 유형 2

● 사관 2014학년도 B형 20번

함수 $f(x)=x\sin x$에 대하여 옳은 것만을 <보기>에서 있는 대로 고른 것은?　　　　[4점]

─ 보 기 ─

ㄱ. 함수 $f(x)$는 $x=0$에서 극솟값을 갖는다.

ㄴ. 직선 $y=x$는 곡선 $y=f(x)$에 접한다.

ㄷ. 함수 $f(x)$가 $x=a$에서 극댓값을 갖는 a가 구간 $\left(\dfrac{\pi}{2},\ \dfrac{3}{4}\pi\right)$에 존재한다.

① ㄱ　　　　② ㄱ, ㄴ　　　　③ ㄱ, ㄷ　　　　④ ㄴ, ㄷ　　　　⑤ ㄱ, ㄴ, ㄷ

02 유형 2

● 사관 2013학년도 이과 20번

$x>0$에서 정의된 함수 $f(x)=\dfrac{(\ln x)^6}{x^2}$에 대하여 옳은 것만을 <보기>에서 있는 대로 고른 것은?

$\left($단, $\displaystyle\lim_{x\to\infty}\dfrac{(\ln x)^6}{x^2}=0$ 이다.$\right)$　　　　[4점]

─ 보 기 ─

ㄱ. $x=e^3$에서 극댓값을 갖는다.

ㄴ. $x=e$에서 극솟값을 갖는다.

ㄷ. $x>0$에서 방정식 $f(x)=1$의 실근의 개수는 3이다.

① ㄱ　　　　② ㄱ, ㄴ　　　　③ ㄱ, ㄷ　　　　④ ㄴ, ㄷ　　　　⑤ ㄱ, ㄴ, ㄷ

03 유형 2

🅞 사관 2012학년도 이과 14번

그림과 같이 $x=a$에서 극댓값, $x=b$에서 극솟값을 가지는 삼차함수 $f(x)$가 있다. $(0<a<b)$

함수 $g(x)=e^{-x^2}f(x)$에 대하여 <보기>에서 옳은 것만을 있는 대로 고른 것은? [3점]

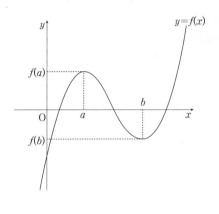

┌─── 보 기 ───┐

ㄱ. $g'(0)>0$

ㄴ. $f'(a)+g'(a)>0$

ㄷ. $g(b)g'(b)>0$

└─────────────┘

① ㄱ   ② ㄴ   ③ ㄱ, ㄴ   ④ ㄴ, ㄷ   ⑤ ㄱ, ㄴ, ㄷ

04 유형 3

🅞 사관 2016학년도 B형 15번

그림과 같이 반지름의 길이가 2이고 중심각의 크기가 90°인 부채꼴 OAB가 있다. 선분 OB 위에 $\overline{OC}=\dfrac{1}{3}$인 점 C를 잡고, 점 C를 지나고 선분 OA와 평행한 직선을 l이라 하자. 호 AB 위를 움직이는 점 P 에서 선분 OB와 직선 l에 내린 수선의 발을 각각 Q, R라 할 때, 삼각형 PQR의 넓이의 최댓값은? [4점]

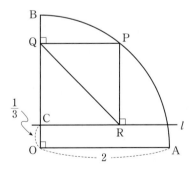

① $\dfrac{\sqrt{7}}{8}$ ② $\dfrac{\sqrt{7}}{6}$ ③ $\dfrac{5\sqrt{7}}{24}$ ④ $\dfrac{\sqrt{7}}{4}$ ⑤ $\dfrac{7\sqrt{7}}{24}$

05 유형 3

● 사관 2015학년도 B형 25번

자연수 n에 대하여 함수 $f(x)=x^n \ln x$의 최솟값을 $g(n)$이라 하자. $g(n) \le -\dfrac{1}{6e}$ 을 만족시키는 모든 n의 값의 합을 구하시오.

[3점]

06 유형 3

● 사관 2013학년도 이과 13번

모든 실수 x에서 정의된 함수

$$f(x)=2\sin 2x+4\sin x-4\cos x+1$$

의 최댓값과 최솟값의 합은? [3점]

① $4-4\sqrt{2}$ ② $4-3\sqrt{2}$ ③ $4-2\sqrt{2}$ ④ $5-2\sqrt{2}$ ⑤ $5-\sqrt{2}$

07 유형 4

❯ 사관 2017학년도 가형 21번

실수 전체의 집합에서 미분가능한 함수 $f(x)$가 다음 조건을 만족시킨다.

> (가) $f(0)=0$, $f'(0)=1$
>
> (나) 모든 실수 x, y에 대하여 $f(x+y)=\dfrac{f(x)+f(y)}{1+f(x)f(y)}$이다.

$f(-1)=k(-1<k<0)$일 때, $\displaystyle\int_0^1 \{f(x)\}^2 dx$의 값을 k로 나타낸 것은? [4점]

① $1-k^2$　　　② $1-2k$　　　③ $1-k$　　　④ $1+k$　　　⑤ $1+k^2$

08 유형 4

❯ 사관 2017학년도 가형 26번

곡선 $y=\sin^2 x\,(0\le x\le\pi)$의 두 변곡점을 각각 A, B라 할 때, 점 A에서의 접선과 점 B에서의 접선이 만나는 점의 y좌표는 $p+q\pi$이다. $40(p+q)$의 값을 구하시오. (단, p, q는 유리수이다.) [4점]

09 유형 4

◉ 사관 2012학년도 이과 20번

함수 $f(x) = \dfrac{1}{x} \ln x$에 대하여 <보기>에서 옳은 것만을 있는 대로 고른 것은?　　　　[4점]

┌─ 보 기 ┐

ㄱ. 함수 $f(x)$의 최댓값은 $\dfrac{1}{e}$이다.

ㄴ. $2011^{2012} > 2012^{2011}$

ㄷ. 열린 구간 $(0, e)$에서 $y = f(x)$의 그래프는 위로 볼록하다.

① ㄱ　　　　② ㄱ, ㄴ　　　　③ ㄱ, ㄷ　　　　④ ㄴ, ㄷ　　　　⑤ ㄱ, ㄴ, ㄷ

01 유형 1

◎ 수능 2010학년도 가형 미분과 적분 27번

곡선 $y=e^x$ 위의 점 $(1, e)$에서의 접선이 곡선 $y=2\sqrt{x-k}$ 에 접할 때, 실수 k의 값은? [3점]

① $\dfrac{1}{e}$ ② $\dfrac{1}{e^2}$ ③ $\dfrac{1}{e^4}$ ④ $\dfrac{1}{1+e}$ ⑤ $\dfrac{1}{1+e^2}$

02 유형 3

◎ 교육청 2009년 7월 가형 미분과적분 28번

함수 $f(x)=\dfrac{\sin x+\cos x}{\sin x+\cos x-2}$ 에 대하여 <보기>에서 옳은 것만을 있는 대로 고른 것은? [3점]

┌ 보기 ┐

ㄱ. 최솟값은 $-1-\sqrt{2}$ 이다.

ㄴ. $x=\dfrac{\pi}{4}$ 에서 최댓값을 갖는다.

ㄷ. $x=\dfrac{5}{4}\pi$ 에서 극댓값을 갖는다.

① ㄱ ② ㄴ ③ ㄱ, ㄷ ④ ㄴ, ㄷ ⑤ ㄱ, ㄴ, ㄷ

01 여러 가지 적분법

01 여러 가지 함수의 적분

(1) **함수 $y=x^r$ (r은 실수)의 부정적분**

① $r \neq -1$일 때, $\displaystyle\int x^r dx = \dfrac{1}{r+1} x^{r+1} + C$

② $r = -1$일 때, $\displaystyle\int x^{-1} dx = \int \dfrac{1}{x} dx = \ln|x| + C$

(2) **지수함수의 부정적분**

① $\displaystyle\int e^x dx = e^x + C$

② $\displaystyle\int a^x dx = \dfrac{a^x}{\ln a} + C$ (단, $a>0$, $a \neq 1$)

(3) **삼각함수의 부정적분**

① $\displaystyle\int \sin x\, dx = -\cos x + C$

② $\displaystyle\int \cos x\, dx = \sin x + C$

③ $\displaystyle\int \sec^2 x\, dx = \tan x + C$

④ $\displaystyle\int \csc^2 x\, dx = -\cot x + C$

⑤ $\displaystyle\int \sec x \tan x\, dx = \sec x + C$

⑥ $\displaystyle\int \csc x \cot x\, dx = -\csc x + C$

- 삼각함수의 미분

$(\cos x)' = -\sin x$

$(\sin x)' = \cos x$

$(\tan x)' = \sec^2 x$

$(\cot x)' = -\csc^2 x$

$(\sec x)' = \sec x \tan x$

$(\csc x)' = -\csc x \cot x$

02 치환적분법

(1) **치환적분법**

미분가능한 함수 $g(x)$에 대하여 $g(x) = t$라 하면

$\displaystyle\int f(g(x)) g'(x) ds = \int f(t) dt$

① $\displaystyle\int \dfrac{1}{ax+b} dx = \dfrac{1}{a} \ln|ax+b| + C$

② $\displaystyle\int (ax+b)^n dx = \dfrac{1}{a(n+1)} (ax+b)^{n+1} + C$ (단, $n \neq 1$)

③ $\displaystyle\int \cos(ax+b) dx = \dfrac{1}{a} \sin(ax+b) + C$

④ $\displaystyle\int e^{ax+b} dx = \dfrac{1}{a} e^{ax+b} + C$

(2) $\displaystyle\int \dfrac{f'(x)}{f(x)} dx$의 **부정적분**

$\displaystyle\int \dfrac{f'(x)}{f(x)} dx = \ln|f(x)| + C$

(3) **정적분의 치환적분법**

미분가능한 함수 $t=g(x)$의 도함수 $g'(x)$가 구간 $[a, b]$에서 연속이고 $g(a)=\alpha$, $g(b)=\beta$에 대하여 함수 $f(t)$가 구간 $[\alpha, \beta]$에서 연속일 때

$$\int_a^b f(g(x))g'(x)dx=\int_\alpha^\beta f(t)dt$$

(4) **삼각함수를 이용한 치환적분법**

① $\sqrt{a^2-x^2}$ $(a>0)$ 꼴인 함수의 적분

$x=a\sin\theta\left(-\dfrac{\pi}{2}\leq\theta\leq\dfrac{\pi}{2}\right)$로 치환 후, $\sin^2\theta+\cos^2\theta=1$임을 이용한다.

② $\dfrac{1}{a^2+x^2}$ $(a>0)$ 꼴인 함수의 적분

$x=a\tan\theta\left(-\dfrac{\pi}{2}<\theta<\dfrac{\pi}{2}\right)$로 치환 후, $1+\tan^2\theta=\sec^2\theta$임을 이용한다.

03 유리함수의 적분

(1) **분자의 차수가 분모의 차수보다 큰 경우**

분자를 분모로 나누어 몫과 나머지의 꼴로 나타낸 후, 각각의 부정적분을 구한다.

(2) **분자의 차수가 분모의 차수보다 크고, 분모가 인수분해되는 경우**

적분하고자 하는 함수를 부분분수의 변형 등을 이용하여 간단한 유리함수의 합 또는 차로 나타낸 후, 각각의 부정적분을 구한다.

04 부분적분법

(1) **부분적분법**

두 함수 $f(x)$, $g(x)$가 미분가능할 때,

$$\int f(x)g'(x)dx=f(x)g(x)-\int f'(x)g(x)dx$$

• 일반적으로 부분적분을 할 때에는 로그함수, 다항함수, 삼각함수, 지수함수 순으로 먼저 나타나는 함수를 $f(x)$, 나중에 나타나는 함수를 $g'(x)$로 놓고 부분적분법을 이용하면 편리하다.

(2) **정적분의 부분적분법**

두 함수 $f(x)$, $g(x)$가 미분가능하고, $f'(x)$, $g'(x)$가 닫힌 구간 $[a, b]$에서 연속일 때,

$$\int_a^b f(x)g'(x)dx=[f(x)g(x)]_a^b-\int_a^b f'(x)g(x)dx$$

05 정적분으로 나타내어진 함수

(1) **정적분으로 나타내어진 함수의 미분**

① $\dfrac{d}{dx}\displaystyle\int_a^x f(t)dt=f(x)$ (단, a는 상수)

② $\dfrac{d}{dx}\displaystyle\int_x^{x+a} f(t)dt=f(x+a)-f(x)$ (단, a는 상수)

• 적분 구간에 변수 x가 있는 정적분을 포함한 등식에서 함수 $f(x)$를 구할 때에는 양변을 x에 대하여 미분한다.

(2) **정적분으로 나타내어진 함수의 극한**

① $\displaystyle\lim_{x\to0}\dfrac{1}{x}\int_a^{x+a} f(t)dt=f(a)$

② $\displaystyle\lim_{x\to a}\dfrac{1}{x-a}\int_a^x f(t)dt=f(a)$

◎ 사관 2014학년도 B형 7번

유형 1 ★ 여러 가지 함수의 적분

두 연속함수 $f(x)$, $g(x)$에 대하여 두 수열 $\{a_n\}$, $\{b_n\}$을 다음과 같이 정의하자.

$$a_n=\int_0^n f(x)dx, \quad b_n=\int_{n-1}^n g(x)dx \ (n=1,\ 2,\ 3,\ \cdots)$$

$f(x)=\sqrt{x}$, $g(x)=f(x)+1$일 때, a_3+b_4의 값은?

[3점]

① 5
② $\dfrac{16}{3}$
③ $\dfrac{17}{3}$
④ 6
⑤ $\dfrac{19}{3}$

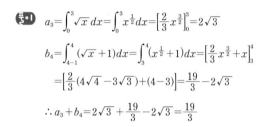

$a_3=\displaystyle\int_0^3 \sqrt{x}\,dx=\int_0^3 x^{\frac{1}{2}}dx=\left[\dfrac{2}{3}x^{\frac{3}{2}}\right]_0^3=2\sqrt{3}$

$b_4=\displaystyle\int_{4-1}^4 (\sqrt{x}+1)dx=\int_3^4 (x^{\frac{1}{2}}+1)dx=\left[\dfrac{2}{3}x^{\frac{3}{2}}+x\right]_3^4$

$=\left[\dfrac{2}{3}(4\sqrt{4}-3\sqrt{3})+(4-3)\right]=\dfrac{19}{3}-2\sqrt{3}$

$\therefore a_3+b_4=2\sqrt{3}+\dfrac{19}{3}-2\sqrt{3}=\dfrac{19}{3}$

답 ⑤

TIP
적분식에 주어진 n의 값을 대입하여 정적분을 푼다.

유형 2 ★ 치환적분법

함수 $f(x) = \displaystyle\int_1^x e^{t^3} dt$ 에 대하여 $\displaystyle\int_0^1 xf(x)dx$의 값은? [4점]

① $\dfrac{1-e}{2}$ ② $\dfrac{1-e}{3}$ ③ $\dfrac{1-e}{4}$ ④ $\dfrac{1-e}{5}$ ⑤ $\dfrac{1-e}{6}$

풀이 양변을 x에 대해 미분하면 $f'(x) = e^{x^3}$이고, $f(1) = 0$

$$\int_0^1 xf(x)dx = \int_0^1 \left\{ xf(x) + \frac{1}{2}x^2 f'(x) \right\} dx - \int_0^1 \frac{1}{2}x^2 f'(x)dx$$

$$= \frac{1}{2}\left[x^2 f(x) \right]_0^1 - \frac{1}{2}\int_0^1 x^2 f'(x)dx$$

$$= -\frac{1}{2}\int_0^1 x^2 e^{x^3} dx \; (\because f(1) = 0)$$

$x^3 = t$로 치환하면 $3x^2 dx = dt$

$$\therefore -\frac{1}{2}\int_0^1 x^2 e^{x^3} dx = -\frac{1}{6}\int_0^1 e^t dt = -\frac{1}{6}(e-1) = \frac{1-e}{6}$$

답 ⑤

TIP
먼저 함수 $f'(x)$를 구하고, 구하는 적분식을 $f'(x)$가 포함된 식으로 변형하여 치환적분법을 이용한다.

유형 3 ★ 부분적분법

도함수가 실수 전체의 집합에서 연속인 함수 $f(x)$가 다음 조건을 만족시킨다.

(가) 모든 실수 x에 대하여 $f(-x)=-f(x)$이다.

(나) $f(\pi)=0$

(다) $\displaystyle\int_0^\pi x^2 f'(x)dx=-8\pi$

$\displaystyle\int_{-\pi}^\pi (x+\cos x)f(x)dx=k\pi$일 때, k의 값을 구하시오. [3점]

풀이 부분적분법에 의하여

$$\int_0^\pi x^2 f'(x)dx=[x^2 f(x)]_0^\pi-\int_0^\pi 2xf(x)dx=-8\pi,$$

$$\int_0^\pi xf(x)dx=4\pi$$

이고 $-\pi\le a\le 0$인 a에 대하여

$$af(a)=(-a)\times(-f(a))=(-a)\times f(-a)$$

$x=-t$로 치환하면 $dx=-dt$

$$\int_{-\pi}^0 xf(x)dx=\int_\pi^0 tf(-t)dt=-\int_\pi^0 tf(t)dt=\int_0^\pi tf(t)dt=\int_0^\pi xf(x)dx$$

$$\therefore \int_{-\pi}^0 xf(x)dx=\int_0^\pi xf(x)dx=4\pi$$

한편,

$$\int_{-\pi}^\pi \cos xf(x)dx=\int_{-\pi}^0 \cos xf(x)dx+\int_0^\pi \cos xf(x)dx$$

따라서 $\cos a=\cos(-a)$, $f(a)=-f(-a)$이므로

$$\cos af(a)=-\cos(-a)f(-a)$$

$x=-t$로 치환하면 $dx=-dt$

$$\int_{-\pi}^0 \cos xf(x)dx=-\int_\pi^0 \cos(-t)f(-t)dt=-\int_0^\pi \cos tf(t)dt=-\int_0^\pi \cos xf(x)dx$$

$$\therefore \int_{-\pi}^\pi \cos xf(x)dx=0$$

따라서

$$\int_{-\pi}^\pi (x+\cos x)f(x)dx=\int_{-\pi}^0 xf(x)dx+\int_0^\pi xf(x)dx+\int_{-\pi}^\pi \cos xf(x)dx$$
$$=4\pi+4\pi+0=8\pi$$

$$\therefore k=8$$

답 8

TIP

$\displaystyle\int_{-\pi}^\pi xf(x)dx$인 부분과 $\displaystyle\int_{-\pi}^\pi \cos xf(x)dx$ 인 부분으로 나누고, 주어진 조건을 이용하여 각각의 정적분의 값을 구한다.

유형 4 ★ 정적분으로 정의된 함수

실수 전체의 집합에서 연속인 함수 $f(x)$가 모든 실수 x에 대하여

$$\int_1^x (x-t)f(t)dt = e^{x-1} + ax^2 - 3x + 1$$

을 만족시킬 때, $f(a)$의 값은? (단, a는 상수이다.)   [3점]

① -3 ② -1 ③ 0 ④ 1 ⑤ 3

풀이 $x=1$일 때,

$0 = e^{1-1} + a \times 1^2 - 3 \times 1 + 1$

$\therefore a = 1$

이때

$$\int_1^x (x-t)f(t)dt = x\int_1^x f(t)dt - \int_1^x tf(t)dt$$

이므로

$\displaystyle\int_1^x (x-t)f(t)dt = e^{x-1} + ax^2 - 3x + 1$의 양변을 x에 대하여 미분하면

$$\int_1^x f(t)dt + xf(x) - xf(x) = e^{x-1} + 2ax - 3$$

다시 위 식의 양변을 x에 대하여 미분하면

$f(x) = e^{x-1} + 2a$

따라서 $f(a) = e^{a-1} + 2a$에 $a=1$을 대입하면

$f(1) = e^{1-1} + 2 \times 1 = 3$

답 ⑤

TIP

$\displaystyle\int_1^x (x-t)f(t)dt = x\int_1^x f(t)dt - \int_1^x tf(t)dt$

로 나누고, 양변을 x에 대하여 미분하여 $\displaystyle\int_1^x f(t)dt$로 나타낸다.

유형 5 ★ 정적분과 급수

$x \geq 0$에서 정의된 함수 $f(x) = \dfrac{4}{1+x^2}$의 역함수를 $g(x)$라 할 때, $\displaystyle\lim_{n\to\infty} \dfrac{1}{n} \sum_{k=1}^{n} g\left(1 + \dfrac{3k}{n}\right)$의 값은? [4점]

① $\dfrac{\pi - \sqrt{3}}{3}$ ② $\dfrac{\pi + \sqrt{3}}{3}$ ③ $\dfrac{4\pi - 3\sqrt{3}}{9}$ ④ $\dfrac{4\pi + 3\sqrt{3}}{9}$ ⑤ $\dfrac{2\pi - \sqrt{3}}{3}$

풀이

$\displaystyle\lim_{n\to\infty} \sum_{k=1}^{n} g\left(1 + \dfrac{4-1}{n}k\right)\dfrac{4-1}{n} \times \dfrac{1}{3} = \dfrac{1}{3}\int_{1}^{4} g(x)\,dx = \dfrac{1}{3}\int_{1}^{4} g(y)\,dy$

$y = f(x)$, $dy = f'(x)dx$로 치환하면

$-\dfrac{1}{3}\displaystyle\int_{0}^{\sqrt{3}} g(f(x))f'(x)\,dx = -\dfrac{1}{3}\int_{0}^{\sqrt{3}} x f'(x)\,dx$

$\qquad\qquad = -\dfrac{1}{3}\displaystyle\int_{0}^{\sqrt{3}} \{x f'(x) + f(x)\}\,dx + \dfrac{1}{3}\int_{0}^{\sqrt{3}} f(x)\,dx$

$\qquad\qquad = -\dfrac{1}{3}\big[x f(x)\big]_{0}^{\sqrt{3}} + \dfrac{1}{3}\displaystyle\int_{0}^{\sqrt{3}} \dfrac{4}{1+x^2}\,dx$

이때, $x = \tan\theta \left(-\dfrac{\pi}{2} < \theta < \dfrac{\pi}{2}\right)$라 하면 $dx = \sec^2\theta\,d\theta$이고

$x = 0$일 때 $\theta = 0$, $x = \sqrt{3}$일 때 $\theta = \dfrac{\pi}{3}$이므로

$\displaystyle\int_{0}^{\sqrt{3}} \dfrac{1}{x^2+1}\,dx = \int_{0}^{\frac{\pi}{3}} \dfrac{1}{\tan^2\theta + 1}\sec^2\theta\,d\theta$

$\qquad\qquad = \displaystyle\int_{0}^{\frac{\pi}{3}} 1\,d\theta = \dfrac{1}{3}\pi$

$\therefore$ (준식) $= -\dfrac{\sqrt{3}}{3} + \dfrac{4}{3} \times \dfrac{\pi}{3} = \dfrac{4\pi - 3\sqrt{3}}{9}$

답 ③

TIP

급수로 표현된 식을 정적분으로 나타낸 후, 함수 $g(x)$를 $f(x)$에 대한 식으로 치환한다.

기출 유형 더 풀기

01 유형 1

◎ 사관 2017학년도 가형 1번

$\int_1^2 \dfrac{1}{x^2}dx$의 값은?

[2점]

① $\dfrac{1}{10}$　　　　② $\dfrac{1}{8}$　　　　③ $\dfrac{1}{6}$　　　　④ $\dfrac{1}{4}$　　　　⑤ $\dfrac{1}{2}$

02 유형 2

◎ 사관 2018학년도 가형 4번

$\int_0^{\frac{\pi}{3}}\tan x\,dx$의 값은?

[3점]

① $\dfrac{\ln 2}{2}$　　　　② $\dfrac{\ln 3}{2}$　　　　③ $\ln 2$　　　　④ $\ln 3$　　　　⑤ $2\ln 2$

03 유형2

자연수 n에 대하여 $S_n=1-\dfrac{1}{3}+\dfrac{1}{5}-\dfrac{1}{7}+\cdots+(-1)^{n-1}\cdot\dfrac{1}{2n-1}$이라 할 때, 다음은 $\lim\limits_{n\to\infty}S_n$의 값을 구하는 과정이다.

$1-x^2+x^4-x^6+\cdots+(-1)^{n-1}\cdot x^{2n-2}=\boxed{(\text{가})}-(-1)^n\cdot\dfrac{x^{2n}}{1+x^2}$이므로

$S_n=1-\dfrac{1}{3}+\dfrac{1}{5}-\dfrac{1}{7}+\cdots+(-1)^{n-1}\cdot\dfrac{1}{2n-1}=\displaystyle\int_0^1\{1-x^2+x^4-x^6+\cdots+(-1)^{n-1}\cdot x^{2n-2}\}dx$

$\quad=\displaystyle\int_0^1\boxed{(\text{가})}dx-(-1)^n\int_0^1\dfrac{x^{2n}}{1+x^2}dx$

이다. 한편, $0\le\dfrac{x^{2n}}{1+x^2}\le x^{2n}$이므로

$\quad 0\le\displaystyle\int_0^1\dfrac{x^{2n}}{1+x^2}dx\le\int_0^1 x^{2n}dx=\boxed{(\text{나})}$

이다. 따라서 $\lim\limits_{n\to\infty}\displaystyle\int_0^1\dfrac{x^{2n}}{1+x^2}dx=0$이므로

$\lim\limits_{n\to\infty}S_n=\displaystyle\int_0^1\boxed{(\text{가})}dx$이다.

$x=\tan\theta\left(-\dfrac{\pi}{2}<\theta<\dfrac{\pi}{2}\right)$로 놓으면

$\lim\limits_{n\to\infty}S_n=\displaystyle\int_0^1\boxed{(\text{가})}dx=\int_0^{\frac{\pi}{4}}\dfrac{\sec^2\theta}{1+\tan^2\theta}d\theta=\boxed{(\text{다})}$

이다.

위의 (가), (나)에 알맞은 식을 각각 $f(x)$, $g(n)$, (다)에 알맞은 수를 k라 할 때, $k\times f(2)\times g(2)$의 값은? [4점]

① $\dfrac{\pi}{40}$ ② $\dfrac{\pi}{60}$ ③ $\dfrac{\pi}{80}$ ④ $\dfrac{\pi}{100}$ ⑤ $\dfrac{\pi}{120}$

04 유형2

$\lim\limits_{n\to\infty}\dfrac{4}{n}\displaystyle\sum_{k=1}^{n}\sqrt{2-\left(\dfrac{k}{n}\right)^2}$ 의 값은? [3점]

① $\pi+1$ ② $\pi+2$ ③ $\pi+3$ ④ $\pi+4$ ⑤ $\pi+5$

05 유형 4

◎ 사관 2016학년도 B형 6번

연속함수 $f(x)$가 모든 실수 x에 대하여

$$f(x)=e^x+\int_0^1 tf(t)dt$$

를 만족시킬 때, $\int_0^1 f(x)dx$의 값은? [3점]

① $e-1$ ② $e+1$ ③ $2e-1$ ④ $2e$ ⑤ $2e+1$

06 유형 5

◎ 사관 2015학년도 B형 13번

모든 실수에서 연속이고 역함수가 존재하는 함수 $y=f(x)$의 그래프는 제1 사분면에 있는 두 점 $(2,\ a)$, $(4,\ a+8)$을 지난다. 함수 $f(x)$의 역함수를 $g(x)$라 할 때,

$$\lim_{n\to\infty}\frac{2}{n}\sum_{k=1}^{n}f\left(2+\frac{2k}{n}\right)+\lim_{n\to\infty}\frac{8}{n}\sum_{k=1}^{n}g\left(a+\frac{8k}{n}\right)=50$$

을 만족시키는 상수 a의 값은? [3점]

① 7   ② 8   ③ 9   ④ 10   ⑤ 11

07 유형 5

▶ 사관 2012학년도 이과 3번

자연수 n에 대하여 $S_n = \dfrac{3}{n\sqrt{n}} \sum_{k=1}^{n} \sqrt{n+2k}$일 때, $\lim\limits_{n\to\infty}(S_n+1)$의 값은?

[3점]

① $2\sqrt{3}$ ② $3\sqrt{3}$ ③ $4\sqrt{3}$ ④ $6\sqrt{3}$ ⑤ $9\sqrt{3}$

08 유형 5

▶ 사관 2011학년도 이과 8번

함수 $f(x) = \dfrac{x^3}{9}$의 역함수를 $g(x)$라 할 때, $\lim\limits_{n\to\infty} \sum_{k=1}^{n} g\left(\dfrac{3k}{n}\right)\dfrac{1}{n}$의 값은?

[3점]

① $\dfrac{9}{4}$ ② $\dfrac{15}{4}$ ③ $\dfrac{21}{4}$ ④ $\dfrac{27}{4}$ ⑤ $\dfrac{33}{4}$

01 유형 3

◉ 수능 2014학년도 B형 21번

연속함수 $y=f(x)$의 그래프가 원점에 대하여 대칭이고, 모든 실수 x에 대하여

$$f(x)=\frac{\pi}{2}\int_1^{x+1}f(t)dt$$

이다. $f(1)=1$일 때,

$$\pi^2\int_0^1 xf(x+1)dx$$

의 값은?

[4점]

① $2(\pi-2)$　　② $2\pi-3$　　③ $2(\pi-1)$　　④ $2\pi-1$　　⑤ 2π

02 유형 4

◉ 수능 2016학년도 B형 30번

실수 전체의 집합에서 연속인 함수 $f(x)$가 다음 조건을 만족시킨다.

> (가) $x\leq b$일 때, $f(x)=a(x-b)^2+c$이다. (단, a, b, c는 상수이다.)
> (나) 모든 실수 x에 대하여 $f(x)=\int_0^x \sqrt{4-2f(t)}\,dt$이다.

$\int_0^6 f(x)dx=\dfrac{q}{p}$일 때, $p+q$의 값을 구하시오. (단, p와 q는 서로소인 자연수이다.)

[4점]

02 정적분의 활용

01 곡선과 좌표축 사이의 넓이

(1) 함수 $f(x)$가 닫힌 구간 $[a, b]$에서 연속일 때, 곡선 $y=f(x)$와 x축 및 두 직선 $x=a$, $x=b$로 둘러싸인 도형의 넓이는

$$S=\int_a^b |f(x)|dx$$

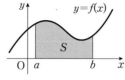

(2) 함수 $g(y)$가 닫힌 구간 $[c, d]$에서 연속일 때, 곡선 $x=g(y)$와 y축 및 두 직선 $y=c$, $y=d$로 둘러싸인 도형의 넓이 S는

$$S=\int_c^d |g(y)|dy$$

• $f(x)$의 값이 양수인 경우와 음수인 경우가 모두 있을 때에는 $f(x)$의 값이 양수인 구간과 음수인 구간으로 나누어 넓이를 구한다.

02 두 곡선 사이의 넓이

(1) 두 함수 $f(x)$, $g(x)$가 닫힌 구간 $[a, b]$에서 연속일 때, 두 곡선 $y=f(x)$와 $y=g(x)$ 및 두 직선 $x=a$, $x=b$로 둘러싸인 도형의 넓이 S는

$$S=\int_a^b |f(x)-g(x)|dx$$

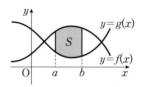

(2) 두 함수 $f(y)$, $g(y)$가 닫힌 구간 $[c, d]$에서 연속일 때, 두 곡선 $x=f(y)$와 $x=g(y)$ 및 두 직선 $y=c$, $y=d$로 둘러싸인 도형의 넓이 S는

$$S=\int_c^d |f(y)-g(y)|dy$$

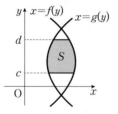

• 함수 $f(x)$와 그 역함수 $g(x)$에 대하여 두 곡선 $y=f(x)$, $y=g(x)$는 직선 $y=x$에 대하여 대칭임을 이용하여 넓이를 구한다.

03 입체도형의 부피

구간 $[a, b]$의 임의의 점 x에서 x축에 수직인 평면으로 자른 단면의 넓이가 $S(x)$인 입체도형의 부피 V는

$$V=\int_a^b S(x)dx$$

(단, $S(x)$는 구간 $[a, b]$에서 연속이다.)

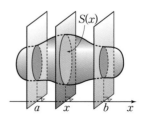

● 사관 2017학년도 가형 12번

유형 1 ★ 좌표축과 곡선 사이의 넓이

곡선 $y=\tan\dfrac{x}{2}$와 직선 $x=\dfrac{\pi}{2}$ 및 x축으로 둘러싸인 부분의 넓이는? [3점]

① $\dfrac{1}{4}\ln 2$ ② $\dfrac{1}{2}\ln 2$ ③ $\ln 2$ ④ $2\ln 2$ ⑤ $4\ln 2$

풀이
$$\int_{0}^{\frac{\pi}{2}}\tan\frac{x}{2}\,dx=\left[-2\ln\left(\cos\frac{x}{2}\right)dx\right]_{0}^{\frac{\pi}{2}}=-2\ln\left(\frac{\sqrt{2}}{2}\right)+2\ln 1$$
$$=-2\ln\left(2^{-\frac{1}{2}}\right)=\ln 2$$

답 ③

TIP

$0\le x\le\dfrac{\pi}{2}$에서 $y\ge0$이므로 0부터 $\dfrac{\pi}{2}$까지의 정적분의 값을 구한다.

유형 2 ★ 두 곡선 사이 · 곡선과 직선 사이의 넓이

함수 $f(x)=-xe^{2-x}$과 상수 a가 다음 조건을 만족시킨다.

> 곡선 $y=f(x)$ 위의 점 $(a, f(a))$에서의 접선의 방정식을 $y=g(x)$라 할 때, $x<a$이면 $f(x)>g(x)$이고, $x>a$이면 $f(x)<g(x)$이다.

곡선 $y=f(x)$와 접선 $y=g(x)$ 및 y축으로 둘러싸인 부분의 넓이는 $k-e^2$이다. k의 값을 구하시오. [4점]

풀이 $f(x)=-xe^{2-x}$에서 $f'(x)=e^{2-x}(x-1)$, $f''(x)=e^{2-x}(2-x)$

$f'(x)=0$에서 $x=1$

$f''(x)=0$에서 $x=2$

이때, 함수 $f(x)$의 증감표는 다음과 같다.

x	$\cdots$	1	$\cdots$	2	$\cdots$
$f'(x)$	$-$	0	$+$	$+$	$+$
$f''(x)$	$+$	$+$	$+$	0	$-$
$f(x)$	$\searrow$	극소	$\nearrow$	변곡	$\curvearrowright$

조건에서 점 $(a, f(a))$는 곡선의 변곡점이므로 $f''(a)=0$ $\therefore a=2$

$f'(2)=1$, $f(2)=-2$이므로 $x=2$에서의 접선의 방정식은 $y+2=1 \cdot (x-2)$ $\therefore y=x-4$

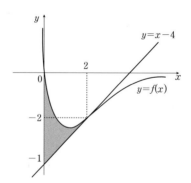

함수 $f(x)$의 그래프와 $y=x-4$의 그래프는 위 그림과 같으므로 색칠한 부분의 넓이 S는

$$S=\int_0^2 \{-xe^{2-x}-(x-4)\}dx=\left[xe^{2-x}+e^{2-x}-\frac{1}{2}x^2+4x\right]_0^2=(2+1-2+8)-e^2=9-e^2$$

$\therefore k=9$

답 9

TIP
먼저 주어진 조건을 만족하는 점 $(a, f(a))$의 특성을 찾아, a의 값을 구한다.

유형 3 ★ **입체의 부피**

그림과 같이 곡선 $y=\ln\dfrac{1}{x}\left(\dfrac{1}{e}\leq x\leq 1\right)$과 직선 $x=\dfrac{1}{e}$, 직선 $x=1$ 및 직선 $y=2$로 둘러싸인 도형을 밑면으로 하는 입체도형이 있다. 이 입체도형을 x축 위의 $x=t\left(\dfrac{1}{e}\leq t\leq 1\right)$인 점을 지나고 x축에 수직인 평면으로 자른 단면이 한 변의 길이가 t인 직사각형일 때, 이 입체도형의 부피는?　　　　　　　　　　　　[3점]

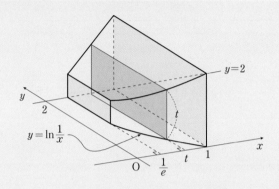

① $\dfrac{1}{2}-\dfrac{1}{3e^2}$　　② $\dfrac{1}{2}-\dfrac{1}{4e^2}$　　③ $\dfrac{3}{4}-\dfrac{1}{3e^2}$　　④ $\dfrac{3}{4}-\dfrac{1}{4e^2}$　　⑤ $\dfrac{3}{4}-\dfrac{1}{5e^2}$

풀이 주어진 단면인 직사각형의 다른 한 변의 길이는

$$2-\ln\frac{1}{t}=2+\ln t$$

따라서 구하는 입체도형의 부피는

$$\int_{\frac{1}{e}}^{1}t(2+\ln t)\,dt=\int_{\frac{1}{e}}^{1}2t\,dt+\int_{\frac{1}{e}}^{1}t\ln t\,dt$$

$$=\left[t^2\right]_{\frac{1}{e}}^{1}+\left[\frac{t^2}{2}\ln t\right]_{\frac{1}{e}}^{1}-\int_{\frac{1}{e}}^{1}\frac{t}{2}\,dt$$

$$=1-\frac{1}{e^2}+\frac{1}{2e^2}-\left[\frac{t^2}{4}\right]_{\frac{1}{e}}^{1}$$

$$=1-\frac{1}{e^2}+\frac{1}{2e^2}-\frac{1}{4}+\frac{1}{4e^2}$$

$$=\frac{3}{4}-\frac{1}{4e^2}$$

답 ④

TIP

$x=t$에서의 단면의 넓이를 $f(t)$라 하면 구하는 입체도형의 부피는 $\dfrac{1}{e}$에서 1까지의 $f(t)$의 정적분의 값과 같다.

01 유형1

사관 2014학년도 B형 21번

함수 $f(x)$가 다음 조건을 만족시킨다.

> (가) $0 \leq x < 1$일 때, $f(x) = e^x - 1$이다.
>
> (나) 모든 실수 x에 대하여 $f(x+1) = -f(x) + e - 1$이다.

$\displaystyle\int_0^3 f(x)\,dx$ 의 값은? [4점]

① $2e-3$ ② $2e-1$ ③ $2e+1$ ④ $2e+3$ ⑤ $2e+5$

02 유형1

사관 2013학년도 이과 19번

닫힌 구간 $\left[0, \dfrac{\pi}{2}\right]$에서 정의된 함수 $f(x) = \dfrac{\sin 2x}{1 + \sin x}$ 에 대하여 옳은 것만을 <보기>에서 있는 대로 고른 것은? [4점]

┌─ 보 기 ─┐

ㄱ. $f(x) \geq 0$

ㄴ. $f'(c) = 0$인 c가 열린 구간 $\left(0, \dfrac{\pi}{2}\right)$에 존재한다.

ㄷ. 함수 $f(x)$의 그래프와 x축으로 둘러싸인 부분의 넓이는 $2 - 2\ln 2$이다.

① ㄱ ② ㄴ ③ ㄱ, ㄴ ④ ㄱ, ㄷ ⑤ ㄱ, ㄴ, ㄷ

03 유형2

⊙ 사관 2014학년도 B형 10번

그림과 같이 곡선 $y=\sin\dfrac{\pi}{2}x\,(0\le x\le 2)$와 직선 $y=k\,(0<k<1)$가 있다. 곡선 $y=\sin\dfrac{\pi}{2}x$와 직선 $y=k$, y축으로 둘러싸인 부분의 넓이를 S_1, 곡선 $y=\sin\dfrac{\pi}{2}x$와 직선 $y=k$로 둘러싸인 부분의 넓이를 S_2라 하자. $S_2=2S_1$일 때, 상수 k의 값은? [3점]

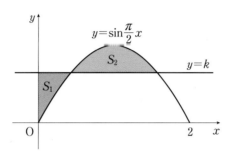

① $\dfrac{1}{2\pi}$ ② $\dfrac{1}{\pi}$ ③ $\dfrac{3}{2\pi}$ ④ $\dfrac{2}{\pi}$ ⑤ $\dfrac{5}{2\pi}$

04 유형2

⊙ 사관 2014학년도 B형 18번

$0\le x\le\pi$에서 정의된 함수 $f(x)=\dfrac{\cos x}{\sin x+2}$에 대하여 곡선 $y=f(x)$와 x축, y축으로 둘러싸인 부분의 넓이를 S_1, 곡선 $y=f(x)$와 x축 및 직선 $x=\pi$로 둘러싸인 부분의 넓이를 S_2라 하자. S_1+S_2의 값은? [4점]

① $\ln\dfrac{3}{2}$ ② $\ln\dfrac{4}{3}$ ③ $2\ln\dfrac{3}{2}$ ④ $2\ln\dfrac{4}{3}$ ⑤ $4\ln\dfrac{3}{2}$

01 유형 2

수능 2012학년도 가형 16번

그림에서 두 곡선 $y=e^x$, $y=xe^x$과 y축으로 둘러싸인 부분 A의 넓이를 a, 두 곡선 $y=e^x$, $y=xe^x$과 직선 $x=2$로 둘러싸인 부분 B의 넓이를 b라 할 때, $b-a$의 값은?

[4점]

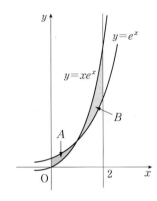

① $\dfrac{3}{2}$　　　　② $e-1$　　　　③ 2　　　　④ $\dfrac{5}{2}$　　　　⑤ e

02 유형 3

수능 2017학년도 가형 11번

그림과 같이 곡선 $y=\sqrt{x}+1$과 x축, y축 및 직선 $x=1$로 둘러싸인 도형을 밑면으로 하는 입체도형이 있다. 이 입체도형을 x축에 수직인 평면으로 자른 단면이 모두 정사각형일 때, 이 입체도형의 부피는? [3점]

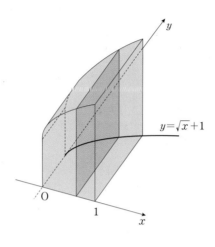

① $\dfrac{7}{3}$　　② $\dfrac{5}{2}$　　③ $\dfrac{8}{3}$　　④ $\dfrac{17}{6}$　　⑤ 3

기하와 벡터

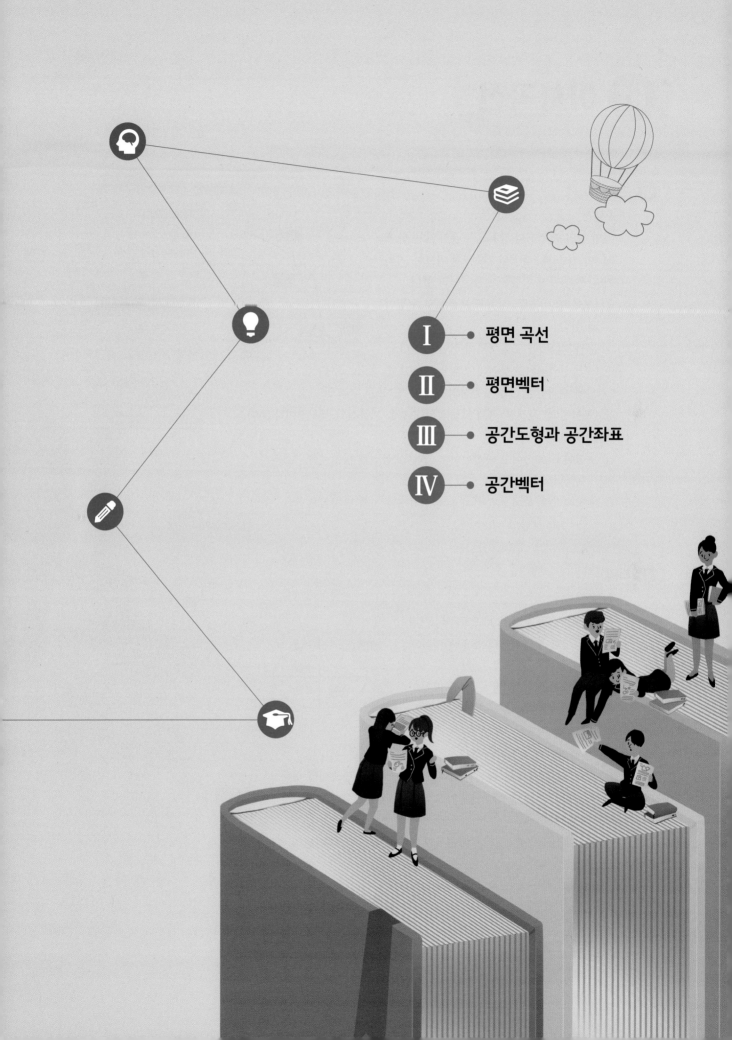

01 이차곡선

01 포물선

(1) 포물선

평면 위의 한 점 F와 점 F를 지나지 않는 한 직
선 l이 있을 때, 점 F와 직선 l에 이르는 거리
가 같은 점들의 집합을 포물선이라 한다.

① (포물선의) 초점: 점 F를 포물선의 초점이
   라 한다.

② 준선: 직선 l을 포물선의 준선이라 한다.

③ (포물선의) 축: 포물선의 초점을 지나고 준
   선에 수직인 직선을 포물선의 축이라 한다.

④ (포물선의) 꼭짓점: 축과 포물선의 교점을 포물선의 꼭짓점이라 한다.

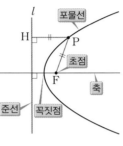

(2) 포물선의 방정식

① 초점이 F$(p, 0)$이고 준선이 $x=-p$인 포물선의 방정식은

   $y^2=4px$ (단, $p\neq0$)

② 초점이 F$(0, p)$이고 준선이 $y=-p$인 포물선의 방정식은

   $x^2=4py$ (단, $p\neq0$)

- 포물선의 그래프

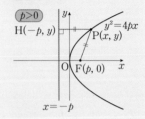

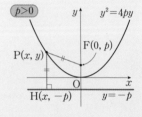

02 타원

(1) 타원

평면 위에서 두 정점 F, F′으로부터 거리의
합이 일정한 점들의 집합을 타원이라고
한다.

① (타원의) 초점: 두 점 F, F′을 타원의
   초점이라 한다.

② (타원의) 꼭짓점: 네 점 A, A′, B, B′
   을 타원의 꼭짓점이라 한다.

③ 장축, 단축: $\overline{AA'}$을 타원의 장축, $\overline{BB'}$을 타원의 단축이라 한다.

④ (타원의) 중심: 장축과 단축의 교점을 타원의 중심이라 한다.

(2) 타원의 방정식

① 두 초점 F$(c, 0)$, F′$(-c, 0)$에서의 거리의 합이 $2a$인 타원의 방정식은

   $\dfrac{x^2}{a^2}+\dfrac{y^2}{b^2}=1$ (단, $a>c>0$, $b^2=a^2-c^2$)

② 두 초점 F$(0, c)$, F′$(0, -c)$에서의 거리의 합이 $2b$인 타원의 방정식은

   $\dfrac{x^2}{a^2}+\dfrac{y^2}{b^2}=1$ (단, $b>c>0$, $a^2=b^2-c^2$)

- 타원의 그래프

① $a>c>0$, $b^2=a^2-c^2$일 때

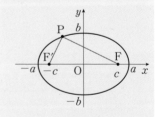

② $b>c>0$, $a^2=b^2-c^2$일 때

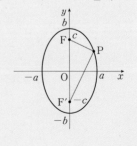

03 쌍곡선

(1) 쌍곡선

평면 위에서 서로 다른 두 점 F, F′에서의 거리의 차가 일정한 점들의 집합을 쌍곡선이라고 한다.

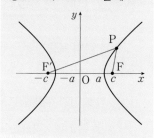

① (쌍곡선의) 초점: 두 점 F, F′을 쌍곡선의 초점이라 한다.

② (쌍곡선의) 꼭짓점: 두 점 A, A′을 쌍곡선의 꼭짓점이라 한다.

③ 주축: $\overline{AA'}$을 쌍곡선의 주축이라 한다.

④ (쌍곡선의) 중심: 주축의 중점을 쌍곡선의 중심이라 한다.

(2) 쌍곡선의 방정식

① 두 초점 F(c, 0), F′(−c, 0)에서의 거리의 차가 2a인 쌍곡선의 방정식은

$$\frac{x^2}{a^2} - \frac{y^2}{b^2} = 1 \ (단, \ c>a>0, \ b^2=a^2-c^2)$$

② 두 초점 F(0, c), F′(0, −c)에서의 거리의 차가 2b인 쌍곡선의 방정식은

$$\frac{x^2}{a^2} - \frac{y^2}{b^2} = -1 \ (단, \ c>b>0, \ a^2=c^2-b^2)$$

(3) 쌍곡선의 점근선

쌍곡선 $\frac{x^2}{a^2} - \frac{y^2}{b^2} = \pm 1$의 점근선의 방정식은 $y = \pm \frac{b}{a} x$

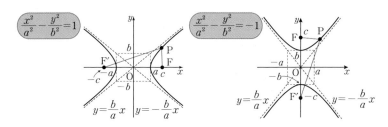

• 쌍곡선의 그래프

① $c>a>0, \ b^2=c^2-a^2$일 때

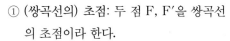

② $c>b>0, \ a^2=c^2-b^2$일 때

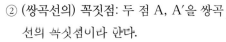

04 이차곡선을 나타내는 식의 일반형

x, y에 대한 이차방정식, 즉

$$Ax^2+By^2+Cx+Dy+E=0$$

의 그래프는 특수한 경우를 제외하면 원, 포물선, 타원, 쌍곡선 중에서 하나로 나타난다. 이들을 통틀어 이차곡선이라 한다.

이차곡선	원	포물선	타원	쌍곡선
조건	$A=B\neq0$ $C^2+D^2-4AE>0$	$A=0, \ BC\neq0$ 또는 $B=0, \ AD\neq0$	$AB>0,$ $A\neq B$	$AB<0$

● 사관 2017학년도 가형 10번

유형 1 ★ 포물선

그림과 같이 포물선 $y^2=4x$ 위의 한 점 P를 중심으로 하고 준선과 점 A에서 접하는 원이 x축과 만나는 두 점을 각각 B, C라 하자. 부채꼴 PBC의 넓이가 부채꼴 PAB의 넓이의 2배일 때, 원의 반지름의 길이는? (단, 점 P의 x좌표는 1보다 크고, 점 C의 x좌표는 점 B의 x좌표보다 크다.)

[3점]

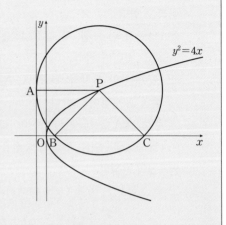

① $2+2\sqrt{3}$ 　　② $3+2\sqrt{2}$ 　　③ $3+2\sqrt{3}$

④ $4+2\sqrt{2}$ 　　⑤ $4+2\sqrt{3}$

풀이 포물선의 정의에 따라 점 P에서 초점에 이르는 거리와 준선에 이르는 거리가 같아야 한다. 따라서 점 B와 C 중 한 점은 이 포물선의 초점이 되어야 하고 그 좌표는 $(1, 0)$이 된다. 이 때 점 P의 x좌표가 1보다 크기 때문에 점 B가 초점이 된다.

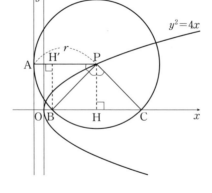

점 P에서 x축에 수선의 발 H를 내리면 선분 PH는 각 BPC를 이등분하고 이등분한 각도는 부채꼴 PBC의 넓이가 부채꼴 PAB 넓이의 2배라는 점에서 각 APB와 같다. 또 선분 AP는 x축에 평행하기 때문에 각 APH는 직각이고 각 APB는 45°이다.

정리하면 $\angle BPH = \angle CPH = \angle APH = 45°$

반지름의 길이는 선분 AP, BP의 길이와 같다. 그 값을 r이라 하자. 점 B에서 선분 AP로 수선의 발 H′을 내리면 선분 AH′의 길이는 초점과 준선 사이의 거리이므로 2가 되고 선분 H′P의 길이는 $r\cos 45° = \dfrac{r}{\sqrt{2}}$이다.

$\overline{AP} = \overline{H'P} + \overline{AH'}$이므로

$r = 2 + \dfrac{r}{\sqrt{2}}$

$(\sqrt{2}-1)r = 2\sqrt{2}$

$r = \dfrac{2\sqrt{2}}{\sqrt{2}-1} = 2\sqrt{2}(\sqrt{2}+1) = 4+2\sqrt{2}$

답 ④

TIP

준선은 y축에 평행하므로 선분 PA는 x축에 평행하고, 현의 성질에 의하여 현 BC는 점 P에서 내려온 수선의 발에 항상 이등분됨을 이용하여 $\angle APB$의 크기를 구한다.

유형 2 ★ 타원

좌표평면에서 타원 $\dfrac{x^2}{25}+\dfrac{y^2}{9}=1$의 두 초점을 $F(c,\ 0)$, $F'(-c,\ 0)\ (c>0)$이라 하자. 이 타원 위의 제1사분면에 있는 점 P에 대하여 점 F'을 중심으로 하고 점 P를 지나는 원과 직선 PF'이 만나는 점 중 P가 아닌 점을 Q라 하고, 점 F를 중심으로 하고 점 P를 지나는 원과 직선 PF가 만나는 점 중 P가 아닌 점을 R라 할 때, 삼각형 PQR의 둘레의 길이를 구하시오.

[3점]

풀이

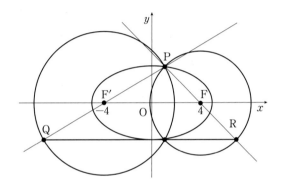

TIP

원의 반지름의 성질과 선분 FF'와 QR의 관계를 찾아 기하학적으로 삼각형 PQR의 둘레의 길이를 찾는다.

위 그림에서 $F(4,\ 0)$, $F'(-4,\ 0)$이고,

$\overline{PF}+\overline{PF'}=10$

한편, $\overline{PF'}$, $\overline{F'Q}$는 각각 위 그래프에서 점 F를 중심으로 하는 원의 반지름이므로

$\overline{PF'}=\overline{F'Q}$

또, $\overline{PF}$, $\overline{FR}$은 각각 점 F를 중심으로 하는 원의 반지름이므로

$\overline{PF}=\overline{FR}$

한편, 삼각형의 중점연결정리에 의하여

$\overline{QR}=2\overline{FF'}$

따라서 삼각형 PQR의 둘레의 길이는

$\overline{PQ}+\overline{QR}+\overline{RP}=\overline{PF'}+\overline{F'Q}+2\overline{FF'}+\overline{RF}+\overline{FP}$

$\qquad=\overline{PF'}+\overline{PF'}+2\overline{FF'}+\overline{FP}+\overline{FP}$

$\qquad=2(\overline{PF}+\overline{PF'})+2\overline{FF'}$

$\qquad=2\times10+2\times8=36$

답 36

◐ 사관 2017학년도 가형 24번

유형 3 ★ 쌍곡선

두 초점 F, F′을 공유하는 타원 $\dfrac{x^2}{a}+\dfrac{y^2}{16}=1$과 쌍곡선 $\dfrac{x^2}{4}-\dfrac{y^2}{5}=1$이 있다. 타원과 쌍곡선이 만나는 점 중 하나를 P라 할 때, $|\overline{PF}^2-\overline{PF'}^2|$의 값을 구하시오. (단, a는 양수이다.)　　　[3점]

풀이 두 곡선이 초점을 공유하기 때문에 $a-16=4+5$

$\therefore a=25$

$|\overline{PF}^2-\overline{PF'}^2|=|\overline{PF}+\overline{PF'}|\times|\overline{PF}-\overline{PF'}|$

$|\overline{PF}+\overline{PF'}|$은 타원의 정의에 의해서 $2\times\sqrt{25}=10$

$|\overline{PF}-\overline{PF'}|$는 쌍곡선의 정의에 의해 $2\times\sqrt{4}=4$

$\therefore |\overline{PF}^2-\overline{PF'}^2|=|\overline{PF}+\overline{PF'}|\times|\overline{PF}-\overline{PF'}|=10\times4=40$

답 40

TIP
쌍곡선의 초점의 좌표를 이용하여 타원을 나타내는 식의 a값을 먼저 구한다.

01 유형 1

◎ 사관 2015학년도 B형 9번

포물선 $y^2=8x$의 초점 F를 지나는 직선 l이 포물선과 만나는 두 점을 각각 A, B라 하자. $\overline{AB}=14$를 만족시키는 직선 l의 기울기를 m이라 할 때, 양수 m의 값은? [3점]

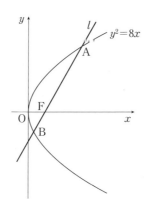

① $\dfrac{\sqrt{6}}{3}$　　② $\dfrac{2\sqrt{2}}{3}$　　③ 1　　④ $\dfrac{2\sqrt{3}}{3}$　　⑤ $\sqrt{2}$

02 유형 1

◎ 사관 2014학년도 B형 29번

그림과 같이 좌표평면에서 세 점 $(4, 0)$, $(-4, 0)$, $(0, 2)$를 지나는 포물선이 있다. $-4 < x < 4$인 범위에서 포물선 위를 움직이는 점을 P라 할 때, 점 P를 중심으로 하고 x축에 접하는 원을 그린 다음, 반직선 OP와 이 원의 교점 중에서 원점 O로부터 더 멀리 있는 점을 Q라 하자. 점 Q가 그리는 도형과 x축 및 직선 $x=-4$, $x=4$로 둘러싸인 부분을 x축의 둘레로 회전시켜 생기는 회전체의 부피는 $\dfrac{q}{p}\pi$이다. $p+q$의 값을 구하시오. (단, p, q는 서로소인 자연수이다.)

[4점]

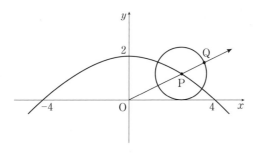

03 유형1

⊙사관 2013학년도 이과 11번

포물선 $y^2=8x$의 초점 F를 지나는 직선이 포물선과 만나는 두 점을 A, B라 하자. $\overline{AF}:\overline{BF}=3:1$일 때, 선분 AB의 길이는?

[3점]

① $\dfrac{26}{3}$ ② $\dfrac{28}{3}$ ③ 10   ④ $\dfrac{32}{3}$ ⑤ $\dfrac{34}{3}$

04 유형1

⊙사관 2011학년도 이과 9번

좌표평면에서 포물선 $y^2=4px\,(p>0)$의 초점을 F, 준선을 l이라 하자. 점 F를 지나고 x축에 수직인 직선과 포물선이 만나는 점 중 제1사분면에 있는 점을 P라 하자. 또, 제1사분면에 있는 포물선 위의 점 Q에 대하여 두 직선 QP, QF가 준선 l과 만나는 점을 각각 R, S라 하자. $\overline{PF}:\overline{QF}=2:5$일 때, $\dfrac{\overline{QF}}{\overline{FS}}$의 값은?

[3점]

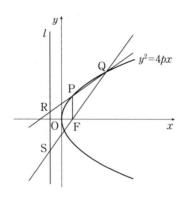

① $\dfrac{5}{3}$ ② $\dfrac{3}{2}$ ③ $\dfrac{4}{3}$ ④ $\dfrac{5}{4}$ ⑤ $\dfrac{6}{5}$

05 유형 2

◎ 사관 2016학년도 B형 24번

타원 $2x^2+y^2=16$의 두 초점을 F, F′이라 하자. 이 타원 위의 점 P에 대하여 $\dfrac{\overline{PF'}}{\overline{PF}}=3$일 때, $\overline{PF}\times\overline{PF'}$의 값을 구하시오.

[3점]

06 유형 2

◎ 사관 2015학년도 B형 12번

좌표평면에서 두 점 A(-3, 0), B(3, 0)을 초점으로 하고 장축의 길이가 8인 타원이 있다. 초점이 B이고 원점을 꼭짓점으로 하는 포물선이 타원과 만나는 한 점을 P라 할 때, 선분 PB의 길이는?

[3점]

① $\dfrac{22}{7}$ ② $\dfrac{23}{7}$ ③ $\dfrac{24}{7}$ ④ $\dfrac{25}{7}$ ⑤ $\dfrac{26}{7}$

07 유형 2

◎ 사관 2014학년도 B형 25번

그림과 같이 타원 $\dfrac{x^2}{25}+\dfrac{y^2}{16}=1$의 두 초점을 각각 F, F′이라 하자. 타원 위의 한 점 P와 x축 위의 한 점 Q에 대하여 $\overline{\mathrm{PF}}:\overline{\mathrm{PF′}}=\overline{\mathrm{QF}}:\overline{\mathrm{QF′}}=2:3$일 때, $\overline{\mathrm{PQ}}^2$의 값을 구하시오. (단, 점 Q는 타원 외부의 점이다.) [3점]

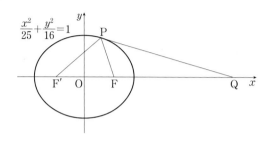

08 유형 2

◎ 사관 2012학년도 이과 19번

좌표평면 위를 움직이는 두 점 $\mathrm{A}\,(2+\sin\theta,\ 2\sqrt{3}+\sqrt{3}\sin\theta)$, $\mathrm{B}\,(\cos\theta,\ -\sqrt{3}\cos\theta)$와 점 $\mathrm{C}\,(1,\ 0)$에 대하여 선분 AB의 중점을 M이라 하고, $\overline{\mathrm{CM}}$이 최대일 때 점 M을 D, $\overline{\mathrm{CM}}$이 최소일 때 점 M을 E라 하자. <보기>에서 옳은 것만을 있는 대로 고른 것은? (단, $0\le\theta<2\pi$) [4점]

┌─ 보 기 ─┐

ㄱ. 점 M이 그리는 도형은 타원이다.

ㄴ. $\overline{\mathrm{CD}}+\overline{\mathrm{CE}}=2\sqrt{3}$

ㄷ. $\angle\mathrm{DOE}=\alpha$라 하면 $\tan\alpha=\dfrac{2}{5}\sqrt{6}$ 이다. (단, O는 원점이다.)

① ㄱ   ② ㄴ   ③ ㄱ, ㄴ   ④ ㄴ, ㄷ   ⑤ ㄱ, ㄴ, ㄷ

09 유형 3

◎ 사관 2013학년도 이과 12번

그림과 같이 쌍곡선 $\dfrac{x^2}{a^2} - \dfrac{y^2}{b^2} = 1$의 한 초점 $F(c, 0)$을 지나고 y축에

평행한 직선이 이 쌍곡선과 만나는 점을 각각 A, B라 하자.

$\overline{AB} = \sqrt{2}\,c$일 때, a와 b 사이의 관계식은? (단, $a > 0$, $b > 0$, $c > 0$)

[3점]

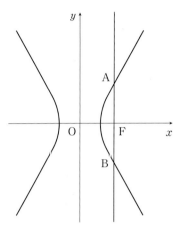

① $a = b$ ② $a = \sqrt{2}\,b$ ③ $2a = 3b$

④ $a = \sqrt{3}\,b$ ⑤ $a = 2b$

10 유형 3

◎ 사관 2010학년도 이과 6번

좌표평면에서 그림과 같이 직선 $x = 2$ 위를 움직이는 점 A에 대하여 선

분 OA가 원 $x^2 + y^2 = 1$과 만나는 점을 B라 하자. 평면 위의 점 P가 다음

조건을 모두 만족시키며 움직이면 점 P가 나타내는 도형은 어떤 쌍곡선

의 일부가 된다.

┌─── 보 기 ───┐

(가) $\overline{AP} = 2\overline{AB}$

(나) 직선 AP는 직선 $x = 2$와 수직이다.

(다) 점 P의 x좌표는 2보다 크다.

└─────────┘

이때, 이 쌍곡선의 점근선 중 기울기가 양수인 점근선의 방정식은? (단, O는 원점이다.)   [3점]

① $y = \dfrac{1}{3}x$ ② $y = \dfrac{\sqrt{2}}{3}x$ ③ $y = \dfrac{\sqrt{3}}{3}x$ ④ $y = \dfrac{1}{2}x$ ⑤ $y = \dfrac{\sqrt{2}}{2}x$

01 유형 2

◎ 평가원 2009학년도 9월 가형 8번

좌표평면에서 원 $x^2+y^2=36$ 위를 움직이는 점 $P(a, b)$와 점 $A(4, 0)$에 대하여 다음 조건을 만족시키는 점 Q 전체의 집합을 X라 하자. (단, $b \neq 0$)

> (가) 점 Q는 선분 OP 위에 있다.
>
> (나) 점 Q를 지나고 직선 AP에 평행한 직선이 $\angle$OQA를 이등분한다.

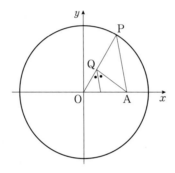

집합의 포함관계로 옳은 것은?

[4점]

① $X \subset \left\{ (x, y) \Big| \dfrac{(x-1)^2}{9} - \dfrac{(y-1)^2}{5} = 1 \right\}$

② $X \subset \left\{ (x, y) \Big| \dfrac{(x-2)^2}{9} + \dfrac{(y-1)^2}{5} = 1 \right\}$

③ $X \subset \left\{ (x, y) \Big| \dfrac{(x-1)^2}{9} - \dfrac{y^2}{5} = 1 \right\}$

④ $X \subset \left\{ (x, y) \Big| \dfrac{(x-1)^2}{9} + \dfrac{y^2}{5} = 1 \right\}$

⑤ $X \subset \left\{ (x, y) \Big| \dfrac{(x-2)^2}{9} + \dfrac{y^2}{5} = 1 \right\}$

02 유형 3

평가원 2009학년도 9월 가형 20번

쌍곡선 $x^2 - y^2 = 32$ 위의 점 $P(-6, 2)$에서의 접선 l에 대하여 원점 O에서 l에 내린 수선의 발을 H, 직선 OH와 이 쌍곡선이 제1사분면에서 만나는 점을 Q라 하자. 두 선분 OH와 OQ의 길이의 곱 $\overline{OH} \cdot \overline{OQ}$를 구하시오. [3점]

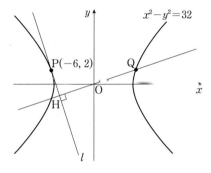

02 평면 곡선의 접선

01 음함수의 미분법

x의 함수 y가 음함수 $f(x, y)=0$의 꼴로 주어져 있을 때에는 $f(x, y)=0$의 양변을 x에 대하여 미분하여 $\dfrac{dy}{dx}$를 구한다.

02 음함수로 나타낸 평면 곡선의 접선의 방정식

평면 곡선 $f(x, y)=0$ 위의 점 $P(x_1, y_1)$에서의 접선의 방정식은 다음과 같이 구한다.

(1) 음함수의 미분법을 이용하여 $\dfrac{dy}{dx}$를 구한다.

(2) (1)에서 구한 $\dfrac{dy}{dx}$에 $x=x_1$, $y=y_1$을 대입하여 접선의 기울기 m을 구한다.

(3) 평면 곡선 $f(x, y)=0$ 위의 점 $P(x_1, y_1)$에서의 접선의 방정식은
$$y-y_1=m(x-x_1)$$

03 평면 곡선의 접선의 방정식

(1) 포물선 $y^2=4px$ 위의 $P(x_1, y_1)$에서의 접선의 방정식은
$$y_1y=2p(x+x_1)$$

(2) 타원 $\dfrac{x^2}{a^2}+\dfrac{y^2}{b^2}=1$ 위의 점 $P(x_1, y_1)$에서의 접선의 방정식은
$$\dfrac{x_1x}{a^2}+\dfrac{y_1y}{b^2}=1$$

(3) 쌍곡선 $\dfrac{x^2}{a^2}-\dfrac{y^2}{b^2}=1$ 위의 점 $P(x_1, y_1)$에서의 접선의 방정식은
$$\dfrac{x_1x}{a^2}-\dfrac{y_1y}{b^2}=1$$

- 포물선 $x^2=4py$ 위의 점 $P(x_1, y_1)$에서의 접선의 방정식은
$$x_1x=2p(y+y_1)$$

- 쌍곡선 $\dfrac{x^2}{a^2}-\dfrac{y^2}{b^2}=-1$ 위의 점 $P(x_1, y_1)$에서의 접선의 방정식은
$$\dfrac{x_1x}{a^2}-\dfrac{y_1y}{b^2}=-1$$

04 매개변수로 나타낸 함수의 미분법

$x=f(t)$, $y=g(t)$가 t에 대하여 미분가능하고 $f'(t)\neq 0$이면

$$\dfrac{dy}{dx}=\dfrac{\dfrac{dy}{dt}}{\dfrac{dx}{dt}}=\dfrac{g't}{f'(t)}$$

05 매개변수로 나타낸 곡선 위의 한 점에서의 접선의 방정식

매개변수로 나타낸 함수 $\begin{cases} x=f(t) \\ y=g(t) \end{cases}$의 그래프 위의 한 점 $P(f(t_1), g(t_1))$에서의 접선의 방정식은

$$y-g(t_1)=\dfrac{g'(t_1)}{f'(t_1)}(x-f(t_1))$$

◉ 사관 2013학년도 이과 3번

유형 1 ★   음함수의 미분법을 이용한 접선의 기울기

곡선 $x^2+xy+y^2=7$ 위의 점 $(2, 1)$에서의 접선의 기울기는?　　　[2점]

① $-\dfrac{3}{2}$　　　② $-\dfrac{5}{4}$　　　③ -1　　　④ $-\dfrac{3}{4}$　　　⑤ $-\dfrac{1}{2}$

풀이 $x^2+xy+y^2=7$을 x에 대하여 미분하면

$2x+y+x\dfrac{dy}{dx}+2y\dfrac{dy}{dx}=0$

$\therefore \dfrac{dy}{dx}=-\dfrac{2x+y}{x+2y}$

위의 식에 $x=2$, $y=1$을 대입하면

$\dfrac{dy}{dx}=-\dfrac{4+1}{2+2}=-\dfrac{5}{4}$

답 ②

TIP
음함수의 미분법에서 x에 대하여
미분하면 y는 상수와 같이 본다.

유형 2 ★ 타원의 접선의 방정식

좌표평면에서 타원 $\dfrac{x^2}{25}+\dfrac{y^2}{16}=1$ 위의 점 $\mathrm{P}\left(3, \dfrac{16}{5}\right)$에서의 접선을 l이라 하자. 타원의 두 초점 F, F'과 직선 l 사이의 거리를 각각 d, d'이라 할 때, dd'의 값을 구하시오. [3점]

풀이 접선 l의 방정식은 $\dfrac{3x}{25}+\dfrac{16}{5}\cdot\dfrac{y}{16}=1$

$\therefore l : 3x+5y-25=0$

$\mathrm{F}(3,\ 0)$, $\mathrm{F}'(-3,\ 0)$이므로

$d=\dfrac{|9-25|}{\sqrt{9+25}}=\dfrac{16}{\sqrt{34}}$

$d'=\dfrac{|-9-25|}{\sqrt{9+25}}=\sqrt{34}$

$\therefore dd'=\dfrac{16}{\sqrt{34}}\times\sqrt{34}=16$

답 16

TIP

타원 $\dfrac{x^2}{a^2}+\dfrac{y^2}{b^2}=1$ 위에 존재하는 점 (x_1, y_1)을 지나는 접선의 방정식은

$$\dfrac{x_1 x}{a^2}+\dfrac{y_1 y}{b^2}=1$$

유형 3 ★ 쌍곡선의 접선의 방정식

그림과 같이 쌍곡선 $4x^2 - y^2 = 4$ 위의 점 $P(\sqrt{2},\ 2)$에서의 접선을 l이라 하고, 이 쌍곡선의 두 점근선 중 기울기가 양수인 것을 m, 기울기가 음수인 것을 n이라 하자. l과 m의 교점을 Q, l과 n의 교점을 R라 할 때, $\overline{QR} = k\overline{PQ}$를 만족시키는 k의 값은?

[3점]

① $\sqrt{2}$ ② $\dfrac{3}{2}$ ③ 2

④ $\dfrac{7}{3}$ ⑤ $1 + \sqrt{2}$

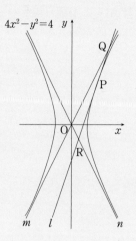

풀이

$4x^2 - y^2 = 4$이므로 $x^2 - \dfrac{y^2}{4} = 1$

점 $P(\sqrt{2},\ 2)$에서의 접선의 방정식 l은

$\sqrt{2}\,x - \dfrac{y}{2} = 1$

주어진 쌍곡선의 두 점근선 m, n의 방정식은

$m : y = 2x,\ n : y = -2x$

두 점근선과 직선 l의 교점 Q, R은 각각

$Q(\sqrt{2} + 1,\ 2(\sqrt{2} + 1)),\ R(\sqrt{2} - 1,\ -2(\sqrt{2} - 1))$

이때, 점 P는 두 점 Q, R의 중점이므로 $\overline{QR} = 2\overline{PQ}$

$\therefore k = 2$

답 ③

TIP

쌍곡선 $\dfrac{x^2}{a^2} - \dfrac{y^2}{b^2} = 1$ 위에 존재하는 점 $(x_1,\ y_1)$을 지나는 접선의 방정식은

$\dfrac{x_1 x}{a^2} - \dfrac{y_1 y}{b^2} = 1$

유형 4 ★ 곡선 밖의 점에서의 접선의 방정식

점 A$(-2, 4)$에서 포물선 $y^2=4x$에 그은 두 접선의 기울기의 곱은? [2점]

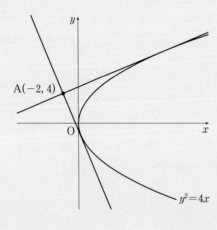

① $-\dfrac{1}{4}$ ② $-\dfrac{3}{8}$ ③ $-\dfrac{1}{2}$ ④ $-\dfrac{5}{8}$ ⑤ $-\dfrac{3}{4}$

풀이 $y^2=4x=4px$에서 $p=1$이므로 초점 F의 좌표는 $(1, 0)$

따라서 포물선 $y^2=4x$에 접하고 기울기가 m인 직선의 방정식은 $y=mx+\dfrac{1}{m}$

이 직선이 $(-2, 4)$를 지나므로 대입하면

$4=-2m+\dfrac{1}{m}$

정리하면

$2m^2+4m-1=0$

근과 계수의 관계에 의하여 두 접선의 기울기의 곱은 $-\dfrac{1}{2}$ **답** ③

TIP

포물선 $y^2=4px$에서 기울기가 m인 접선의 방정식은 $y=mx+\dfrac{p}{m}$이 므로 점 A의 좌표를 대입하여 m의 값을 찾는다.

유형 5 ★ 매개변수로 나타낸 함수의 접선의 방정식

매개변수 $t(t>0)$으로 나타내어진 함수

$$x=t^3, \quad y=2t-\sqrt{2t}$$

의 그래프 위의 점 $(8, a)$에서의 접선의 기울기는 b이다. $100ab$의 값을 구하시오. [3점]

풀이 $t^3=8$이므로 $t=2$, $y=2$이므로 $a=2$

$\dfrac{dx}{dt}=3t^2$, $\dfrac{dy}{dt}=2-\dfrac{1}{\sqrt{2t}}$이므로 $\dfrac{dy}{dx}\Big|_{t=2}=\dfrac{\dfrac{3}{2}}{12}=\dfrac{1}{8}$

$\therefore 100ab=25$

답 25

TIP

$\dfrac{dy}{dx}=\dfrac{\dfrac{dy}{dt}}{\dfrac{dx}{dt}}$ 이므로 x, y를 매개변수 t에 대하여 미분한 후 계산한다.

01 유형 3

사관 2016학년도 B형 5번

쌍곡선 $7x^2-ay^2=20$ 위의 점 $(2, b)$에서의 접선이 점 $(0, -5)$를 지날 때, $a+b$의 값은? (단, a, b는 상수이다.) [3점]

① 4   ② 5   ③ 6   ④ 7   ⑤ 8

02 유형 5

사관 2016학년도 B형 11번

좌표평면에서 매개변수 θ로 나타내어진 곡선 $x=2\cos\theta+\cos 2\theta$, $y=2\sin\theta+\sin 2\theta$에 대하여 $\theta=\dfrac{\pi}{6}$에 대응하는 이 곡선 위의 점에서의 접선의 기울기는? [3점]

① -2 ② $-\sqrt{3}$ ③ -1 ④ $-\dfrac{\sqrt{3}}{2}$ ⑤ $-\dfrac{1}{2}$

03 유형5

사관 2015학년도 B형 21번

좌표평면에 중심이 $(0, 2)$이고 반지름의 길이가 1인 원 C가 있고, 이 원 위의 점 P가 점 $(0, 3)$의 위치에 있다. 원 C는 직선 $y=3$에 접하면서 x축의 양의 방향으로 미끄러지지 않고 굴러간다. 그림은 원 C가 굴러간 거리가 t일 때, 점 P의 위치를 나타낸 것이다.

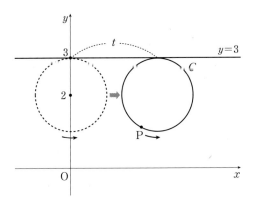

점 P가 나타내는 곡선을 F라 하자. $t=\dfrac{2}{3}\pi$일 때 곡선 F 위의 점에서의 접선의 기울기는? [4점]

① $-\sqrt{3}$ ② $-\sqrt{2}$ ③ $-\dfrac{\sqrt{3}}{2}$ ④ $-\dfrac{\sqrt{2}}{2}$ ⑤ $-\dfrac{\sqrt{3}}{3}$

01 유형 1

◎ 수능 2018학년도 가형 24번

곡선 $2x+x^2y-y^3=2$ 위의 점 $(1, 1)$에서의 접선의 기울기를 구하시오. [3점]

02 유형 2

◎ 평가원 2012학년도 6월 가형 28번

점 $(0, 2)$에서 타원 $\dfrac{x^2}{8}+\dfrac{y^2}{2}=1$에 그은 두 접선의 접점을 각각 P, Q라 하고, 타원의 두 초점 중 하나를 F라 할 때, 삼각형 PFQ의 둘레의 길이는 $a\sqrt{2}+b$이다. a^2+b^2의 값을 구하시오. (단, a, b는 유리수이다.) [4점]

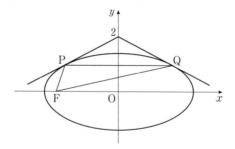

03 유형 3

◉ 교육청 2013년 10월 16번

그림과 같이 한 초점이 F이고 점근선의 방정식이 $y=2x$, $y=-2x$인 쌍곡선이 있다. 제1사분면에 있는 쌍곡선 위의 점 P에 대하여 선분 PF의 중점을 M이라 하자. $\overline{OM}=6$, $\overline{MF}=3$일 때, 선분 OF의 길이는? (단, O는 원점이다.)

[4점]

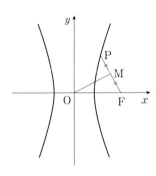

① $2\sqrt{10}$　　　② $3\sqrt{5}$　　　③ $5\sqrt{2}$　　　④ $\sqrt{55}$　　　⑤ $2\sqrt{15}$

04 유형 4

◉ 수능 2017학년도 가형 19번

두 양수 k, p에 대하여 점 $A(-k, 0)$에서 포물선 $y^2=4px$에 그은 두 접선이 y축과 만나는 두 점을 각각 F, F′, 포물선과 만나는 두 점을 각각 P, Q라 할 때, $\angle PAQ=\dfrac{\pi}{3}$이다. 두 점 F, F′을 초점으로 하고 두 점 P, Q를 지나는 타원의 장축의 길이가 $4\sqrt{3}+12$일 때, $k+p$의 값은?

[4점]

① 8　　　② 10　　　③ 12　　　④ 14　　　⑤ 16

01 평면벡터

01 벡터

(1) **벡터 AB**: 점 A에서 점 B로 향하는 방향이 주어진 선분 AB를 벡터 AB라 하고, 기호로 $\overrightarrow{AB}$로 나타낸다. 이때, 점 A를 $\overrightarrow{AB}$의 시점, 점 B를 $\overrightarrow{AB}$의 종점이라 한다.

(2) **벡터 $\overrightarrow{AB}$의 크기**: 선분 AB의 길이를 벡터 $\overrightarrow{AB}$의 크기라 하고, 기호로 $|\overrightarrow{AB}|$로 나타낸다.

(3) **단위벡터**: 크기가 1인 벡터를 단위벡터라 한다.

(4) **영벡터**: 시점과 종점이 일치하는 벡터를 영벡터라 하고, 기호로 $\vec{0}$으로 나타낸다.

(5) **서로 같은 벡터**: 두 벡터 $\vec{a}$, $\vec{b}$의 크기와 방향이 각각 같을 때, 두 벡터는 서로 같다고 하고, 기호로 $\vec{a}=\vec{b}$로 나타낸다.

(6) **크기가 같고 방향이 반대인 벡터**: 벡터 $\vec{a}$와 크기는 같고 방향이 반대인 벡터를 기호로 $-\vec{a}$로 나타낸다.

• 벡터를 한 문자로 나타낼 때, 간단히 $\vec{a}$, $\vec{b}$, $\vec{c}$, ⋯ 등으로 나타낸다.

• 벡터 $\vec{a}$에 대하여 $\dfrac{\vec{a}}{|\vec{a}|}$는 $\vec{a}$와 방향이 같은 단위벡터이다.

02 벡터의 연산

(1) **벡터의 덧셈**
두 벡터 $\vec{a}$, $\vec{b}$에 대하여 $\vec{a}=\overrightarrow{AB}$, $\vec{b}=\overrightarrow{BC}$일 때
$$\vec{a}+\vec{b}=\overrightarrow{AB}+\overrightarrow{BC}=\overrightarrow{AC}$$

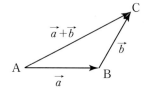

(2) **벡터의 뺄셈**
두 벡터 $\vec{a}$, $\vec{b}$에 대하여 $\vec{a}=\overrightarrow{AB}$, $\vec{b}=\overrightarrow{AC}$일 때
$$\vec{a}-\vec{b}=\overrightarrow{AB}-\overrightarrow{AC}=\overrightarrow{CB}$$

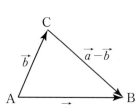

(3) **벡터의 실수배**
실수 k와 벡터 $\vec{a}$의 곱 $k\vec{a}$를 벡터 $\vec{a}$의 실수배라 한다.

(i) $\vec{a}\neq\vec{0}$일 때
   ① $k>0$이면 $k\vec{a}$는 $\vec{a}$와 방향이 같고, 그 크기가 $k|\vec{a}|$인 벡터이다.
   ② $k<0$이면 $k\vec{a}$는 $\vec{a}$와 방향이 반대이고, 그 크기가 $k|\vec{a}|$인 벡터이다.
   ③ $k=0$이면 $k\vec{a}=\vec{0}$이다.

(ii) $\vec{a}=\vec{0}$일 때, $k\vec{a}=\vec{0}$이다.

• 벡터의 덧셈에 대한 성질
세 벡터 $\vec{a}$, $\vec{b}$, $\vec{c}$와 영벡터 $\vec{0}$에 대하여
① $\vec{a}+\vec{b}=\vec{b}+\vec{a}$
② $(\vec{a}+\vec{b})+\vec{c}=\vec{a}+(\vec{b}+\vec{c})$
③ $\vec{a}+\vec{0}=\vec{0}+\vec{a}=\vec{a}$
④ $\vec{a}+(-\vec{a})=(-\vec{a})+\vec{a}=\vec{0}$

03 벡터의 평행

(1) **벡터의 평행**: 영벡터가 아닌 두 벡터 $\vec{a}$, $\vec{b}$의 방향이 같거나 반대일 때, $\vec{a}$ 와 $\vec{b}$는 서로 평행하다고 하고, 기호로 $\vec{a} /\!/ \vec{b}$로 나타낸다.

(2) **두 벡터가 평행할 조건**

영벡터가 아닌 두 벡터 $\vec{a}$, $\vec{b}$에 대하여

$$\vec{a} /\!/ \vec{b} \Leftrightarrow \vec{b} = k\vec{a} \text{ (단, } k \neq 0 \text{인 실수)}$$

(3) **세 점이 한 직선 위에 있을 조건**

서로 다른 세 점 A, B, C가 한 직선 위에 있다.

$$\Leftrightarrow \overrightarrow{AB} = k\overrightarrow{AC} \text{ (단, } k \neq 0 \text{인 실수)}$$

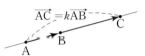

04 위치벡터

(1) **위치벡터**: 한 점 O를 시점으로 하는 벡터 $\overrightarrow{OA}$를 점 O에 대한 점 A의 위치벡터라 한다.

(2) 두 점 A, B의 위치벡터를 각각 $\vec{a}$, $\vec{b}$라 하면

$$\overrightarrow{AB} = \vec{b} - \vec{a}$$

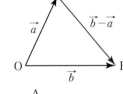

(3) **선분의 내분점과 외분점의 위치벡터**

두 점 A, B의 위치벡터를 각각 $\vec{a}$, $\vec{b}$라 할 때, 선분 AB를 $m:n(m>0, n>0)$으로 내분하는 점 P와 외분하는 점 Q의 위치벡터를 각각 $\vec{p}$, $\vec{q}$라 하면

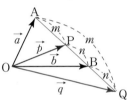

$$\vec{p} = \frac{m\vec{b} + n\vec{a}}{m+n}, \quad \vec{q} = \frac{m\vec{b} - n\vec{a}}{m-n} \text{ (단, } m \neq n)$$

05 평면벡터의 성분

(1) 좌표평면 위의 점 $A(a_1, a_2)$에 대하여

$$\vec{a} = \overrightarrow{OA_1} + \overrightarrow{OA_2} = a_1\vec{e_1} + a_2\vec{e_2}$$

로 나타낼 수 있다.

이때 두 실수 a_1, a_2를 벡터 $\vec{a}$의 성분이라 하고, 벡터 $\vec{a}$를

$$\vec{a} = (a_1, a_2)$$

로 나타낸다.

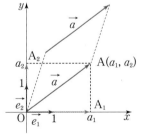

• 좌표평면 위의 두 점 $E_1(1, 0)$, $E_2(0, 1)$의 위치벡터 $\overrightarrow{OE_1}$, $\overrightarrow{OE_2}$를 각 $\vec{e_1}$, $\vec{e_2}$로 나타낸다.

(2) $\vec{a} = (a_1, a_2)$, $\vec{b} = (b_1, b_2)$일 때

① 평면벡터의 크기: $|\vec{a}| = \sqrt{a_1^2 + a_2^2}$

② 두 평면벡터가 서로 같을 조건: $\vec{a} = \vec{b} \Leftrightarrow a_1 = b_1, a_2 = b_2$

③ $\vec{a} + \vec{b} = (a_1+b_1, a_2+b_2)$, $\vec{a} - \vec{b} = (a_1-b_1, a_2-b_2)$

④ $k\vec{a} = (ka_1, ka_2)$ (단, k는 실수)

06 평면벡터의 내적

(1) **평면벡터의 내적**

① 영벡터가 아닌 두 평면벡터 $\vec{a}$, $\vec{b}$가 이루는 각의 크기가 θ $(0 \leq \theta \leq \pi)$일 때,

$$\vec{a} \cdot \vec{b} = |\vec{a}||\vec{b}|\cos\theta$$

② 두 평면벡터 $\vec{a} = (a_1, a_2)$, $\vec{b} = (b_1, b_2)$에 대하여

$$\vec{a} \cdot \vec{b} = a_1 b_1 + a_2 b_2$$

(2) **평면벡터의 내적의 성질**

세 평면벡터 $\vec{a}$, $\vec{b}$, $\vec{c}$와 실수 k에 대하여

① $\vec{a} \cdot \vec{b} = \vec{b} \cdot \vec{a}$

② $\vec{a} \cdot (\vec{b} + \vec{c}) = \vec{a} \cdot \vec{b} + \vec{a} \cdot \vec{c}$, $(\vec{a} + \vec{b}) \cdot \vec{c} = \vec{a} \cdot \vec{c} + \vec{b} \cdot \vec{c}$

③ $(k\vec{a}) \cdot \vec{b} = \vec{a} \cdot (k\vec{b}) = k(\vec{a} \cdot \vec{b})$ (단, k는 실수)

- $\vec{a} \cdot \vec{b} = |\vec{a}||\vec{b}|\cos\theta$에서
  (ⅰ) $0 \leq \theta < \dfrac{\pi}{2}$이면
    $\vec{a} \cdot \vec{b} > 0$
  (ⅱ) $\theta = \dfrac{\pi}{2}$이면 $\vec{a} \cdot \vec{b} = 0$
  (ⅲ) $\dfrac{\pi}{2} < \theta \leq \pi$이면
    $\vec{a} \cdot \vec{b} < 0$

07 두 평면벡터가 이루는 각의 크기

(1) **두 평면벡터가 이루는 각의 크기**

영벡터가 아닌 두 평면벡터 $\vec{a} = (a_1, a_2)$, $\vec{b} = (b_1, b_2)$가 이루는 각의 크기가 $\theta(0 \leq \theta \leq \pi)$일 때,

$$\cos\theta = \frac{\vec{a} \cdot \vec{b}}{|\vec{a}||\vec{b}|} = \frac{a_1 b_1 + a_2 b_2}{\sqrt{a_1^2 + a_2^2}\sqrt{b_1^2 + b_2^2}}$$

(2) **평면벡터의 수직 조건과 평행 조건**

영벡터가 아닌 두 평면벡터 $\vec{a}$, $\vec{b}$에 대하여

① $\vec{a} \perp \vec{b} \Leftrightarrow \vec{a} \cdot \vec{b} = 0$

② $\vec{a} /\!/ \vec{b} \Leftrightarrow \vec{a} \cdot \vec{b} = \pm|\vec{a}||\vec{b}| \Leftrightarrow \vec{b} = k\vec{a}$ (단, $k \neq 0$인 실수)

- $\vec{a} = (a_1, a_2)$, $\vec{b} = (b_1, b_2)$일 때
  (ⅰ) $\vec{a}$, $\vec{b}$가 서로 수직이면
    $a_1 b_1 + a_2 b_2 = 0$
  (ⅱ) $\vec{a}$, $\vec{b}$가 서로 평행하면
    $b_1 = ka_1$, $b_2 = ka_2$ (단, $k \neq 0$인 실수)

08 평면벡터와 직선의 방정식

(1) **방향벡터**

좌표평면에서 점 A를 지나고 영벡터가 아닌 벡터 $\vec{u}$에 평행한 직선 l 위의 임의의 점을 P라 하면 오른쪽 그림에서 $\overrightarrow{\text{AP}} /\!/ \vec{u}$이므로

$$\overrightarrow{\text{AP}} = t\vec{u}$$

를 만족시키는 실수 t가 존재한다. 이때 두 점 A, P의 위치벡터 $\vec{a}$, $\vec{p}$에 대하여 $\overrightarrow{\text{AP}} = \vec{p} - \vec{a}$이므로

$$\vec{p} = \vec{a} + t\vec{u} \ \text{(단, } t \text{는 실수)}$$

가 성립한다. 이때 $\vec{p} = \vec{a} + t\vec{u}$는 벡터로 나타낸 직선 l의 방정식이고, 벡터 $\vec{u}$를 직선 l의 방향벡터라 한다.

- 벡터를 이용하여 나타낸 직선의 방정식을 그 직선의 벡터방정식이라 한다.

(2) 방향벡터를 이용한 직선의 방정식

① 점 $A(x_1, y_1)$을 지나고 벡터 $\vec{u}=(a, b)$에 평행한 직선의 방정식은

$$\frac{x-x_1}{a}=\frac{y-y_1}{b} \ (단, ab \neq 0)$$

② 두 점 $A(x_1, y_1)$, $B(x_2, y_2)$를 지나는 직선의 방정식은

$$\frac{x-x_1}{x_2-x_1}=\frac{y-y_1}{y_2-y_1} \ (단, x_1 \neq x_2, y_1 \neq y_2)$$

(3) 법선벡터

점 A를 지나고 영벡터가 아닌 벡터 $\vec{n}$에 수직인 직선 l 위의 한 점을 P라 하면 오른쪽 그림에서

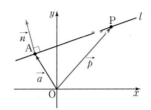

$$(\vec{p}-\vec{a}) \cdot \vec{n}=0$$

이 성립한다. 이때 벡터 $\vec{n}$을 직선 l의 법선 벡터라 한다.

(4) 법선벡터를 이용한 직선의 방정식

점 $A(x_1, y_1)$을 지나고 벡터 $\vec{n}=(a, b)$에 수직인 직선의 방정식은

$$a(x-x_1)+b(y-y_1)=0$$

> • 점 $A(x_1, y_1)$을 지나는 직선에 대하여
> (i) $\vec{u}=(0, b)$에 평행한 직선의 방정식은
> $x=x_1$
> (ii) $\vec{u}=(a, 0)$에 평행한 직선의 방정식은
> $y=y_1$

09 방향벡터와 두 직선의 위치 관계

(1) 두 직선이 이루는 각의 크기

방향벡터가 각각 $\vec{u_1}=(a_1, b_1)$, $\vec{u_2}=(a_2, b_2)$인 두 직선 l_1, l_2가 이루는 각의 크기가 $\theta \left(0 \leq \theta \leq \frac{\pi}{2}\right)$일 때,

$$\cos\theta=\frac{|\vec{u_1} \cdot \vec{u_2}|}{|\vec{u_1}||\vec{u_2}|}=\frac{|a_1a_2+b_1b_2|}{\sqrt{a_1^2+b_1^2}\sqrt{a_2^2+b_2^2}}$$

(2) 두 직선의 수직과 평행

두 직선 l_1, l_2의 방향벡터가 각각 $\vec{u_1}$, $\vec{u_2}$일 때,

① $l_1 \perp l_2 \Leftrightarrow \vec{u_1} \perp \vec{u_2} \Leftrightarrow \vec{u_1} \cdot \vec{u_2}=0$

② $l_1 \parallel l_2 \Leftrightarrow \vec{u_1} \parallel \vec{u_2} \Leftrightarrow \vec{u_1}=k\vec{u_2}$ (단, $k \neq 0$인 실수)

> • 두 직선 l_1, l_2의 법선벡터가 각각 $\vec{n_1}$, $\vec{n_2}$일 때
> (i) $l_1 \perp l_2 \Leftrightarrow \vec{n_1} \perp \vec{n_2}$
> (ii) $l_1 \parallel l_2 \Leftrightarrow \vec{n_1} \parallel \vec{n_2}$

10 평면벡터를 이용한 원의 방정식

좌표평면 위의 점 C를 중심으로 하고 반지름의 길이가 r인 원 위의 임의의 점 P에 대하여 두 점 C, P의 위치벡터를 각각 $\vec{c}$, $\vec{p}$라 할 때, 원의 방정식은

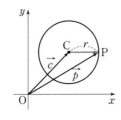

$$|\vec{p}-\vec{c}|=r \ \text{또는} \ (\vec{p}-\vec{c}) \cdot (\vec{p}-\vec{c})=r^2$$

● 사관 2014학년도 B형 15번

유형1 ★ 평면벡터와 점의 자취

그림과 같이 반지름의 길이가 2이고 중심각의 크기가 $\frac{\pi}{3}$인 부채꼴 OAB에서 선분 OA의 중점을 M이라 하자. 점 P는 두 선분 OM과 BM 위를 움직이고, 점 Q는 호 AB 위를 움직인다. $\overrightarrow{OR}=\overrightarrow{OP}+\overrightarrow{OQ}$를 만족시키는 점 R이 나타내는 영역 전체의 넓이는? [4점]

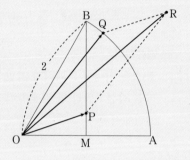

① $\sqrt{3}$ ② 2   ③ $2\sqrt{3}$

④ 4   ⑤ $3\sqrt{3}$

풀이 부채꼴 OAB를 점 O를 원점, 선분 OA를 x축의 양의 방향으로 하여 좌표평면 위에 놓으면 아래 그림과 같다.

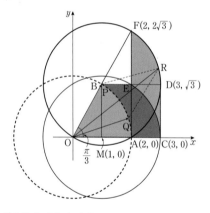

이 그래프를 다시 나타내면 다음과 같다.

점 P가 선분 OM 위를 움직일 때, 점 R이 존재하는 영역은 다음 그림의 어두운 부분과 같다.

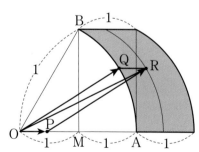

TIP
점 P가 선분 OM와 BM 위를 움직일 때로 나누어 각각의 영역을 찾고, 두 영역을 합친다.

또한 점 P가 선분 BM 위를 움직일 때, 점 R이 존재하는 영역은 다음 그림의 어두운 부분과 같다.

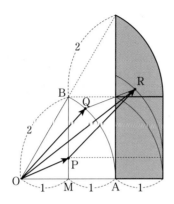

따라서 점 R이 나타내는 영역은 다음 그림과 같다.

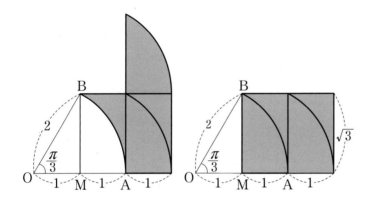

위 영역의 넓이는 가로의 길이가 2이고 세로의 길이가 $2\sin\dfrac{\pi}{3}=\sqrt{3}$ 인 직사각형의 넓이와 같다.

따라서 구하는 넓이는

$2\times\sqrt{3}=2\sqrt{3}$

답 ③

유형 2 ★ **평면벡터의 내적**

그림과 같이 한 변의 길이가 2인 정삼각형 ABC와 반지름의 길이가 1이고 선분 AB와 직선 BC 에 동시에 접하는 원 O 가 있다. 원 O 위의 점 P와 선분 BC 위의 점 Q에 대하여 $\overrightarrow{AP} \cdot \overrightarrow{AQ}$ 의 최댓값과 최솟값의 합은 $a + b\sqrt{3}$ 이다. $a^2 + b^2$ 의 값을 구하시오. (단, a, b는 유리수이고, 원 O의 중심은 삼각형 ABC의 외부에 있다.)

[4점]

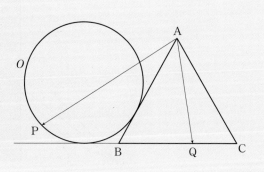

풀이 원의 중심을 O라 하면 $\overrightarrow{AP} = \overrightarrow{AO} + \overrightarrow{OP}$이므로

$$\overrightarrow{AP} \cdot \overrightarrow{AQ} = (\overrightarrow{AO} + \overrightarrow{OP}) \cdot \overrightarrow{AQ}$$
$$= \overrightarrow{AO} \cdot \overrightarrow{AQ} + \overrightarrow{OP} \cdot \overrightarrow{AQ} \quad \cdots\cdots \text{㉠}$$

이때 $\overrightarrow{AO} \cdot \overrightarrow{AC} \leq \overrightarrow{AO} \cdot \overrightarrow{AQ} \leq \overrightarrow{AO} \cdot \overrightarrow{AB}$이고,

오른쪽 그림에서

$$\angle OBE = \angle OBM = (\pi - \angle ABO) \times \frac{1}{2} = \frac{2}{3}\pi \times \frac{1}{2} = \frac{\pi}{3}$$

$$\overline{BM} = \overline{OM} \times \sin\frac{\pi}{3} = \frac{1}{\sqrt{3}}$$

$$\overline{OD} = \overline{EB} + \overline{BO} = 1 \times \tan\frac{\pi}{3} + 1 = \frac{\sqrt{3}+1}{\sqrt{3}}$$

$$\overline{AD} = \overline{AO} - \overline{DO} = 2 \times \sin\frac{\pi}{3} - 1 = \sqrt{3} - 1$$

이므로

$$\overrightarrow{AO} = \left(-\frac{\sqrt{3}+1}{\sqrt{3}}, \ 1 - \sqrt{3}\right)$$

$$\overrightarrow{AB} = (-1, \ -\sqrt{3}), \ \overrightarrow{AC} = (1, \ -\sqrt{3})$$

$$\overrightarrow{AO} \cdot \overrightarrow{AC} = 2 - \frac{4}{3}\sqrt{3}, \ \overrightarrow{AO} \cdot \overrightarrow{AB} = 4 - \frac{2}{3}\sqrt{3} \quad \cdots\cdots \text{㉡}$$

두 벡터 $\overrightarrow{OP}$와 $\overrightarrow{AQ}$가 이루는 각의 크기를 θ라고 할 때 $\overrightarrow{OP} \cdot \overrightarrow{AQ} = |\overrightarrow{AQ}|\cos\theta$이므로

$$-2 \leq \overrightarrow{OP} \cdot \overrightarrow{AQ} \leq 2 \quad \cdots\cdots \text{㉢}$$

따라서 $\overrightarrow{AP} \cdot \overrightarrow{AQ}$의 최댓값은 ㉠, ㉡, ㉢에서

$$\left(4 - \frac{2}{3}\sqrt{3}\right) + 2 = 6 - \frac{2}{3}\sqrt{3}$$

최솟값은

$$\left(2 - \frac{4}{3}\sqrt{3}\right) - 2 = -\frac{4}{3}\sqrt{3}$$

이므로 최댓값과 최솟값의 합은 $a + b\sqrt{3} = 6 - 2\sqrt{3}$

$$\therefore a^2 + b^2 = 36 + 4 = 40$$

답 40

TIP
점 A를 원점으로 하도록 좌표평면 위에 도형과 벡터를 놓고, $\overrightarrow{AP} \cdot \overrightarrow{AQ}$ 를 최댓값과 최솟값을 구할 수 있는 벡터의 내적으로 분해한다.

01 유형 2

◎ 사관 2018학년도 가형 1번

두 벡터 $\vec{a}=(2,\ 1)$, $\vec{b}=(-1,\ k)$에 대하여 두 벡터 $\vec{a}$, $\vec{a}-\vec{b}$가 서로 수직일 때, k의 값은? [2점]

① 4   ② 5   ③ 6   ④ 7   ⑤ 8

02 유형 2

◎ 사관 2017학년도 가형 28번

그림과 같이 반지름의 길이가 5인 원 C와 원 C 위의 점 A에서의 접선 l이 있다. 원 C 위의 점 P와 $\overline{AB}=24$를 만족시키는 직선 l 위의 점 B에 대하여 $\overrightarrow{PA}\cdot\overrightarrow{PB}$의 최댓값을 구하시오. [4점]

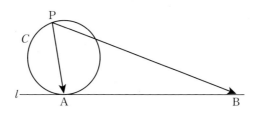

03 유형 2

◎ 사관 2015학년도 B형 3번

두 벡터 $\vec{a}$, $\vec{b}$ 가 이루는 각의 크기가 $60°$이고, $|\vec{a}|=2$, $|\vec{b}|=3$일때, $|\vec{a}-2\vec{b}|$의 값은? [2점]

① $3\sqrt{2}$ ② $2\sqrt{6}$ ③ $2\sqrt{7}$ ④ $4\sqrt{2}$ ⑤ 6

04 유형 2

◎ 사관 2015학년도 B형 29번

한 변의 길이가 4인 정사각형 ABCD에서 변 AB와 변 AD에 모두 접하고 점 C를 지나는 원을 O라 하자. 원 O 위를 움직이는 점 X에 대하여 두 벡터 $\overrightarrow{AB}$, $\overrightarrow{CX}$의 내적 $\overrightarrow{AB} \cdot \overrightarrow{CX}$의 최댓값은 $a-b\sqrt{2}$ 이다. $a+b$의 값을 구하시오. (단, a와 b는 자연수이다.) [4점]

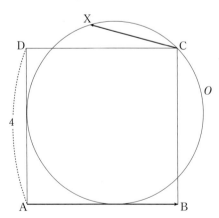

05 유형 2

◉ 사관 2014학년도 B형 3번

두 벡터 $\vec{a}$, $\vec{b}$에 대하여 $|\vec{a}|=2$, $|\vec{b}|=3$, $|3\vec{a}-2\vec{b}|=6$일 때, 내적 $\vec{a}\cdot\vec{b}$의 값은? [2점]

① 1　　　　② 2　　　　③ 3　　　　④ 4　　　　⑤ 5

06 유형 2

◉ 사관 2011학년도 이과 3번

두 벡터 $\vec{a}$, $\vec{b}$가 $|\vec{a}|=3$, $|\vec{b}|=5$, $|\vec{a}+\vec{b}|=7$을 만족시킬 때, $(2\vec{a}+3\vec{b})\cdot(2\vec{a}-\vec{b})$의 값은? [2점]

① -1　　　　② -3　　　　③ -5　　　　④ -7　　　　⑤ -9

01 유형 1

▶ 교육청 2005학년도 10월 가형 9번

평면 위에 삼각형 OAB가 있다. $\overrightarrow{OP}=s\overrightarrow{OA}+t\overrightarrow{OB}$ $(s\geq0,\ t\geq0)$를 만족하는 점 P가 그리는 도형에 대한 옳은 설명을 <보기>에서 모두 고른 것은? [4점]

┌─── 보 기 ───┐

ㄱ. $s+t=1$일 때, 점 P가 그리는 도형은 선분 AB이다.

ㄴ. $s+2t=1$일 때, 점 P가 그리는 도형의 길이는 선분 AB의 길이보다 크다.

ㄷ. $s+2t\leq1$일 때, 점 P가 그리는 영역은 삼각형 OAB를 포함한다.

① ㄱ   ② ㄴ   ③ ㄱ, ㄴ   ④ ㄱ, ㄷ   ⑤ ㄴ, ㄷ

02 유형 2

교육청 2010년 10월 가형 11번

그림은 $\overline{AB}=2$, $\overline{AD}=2\sqrt{3}$인 직사각형 ABCD와 이 직사각형의 한 변 CD를 지름으로 하는 원을 나타낸 것이다. 이 원 위를 움직이는 점 P에 대하여 두 벡터 $\overrightarrow{AC}$, $\overrightarrow{AP}$의 내적 $\overrightarrow{AC}\cdot\overrightarrow{AP}$의 최댓값은? (단, 직사각형과 원은 같은 평면 위에 있다.)

[4점]

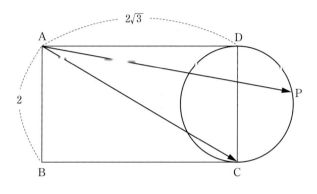

① 12 　　　② 14 　　　③ 16 　　　④ 18 　　　⑤ 20

02 평면 운동

01 직선 위를 움직이는 점의 속도와 가속도

수직선 위를 움직이는 점 P의 시각 t에서의 위치를 $x=f(t)$라 할 때, 시각 t에서 점 P의 속도와 가속도는 다음과 같다.

(1) **속도**: $v(t)=\dfrac{dx}{dt}=f'(t)$

(2) **가속도**: $a(t)=\dfrac{dv}{dt}=f''(t)$

02 평면 위를 움직이는 점의 속도와 가속도

좌표평면 위를 움직이는 점 P의 시각 t에서의 좌표 (x, y)가 $x=f(t)$, $y=g(t)$일 때, 시각 t에서 점 P의 속도, 속력, 가속도, 가속도의 크기는 각각 다음과 같다.

(1) **속도**: $\vec{v}=(v_x,\ v_y)=\left(\dfrac{dx}{dt},\ \dfrac{dy}{dt}\right)=(f'(t),\ g'(t))$

(2) **속력**: $|\vec{v}|=\sqrt{\left(\dfrac{dx}{dt}\right)^2+\left(\dfrac{dy}{dt}\right)^2}=\sqrt{\{f'(t)\}^2+\{g'(t)\}^2}$

(3) **가속도**: $\vec{a}=(a_x,\ a_y)=\left(\dfrac{d^2x}{dt^2},\ \dfrac{d^2y}{dt^2}\right)=(f''(t),\ g''(t))$

(4) **가속도의 크기**: $|\vec{a}|=\sqrt{\left(\dfrac{d^2x}{dt^2}\right)^2+\left(\dfrac{d^2y}{dt^2}\right)^2}=\sqrt{\{f''(t)\}^2+\{g''(t)\}^2}$

03 직선 위를 움직이는 점의 위치와 움직인 거리

수직선 위를 움직이는 점 P의 시각 t에서의 속도가 $v(t)$이고 시각 $t=a$에서의 위치가 x_0일 때,

(1) 시각 t에서 점 P의 위치 x는 $x=x_0+\displaystyle\int_0^t v(t)dt$

(2) $t=a$에서 $t=b$까지 점 P가 움직인 거리 s는 $s=\displaystyle\int_a^b |v(t)|dt$

04 평면 위를 움직이는 점의 위치와 움직인 거리

좌표평면 위를 움직이는 점 P의 시각 t에서의 위치 (x, y)가 $x=f(t)$, $y=g(t)$일 때, 시각 $t=a$에서 $t=b$까지 점 P가 움직인 거리 s는

$$s=\int_a^b |\vec{v}|dt=\int_a^b \sqrt{\left(\dfrac{dx}{dt}\right)^2+\left(\dfrac{dy}{dt}\right)^2}\,dt=\int_a^b \sqrt{\{f'(t)\}^2+\{g'(t)\}^2}\,dt$$

05 곡선의 길이

(1) 점 P의 시각 t에서의 위치가 $x=f(t)$, $y=g(t)$일 때, 시각 $t=a$에서 $t=b$까지 점 P가 그리는 곡선의 길이는

$$l=\int_a^b \sqrt{\left(\dfrac{dx}{dt}\right)^2+\left(\dfrac{dy}{dt}\right)^2}\,dt$$

(2) $x=a$에서 $x=b$까지의 곡선 $y=f(x)$의 길이 l은

$$l=\int_a^b \sqrt{1+\{f'(x)\}^2}\,dx$$

• 가속도, 속도, 위치의 관계

🔵 사관 2018학년도 가형 19번

유형 1 ★ **속도와 가속도**

좌표평면 위를 움직이는 점 P의 시각 $t(t>0)$에서의 위치 (x, y)가

$$x=t^3+2t, \ y=\ln(t^2+1)$$

이다. 점 P에서 직선 $y=-x$에 내린 수선의 발을 Q라 하자. $t=1$일 때, 점 Q의 속력은? [4점]

① $\dfrac{3\sqrt{2}}{2}$ ② $2\sqrt{2}$ ③ $\dfrac{5\sqrt{2}}{2}$ ④ $3\sqrt{2}$ ⑤ $\dfrac{7\sqrt{2}}{2}$

풀이 점 Q의 좌표는 점 P를 직선 $y=-x$에 대칭이동한 점을 P′이라고 할 때, 선분 $\overline{PP'}$의 중점과 같다.

즉, P$(t^3+2t, \ln(t^2+1))$에 대하여

P′$(-\ln(t^2+1), \ -t^3-2t)$이므로

Q$\left(\dfrac{t^3+2t-\ln(t^2+1)}{2}, \ \dfrac{-t^3-2t+\ln(t^2+1)}{2}\right)$

이때, 점 Q의 위치 x, y를 각각 t에 대하여 미분하면

$\dfrac{dx}{dt}=\dfrac{1}{2}\left(3t^2+2-\dfrac{2t}{t^2+1}\right)$

$\dfrac{dy}{dt}=\dfrac{1}{2}\left(-3t^2-2+\dfrac{2t}{t^2+1}\right)$

이때, 위 식에 $t=1$을 대입하면

$\dfrac{1}{2}\left(3\times1^2+2-\dfrac{2\times1}{1^2+1}\right)=2$

$\dfrac{1}{2}\left(-3\times1^2-2+\dfrac{2\times1}{1^2+1}\right)=-2$

따라서 $t=1$일 때 점 Q의 속력은

$\sqrt{2^2+(-2)^2}=2\sqrt{2}$

답 ②

TIP
먼저 점 P가 이동함에 따라 정해지는 점 Q의 위치를 t에 대한 식으로 나타낸다.

유형 2 ★ 점의 위치와 움직인 거리

[그림 1]과 같이 좌표평면 위에 중심이 원점이고 반지름의 길이가 4인 큰 원 C_1과 반지름의 길이가 1인 작은 원 C_2가 점 $(4, 0)$에서 외접하고 있다. 이때 작은 원 위의 한 점을 P라 하자. [그림 2]와 같이 원 C_2가 원 C_1에 접한 상태로 굴러갈 때, 두 원의 중심을 연결한 선분이 x축의 양의 방향과 이루는 각의 크기를 θ라 하자. θ의 값이 0에서 $\frac{\pi}{2}$까지 변할 때, 점 $(4, 0)$에서 출발한 점 P가 움직인 거리는? [4점]

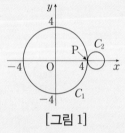

[그림 1]

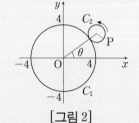

[그림 2]

① 8　　　　② 9　　　　③ 10　　　　④ 11　　　　⑤ 12

풀이 회전한 각이 θ가 되는 순간의 모습을 나타내면 오른 쪽 그림과 같다.

여기서 점 P의 위치벡터는 $\overrightarrow{\mathrm{OP}} = \overrightarrow{\mathrm{OO'}} + \overrightarrow{\mathrm{O'P}}$이고,

$\overrightarrow{\mathrm{OO'}} = (\cos(\pi+5\theta),\ \sin(\pi+5\theta)) = (5\cos\theta,\ 5\sin\theta)$,

$\overrightarrow{\mathrm{O'P}} = (-\cos5\theta,\ -\sin5\theta)$이므로

원 C_2의 중심 O'을 지나는 직선 중 x축에 평행한 직선이 원 C_2와 만나는 점을 각각 A, B라고 할 때
$\angle \mathrm{AO'O} = \theta$

두 원 C_1, C_2의 호의 길이의 비가 4 : 1이므로 $\angle \mathrm{OO'P} = 4\theta$

$\overrightarrow{\mathrm{OP}} = (5\cos\theta - \cos5\theta,\ 5\sin\theta - \sin5\theta)$

점 P의 x좌표와 y좌표는 $x = 5\cos\theta - \cos5\theta$, $y = 5\sin\theta - \sin5\theta$이므로 점 P가 움직인 거리는

$$\int_0^{\frac{\pi}{2}} \sqrt{\left(\frac{dx}{d\theta}\right)^2 + \left(\frac{dy}{d\theta}\right)^2}\, d\theta = \int_0^{\frac{\pi}{2}} \sqrt{(-5\sin\theta + 5\sin5\theta)^2 + (5\cos\theta - 5\cos5\theta)^2}\, d\theta$$

$$= \int_0^{\frac{\pi}{2}} \sqrt{50 - 50(\sin\theta\sin5\theta + \cos\theta\cos5\theta)}\, d\theta$$

$$= \int_0^{\frac{\pi}{2}} 5\sqrt{2 - 2\cos4\theta}\, d\theta = 10\int_0^{\frac{\pi}{2}} \sqrt{\frac{1 - \cos4\theta}{2}}\, d\theta$$

$$= 10\int_0^{\frac{\pi}{2}} \sqrt{\sin^2 2\theta}\, d\theta = 10\int_0^{\frac{\pi}{2}} \sin2\theta\, d\theta$$

$$= 5\left[-\cos2\theta\right]_0^{\frac{\pi}{2}} = 5(1+1) = 10$$

답 ③

TIP
원 C_2의 중심을 O'이라 놓고, $\overrightarrow{\mathrm{OO'}}$과 $\overrightarrow{\mathrm{O'P}}$를 각각 구하여 OP를 구하면 점 P의 좌표를 구할 수 있다.

유형 3 ★ 곡선의 길이

좌표평면에서 매개변수 θ로 나타내어진 곡선

$$x = 2\cos\theta + \cos 2\theta, \quad y = 2\sin\theta + \sin 2\theta$$

에 대하여 $0 \le \theta \le \pi$일 때, 이 곡선의 길이는? [3점]

① 6   ② 8   ③ 10   ④ 12   ⑤ 14

풀이

$$L = \int_0^\pi \sqrt{\left(\frac{dx}{d\theta}\right)^2 + \left(\frac{dy}{d\theta}\right)^2}\, d\theta$$

$$= \int_0^\pi \sqrt{(-2\sin\theta - 2\sin 2\theta)^2 + (2\cos\theta + 2\cos 2\theta)^2}\, d\theta$$

$$= \int_0^\pi \sqrt{8 + 8\cos\theta}\, d\theta = \int_0^\pi 4\cos\frac{\theta}{2}\, d\theta$$

$$= \left[8\sin\frac{\theta}{2} \right]_0^\pi = 8$$

답 ②

TIP

매개변수로 나타내어진 곡선에서 매개변수의 값의 범위가 주어질 때 곡선의 길이는 각 x, y를 좌표로 하는 점이 매개변수의 값의 범위를 구간으로 하여 움직인 거리와 같다.

01 유형 1

사관 2012학년도 이과 4번

좌표평면 위를 움직이는 점 P의 시각 t에서의 x, y좌표가 각각 $x=t-\sin 2t$, $y=1-\cos 2t$일 때, 점 P의 속력의 최댓값은? (단, $t \geq 0$)

[3점]

① 3   ② $2\sqrt{3}$ ③ 4   ④ $3\sqrt{2}$ ⑤ $2\sqrt{5}$

유형 연습 더하기

01 유형2

◎ 교육청 2009년 10월 가형 미분과 적분 29번

좌표평면 위를 움직이는 점 P의 시각 t에서의 위치벡터를 $\vec{p}=(x,\ y)$라 하면

$$x=\frac{e^t+e^{-t}}{2},\ y=\frac{e^t-e^{-t}}{2}$$

이 성립한다. 이때, 옳은 것만을 <보기>에서 있는 대로 고른 것은? [4점]

─── 보 기 ───

ㄱ. $t=1$에서 점 P의 속도 $\vec{v}$와 위치벡터 $\vec{p}$는 서로 수직이다.

ㄴ. 임의의 시각 t에서 점 P의 가속도 $\vec{a}$와 위치벡터 $\vec{p}$는 서로 같다.

ㄷ. 점 P가 $t=0$에서 $t=1$까지 움직인 거리는 1 이상이다.

① ㄱ   ② ㄴ   ③ ㄱ, ㄷ   ④ ㄴ, ㄷ   ⑤ ㄱ, ㄴ, ㄷ

02 유형3

◎ 교육청 2016년 7월 가형 25번

좌표평면 위의 곡선 $y=\frac{1}{3}x\sqrt{x}$ $(0\le x\le 12)$에 대하여 $x=0$에서 $x=12$까지의 곡선의 길이를 l이라 할 때, $3l$의 값을 구하시오. [3점]

01 공간도형

01 직선과 평면의 위치 관계

(1) 평면의 결정 조건

① 한 직선 위에 있지 않은 서로 다른 세 점

② 한 직선과 그 직선 위에 있지 않은 한 점

③ 한 점에서 만나는 두 직선

④ 평행한 두 직선

(2) 공간에서의 위치 관계

(ⅰ) 두 직선의 위치 관계

　① 한 점에서 만난다.　　　② 평행하다.

　③ 꼬인 위치에 있다.

(ⅱ) 직선과 평면의 위치 관계

　① 포함된다.　　　② 한 점에서 만난다.

　③ 평행하다.

(ⅲ) 두 평면의 위치 관계

　① 만난다.　　　② 평행하다.

02 평행과 수직

(1) 직선과 평면의 평행

① 평행한 두 평면 α, β와 다른 평면 γ가 만나서 생기는 교선을 각각 l, m이라 할 때, $l /\!/ m$이다.

② 두 직선 l, m이 평행할 때, 직선 l을 포함하고 직선 m을 포함하지 않는 평면 α는 직선 m과 평행하다.

③ 평면 α 밖의 한 점 P에서 만나는 두 직선 l, m이 모두 평면 α에 평행하면 두 직선 l, m을 포함하는 평면 β는 평면 α와 평행하다.

(2) 꼬인 위치에 있는 두 직선이 이루는 각

두 직선 l, m이 꼬인 위치에 있을 때, 직선 m 위의 한 점 O를 지나고 직선 l에 평행한 직선 l'과 직선 m이 만나 생기는 각 중 크기가 작은 각을 두 직선 l, m이 이루는 각이라고 한다.

(3) 직선과 평면의 수직

① 공간에서 직선 l이 평면 α과 점 O에서 만나고, 점 O를 지나는 평면 α 위의 모든 직선과 직선 l이 수직일 때, 직선 l은 평면 α와 수직이라 하고, 기호로 $l \perp \alpha$로 나타낸다.

② 직선 l을 평면 α의 수선이라 하고, 직선 l과 평면 α가 만나는 점 O를 수선의 발이라 한다.

- 평면의 결정 조건

- 두 직선의 위치 관계

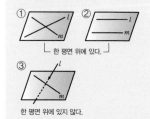

└ 한 평면 위에 있다. ┘

한 평면 위에 있지 않다.

- 직선과 평면의 위치 관계

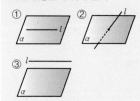

- 두 평면의 위치 관계

- 꼬인 위치에 있는 두 직선이 이루는 각

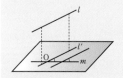

- 직선과 평면의 수직

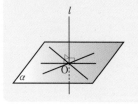

03 삼수선의 정리

평면 α 위에 있지 않은 한 점 P와 평면 α 위의 직선 l, 직선 l 위의 한 점 H, 평면 α 위에 있으면서 직선 l 위에 있지 않은 점 O에 대하여 다음 삼수선의 정리가 성립한다.

(1) $\overline{PO} \perp \alpha$, $\overline{OH} \perp l$이면 $\overline{PH} \perp l$
(2) $\overline{PO} \perp \alpha$, $\overline{PH} \perp l$이면 $\overline{OH} \perp l$
(3) $\overline{PH} \perp l$, $\overline{OH} \perp l$, $\overline{PO} \perp \overline{OH}$이면 $\overline{PO} \perp \alpha$

• 삼수선의 정리

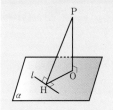

04 두 평면이 이루는 각

(1) **이면각**: 직선 l에서 만나는 두 반평면 α, β로 이루어진 도형을 이면각이라 한다.

① 직선 l을 이면각의 변이라 한다.

② 두 반평면 α, β를 이면각의 면이라 한다.

③ 이면각의 크기: 이면각의 변 l 위의 한 점 O를 지나고 l에 수직인 두 반직선 OA, OB를 이면각의 면 α, β 위에 각각 그을 때, $\angle AOB$의 크기를 이면각의 크기라 한다.

(2) **두 평면이 이루는 각**

서로 다른 두 평면이 만날 때, 이 두 평면에 의해 생기는 두 쌍의 이면각 중에서 작은 각을 두 평면이 이루는 각이라 한다.

• 이면각

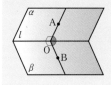

05 정사영

(1) **정사영**: 평면 α 위에 있지 않은 한 점 P에서 평면 α에 내린 수선의 발 P′을 점 P의 평면 α 위로의 정사영이라 한다. 또, 도형 F에 속하는 각 점의 평면 α 위로의 정사영 전체로 이루어진 도형 F'을 도형 F의 평면 α 위로의 정사영이라 한다.

(2) **직선과 평면이 이루는 각**

직선 l과 평면 α가 수직이 아닐 때, 직선 l의 평면 α 위로의 정사영 l'과 직선 l이 이루는 각을 직선 l과 평면 α가 이루는 각이라고 한다.

(3) **정사영의 길이**

선분 AB의 평면 α 위로의 정사영을 선분 A′B′이라 하고, 직선 AB와 평면 α가 이루는 각의 크기를 θ라 할 때,
$$\overline{A'B'} = \overline{AB}\cos\theta$$

(4) **정사영의 넓이**

평면 α 위의 도형 F의 평면 β 위로의 정사영을 F'이라 하고, F와 F'의 넓이를 각각 S, S'이라 할 때, 두 평면 α, β가 이루는 각의 크기가 θ이면
$$S' = S\cos\theta$$

• 정사영

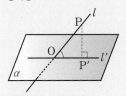

• 정사영의 길이

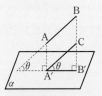

• 정사영의 넓이

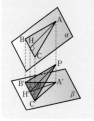

◉ 사관 2015학년도 B형 20번

유형 1 ★ 이면각

그림은 어떤 사면체의 전개도이다. 삼각형 BEC는 한 변의 길이가 2인 정삼각형이고, ∠ABC = ∠CFA = 90°, $\overline{AC} = 4$이다. 이 전개도로 사면체를 만들 때, 두 면 ACF, ABC가 이루는 예각의 크기를 θ라 하자. $\cos\theta$의 값은?

[4점]

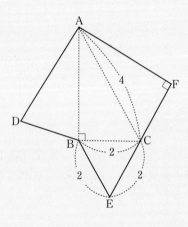

① $\dfrac{1}{6}$ ② $\dfrac{\sqrt{2}}{6}$ ③ $\dfrac{1}{4}$ ④ $\dfrac{\sqrt{3}}{6}$ ⑤ $\dfrac{1}{3}$

풀이 △ACB와 △ACF에서

$\overline{AC}$는 공통, $\overline{BC} = \overline{CF} = \overline{EC} = 2$, ∠ABC = 90°

∴ △ACB ≡ △ACF

따라서 두 점 B, F에서 변 AC에 각각 내린 수선의 발이 일치하므로 이 수선의 발을 점 H라 하면

점 P에서 평면 ABC에 내린 수선의 발을 G라 할 때,

이면각의 정의에 의하여 $\cos\theta = \dfrac{\overline{HG}}{\overline{PH}}$

전개도를 접어 보면 다음과 같다.

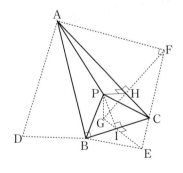

TIP
전개도를 접어 삼각뿔의 꼭짓점이 밑면 ABC에 내리는 수선의 발이 삼각형 ABC 내의 어떤 점인지 찾는다.

$\overline{PH} \perp \overline{AC}$, $\overline{FH} \perp \overline{AC}$이므로 삼수선의 정리에 의하여 점 G는 직선 FH 위에 존재한다.

점 P에서 $\overline{BC}$에 내린 수선의 발을 I라 하면

삼각형 PBC와 삼각형 EBC가 합동이므로 $\overline{PI} \perp \overline{BC}$, $\overline{EI} \perp \overline{BC}$

따라서 삼수선의 정리에 의하여 점 G는 직선 EI 위에 존재한다.

따라서 점 G는 직선 FH와 직선 EI의 교점이다.

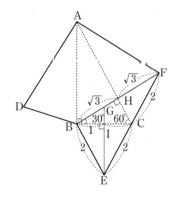

$\cos(\angle ACB) = \dfrac{1}{2}$이므로 $\angle ACB = 60°$이고 $\angle CBH = 30°$

$\therefore \overline{FH} = \overline{BH} = 2\sin 60° = \sqrt{3}$

$\triangle BCE$는 정삼각형이므로 $\angle CBE = 60°$가 되고 $\angle GBE = 90°$

또한 $\overline{EI}$는 정삼각형 BCE의 $\angle CEB$를 이등분하므로 $\angle BEG = 30°$

따라서 $\triangle BGE$는 직각삼각형이다.

$\triangle BGE$에서 $\overline{BG} = 2\tan 30° = \dfrac{2\sqrt{3}}{3}$

$\overline{HG} = \overline{BH} - \overline{BG} = \dfrac{\sqrt{3}}{3}$

$\therefore \cos\theta = \dfrac{\overline{HG}}{\overline{PH}} = \dfrac{\overline{HG}}{\overline{FH}} = \dfrac{\frac{\sqrt{3}}{3}}{\sqrt{3}} = \dfrac{1}{3} \ (\because \overline{PH} = \overline{FH})$ 　　　**답** ⑤

[유형 2 ★] **정사영의 길이와 넓이**

그림과 같이 한 모서리의 길이가 12인 정사면체 ABCD에서 두 모서리 BD, CD의 중점을 각각 M, N이라 하자. 사각형 BCNM의 평면 AMN 위로의 정사영의 넓이는? [4점]

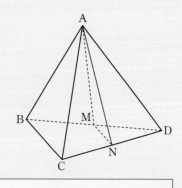

① $\dfrac{15\sqrt{11}}{11}$ ② $\dfrac{18\sqrt{11}}{11}$ ③ $\dfrac{21\sqrt{11}}{11}$

④ $\dfrac{24\sqrt{11}}{11}$ ⑤ $\dfrac{27\sqrt{11}}{11}$

풀이

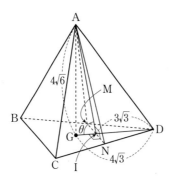

점 A를 삼각형 BCD 위로 정사영하면 그 점은 삼각형 BCD의 무게중심이 된다. 그 점을 G라고 하자. 그리고 선분 MN의 중점을 I라고 하면 ∠AIG는 두 평면 BCNM과 AMN이 이루는 각이 된다.

그 각을 θ라고 하면 $\cos\theta = \dfrac{\overline{IG}}{\overline{AI}}$

선분 AG는 정사면체의 높이이므로 $\dfrac{\sqrt{6}}{3} \times 12 = 4\sqrt{6}$

G가 무게중심이기 때문에 선분 GD의 길이는 정삼각형의 높이의 $\dfrac{2}{3}$가 되고 그 값은 $\dfrac{2}{3} \times \dfrac{\sqrt{3}}{2} \times 12 = 4\sqrt{3}$

또한 선분 ID의 길이는 정삼각형의 높이의 절반인 $3\sqrt{3}$

따라서 선분 GI의 길이는 $\sqrt{3}$이고 피타고라스의 정리에 의해 선분 AI의 길이는 $\sqrt{(4\sqrt{6})^2 + (\sqrt{3})^2} = \sqrt{99} = 3\sqrt{11}$이고 $\cos\theta = \dfrac{\sqrt{3}}{3\sqrt{11}} = \dfrac{\sqrt{33}}{33}$

사각형 BCNM의 넓이는 정삼각형의 넓이의 $\dfrac{3}{4}$이므로 $\dfrac{3}{4} \times 36\sqrt{3} = 27\sqrt{3}$

따라서 사각형 BCNM의 평면 AMN 위로의 정사영의 넓이는 $27\sqrt{3} \times \dfrac{\sqrt{33}}{33} = \dfrac{27\sqrt{11}}{11}$

답 ⑤

TIP
정사면체의 꼭짓점에서 밑면에 내리는 수선의 발은 항상 밑면의 무게중심을 지나므로, 이를 이용하여 두 평면 BCNM과 AMN이 이루는 각의 크기를 찾는다.

01 유형 1

◎ 사관 2013학년도 이과 28번

그림과 같은 정육면체 ABCD−EFGH에서 네 모서리 AD, CD, EF, EH의 중점을 각각 P, Q, R, S라 하고, 두 선분 RS와 EG의 교점을 M이라 하자. 평면 PMQ와 평면 EFGH가 이루는 예각의 크기를 θ라 할 때, $\tan^2 \theta + \sec^2 \theta$의 값을 구하시오.

[4점]

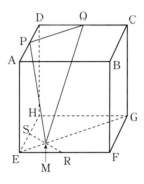

02 유형 2

◎ 사관 2018학년도 가형 15번

평면 α 위에 있는 서로 다른 두 점 A, B와 평면 α 위에 있지 않은 점 P에 대하여 삼각형 PAB는 $\overline{PB}=4$, $\angle PAB = \dfrac{\pi}{2}$인 직각이등변삼각형이고, 평면 PAB와 평면 α가 이루는 각의 크기는 $\dfrac{\pi}{6}$이다. 점 P 에서 평면 α에 내린 수선의 발을 H라 할 때, 사면체 PHAB의 부피는?

[4점]

① $\dfrac{\sqrt{6}}{6}$　　　　② $\dfrac{\sqrt{6}}{3}$　　　　③ $\dfrac{\sqrt{6}}{2}$　　　　④ $\dfrac{2\sqrt{6}}{3}$　　　　⑤ $\dfrac{5\sqrt{6}}{6}$

03 유형2

사관 2016학년도 B형 20번

한 변의 길이가 8인 정사각형을 밑면으로 하고 높이가 $4+4\sqrt{3}$인 직육면체 ABCD−EFGH가 있다. 그림과 같이 이 직육면체의 바닥에 $\angle EPF=90°$인 삼각기둥 EFP−HGQ가 놓여 있고 그 위에 구를 삼각기둥과 한 점에서 만나도록 올려놓았더니 이 구가 밑면 ABCD와 직육면체의 네 옆면에 모두 접하였다. 태양광선이 밑면과 수직인 방향으로 구를 비출 때, 삼각기둥의 두 옆면 PFGQ, EPQH에 생기는 구의 그림자의 넓이를 각각 S_1, $S_2(S_1>S_2)$라 하자. $S_1+\dfrac{1}{\sqrt{3}}S_2$의 값은? [4점]

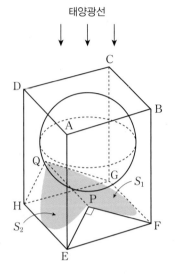

태양광선

① $\dfrac{20\sqrt{3}}{3}\pi$

② $8\sqrt{3}\,\pi$

③ $\dfrac{28\sqrt{3}}{3}\pi$

④ $\dfrac{32\sqrt{3}}{3}\pi$

⑤ $12\sqrt{3}\,\pi$

04 유형2

사관 2014학년도 B형 19번

그림과 같이 평면 α와 한 점 A에서 만나는 정삼각형 ABC가 있다. 두 점 B, C의 평면 α 위로의 정사영을 각각 B′, C′이라 하자. $\overline{AB'}=\sqrt{5}$, $\overline{B'C'}=2$, $\overline{C'A}=\sqrt{3}$일 때, 정삼각형 ABC의 넓이는? [4점]

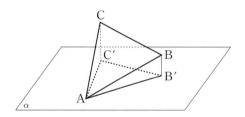

① $\sqrt{3}$

② $\dfrac{2+\sqrt{3}}{2}$

③ $\dfrac{3+\sqrt{3}}{2}$

④ $\dfrac{1+2\sqrt{3}}{2}$

⑤ $\dfrac{3+2\sqrt{3}}{2}$

05 유형 2

⊙ 사관 2011학년도 이과 14번

그림과 같이 지면과 이루는 각의 크기가 θ인 평평한 유리판 위에 반구가 엎어져 있다. 햇빛이 유리판에 수직인 방향으로 비출 때 지면 위에 생기는 반구의 그림자의 넓이를 S_1, 햇빛이 유리판과 평행한 방향으로 비출 때 지면 위에 생기는 반구의 그림자의 넓이를 S_2라 하자. $S_1 : S_2 = 3 : 2$일 때, $\tan\theta$의 값은? (단, θ는 예각이다.)   [4점]

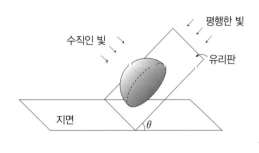

① $\dfrac{1}{3}$ ② $\dfrac{\sqrt{2}}{3}$ ③ $\dfrac{\sqrt{3}}{3}$ ④ $\dfrac{2}{3}$ ⑤ $\dfrac{3}{4}$

01 유형 1

◎ 수능 2004학년도 자연계 7번

아래 그림과 같이 정육면체 위에 정사각뿔을 올려놓은 도형이 있다. 이 도형의 모든 모서리의 길이가 2이고, 면 PAB와 면 AEFB가 이루는 각의 크기가 θ일 때, $\cos\theta$의 값은? (단, $\frac{\pi}{2}<\theta<\pi$) [3점]

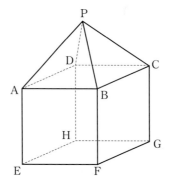

① $-\dfrac{\sqrt{6}}{3}$

② $-\dfrac{\sqrt{3}}{3}$

③ $-\dfrac{1}{3}$

④ $-\dfrac{\sqrt{3}}{2}$

⑤ $-\dfrac{\sqrt{2}}{2}$

02 유형 2

◎ 수능 2011학년도 가형 11번

그림과 같이 중심 사이의 거리가 $\sqrt{3}$이고 반지름의 길이가 1인 두 원판과 평면 α가 있다. 각 원판의 중심을 지나는 직선 l은 두 원판의 면과 각각 수직이고, 평면 α와 이루는 각의 크기가 $60°$이다. 태양광선이 그림과 같이 평면 α에 수직인 방향으로 비출 때, 두 원판에 의해 평면 α에 생기는 그림자의 넓이는? (단, 원판의 두께는 무시한다.) [4점]

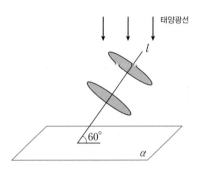

① $\dfrac{\sqrt{3}}{3}\pi + \dfrac{3}{8}$

② $\dfrac{2}{3}\pi + \dfrac{\sqrt{3}}{4}$

③ $\dfrac{2\sqrt{3}}{3}\pi + \dfrac{1}{8}$

④ $\dfrac{4}{3}\pi + \dfrac{\sqrt{3}}{16}$

⑤ $\dfrac{2\sqrt{3}}{3}\pi + \dfrac{3}{4}$

02 공간좌표

01 좌표공간

(1) **좌표축**: 공간의 한 점 O에서 서로 직교하는 세 수직선을 그었을 때, 이 세 수직선을 각각 x축, y축, z축이라 하고, 이를 통틀어 좌표축이라 한다.

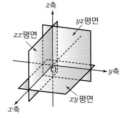

(2) **좌표평면**: x축과 y축을 포함하는 평면을 xy평면, y축과 z축을 포함하는 평면을 yz평면, z축과 x축을 포함하는 평면을 zx평면이라 하고, 이를 통틀어 좌표평면이라 한다.

(3) **좌표공간**: 좌표축과 좌표평면이 정해진 공간을 좌표공간이라 한다.

02 공간좌표

(1) **공간좌표**: 공간의 한 점 P에 대응하는 세 실수의 순서쌍 (a, b, c)를 점 P의 공간좌표라 하고, 기호로 $P(a, b, c)$로 나타낸다.

(2) **좌표공간에서의 두 점 사이의 거리**

두 점 $A(x_1, y_1, z_1)$, $B(x_2, y_2, z_2)$ 사이의 거리는

$$\overline{AB} = \sqrt{(x_2-x_1)^2 + (y_2-y_1)^2 + (z_2-z_1)^2}$$

• 원점 O와 점 $P(a, b, c)$ 사이의 거리는
$$\overline{OP} = \sqrt{x^2 + y^2 + z^2}$$

03 선분의 내분점과 외분점

좌표공간 위의 두 점 $A(x_1, y_1, z_1)$, $B(x_2, y_2, z_2)$에 대하여

(1) 선분 AB를 $m:n(m>0, n>0)$으로 내분하는 점 P의 좌표는

$$P\left(\frac{mx_2+nx_1}{m+n}, \frac{my_2+ny_1}{m+n}, \frac{mz_2+nz_1}{m+n}\right)$$

(2) 선분 AB를 $m:n(m>0, n>0, m\neq n)$으로 외분하는 점 Q의 좌표는

$$Q\left(\frac{mx_2-nx_1}{m-n}, \frac{my_2-ny_1}{m-n}, \frac{mz_2-nz_1}{m-n}\right)$$

• 좌표공간 위의 세 점 $A(x_1, y_1, z_1)$, $B(x_2, y_2, z_2)$, $C(x_3, y_3, z_3)$에 대하여

① 선분 AB의 중점 M은
$$M\left(\frac{x_1+x_2}{2}, \frac{y_1+y_2}{2}, \frac{z_1+z_2}{2}\right)$$

② 삼각형 ABC의 무게중심 G는
$$G\left(\frac{x_1+x_2+x_3}{3}, \frac{y_1+y_2+y_3}{3}, \frac{z_1+z_2+z_3}{3}\right)$$

04 구의 방정식

(1) 중심이 $C(a, b, c)$이고 반지름의 길이가 r인 구의 방정식은

$$(x-a)^2 + (y-b)^2 + (z-c)^2 = r^2$$

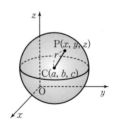

(2) x, y, z에 대한 이차방정식

$$x^2 + y^2 + z^2 + Ax + By + Cz = 0$$
$$(A^2 + B^2 + C^2 - 4D > 0)$$

은 중심이 $\left(-\dfrac{A}{2}, -\dfrac{B}{2}, -\dfrac{C}{2}\right)$, 반지름의 길이가

$$\dfrac{\sqrt{A^2+B^2+C^2-4D}}{2}$$인 구를 나타낸다.

● 사관 2011학년도 이과 18번

유형 1 ★ 공간좌표

좌표공간에 5개의 점 A$(0, 0, 4-t)$, B$(t, 0, 0)$, C$(0, t, 0)$, D$(-t, 0, 0)$, E$(0, -t, 0)$을 꼭짓점으로 하는 사각뿔 A−BCDE가 있다. $0 < t < 4$일 때, 이 사각뿔의 부피가 최대가 되도록 하는 실수 t의 값은? [4점]

① $\dfrac{2}{9}$ ② $\dfrac{4}{3}$ ③ 2   ④ $\dfrac{8}{3}$ ⑤ $\dfrac{10}{3}$

풀이 밑면인 사각형 BCDE를 좌표평면에 나타내면 다음과 같다.

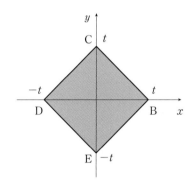

사각형 BCDE의 넓이를 구하면

$\dfrac{1}{2} \times 2t \times 2t = 2t^2$

사각뿔 A−BCDE의 부피를 V라고 하면

$V = \dfrac{1}{3} \times 2t^2 \times (4-t) = \dfrac{1}{3}(8t^2 - 2t^3)$

$\therefore \dfrac{dV}{dt} = \dfrac{1}{3}(16t - 6t^2) = \dfrac{2}{3}t(8 - 3t)$

$\dfrac{dV}{dt} = 0$에서 $t = 0$ 또는 $t = \dfrac{8}{3}$

따라서 V는 $t = \dfrac{8}{3}$일 때 극대이고 최대이므로

부피가 최대가 되도록 하는 t의 값은 $\dfrac{8}{3}$

답 ④

TIP
사각뿔을 좌표공간에 나타내어 부피를 t에 대한 식으로 나타낸다.

유형 2 ★ 좌표공간에서 선분의 내분점과 외분점

좌표공간의 두 점 $A(1, 2, -1)$, $B(3, 1, -2)$에 대하여 선분 AB를 $2:1$로 외분하는 점의 좌표는? [3점]

① $(5, 0, -3)$　　　② $(5, 3, -4)$　　　③ $(4, 0, -3)$　　　④ $(4, 3, -3)$　　　⑤ $(3, 0, -4)$

풀이 구하는 외분점은

$$\left(\frac{2\times3-1\times1}{2-1}, \frac{2\times1-1\times2}{2-1}, \frac{2\times(-2)-1\times(-1)}{2-1} \right) = (5, 0, -3)$$

답 ①

TiP

두 점 $A(x_1, y_1, z_1)$, $B(x_2, y_2, z_2)$에서 선분 AB를 $m:n$으로 외분하는 점의 좌표는

$$\left(\frac{mx_2-nx_1}{m-n}, \frac{my_2-ny_1}{m-n}, \frac{mz_2-nz_1}{m-n} \right)$$

유형 3 ★ 구의 방정식

좌표공간에서 구 $(x-6)^2+(y+1)^2+(z-5)^2=16$ 위의 점 P와 yz평면 위에 있는 원 $(y-2)^2+(z-1)^2=9$ 위의
점 Q 사이의 거리의 최댓값을 구하시오.

[4점]

풀이 원 $(y-2)^2+(z-1)^2$ 위의 점 Q에 대하여 거리가 최대가 되
는 구 $(x-6)^2+(y+1)^2+(z-5)^2=16$ 위의 점 P는 직선
$\overline{QC_1}$ 위에 있고 $\overline{PQ}$의 길이는 $\overline{QC_1}$의 길이에 구의 반지름
4를 더한 값이다.

이제 $\overline{QC_1}$의 최댓값을 구하여 보자. 구의 중심을 C_1이라
하면 구의 중심의 좌표는 $(6, -1, 5)$이다. 구의 중심 C_1의
yz평면 위로의 정사영을 H라 하면 H의 좌표는 $(0, -1, 5)$
이다. 이때 삼각형 $\triangle C_1QH$에서

$$\overline{QC_1}=\sqrt{\overline{HC_1}^2+\overline{HQ}^2}=\sqrt{6^2+\overline{HQ}^2} \cdots\cdots \text{㉠}$$

$\overline{QC_1}$이 최대가 되려면 $\overline{HQ}$가 최대가 되어야 한다.

다시 yz평면 위의 주어진 원의 중심을 C_2라고 하면 C_2의
좌표는 $(0, 2, 1)$이다.

$\overline{HC_2}=\sqrt{(0-0)^2+(-1-2)^2+(5-1)^2}=5>3$이므로
점 H는 원 $(y-2)^2+(z-1)^2=9$ 바깥에 있다.

따라서 $\overline{HQ}$의 최댓값은

$$\overline{HC_2}+\overline{C_2Q}=5+3=8$$

㉠에 의해 $\overline{QC_1}$의 최댓값은

$$\sqrt{6^2+8^2}=10$$

따라서 구하는 최댓값은

$$10+4=14$$

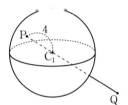

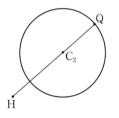

답 14

TIP
한 점 P와 원 위의 점 Q 사이의 거
리의 최댓값은 원의 점 Q와 원의
중심 사이의 거리를 먼저 구한 다
음, 원의 반지름의 길이를 더하면
된다.

01 유형1

◎ 사관 2010학년도 이과 20번

좌표공간에서 세 점 A(1, 0, 0), B(0, 2, 0), C(0, 0, 3)을 지나는 평면을 α 라 하자. 그림과 같이 평면 α와 xy평면의 이면각 중에서 예각인 것을 이등분하면서 선분 AB를 포함하는 평면을 β라 할 때, 평면 β가 z축과 만나는 점의 z좌표는? [4점]

① $\dfrac{2}{3}$ ② $\dfrac{3}{4}$ ③ $\dfrac{8}{9}$

④ $\dfrac{5}{4}$ ⑤ $\dfrac{4}{3}$

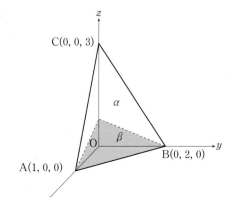

02 유형1

◎ 사관 2010학년도 이과 22번

좌표공간에 네 점 A(0, 1, 0), B(1, 1, 0), C(1, 0, 0), D(0, 0, 1)이 있다. 그림과 같이 점 P는 원점 O에서 출발하여 사각형 OABC의 둘레를 O→A→B→C→O→A→B→ … 의 방향으로 움직이며, 점 Q는 원점 O에서 출발하여 삼각형 OAD의 둘레를 O→A→D→O→A→D→ … 의 방향으로 움직인다. 두 점 P, Q가 원점 O에서 동시에 출발하여 각각 매초 1의 일정한 속력으로 움직인다고 할 때, 옳은 것만을 <보기>에서 있는 대로 고른 것은? [4점]

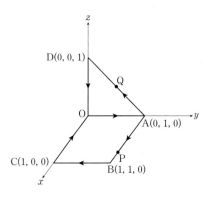

┌─ 보 기 ─┐

ㄱ. 두 점 P, Q가 출발 후 원점에서 다시 만나는 경우는 없다.

ㄴ. 출발 후 4초가 되는 순간 두 점 P, Q 사이의 거리는 $\dfrac{\sqrt{2}}{2}$이다.

ㄷ. 출발 후 2초가 되는 순간 두 점 P, Q 사이의 거리는 $\sqrt{2}$이다.

① ㄱ   ② ㄴ   ③ ㄱ, ㄴ   ④ ㄱ, ㄷ   ⑤ ㄴ, ㄷ

03 유형1

◎ 사관 2011학년도 이과 19번

한 모서리의 길이가 1인 정육면체 ABCD−EFGH를 다음 두 조건을 만족시키
도록 좌표공간에 놓는다.

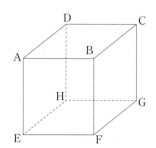

> (가) 꼭짓점 A는 원점에 놓이도록 한다.
> (나) 꼭짓점 G는 y축 위에 놓이도록 한다.

위의 조건을 만족시키는 상태에서 이 정육면체를 y축의 둘레로 회전시킬 때,
점 B가 그리는 도형은 점 $(0, a, 0)$을 중심으로 하고 반지름의 길이가 r인 원이다.
이때, a, r의 곱 ar의 값은? (단, 점 G의 y좌표는 양수이다.)

[4점]

① $\dfrac{1}{6}$ ② $\dfrac{\sqrt{2}}{6}$ ③ $\dfrac{1}{3}$ ④ $\dfrac{\sqrt{2}}{3}$ ⑤ $\dfrac{\sqrt{3}}{3}$

04 유형2

◎ 사관 2017학년도 가형 3번

좌표공간에서 세 점 A(6, 0, 0), B(0, 3, 0), C(0, 0, −3)을 꼭짓점으로 하는 삼각형 ABC의 무게중심을 G라 할 때,
선분 OG의 길이는? (단, O는 원점이다.)

[2점]

① $\sqrt{2}$ ② 2   ③ $\sqrt{6}$ ④ $2\sqrt{2}$ ⑤ $\sqrt{10}$

05 유형 2

◎ 사관 2016학년도 B형 3번

좌표공간에서 두 점 A(2, 3, −1), B(−1, 3, 2)에 대하여 선분 AB를 1 : 2로 내분하는 점의 좌표를 (a, b, c)라 할 때, $a+b+c$의 값은?

[2점]

① 2   ② 3   ③ 4   ④ 5   ⑤ 6

06 유형 3

◎ 사관 2010학년도 이과 30번

구 $(x-3)^2+(y-2)^2+(z-3)^2=27$과 그 내부를 포함하는 입체를 xy평면으로 잘라 구의 중심이 포함된 부분을 남기고 나머지 부분을 버린다. 남아있는 부분을 다시 yz평면으로 잘라 구의 중심이 포함된 부분을 남기고 나머지 부분을 버린다. 이때, 마지막에 남아있는 부분에서 두 평면에 의해 잘린 단면의 넓이는 $a\pi+b$이다. 두 자연수 a, b의 합 $a+b$의 값을 구하시오.

[4점]

01 유형 2

◎ 수능 2015학년도 B형 5번

좌표공간에서 두 점 A$(2,\ a,\ -2)$, B$(5,\ -3,\ b)$에 대하여 선분 AB를 $2:1$로 내분하는 점이 x축 위에 있을 때, $a+b$의 값은? [3점]

① 10   ② 9   ③ 8   ④ 7   ⑤ 6

02 유형 3

◎ 평가원 2014학년도 9월 B형 15번

좌표공간에서 구 $(x-1)^2+(y-2)^2+(z-1)^2=6$과 구 $x^2+y^2+z^2+6x+2ay+2bz=0$이 원점에서 서로 접할 때, $a+b$의 값은? (단, a, b는 상수이다.) [4점]

① 6   ② 7   ③ 8   ④ 9   ⑤ 10

01 공간벡터

01 공간벡터의 성분

(1) **공간벡터의 성분**: 좌표공간 위의 점 $A(a_1,\ a_2,\ a_3)$에 대하여

$$\vec{a}=\overrightarrow{OA_1}+\overrightarrow{OA_2}+\overrightarrow{OA_3}=a_1\vec{e_1}+a_2\vec{e_2}+a_3\vec{e_3}$$

로 나타낼 수 있다. 이때 벡터 $\vec{a}$를 성분을 이용하여 $\vec{a}=(a_1,\ a_2,\ a_3)$으로 나타낸다.

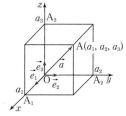

(2) $\vec{a}=(a_1,\ a_2,\ a_3)$, $\vec{b}=(b_1,\ b_2,\ b_3)$일 때

① 공간벡터의 크기: $|\vec{a}|=\sqrt{a_1^2+a_2^2+a_3^3}$

② 두 공간벡터가 서로 같을 조건:

$$\vec{a}=\vec{b} \Leftrightarrow a_1=b_1,\ a_2=b_2,\ a_3=b_3$$

③ $\vec{a}+\vec{b}=(a_1+b_1,\ a_2+b_2,\ a_3+b_3)$, $\vec{a}-\vec{b}=(a_1-b_1,\ a_2-b_2,\ a_3-b_3)$

④ $k\vec{a}=(ka_1,\ kb_1,\ kc_1)$ (단, k는 실수)

- $A(a_1,\ a_2,\ a_3)$, $B(b_1,\ b_2,\ b_3)$에 대하여

① $\overrightarrow{AB}=\overrightarrow{OB}-\overrightarrow{OA}$
$$=(b_1-a_1,\ b_2-a_2,\ b_3-a_3)$$

② $|\overrightarrow{AB}|$
$$=\sqrt{(b_1-a_1)^2+(b_2-a_2)^2+(b_3-a_3)^2}$$

02 공간벡터의 내적

(1) **공간벡터의 내적**

① 영벡터가 아닌 두 공간벡터 $\vec{a}$, $\vec{b}$가 이루는 각의 크기가 $\theta\ (0\le\theta\le\pi)$일 때,

$$\vec{a}\cdot\vec{b}=|\vec{a}\|\vec{b}|\cos\theta$$

② 두 공간벡터 $\vec{a}=(a_1,\ a_2,\ a_3)$, $\vec{b}=(b_1,\ b_2,\ b_3)$에 대하여

$$\vec{a}\cdot\vec{b}=a_1b_1+a_2b_2+a_3b_3$$

(2) **공간벡터의 내적의 성질**

세 공간벡터 $\vec{a}$, $\vec{b}$, $\vec{c}$와 실수 k에 대하여

① $\vec{a}\cdot\vec{b}=\vec{b}\cdot\vec{a}$

② $\vec{a}\cdot(\vec{b}+\vec{c})=\vec{a}\cdot\vec{b}+\vec{a}\cdot\vec{c}$, $(\vec{a}+\vec{b})\cdot\vec{c}=\vec{a}\cdot\vec{c}+\vec{b}\cdot\vec{c}$

③ $(k\vec{a})\cdot\vec{b}=\vec{a}\cdot(k\vec{b})=k(\vec{a}\cdot\vec{b})$ (단, k는 실수)

03 두 공간벡터가 이루는 각의 크기

(1) **두 공간벡터가 이루는 각의 크기**

영벡터가 아닌 두 공간벡터 $\vec{a}=(a_1,\ a_2,\ a_3)$, $\vec{b}=(b_1,\ b_2,\ b_3)$가 이루는 각의 크기가 $\theta\ (0\le\theta\le\pi)$일 때,

$$\cos\theta=\frac{\vec{a}\cdot\vec{b}}{|\vec{a}\|\vec{b}|}=\frac{a_1b_1+a_2b_2+a_3b_3}{\sqrt{a_1^2+a_2^2+a_3^2}\sqrt{b_1^2+b_2^2+b_3^2}}$$

(2) **공간벡터의 수직 조건과 평행 조건**

영벡터가 아닌 두 공간벡터 $\vec{a}$, $\vec{b}$에 대하여

① $\vec{a}\perp\vec{b} \Leftrightarrow \vec{a}\cdot\vec{b}=0$

② $\vec{a}/\!/\vec{b} \Leftrightarrow \vec{a}\cdot\vec{b}=\pm|\vec{a}\|\vec{b}| \Leftrightarrow \vec{b}=k\vec{a}$ (단, $k\ne0$인 실수)

- $\vec{a}\perp\vec{b} \Leftrightarrow a_1b_1+a_2b_2+a_3b_3=0$

- $\vec{a}/\!/\vec{b} \Leftrightarrow b_1=ka_1,\ b_2=ka_2,$ $b_3=ka_3$ (단, $k\ne0$인 실수)

◎ 사관 2017학년도 가형 8번

유형 1 ★ **공간벡터의 크기**

그림과 같이 한 변의 길이가 2인 정삼각형 ABC를 밑면으로 하고 $\overrightarrow{OA}=2$, $\overrightarrow{OA}\perp\overrightarrow{AB}$, $\overrightarrow{OA}\perp\overrightarrow{AC}$인 사면체 OABC가 있다. $|\overrightarrow{OA}+\overrightarrow{OB}-\overrightarrow{OC}|$의 값은?　　　　　　　　　　　　　　　　[3점]

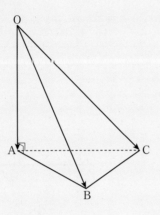

① 2　　　　② $2\sqrt{2}$　　　　③ $2\sqrt{3}$　　　　④ 4　　　　⑤ $2\sqrt{5}$

풀이 $\overrightarrow{OA}$는 삼각형 ABC가 포함되는 평면에 수직이다.

그러므로 $|\overrightarrow{OA}+\overrightarrow{OB}-\overrightarrow{OC}|=|\overrightarrow{OA}+\overrightarrow{CB}|$에서 $\overrightarrow{OA}$와 $\overrightarrow{CB}$도 직교한다.

따라서 구하는 값은 밑변과 높이가 2인 직각이등변삼각형의 빗변의 길이가 되므로

$\sqrt{2^2+2^2}=2\sqrt{2}$　　　　　　　　　　　　　　　　**답** ②

TIP
주어진 벡터식을 정리하여 간단히 한다.

유형 2 ★ 도형의 내분점 · 외분점과 공간벡터

한 모서리의 길이가 $6\sqrt{6}$ 인 정사면체 ABCD에 대하여 등식

$$\overrightarrow{PB}+\overrightarrow{PC}+\overrightarrow{PD}=2\overrightarrow{PA}$$

를 만족시키는 점 P가 있다. 삼각형 BCD의 무게중심을 G라 할 때, 선분 PG의 길이를 구하시오.　[3점]

풀이 삼각형 BCD의 무게중심이 G이므로

$$\overrightarrow{PG}=\frac{\overrightarrow{PB}+\overrightarrow{PC}+\overrightarrow{PD}}{3}$$

$\overrightarrow{PB}+\overrightarrow{PC}+\overrightarrow{PD}=2\overrightarrow{PA}$ 에서

$$3\times\frac{\overrightarrow{PB}+\overrightarrow{PC}+\overrightarrow{PD}}{3}=2\overrightarrow{PA}$$

$$3\overrightarrow{PG}=2\overrightarrow{PA}$$

$$\overrightarrow{PG}=\frac{2}{3}\overrightarrow{PA} \quad\cdots\cdots\ \textcircled{\scriptsize{ㄱ}}$$

$\overrightarrow{PA}=\overrightarrow{PG}+\overrightarrow{GA}$ 이므로 $\overrightarrow{GA}=\frac{1}{3}\overrightarrow{PA}$ $\cdots\cdots$ $\textcircled{\scriptsize{ㄴ}}$

$\therefore \overline{PG}=2\times\overline{AG}$ $(\because \textcircled{\scriptsize{ㄱ}}, \textcircled{\scriptsize{ㄴ}})$

오른쪽 그림에서

$$\overline{AG}=\sqrt{(6\sqrt{6})^2-(6\sqrt{2})^2}=12$$

$$\therefore \overline{PG}=2\times\overline{AG}=2\times12=24$$

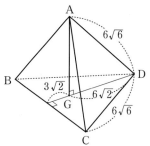

답 24

TIP
삼각형 BCD의 무게중심이 G일 때, 좌표공간의 임의의 점 O에 대하여 $\overrightarrow{OG}=\dfrac{\overrightarrow{OB}+\overrightarrow{OC}+\overrightarrow{OD}}{3}$

유형 3 ★ **공간벡터의 내적**

중심이 O이고 반지름의 길이가 1인 구 위에 고정된 점 A가 있고, $\overline{AP}=1$ 을 만족시키면서 이 구 위를 움직이는 점 P가 있다. 이때, 선분 AP 위의 점 Q가 $\overrightarrow{AP} \cdot \overrightarrow{OQ} \geq 0$을 만족시킬 때, 점 Q가 존재하는 영역의 넓이는 $\dfrac{q}{p}\sqrt{3}\pi$ 이다. $p+q$의 값을 구하시오. (단, p, q는 서로소인 자연수이다.)

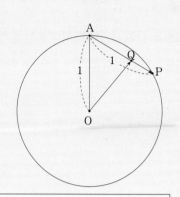

[4점]

🔑**풀이** △OAP는 정삼각형이다.

따라서 점 P에서 $\overline{AO}$에 내린 수선의 발을 H라 하면

$$\overline{HP}=\cos 30° =\frac{\sqrt{3}}{2}$$

점 P의 자취는 반지름의 길이가 $\dfrac{\sqrt{3}}{2}$인 원이다.

따라서 $\overrightarrow{AP}$는 밑면이 반지름의 길이가 $\dfrac{\sqrt{3}}{2}$인 원이고 높이가 $\dfrac{1}{2}$인 원뿔의 옆면 위에 있다.

$\overrightarrow{AP}$와 $\overrightarrow{OQ}$가 이루는 각은 ∠AQO와 같고

$\overrightarrow{AP} \cdot \overrightarrow{OQ} \geq 0$을 만족하기 위해서는 $\overrightarrow{AP}$와 $\overrightarrow{OQ}$가 이루는 각이 예각이 되어야 한다.

선분 AP의 중점을 M이라 했을 때 $\angle AMO=\dfrac{\pi}{2}$이므로 점 Q는 $\overline{MP}$ 위에 있다.

따라서 점 Q가 존재하는 영역을 원뿔의 전개도에 나타내면 아래 그림과 같다.

부채꼴 PAP′의 중심각을 θ라고 하면 해당 원뿔의 옆면인 부채꼴의 호의 길이는 밑면의 둘레의 길이와 같으므로

$$1 \times \theta =2\pi \cdot \frac{\sqrt{3}}{2}$$ 이므로 $\theta =\sqrt{3}\pi$

색칠한 부분의 넓이를 S라고 하면

$$S=\frac{1}{2} \times 1 \times (1 \times \sqrt{3}\pi)-\frac{1}{2} \times \frac{1}{2} \times \left(\frac{1}{2} \times \sqrt{3}\pi\right)$$
$$=\frac{\sqrt{3}}{2}\pi -\frac{\sqrt{3}}{8}\pi =\frac{3\sqrt{3}}{8}\pi$$

따라서 $p=8$, $q=3$이므로

$$p+q=8+3=11$$

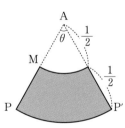

📋 11

TIP
$\overrightarrow{QP} \cdot \overrightarrow{OQ} \geq 0$을 만족시키려면 $\overrightarrow{AP}$ 와 $\overrightarrow{OQ}$는 예각을 이루어야 함을 이용하여, 점 Q가 존재하는 영역을 찾는다.

01 유형 2

사관 2012학년도 이과 30번

그림과 같이 사면체 OABC에서 삼각형 OAB와 삼각형 CAB는 모두 정삼각형이고, 삼각형 OAB와 삼각형 CAB가 이루는 이면각의 크기는 $\frac{\pi}{3}$이다. 정삼각형 OAB의 무게중심을 G, 점 O에서 선분 CG에 내린 수선의 발을 H라 하자.

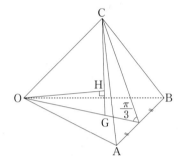

$\overrightarrow{OA}=\vec{a}$, $\overrightarrow{OB}=\vec{b}$, $\overrightarrow{OC}=\vec{c}$라 할 때, $\overrightarrow{OH}=p\vec{a}+q\vec{b}+r\vec{c}$를 만족시키는 세 상수 p, q, r에 대하여 $28(p+q+r)$의 값을 구하시오. [4점]

02 유형 3

사관 2016학년도 B형 30번

그림과 같이 옆면은 모두 합동인 이등변삼각형이고 밑면은 한 변의 길이가 2인 정사각형인 사각뿔 O−ABCD에서 ∠AOB=30°이다. 점 A에서 출발하여 사각뿔의 옆면을 따라 모서리 OB 위의 한 점과 모서리 OC 위의 한 점을 거쳐 점 D에 도착하는 최단경로를 l이라 하자. l 위를 움직이는 점 P에 대하여 $\overrightarrow{AB}\cdot\overrightarrow{OP}$의 최댓값을 $a\sqrt{3}+b$라 할 때, a^2+b^2의 값을 구하시오. (단, a, b는 유리수이다.) [4점]

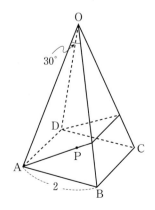

03 유형 3

사관 2010학년도 이과 17번

좌표공간에서 두 점 A(4, 0, 0), B(−4, 0, 0)과 움직이는 점 P에 대하여 $\overrightarrow{OA}=\vec{a}$, $\overrightarrow{OB}=\vec{b}$, $\overrightarrow{OP}=\vec{p}$ 라 할 때, 다음 조건을 모두 만족시키는 점 P가 나타내는 도형의 길이는? (단, O는 원점이다.)   [4점]

> (가) $(\vec{p}-\vec{a})\cdot(\vec{p}-\vec{b})=0$
>
> (나) $(\vec{p}-\vec{a})\cdot(\vec{p}-\vec{a})=16$

① $2\sqrt{2}\,\pi$ ② $2\sqrt{3}\,\pi$ ③ 4π ④ $4\sqrt{2}\,\pi$ ⑤ $4\sqrt{3}\,\pi$

01 유형 1

🔵 교육청 2010년 10월 가형 21번

그림은 한 모서리의 길이가 6인 두 정사면체 ABCD와 BCDE에 대하여 면 BCD를 일치시킨 도형을 나타낸 것이다. 두 벡터 $\overrightarrow{BA}$와 $\overrightarrow{DE}$에 대하여 $|\overrightarrow{BA}+\overrightarrow{DE}|^2$의 값을 구하시오. [3점]

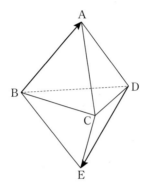

02 유형 2

교육청 2007년 10월 가형 8번

밑면의 반지름의 길이가 10, 모선의 길이가 30이고 꼭지점이 O인 직원뿔이 있다. 밑면의 둘레 위의 한 점 A에서 출발하여 원뿔의 옆면을 한 바퀴 돌아 점 A로 되돌아오는 최단경로를 L이라 하자.

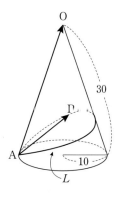

L 위를 움직이는 점 P에 대하여 점 B가 $\overrightarrow{AB} = \dfrac{1}{3}\overrightarrow{AO} + \dfrac{2}{3}\overrightarrow{AP}$를 만족시킬 때, 점 B의 자취의 길이는?   [4점]

① $10\sqrt{2}$　　　　② $10\sqrt{3}$　　　　③ $20\sqrt{2}$　　　　④ $20\sqrt{3}$　　　　⑤ $20\sqrt{6}$

02 도형의 방정식

01 공간벡터와 직선의 방정식

(1) 방향벡터를 이용한 직선의 방정식

점 $A(x_1, y_1, z_1)$을 지나고 벡터 $\vec{u}=(a, b, c)$에 평행한 직선의 방정식은

$$\frac{x-x_1}{a}=\frac{y-y_1}{b}=\frac{z-z_1}{c}\ (\text{단},\ abc\neq 0)$$

(2) 서로 다른 두 점을 지나는 직선의 방정식

두 점 $A(x_1, y_1, z_1)$, $B(x_2, y_2, z_2)$를 지나는 직선의 방정식은

$$\frac{x-x_1}{x_2-x_1}=\frac{y-y_1}{y_2-y_1}=\frac{z-z_1}{z_2-z_1}\ (\text{단},\ x_1\neq x_2,\ y_1\neq y_2,\ z_1\neq z_2)$$

(3) 좌표축에 평행한 직선의 방정식

① xy평면에 평행한 직선: $\dfrac{x-x_1}{a}=\dfrac{y-y_1}{b}$, $z=z_1$

② yz평면에 평행한 직선: $x=x_1$, $\dfrac{y-y_1}{b}=\dfrac{z-z_1}{c}$

③ zx평면에 평행한 직선: $\dfrac{x-x_1}{a}=\dfrac{z-z_1}{c}$, $y=y_1$

④ x축에 평행한 직선: $y=y_1$, $z=z_1$

⑤ y축에 평행한 직선: $x=x_1$, $z=z_1$

⑥ z축에 평행한 직선: $x=x_1$, $y=y_1$

02 방향벡터와 두 직선의 위치 관계

(1) 두 직선이 이루는 각의 크기

방향벡터가 각각 $\vec{u_1}=(a_1, b_1, c_1)$, $\vec{u_2}=(a_2, b_2, c_2)$인 두 직선 l_1, l_2가 이루는 각의 크기가 $\theta\ (0\leq\theta\leq\pi/2)$일 때,

$$\cos\theta=\frac{|\vec{u_1}\cdot\vec{u_2}|}{|\vec{u_1}||\vec{u_2}|}=\frac{|a_1a_2+b_1b_2+c_1c_2|}{\sqrt{a_1^2+b_1^2+c_1^2}\sqrt{a_2^2+b_2^2+c_2^2}}$$

(2) 두 직선의 수직과 평행

두 직선 l_1, l_2의 방향벡터가 각각 $\vec{u_1}$, $\vec{u_2}$일 때,

① $l_1\perp l_2 \Leftrightarrow \vec{u_1}\perp\vec{u_2} \Leftrightarrow \vec{u_1}\cdot\vec{u_2}=0$

② $l_1 /\!/ l_2 \Leftrightarrow \vec{u_1} /\!/ \vec{u_2} \Leftrightarrow \vec{u_1}=k\vec{u_2}$ (단, $k\neq 0$인 실수)

• 두 직선이 평행 또는 수직이면 두 직선의 방향벡터도 평행 또는 수직 이다.

03 평면의 방정식

(1) 법선벡터

점 A를 지나고 영벡터가 아닌 벡터 $\vec{n}$에 수직인 평면 α 위의 한 점을 P라 하고, 두 점 A, P의 위치벡터를 각각 $\vec{a}$, $\vec{p}$라 하면

$$(\vec{p}-\vec{a})\cdot\vec{n}=0$$

이 성립한다. 이때 벡터 $\vec{n}$을 직선 l의 법선벡터라 한다.

• 평면의 법선벡터

① xy평면: $\vec{n}=(0, 0, 1)$

② yz평면: $\vec{n}=(1, 0, 0)$

③ zx평면: $\vec{n}=(0, 1, 0)$

(2) **법선벡터를 이용한 평면의 방정식**

① 점 $A(x_1, y_1, z_1)$을 지나고 벡터
$\vec{n} = (a, b, c)$에 수직인 평면의 방정식은
$$a(x-x_1)+b(y-y_1)+c(z-z_1)=0$$

② 좌표공간에서 x, y, z에 대한 일차방정식
$$ax+by+cz+d=0$$
은 벡터 $\vec{n} = (a, b, c)$에 수직인 평면을 나타낸다.

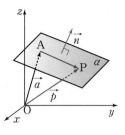

04 두 평면이 이루는 각의 크기

(1) **두 평면이 이루는 각의 크기**

법선벡터가 각각 $\vec{n_1} = (a_1, b_1, c_1)$, $\vec{n_2} = (a_2, b_2, c_2)$인 두 평면 α, β가 이루는 각의 크기가 $\theta \left(0 \leq \theta \leq \dfrac{\pi}{2}\right)$일 때,

$$\cos\theta = \frac{|\vec{n_1} \cdot \vec{n_2}|}{|\vec{n_1}||\vec{n_2}|} = \frac{|a_1 b_1 + a_2 b_2 + a_3 b_3|}{\sqrt{a_1^2 + a_2^2 + a_3^2}\sqrt{b_1^2 + b_2^2 + b_3^2}}$$

(2) **두 평면의 수직과 평행**

두 평면 α, β의 법선벡터가 각각 $\vec{n_1}$, $\vec{n_2}$일 때,

① $\alpha \perp \beta \Leftrightarrow \vec{n_1} \perp \vec{n_2} \Leftrightarrow \vec{n_1} \cdot \vec{n_2} = 0$

② $\alpha \,/\!/\, \beta \Leftrightarrow \vec{n_1} \,/\!/\, \vec{n_2} \Leftrightarrow \vec{n_1} = k\vec{n_2}$ (단, $k \neq 0$인 실수)

(3) **점과 평면 사이의 거리**

점 $A(x_1, y_1, z_1)$과 평면 $ax+by+cz+d=0$ 사이의 거리는
$$\frac{|ax_1 + by_2 + cz_1 + d|}{\sqrt{a^2 + b^2 + c^2}}$$

- **평행한 두 평면**
  $ax+by+c+d=0$,
  $ax+by+cz+d'=0$ 사이의 거리는
  $\dfrac{|d-d'|}{\sqrt{a^2+b^2+c^2}}$ 이다.

05 벡터를 이용한 구의 방정식

좌표공간 위의 점 C를 중심으로 하고 반지름의
길이가 r인 구 위의 임의의 점 P에 대하여 두 점
C, P의 위치벡터를 각각 $\vec{c}$, $\vec{p}$ 라 할 때, 구의 방
정식은

$$|\vec{p} - \vec{c}| = r \text{ 또는 } (\vec{p} - \vec{c}) \cdot (\vec{p} - \vec{c}) = r^2$$

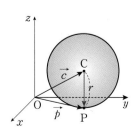

⊙ 사관 2013학년도 이과 26번

유형 1 ★ 점과 직선 사이의 거리

좌표공간 위의 점 A(4, 6, 7)에서 두 점 B(1, −1, 2), C(5, −3, 8)을 지나는 직선까지의 거리를 d라 할 때, d^2의 값을 구하시오. [3점]

풀이 $\overrightarrow{BC}=(5, -3, 8)-(1, -1, 2)=(4, -2, 6)$

이므로 직선 BC의 방정식은

$$\frac{x-1}{4}=\frac{y+1}{-2}=\frac{z-2}{6}, \ 즉 \ \frac{x-1}{2}=\frac{y+1}{-1}=\frac{z-2}{3} \ \cdots\cdots \ ㉠$$

$\frac{x-1}{2}=\frac{y+1}{-1}=\frac{z-2}{3}=k$라고 하면

$x=2k+1, \ y=-k-1, \ z=3k+2$

직선 ㉠ 위의 한 점과 점 A(4, 6, 7) 사이의 거리는

$$\sqrt{(2k-3)^2+(k+7)^2+(3k-5)^2}=\sqrt{14k^2-28k+83}$$

이때 $\sqrt{14k^2-28k+83}$의 최솟값이 점 A와 직선 BC 사이의 거리이므로

$\sqrt{14k^2-28k+83}=\sqrt{14(k-1)^2+69}$에서

$d=\sqrt{69}$

$\therefore d^2=69$

답 69

TIP
직선 위의 점의 좌표를 비례상수를 포함한 식으로 표현하고, 이를 이용하여 구하는 거리를 비례상수에 대한 식으로 나타낸다.

유형 2 ★ 직선과 평면의 위치 관계

좌표공간에 평면 $z=1$ 위의 세 점 A$(1, -1, 1)$, B$(1, 1, 1)$, C$(0, 0, 1)$이 있다. 점 P$(2, 3, 2)$를 지나고 벡터 $\vec{d}=(a, b, 1)$과 평행한 직선이 삼각형 ABC의 둘레 또는 내부를 지날 때, $|\vec{d}+3\overrightarrow{OA}|^2$의 최솟값을 구하시오. (단, O는 원점이고, a, b는 실수이다.)

[4점]

풀이 문제에서 주어진 직선을 벡터로 나타내면
$$\overrightarrow{OP}+t\vec{d}=(2, 3, 2)+(ta, tb, t)=(2+ta, 3+tb, 2+t)$$
이 직선이 평면 $z=1$과 만나는 점은 $t=-1$일 때가 된다.
따라서 그 점은 $(2-a, 3-b, 1)$이다.

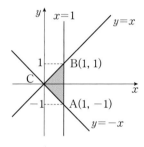

이제 x좌표와 y좌표만을 고려해보면, 삼각형 ABC는 $z=1$ 평면 위에서 $y=x$, $y=-x$, $x=1$ 세 직선으로 둘러싸인 삼각형이다.
따라서 $(2-a, 3-b, 1)$은 $0 \leq x \leq 1$, $y \leq x$, $y \geq -x$를 모두 만족해야 한다.
$$\therefore 0 \leq 2-a \leq 1, \ 3-b \leq 2-a, \ 3-b \geq a-2$$
$1 \leq a \leq 2, \ b \geq a+1, \ b \leq -a+5$
$\vec{d}+3\overrightarrow{OA}=(a+3, b-3, 4)$이므로
$$|\vec{d}+3\overrightarrow{OA}|^2=(a+3)^2+(b-3)^2+16$$
이 값이 주어진 범위에서 최소가 되기 위해서는 $a=1$이고 $b=3$이어야 한다.
따라서 구하는 최솟값은
$$(1+3)^2+(3-3)^2+16=32$$

답 32

TIP

점 P$(2, 3, 2)$를 지나고 벡터 $\vec{d}$에 평행한 직선을 벡터로 나타내면 $\overrightarrow{OP}+t\vec{d}$이므로 이를 이용하여 이 직선과 평면 $z=1$이 만나는 점을 찾고, 이 점이 삼각형의 둘레 또는 내부에 있을 a, b의 조건을 찾는다.

유형 3 ★ **점과 평면 사이의 거리**

좌표공간 위의 네 점 A(2, 0, 0), B(0, 2, 0), C(0, 0, 4), D(2, 2, 4)에 대하여 그림과 같이 사면체 DABC의 꼭짓점 D에서 삼각형 ABC에 내린 수선의 발을 H라 할 때, 선분 DH의 길이는? [3점]

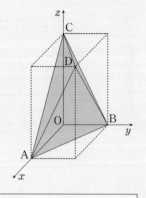

① $\dfrac{5}{3}$　　　② 2　　　③ $\dfrac{7}{3}$

④ $\dfrac{8}{3}$　　　⑤ 3

 삼각형 ABC를 포함한 평면이 x축, y축, z축과 만나는 점의 좌표가 각각 (2, 0, 0), (0, 2, 0), (0, 0, 4)이므로 삼각형 ABC를 포함하는 평면의 방정식은

$\dfrac{x}{2}+\dfrac{y}{2}+\dfrac{z}{4}=1,\ 2x+2y+z-4=0$

따라서 선분 DH의 길이는 점 D(2, 2, 4)와

평면 $2x+2y+z-4=0$ 사이의 거리와 같으므로

$\overline{\mathrm{DH}}=\dfrac{|2\cdot2+2\cdot2+1\cdot4-4|}{\sqrt{2^2+2^2+1^2}}=\dfrac{8}{3}$

 ④

TIP

구하는 선분 DH의 길이는 평면 ABC와 점 D 사이의 거리와 같다.

유형 4 ★ 평면에 대하여 대칭이동한 점

좌표공간에 평행한 두 평면 $\alpha : 2x-y+2z=0$, $\beta : 2x-y+2z=6$ 위에 각각 점 A(0, 0, 0), B(2, 0, 1)이 있다. 평면 α 위의 점 P와 평면 β 위의 점 Q에 대하여 $\overline{AQ}+\overline{QP}+\overline{PB}$의 최솟값은? [4점]

① 6   ② $\sqrt{37}$ ③ $\sqrt{38}$ ④ $\sqrt{39}$ ⑤ $2\sqrt{10}$

풀이 $\overline{AQ}+\overline{QP}+\overline{PB}$의 최솟값은 점 A의 β에 대한 대칭점 A′과 점 B의 α에 대한 대칭점 B′ 사이의 거리와 같다.

A를 시점으로 하고 β의 법선을 방향벡터로 갖는 직선 위의 점은 $(2t, -t, 2t)$로 나타낼 수 있다. 이 직선과 β의 교점을 구하면

$2 \times 2t - (-t) + 2 \times 2t = 6$ 에서 $9t=6$이므로 $t=\dfrac{2}{3}$

따라서 대칭점은 $t=\dfrac{4}{3}$일 때의 점 $\left(\dfrac{8}{3}, -\dfrac{4}{3}, \dfrac{8}{3}\right)$이다.

마찬가지로 B를 시점으로 하고 α의 법선을 방향벡터로 갖는 직선 위의 점은 $(2t+2, -t, 2t+1)$로 나타낼 수 있고 이 직선과 α의 교점을 구하면

$2(2t+2)-(-t)+2(2t+1)=0$에서 $9t+6=0$이므로 $t=-\dfrac{2}{3}$

따라서 대칭점은 $t=-\dfrac{4}{3}$일 때의 점 $\left(-\dfrac{2}{3}, \dfrac{4}{3}, -\dfrac{5}{3}\right)$이다.

이 두 대칭점 사이의 거리는

$$\sqrt{\left(\dfrac{10}{3}\right)^2+\left(\dfrac{8}{3}\right)^2+\left(\dfrac{13}{3}\right)^2}=\sqrt{\dfrac{100+64+169}{9}}=\sqrt{\dfrac{333}{9}}=\sqrt{37}$$

답 ②

TIP
좌표평면에서와 마찬가지로, 좌표공간에서 $\overline{AQ}+\overline{QP}+\overline{PB}$의 최솟값은 점 A의 평면 β에 대한 대칭점과 점 B의 평면 α에 대한 대칭점 사이의 거리와 같다.

유형 5 ★ 직선 및 평면과 구의 위치 관계

좌표공간에서 점 $(0, a, b)$를 지나고 평면 $x+3y-z=0$에 수직인 직선이 구 $(x+1)^2+y^2+(z-2)^2=1$과 두 점 A, B에서 만난다. $\overline{AB}=2$일 때, $a+b$의 값은? [3점]

① -4 ② -2 ③ 0 ④ 2 ⑤ 4

풀이 평면 $x+3y-z=0$의 법선벡터는 $\vec{t}=(1, 3, -1)$

한편, 주어진 구의 반지름이 1이고, 구의 중심에서 두 점 A, B에 이르는 거리는 반지름의 길이와 같으므로, $\overline{AB}=2$이고 선분 AB는 구의 중심을 지난다.

즉, 구하는 직선은 구의 중심 $(-1, 0, 2)$를 지나고 평면 $x+3y-z$의 법선벡터

$\vec{t}=(1, 3, -1)$에 평행하므로 그 방정식은

$x+1=\dfrac{y}{3}=\dfrac{z-2}{-1}$

이때 이 직선이 점 $(0, a, b)$를 지나므로

$1=\dfrac{a}{3}=\dfrac{b-2}{-1}$에서 $a=3$, $b=1$

$\therefore a+b=4$

답 ⑤

TIP

반지름의 길이가 1인 구 위의 두 점 A, B 사이의 거리가 2이므로, 선분 AB는 구의 중심을 지난다.

01 유형 2

사관 2014학년도 B형 28번

좌표공간에 여섯 개의 점 $A(0, 0, 2), B(2, 0, 0), C(0, 2, 0), D(-2, 0, 0), E(0, -2, 0), F(0, 0, -2)$를 꼭짓점으로 하는 정팔면체 ABCDEF가 있다. 이 정팔면체와 평면 $x+y+z=0$이 만나서 생기는 도형의 넓이를 S라 할 때, S^2의 값을 구하시오.

[4점]

02 유형 3

사관 2016학년도 B형 19번

좌표공간에서 구 $(x-2)^2+(y-2)^2+(z-1)^2=9$와 xy평면이 만나서 생기는 원 위의 한 점을 P라 하자. 점 P에서 이 구와 접하고 점 $A(3, 3, -4)$를 지나는 평면을 α라 할 때, 원점과 평면 α 사이의 거리는?

[4점]

① $\dfrac{14}{3}$　　　② 5　　　③ $\dfrac{16}{3}$　　　④ $\dfrac{17}{3}$　　　⑤ 6

실수 t에 대하여 다음 조건을 만족시키는 점 P가 나타내는 도형의 둘레의 길이를 $f(t)$라 하자.

> (가) 점 P는 구 $x^2+y^2+z^2=25$ 위의 점이다.
>
> (나) 점 $A(t+5,\ 2t+4,\ 3t-2)$에 대하여 $\overrightarrow{OP}\cdot\overrightarrow{AP}=0$이다.

<보기>에서 옳은 것만을 있는 대로 고른 것은? (단, O는 원점이다.)　　　　　[4점]

┌ 보 기 ┐

ㄱ. $f(0)=\dfrac{20}{3}\pi$

ㄴ. $\displaystyle\lim_{t\to\infty}f(t)=10\pi$

ㄷ. $f(t)$는 $t=-1$에서 최솟값을 갖는다.

① ㄱ　　　　② ㄷ　　　　③ ㄱ, ㄴ　　　　④ ㄴ, ㄷ　　　　⑤ ㄱ, ㄴ, ㄷ

01 유형1

◎ 평가원 2015학년도 9월 B형 15번

좌표공간에 두 점 $(a, 0, 0)$과 $(0, 6, 0)$을 지나는 직선 l이 있다. 점 $(0, 0, 4)$와 직선 l사이의 거리가 5일 때, a^2의 값은?

[4점]

① 8   ② 9   ③ 10   ④ 11   ⑤ 12

02 유형2

◎ 평가원 2014학년도 9월 B형 28번

좌표공간에서 직선 $l : x-1=\dfrac{y}{2}=1-z$와 평면 α가 점 $\mathrm{A}(1, 0, 1)$에서 수직으로 만난다. 평면 α위의 점 $\mathrm{B}(-1, a, a)$와 직선 l위의 점 C에 대하여 삼각형 ABC가 이등변삼각형일 때, 점 C에서 원점까지의 거리는 d이다. d^2의 값을 구하시오.

[4점]

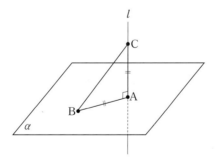

03 유형 3

◎ 교육청 2005년 10월 가형 8번

좌표공간에서 점 A$(1, 4, 2)$가 직선

$$\frac{x+1}{a} = \frac{y-2}{b} = \frac{z-1}{2}$$

위에 있을 때, 점 A와 평면 $ax+by+2z+48=0$ 사이의 거리는? (단, a, b는 상수) [3점]

① 11   ② 12   ③ 13   ④ 14   ⑤ 15

04 유형 4

◎ 평가원 2011학년도 9월 가형 18번

좌표공간에서 점 P$(-3, 4, 5)$를 yz평면에 대하여 대칭이동한 점을 Q라 하자. 선분 PQ를 $2:1$로 내분하는 점의 좌표를 (a, b, c)라 할 때, $a+b+c$의 값을 구하시오. [3점]

05 유형 5

수능 2017학년도 가형 24번

좌표공간에서 평면 $x+8y-4z+k=0$이 구 $x^2+y^2+z^2+2y-3=0$에 접하도록 하는 모든 실수 k의 값의 합을 구하시오. [4점]

06 유형 5

교육청 2013학년도 10월 29번

좌표공간에서 중심이 $C(1, 2, 1)$이고 반지름의 길이가 $\sqrt{3}$인 구가 두 평면 α, β와 접하는 점을 각각 P, Q라 하자. 두 평면 α, β의 교선의 방정식이 $x=-y=z$일 때, 삼각형 CPQ의 넓이는 S이다. $100S$의 값을 구하시오. [4점]

확률과 통계

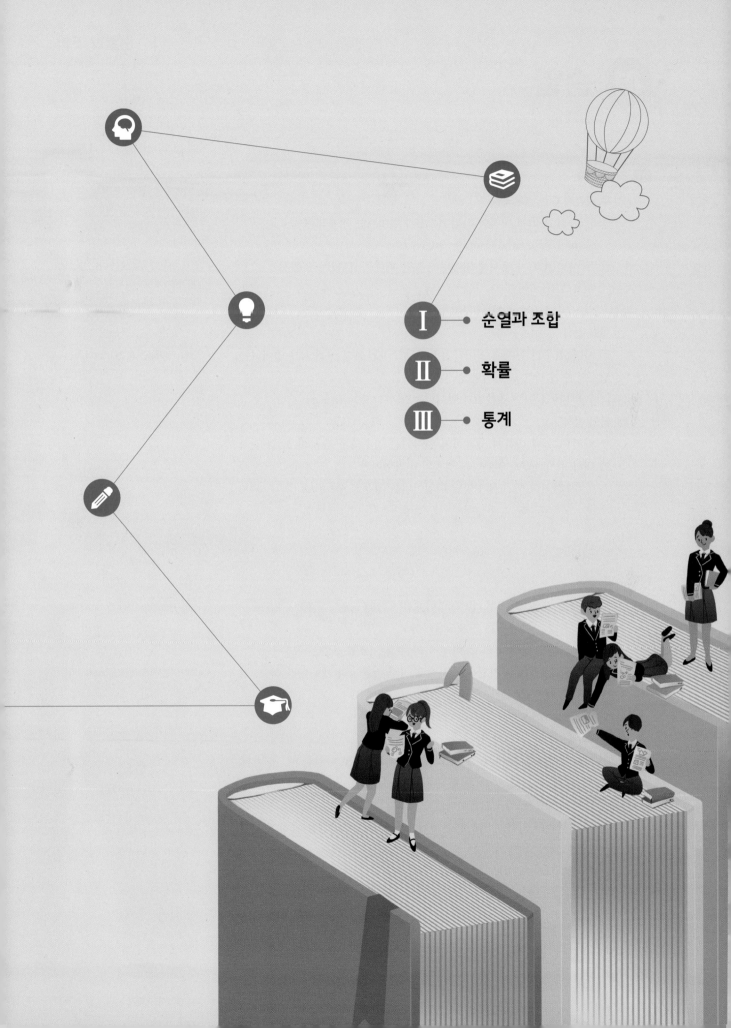

01 순열

01 경우의 수

(1) 두 사건에 대한 경우의 수

① 두 사건 A, B에 대하여 사건 $A \cup B$가 일어나는 경우의 수는
$$n(A \cup B) = n(A) + n(B) - n(A \cap B)$$

② 두 사건 A, B가 동시에 일어나지 않을 때에는 $A \cap B = \varnothing$에서
$n(A \cap B) = 0$이므로
$$n(A \cup B) = n(A) + n(B)$$

(2) 합의 법칙

두 사건 A, B가 동시에 일어나지 않을 때, 사건 A와 사건 B가 일어나는
경우의 수가 각각 m, n이면
$$(\text{사건 } A \text{ 또는 사건 } B \text{가 일어나는 경우의 수}) = m + n$$

(3) 곱의 법칙

두 사건 A, B에 대하여 사건 A가 일어나는 경우의 수가 m이고, 그 각각
에 대하여 사건 B가 일어나는 경우의 수가 n이면
$$(\text{사건 } A \text{와 사건 } B \text{가 잇달아 일어나는 경우의 수}) = mn$$

- 세 개 이상의 사건에서 어느 두 사건도 동시에 일어나지 않으면 합의 법칙이 성립한다.

- 잇달아 일어나는 세 개 이상의 사건에 대해서는 곱의 법칙이 성립한다.

02 순열

(1) 순열: 서로 다른 n개에서 $r(0 < r \leq n)$개를

택하여 일렬로 나열하는 것을 n개에서 r

$$\text{서로 다른} \atop \text{것의 개수} {-}_n\mathrm{P}_r{-} {\text{택하는} \atop \text{것의 개수}}$$

개를 택하는 순열이라 하고, 이 순열의 수를 기호로 $_n\mathrm{P}_r$로 나타낸다.

(2) 계승: 1부터 n까지의 자연수를 차례로 곱한 것을 n의 계승이라 하고, 기

호로 $n!$로 나타낸다.
$$n! = n(n-1)(n-2)\cdots 3 \cdot 2 \cdot 1$$

- $n!$에서 !는 '팩토리얼(factorial)'이라고 읽는다.

(3) 순열의 수

① 서로 다른 n개에서 $r(0 < r \leq n)$개를 택하여 일렬로 나열할 때, 첫 번째,
두 번째, 세 번째, $\cdots$, r 번째 자리에 올 수 있는 것은 각각 n, $(n-1)$,
$(n-2)$, $\cdots$, $(n-r+1)$개이다.

② 곱의 법칙에 의하여 서로 다른 n개에서 $r(0 < r \leq n)$개를 택하여 일렬
로 나열하는 순열의 수는
$$_n\mathrm{P}_r = n(n-1)(n-2)\cdots(n-r+1)$$
$$= \frac{n!}{(n-r)!} \ (\text{단, } 0 < r \leq n)$$

③ $0! = 1$, $_n\mathrm{P}_0 = 1$, $_n\mathrm{P}_n = n!$

03 원순열

(1) **원순열**: 서로 다른 것을 원형으로 배열하는 순열을 원순열이라 한다.

(2) **원순열의 수**

  ① n개에 대한 원순열은 어느 한 개의 위치를 고정하고, 나머지를 일렬로 배열하는 순열과 같다.

  ② 서로 다른 n개를 원형으로 배열하는 원순열의 수는

$$\frac{n!}{n}=(n-1)!$$

  ③ 서로 다른 n개에서 r개를 택하여 원형으로 배열하는 방법의 수는

$$\frac{_n\mathrm{P}_r}{r}=\frac{n!}{r\cdot(n-r)!}$$

• 원순열에서는 회전하여 일치하는 경우를 모두 같은 것으로 본다.

• 다각형 모양의 탁자에 둘러앉는 방법의 수는
(원순열의 수)×(회전시켰을 때 중복되지 않는 자리의 수)

04 중복순열

(1) **중복순열**: 서로 다른 n개에서 중복을 허용하여 r개를 택하여 일렬로 나열하는 순

서로 다른 $-{}_n\prod_r-$ 택하는
것의 개수   것의 개수

열을 n개에서 r개를 택하는 중복순열이라 하고, 이 중복순열의 수를 기호로 $_n\prod_r$로 나타낸다.

(2) **중복순열의 수**

  ① 서로 다른 n개에서 중복을 허용하여 r개를 택하여 일렬로 나열할 때, 첫 번째, 두 번째, 세 번째, $\cdots$, r번째 자리에 올 수 있는 것은 각각 n가지이다.

  ② 곱의 법칙에 의하여 서로 다른 n개에서 r개를 택하여 일렬로 나열하는 중복순열의 수는

$$_n\prod_r=n^r$$

• $_n\prod_r$에서는 중복을 허용하여 택할 수 있으므로 $n<r$일 수도 있다.

05 같은 것이 있는 순열

(1) n개 중에서 같은 것이 각각 p개, q개, $\cdots$, r개씩 있을 때, n개를 일렬로 나열하는 순열의 수는

$$\frac{n!}{p!q!\cdots r!} \ (단, p+q+\cdots+r=n)$$

(2) 서로 다른 n개 중 특정한 r개의 순서가 정해져 있는 경우, 이들 n개를 일렬로 나열하는 순열의 수는

$$\frac{n!}{r!}$$

◎ 사관 2011학년도 문과 27번

유형 1 ★ 합의 법칙, 곱의 법칙과 순열

집합 $A=\{1, 2, 3, 4, 5\}$의 서로 다른 두 원소를 a, b라 하고, 집합 $B=\{6, 7, 8, 9\}$의 서로 다른 두 원소를 c, d라 하자. 순서쌍 (a, b, c, d) 중에서 네 수의 곱 $abcd$가 짝수인 것의 개수를 구하시오.　　　　　[3점]

풀이 문제에서 요구하는 경우의 수는 전체 경우에서 4개의 숫자가 모두 홀수인 경우의 수를 빼면 구할 수 있다.

집합 A에서 서로 다른 2개의 원소 a, b를 고르는 경우의 수는 $_5P_2$

집합 B에서 서로 다른 2개의 원소 c, d를 고르는 경우의 수는 $_4P_2$

따라서 전체 경우의 수는 $_5P_2 \times _4P_2 = 20 \times 12 = 240$ …… ㉠

집합 A에서 서로 다른 2개의 홀수를 고르는 경우의 수는 $_3P_2$

집합 B에서 서로 다른 2개의 홀수를 고르는 경우의 수는 $_2P_2$

따라서 양 쪽에서 모두 홀수를 뽑는 경우의 수는 $_3P_2 \times _2P_2 = 6 \times 2 = 12$ …… ㉡

㉠, ㉡에서 네 수의 곱 $abcd$가 짝수인 경우의 수는

$240 - 12 = 228$

답 228

TIP
서로 다른 n개 중 순서를 고려하여 k개를 고르는 경우의 수는

$$_nP_k = n(n-1) \cdots (n-k+1)$$

유형2 ★ 이웃하거나 이웃하지 않는 경우와 순열

그림과 같이 7개의 좌석이 있는 차량에 앞줄에 2개, 가운데 줄에 3개, 뒷줄에 2개의 좌석이 배열되어 있다. 이 차량에 1학년 생도 2명, 2학년 생도 2명, 3학년 생도 2명이 탑승하려고 한다. 이 7개의 좌석 중 6개의 좌석에 각각 한 명씩 생도 6명이 앉는다고 할 때, 3학년 생도 2명 중 한 명은 운전석에 앉고 1학년 생도 2명은 같은 줄에 이웃하여 앉는 경우의 수를 구하시오.

[4점]

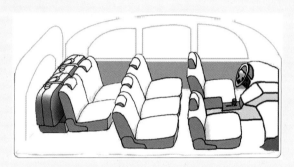

풀이 (ⅰ) 3학년 생도 2명 중 1명이 운전석에 앉는 경우의 수는 2

(ⅱ) 1학년 생도 2명이 같은 줄에 이웃하여 앉는 경우 나란한 좌석 2개를 한 쌍으로 본다.
가운데 줄에 2개, 뒷줄에 1개의 쌍이 있다.
또한 1학년 생도가 앉을 좌석 쌍이 정해지면 자리를 바꾸어 앉을 수 있으므로 그 경우의 수는
$3 \times 2 = 6$

(ⅲ) 나머지 4자리에 3명의 생도가 앉는 경우의 수는
$_4P_3 = 4 \times 3 \times 2 = 24$

(ⅰ), (ⅱ), (ⅲ)에서 구하는 경우의 수는
$2 \times 6 \times 24 = 288$

답 288

TIP
1학년 생도가 이웃하여 앉으므로 이 한 쌍을 한 개의 경우로 보고 경우의 수를 구한다. 이때, 1학년 생도의 쌍이 자리를 바꾸어 앉을 경우를 고려해야 한다.

유형 3 ★ 함수의 개수와 순열

집합 $X=\{1, 2, 3, 4, 5\}$에서 집합 $Y=\{1, 2, 3, 4, 5, 6, 7\}$로의 함수 중에서 다음 세 조건을 만족시키는 함수 f의 개수는? [4점]

> (가) 집합 X의 임의의 두 원소 x_1, x_2에 대하여 $x_1 \neq x_2$이면 $f(x_1) \neq f(x_2)$이다.
> (나) 합성함수 $f \circ f$가 정의된다.
> (다) $(f \circ f)(1) = 1$이다.

① 24   ② 30   ③ 36   ④ 42   ⑤ 48

풀이 (가)에서 함수 f에 대하여 집합 X의 원소들은 서로 다른 함숫값을 갖는다.

(나)에서 $f \circ f$가 정의되기 위해서는 함수 f의 정의역과 함수 f의 치역이 같아야 한다.

(다)에서 $f(1) = a$로 결정되면 $f(a) = 1$로 결정된다.

따라서 함수 f의 치역은 $\{1, 2, 3, 4, 5\}$이고 $f(1) = 1$인 경우와 $f(1) \neq 1$인 경우로 나누어 생각할 수 있다.

(i) $f(1) = 1$인 경우의 수

   $4! = 24$

(ii) $f(1) \neq 1$인 경우의 수

   ($f(1)$이 가질 수 있는 함수값의 경우의 수)×(나머지 세 원소끼리의 일대일 대응의 경우의 수)$= 4 \times 3! = 24$

따라서 함수 f의 개수는 $24 + 24 = 48$ **답** ⑤

TiP
정의역의 원소의 개수가 m, 치역의 원소의 개수가 n인 함수의 개수는 $_m\mathrm{P}_n$이다.

유형 4 ★ 중복순열

집합 $A=\{1, 3, 5, 7, 9\}$에 대하여 집합 P를

$$P=\left\{\frac{x_1}{10}+\frac{x_2}{10^2}+\frac{x_3}{10^3}\,\middle|\,x_1\in A,\ x_2\in A,\ x_3\in A\right\}$$

라 하자. 집합 P의 원소 중 41번째로 큰 원소는 $\dfrac{a}{10}+\dfrac{b}{10^2}+\dfrac{c}{10^3}$이다. $a+b+c$의 값은? [3점]

① 11　　② 13　　③ 15　　④ 17　　⑤ 19

풀이 1, 3, 5, 7, 9가 적힌 다섯 장의 카드를 중복을 허락하여 3장을 뽑는다고 하자. 이때 뽑힌 순서대로 x_1, x_2, x_3라고 하자.

x_1, x_2, x_3는 각각 소수의 첫 번째 자리, 두 번째 자리, 세 번째 자리를 의미한다.

크기가 큰 소수부터 개수를 따져보면

(ⅰ) $x_1=9$일 때 가능한 소수의 개수
　$_5\Pi_2=5\times5=25$

(ⅱ) $x_1=7, x_2=9$일 때 가능한 소수
　$_5\Pi_1=5$

(ⅲ) $x_1=7, x_2=7$일 때 가능한 소수
　$_5\Pi_1=5$

(ⅳ) $x_1=7, x_2=5$일 때 가능한 소수
　$_5\Pi_1=5$

여기까지 총 40개의 소수가 나온다.

그 다음으로 큰 소수, 즉 41번째로 큰 소수는 $x_1=7, x_2=3, x_3=9$일 때 만들어진다.

$a=7, b=3, c=9$이므로

$a+b+c=19$　　**답** ⑤

TIP 서로 다른 n개 중 순서를 고려하고 중복을 허락하여 k개를 고르는 경우의 수는 $_n\Pi_r=n^r$

유형 5 ★ 최단거리의 경우의 수

그림과 같이 직사각형 모양으로 이루어진 도로망이 있고, 이 도로망의 9개의 지점에 ●이 표시되어 있다.

A지점에서 B지점까지 가는 최단 경로 중에서 ●이 표시된 9개의 지점 중 오직 한 지점만을 지나는 경로의 수는? [4점]

① 30   ② 32   ③ 34   ④ 36   ⑤ 38

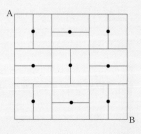

풀이 (ⅰ) P 또는 P′만 지나는 경우의 수

P만 지나는 경우의 수는 ⊞ 모양 도로에서 A에서 V까지 가는 최단 경로의 수와 같다. P′만 지나는 경우의 수도 P만 지나는 경우의 수와 같다.

$$\therefore \frac{4!}{2!2!}=6$$

(ⅱ) Q 또는 Q′만 지나는 경우의 수

Q만 지나는 경우의 수는 ⊟ 모양 도로에서 W에서 B까지 가는 최단 경로의 수와 같다. Q′만 지나는 경우의 수도 Q만 지나는 경우의 수와 같다.

$$\therefore \frac{3!}{2!1!}=3$$

(ⅲ) R 또는 R′만 지나는 경우의 수

R만 지나는 경우의 수는 X에서 B까지 가는 최단 경로의 수와 같다. R′만 지나는 경우의 수도 R만 지나는 경우의 수와 같다.

$$\therefore 1$$

(ⅳ) S 또는 S′만 지나는 경우의 수

S만 지나는 경우의 수는 ⊡ 모양 도로에서 A에서 W까지 가는 최단 경로의 수와 같다. S′만 지나는 경우의 수도 S만 지나는 경우의 수와 같다.

$$\therefore \frac{3!}{2!1!}=3$$

(ⅴ) T만 지나는 경우의 수

T만 지나는 경우의 수는 □ 모양 도로에서 A에서 Y까지 가는 최단 경로의 수에 □ 모양 도로에서 V에서 B까지 가는 최단 경로의 수를 곱한 것과 같다.

$$\therefore 2\times2=4$$

따라서 구하는 경로의 수는

$$2\times(6+3+1+3)+4=30$$

답 ①

TIP

가로로 p번, 세로로 q번 이동하여 목적지에 도달하는 격자 모양의 도로망이 있을 때, 최단 경로로 이동하는 경우의 수는

$$\frac{(p+q)!}{p!q!}$$

01 유형 5

◎ 사관 2015학년도 B형 5번

그림과 같이 정사각형 모양으로 연결된 도로망이 있다.

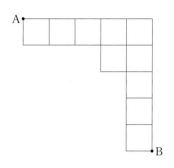

이 도로망을 따라 A지점에서 출발하여 B지점까지 최단거리로 가는 경우의 수는? [3점]

① 40   ② 42   ③ 44   ④ 46   ⑤ 48

02 유형 5

◎ 사관 2017학년도 가형 23번

어느 부대가 그림과 같은 바둑판 모양의 도로망에서 장애물(어두운 부분)을 피해 A 지점에서 B 지점으로 도로를 따라 이동하려고 한다. A 지점에서 출발하여 B 지점까지 최단거리로 가는 경우의 수를 구하시오. [3점]

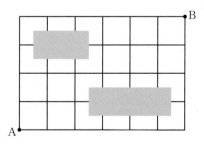

01 유형1

◎ 경찰 2010학년도 23번

다음은 0, 1, 2, 3, 4, 5를 한 번씩 사용하여 만든 6 자리의 자연수를 가장 작은 수부터 가장 큰 수까지 크기 순서로 나열한 수열이다.

> 102345, 102354, 102435, … , 543210

이 수열에서 450번째 항은?

① 345201　　　② 354210　　　③ 420135　　　④ 432510　　　⑤ 450123

02 유형2

◎ 경찰 2014학년도 13번

그림과 같이 5개의 섬 A, B, C, D, E가 있다. 이미 A, B가 다리로 연결되어 있을 때, 섬과 섬을 연결하는 3개의 다리를 더 건설하여 5개의 섬을 모두 다리로 연결하는 방법의 수는?　　　[4점]

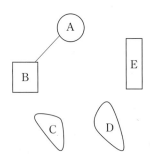

① 48　　　② 50　　　③ 52　　　④ 54　　　⑤ 56

03 유형 3

평가원 2006학년도 6월 가형 22번

집합 $A=\{1, 2, 3, 4, 5, 6\}$에서 A로의 함수 중에서 다음 두 조건을 만족시키는 함수 f의 개수를 구하시오. [4점]

> (가) 함수 f는 일대일 대응이다.
>
> (나) 정의역 A의 한 원소 n에 대하여 $f(n+1)-f(n)=5$이다.

04 유형 4

수능 2017학년도 가형 5번

숫자 1, 2, 3, 4, 5 중에서 중복을 허락하여 네 개를 택해 일렬로 나열하여 만든 네 자리의 자연수가 5의 배수인 경우의 수는? [3점]

① 115   ② 120   ③ 125   ④ 130   ⑤ 135

02 조합

01 조합

(1) **조합**: 서로 다른 n개에서 순서를 생각하지 않고 $r(0<r\leq n)$개를 선택하는 것을 n개에서 r개를 선택하는 조합이라 하고, 이 조합의 수를 기호로 $_nC_r$ 로 나타낸다.

(2) **조합의 수**

① 서로 다른 n개에서 r개를 선택하는 조합의 수는 $_nC_r$이고, 그 각각에 대하여 r개를 일렬로 나열하는 방법의 수는 $r!$이다. 이때, 이 두 수의 곱은 서로 다른 n개에서 r개를 택하는 순열의 수 $_nP_r$과 같다.

② 서로 다른 n개에서 $r(0<r\leq n)$개를 선택하는 순열의 수는

$$_nC_r=\frac{_nP_r}{r!}=\frac{n(n-1)(n-2)\cdots(n-r+1)}{r!}=\frac{n!}{r!(n-r)!}\ (단,\ 0<r\leq n)$$

③ $_nC_0=1,\ _nC_n=1$

④ $_nC_r=_nC_{n-r}$ (단, $0\leq r\leq n$)

⑤ $_nC_r=_{n-1}C_{r-1}+_{n-1}C_r$ (단, $1\leq r\leq n$)

⑥ $r\cdot_nC_r=n\cdot_{n-1}C_{r-1}$ (단, $1\leq r\leq n$)

• $_nC_r\times r!=_nP_r$

02 중복조합

(1) **중복조합**: 서로 다른 n개에서 중복을 허용하여 r개를 선택하는 조합을 n개에서 r개를 선택하는 중복조합이라 하고, 이 중복조합의 수를 기호로 $_nH_r$로 나타낸다.

(2) **중복조합의 수**

서로 다른 n개에서 중복을 허용하여 r개를 선택하는 중복조합의 수는

$$_nH_r=_{n+r-1}C_r$$

• $_nH_r$에서는 중복을 허용하여 택할 수 있으므로 $n<r$일 수도 있다.

03 세 묶음으로 분할하는 방법의 수

서로 다른 n개를 p개, q개, r개$(p+q+r=n)$의 세 묶음으로 나누는 방법의 수는

(1) $p,\ q,\ r$이 모두 다른 수이면 $_nC_p\cdot_{n-p}C_q\cdot_rC_r$

(2) $p,\ q,\ r$ 중에서 어느 두 개가 같을 때 $_nC_p\cdot_{n-p}C_q\cdot_rC_r\cdot\frac{1}{2!}$

(3) $p,\ q,\ r$이 모두 같은 수이면 $_nC_p\cdot_{n-p}C_q\cdot_rC_r\cdot\frac{1}{3!}$

04 집합의 분할

(1) **집합의 분할**: 유한집합을 공집합이 아닌 몇 개의 서로소인 부분집합의 합집합으로 나타내는 것을 집합의 분할이라 하고, 원소의 개수가 n인 집합을 $k(1\leq k\leq n)$개의 부분집합으로 분할하는 방법의 수를 기호로 $S(n,\ k)$로 나타낸다.

(2) **집합의 분할의 수**: 원소의 개수가 n인 집합의 분할의 수는

$$S(n, 1)+S(n, 2)+S(n, 3)+\cdots+S(n, n)$$

(3) $S(n, k)$**의 성질**: $1<k<n$일 때,

$$S(n, k)=S(n-1, k-1)+kS(n-1, k)$$

• 원소의 개수가 n인 집합에 대하여
$S(n, 1)=S(n, n)=1$

05 자연수의 분할

(1) **자연수의 분할**: 자연수 n을 자신보다 크지 않은 자연수 $n_1, n_2, n_3, \cdots, n_k$의 합

$$n=n_1+n_2+n_3+\cdots+n_k \ (n\geq n_1\geq n_2\geq \cdots \geq n_k)$$

로 나타내는 것을 자연수의 분할이라 하고, 자연수 n을 $k(1\leq k\leq n)$개의 자연수로 분할하는 방법의 수를 기호로 $P(n, k)$로 나타낸다.

(2) **자연수의 분할의 수**: 자연수 n의 분할의 수는

$$P(n, 1)+P(n, 2)+P(n, 3)+\cdots+P(n, n)$$

(3) $P(n, k)$**의 성질**: $1<k<n$일 때,

① $P(n, k)=P(n-k, 1)+P(n-k, 2)+P(n-k, 3)+\cdots+P(n-k, k)$

② $P(n, k)=P(n-1, k-1)+P(n-k, k)$

• 자연수 n에 대하여
$P(n, 1)=P(n, n)=1$

06 이항정리

(1) 자연수 n에 대하여 $(a+b)^n$을 전개한 식

$$(a+b)^n={}_nC_0a^n+{}_nC_1a^{n-1}b+{}_nC_2a^{n-2}b^2+\cdots+{}_nC_nb^n=\sum_{r=0}^{n}{}_nC_ra^{n-r}b^r$$

을 $(a+b)^n$에 대한 이항정리라 한다.

① ${}_nC_ra^{n-r}b^r$을 $(a+b)^n$의 전개식의 일반항이라 한다.

② 전개식의 각 항의 계수 ${}_nC_0, {}_nC_1, {}_nC_2, \cdots, {}_nC_r, \cdots, {}_nC_n$을 이항계수라 한다.

③ **파스칼의 삼각형**: ${}_nC_r={}_{n-1}C_{r-1}+{}_{n-1}C_r$을 이용하여 $(a+b)^n$의 전개식의 이항계수를 다음 그림과 같이 삼각형 모양으로 배열한 것을 파스칼의 삼각형이라 한다.

• ${}_nC_r={}_nC_{n-r}$이므로 $(a+b)^n$의 전개식에서 $a^{n-r}b^r$의 계수와 a^rb^{n-r}의 계수는 서로 같다.

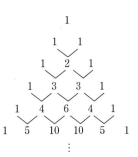

(2) **이항계수의 성질**

① ${}_nC_0+{}_nC_1+{}_nC_2+\cdots+{}_nC_n=2^n$

② ${}_nC_0-{}_nC_1+{}_nC_2+\cdots+(-1)^n{}_nC_n=0$

③ ${}_nC_0+{}_nC_2+{}_nC_4+\cdots={}_nC_1+{}_nC_3+{}_nC_5+\cdots=2^{n-1}$

유형 1 ★ 선택하여 나열하는 방법의 수

그림과 같이 5개의 영역으로 나누어진 도형을 서로 다른 4가지 색을 사용하여 모든 영역을 칠하려고 한다. 다음 조건을 만족시키도록 한 영역에 한 가지 색만을 칠할 때, 그 결과로 나타날 수 있는 모든 경우의 수를 구하시오. (단, 경계가 일부라도 닿은 두 영역은 서로 이웃한 영역으로 본다.) [4점]

> (가) 4가지의 색의 전부 또는 일부를 사용한다.
> (나) 서로 이웃한 영역은 서로 다른 색으로 칠한다.

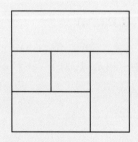

풀이 2가지 색 이하를 이용할 경우 반드시 이웃한 사각형에 같은 색을 칠해야 한다. 따라서 3가지 색 또는 4가지 색을 이용해서 칠할 수 있다.

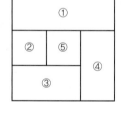

(i) 3가지 색만 이용하는 경우: 4가지 색 중 3가지 색을 선택하여($_4C_3$) ①을 칠한다(3가지). 그리고 ②를 칠하고(2가지) ⑤를 칠한다(1가지). ④는 ②와 같은 색으로 칠해야 한다(1가지). ③도 ①과 같은 색으로 칠한다(1가지).

∴ $_4C_3 \times 3 \times 2 \times 1 \times 1 \times 1 = 24$(가지)

(ii) 4가지 색을 모두 이용하는 경우: ①을 칠한다(4가지). 그 다음 ②를 칠하고(3가지) ⑤를 칠한다(2가지).

④에 ②와 같은 색을 사용할 경우(1가지) ③에 나머지 하나의 색을 칠해야 한다(1가지).

④에 ②와 다른 색을 사용할 경우(1가지) ③에 ①과 같은 색을 칠해야한다(1가지).

$4 \times 3 \times 2 \times (1 \times 1 + 1 \times 1) = 48$(가지)

따라서 경우의 수는 $24 + 48 = 72$

답 72

TiP
먼저 서로 이웃한 영역을 서로 다른 색으로 칠할 수 있는 최소의 색의 가짓수를 구한다.

유형 2 ★ 묶음으로 분할하는 방법의 수

최대공약수가 $5!$, 최소공배수가 $13!$이 되는 두 자연수 k, $n(k \leq n)$의 순서쌍 (k, n)의 개수는? [4점]

① 25   ② 27   ③ 32   ④ 36   ⑤ 49

풀이 두 자연수 k, n의 최대공약수가 $5!$이므로

$k = a \times 5!$, $n = b \times 5!$ (단, a와 b는 $a < b$를 만족하는 서로소인 자연수)

이때, 두 수의 최소공배수가 $13!$이므로

$a \times b \times 5! = 13!$

$\therefore a \times b = 13 \times 12 \times 11 \times 10 \times 9 \times 8 \times 7 \times 6$

$\qquad\qquad = 2^7 \times 3^4 \times 5 \times 7 \times 11 \times 13$

즉, 2^7, 3^4, 5, 7, 11, 13을 두 묶음으로 나누었을 때 묶음의 곱이 작은 수가 a, 큰 수가 b가 된다.

6개의 수는 0개와 6개, 1개와 5개, 2개와 4개, 3개와 3개로 나눌 수 있으므로 모든 경우의 수는

$_6C_0 \times _6C_6 + _6C_1 \times _5C_5 + _6C_2 \times _4C_4 + _6C_3 \times _3C_3 \times \dfrac{1}{2!}$

$\quad = 1 \times 1 + 6 \times 1 + 15 \times 1 + 20 \times 1 \times \dfrac{1}{2}$

$\quad = 32$

따라서 순서쌍 (k, n)의 개수는 32개다. **답** ③

Tip
두 자연수를 구성하는 인수를 찾아 그 중 일부를 고르는 방법으로 경우의 수를 찾는다.

◉ 사관 2013학년도 문과·이과 6번

유형3 ★ 중복조합

어느 인터넷 동호회에서 한 종류의 사은품 10개를 정회원 2명, 준회원 2명에게 모두 나누어 주려고 한다. 정회원은 2개 이상, 준회원은 1개 이상을 받도록 나누어 주는 방법의 수는? (단, 사은품은 서로 구별하지 않는다.)

[3점]

① 20   ② 25   ③ 30   ④ 35   ⑤ 40

풀이 정회원 2명에게 2개씩, 준회원 2명에게 1개씩 지급한 후 남은 4개를 4명의 회원에게 나누어 준다.

따라서 구하는 방법의 수는 4명의 회원 중에서 중복을 허락하여 4명을 뽑는 중복조합의 수와 같으므로

$$_4H_4 = {}_{4+4-1}C_4 = {}_7C_4 = {}_7C_3 = \frac{7 \times 6 \times 5}{3 \times 2 \times 1} = 35$$

답 ④

TIP
서로 다른 n개 중 순서를 고려하지 않고 중복을 허락하여 k개를 고르는 경우의 수는

$$_nH_r = {}_{n+r-1}C_r$$

유형 4 ★ 방정식 · 부등식의 해의 개수와 중복조합

$2\sum_{k=1}^{5}x_k+3\sum_{k=6}^{10}x_k=8$을 만족시키는 서로 다른 순서쌍 $(x_1, x_2, x_3, \cdots, x_{10})$의 개수를 구하시오.(단, x_i는 음이 아닌 정수이고 $i=1, 2, 3, \cdots, 10$이다.)

[3점]

풀이 $\sum_{k=1}^{5}x_k=a$, $\sum_{k=6}^{10}x_k=b$라고 하면 a, b가 음이 아닌 정수이므로

$2a+3b=8$을 만족시키는 (a, b)는 다음 두 가지 경우가 있다.

(ⅰ) $(a, b)=(4, 0)$

　　a는 1이 4개 필요하고 b는 1이 필요하지 않으므로 구하는 개수는

　　$_5H_4 \times _5H_0 = _{5+4-1}C_4 \times _{5+0-1}C_0 = _8C_4 \times _4C_0 = 70 \times 1 = 70$

(ⅱ) $(a, b)=(1, 2)$

　　a는 1이 1개 필요하고 b는 1이 2개 필요하므로 구하는 개수는

　　$_5H_1 \times _5H_2 = _{5+1-1}C_1 \times _{5+2-1}C_2 = _5C_1 \times _6C_2 = 5 \times 15 = 75$

따라서 (ⅰ), (ⅱ)에서 구하는 순서쌍의 개수는 $70+75=145$

답 145

TIP

조건을 만족하도록 $\sum_{k=1}^{5}x_k$, $\sum_{k=6}^{10}x_k$의 값을 각각 구하고, $(x_1, x_2, \cdots, x_5)$, $(x_6, x_7, \cdots, x_{10})$의 개수를 중복조합을 이용하여 각각 구한다.

● 사관 2017학년도 가형 4번

유형 5 ★ 자연수의 분할

자연수 10의 분할 중에서 짝수로만 이루어진 것의 개수는? [3점]

① 7   ② 8   ③ 9   ④ 10   ⑤ 11

풀이 짝수로만 이루어진 10의 분할은 5의 분할과 일대일 대응의 관계를 가진다.

예를 들면

$10=2+2+2+2+2=2\times5=2\times(1+1+1+1+1)$

따라서 이 문제는 5의 분할의 개수를 구하는 것과 같다.

$5=1+1+1+1+1=2+1+1+1=2+2+1=3+1+1=3+2=4+1$

따라서 10의 분할 중 짝수로만 이루어진 것의 개수는 7이다.   **답** ①

TIP
주어진 분할의 조건을 간단한 조건으로 대응시킨다.

유형 6 ★ 이항정리

$\left(x^n + \dfrac{1}{x}\right)^{10}$ 의 전개식에서 상수항이 45일 때, 자연수 n의 값을 구하시오. [3점]

풀이 이항정리에 의하여 상수항은 어떤 k에 대하여

$$_{10}C_k (x^n)^k \left(\frac{1}{x}\right)^{10-k} = 45$$

이때 $_{10}C_k = 45$이므로 $k=2$

따라서 $(x^n)^2 \left(\dfrac{1}{x}\right)^8 = x^0$이므로 $2n-8=0$

$\therefore n=4$

답 4

TIP

$$(x+y)^n = \sum_{k=0}^{n} {}_n C_k x^{n-k} y^k$$

01 유형 1

사관 2018학년도 나형 9번

빨간 공 3개, 파란 공 2개, 노란 공 2개가 있다. 이 7개의 공을 모두 일렬로 나열할 때, 빨간 공끼리는 어느 것도 서로 이웃하지 않도록 나열하는 경우의 수는? (단, 같은 색의 공은 서로 구별하지 않는다.)　[3점]

① 45　　　　② 50　　　　③ 55　　　　④ 60　　　　⑤ 65

02 유형 3

사관 2018학년도 나형 18번

그림과 같이 10개의 공이 들어 있는 주머니와 일렬로 나열된 네 상자 A, B, C, D가 있다. 이 주머니에서 2개의 공을 동시에 꺼내어 이웃한 두 상자에 각각 한 개씩 넣는 시행을 5회 반복할 때, 네 상자 A, B, C, D에 들어 있는 공의 개수를 각각 a, b, c, d라 하자. a, b, c, d의 모든 순서쌍 (a, b, c, d)의 개수는? (단, 상자에 넣은 공은 다시 꺼내지 않는다.)　[4점]

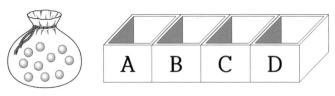

① 21　　　　② 22　　　　③ 23　　　　④ 24　　　　⑤ 25

03 유형 3

◎ 사관 2017학년도 가형 14번

같은 종류의 볼펜 6개, 같은 종류의 연필 6개, 같은 종류의 지우개 6개가 필통에 들어 있다. 이 필통에서 8개를 동시에 꺼내는 경우의 수는? (단, 같은 종류끼리는 서로 구별하지 않는다.) [4점]

① 18   ② 24   ③ 30   ④ 36   ⑤ 42

04 유형 3

◎ 사관 2016학년도 A형 28번

어느 공연장에 15개의 좌석이 일렬로 배치되어 있다. 이 좌석 중에서 서로 이웃하지 않도록 4개의 좌석을 선택하려고 한다. 예를 들면, 아래 그림의 색칠한 부분과 같이 좌석을 선택한다.

무대

이와 같이 좌석을 선택하는 경우의 수를 구하시오. (단, 좌석을 선택하는 순서는 고려하지 않는다.) [4점]

05 유형 3

사관 2016학년도 B형 1번

$_3H_1 + {}_3H_2 + {}_3H_3$ 의 값은? [2점]

① 11   ② 13   ③ 15   ④ 17   ⑤ 19

06 유형 4

사관 2017학년도 나형 25번

방정식 $(x+y+z)(s+t) = 49$를 만족시키는 자연수 x, y, z, s, t의 모든 순서쌍 (x, y, z, s, t)의 개수를 구하시오.

[3점]

07 유형 4

◎ 사관 2015학년도 A형 7번

등식 $abc=1024$를 만족시키는 세 자연수 a, b, c의 순서쌍 (a, b, c)의 개수는?　　[3점]

① 42　　　　② 48　　　　③ 54　　　　④ 60　　　　⑤ 66

08 유형 4

◎ 사관 2014학년도 A형 24번

방정식 $x+3y+3z=32$를 만족시키는 자연수 x, y, z의 순서쌍 (x, y, z)의 개수를 구하시오.　　[3점]

09 유형 4

◉ 사관 2014학년도 B형 4번

1008, 1233과 같이 각 자리의 숫자의 합이 9인 네 자리의 자연수의 개수는? [3점]

① 165   ② 170   ③ 175   ④ 180   ⑤ 185

10 유형 6

◉ 사관 2018학년도 가형 22번

$(2x+1)^5$의 전개식에서 x^3의 계수를 구하시오. [3점]

11 유형 6

◉ 사관 2013학년도 문과 25번

$\left(x^2+\dfrac{2}{x}\right)^6$의 전개식에서 x^3의 계수를 구하시오.

[3점]

01 유형 2

◎ 교육청 2005년 4월 가형 이산수학 5번

집합 $A=\{1, 2, 3, 4, 5, 6, 7\}$에 대하여 원소의 개수가 2개, 2개, 3개인 집합으로 분할하는 방법의 수를 구하시오.

[4점]

02 유형 3

◎ 경찰 2016학년도 14번

10명의 순경이 세 구역을 순찰하려고 한다. 각 구역에는 적어도 한 명이 순찰하고, 각 구역의 순찰 인원은 5명 이하가 되도록 인원수를 정하는 경우의 수는? (단, 한 명의 순경은 하나의 구역만 순찰하고, 순경은 서로 구분하지 않는다.)

[4점]

① 16　　　　　② 18　　　　　③ 20　　　　　④ 22　　　　　⑤ 24

03 유형 5

◎ 수능 2018학년도 나형 8번

자연수 11을 3 이상 7 이하의 자연수로 분할하는 방법의 수는?　　　　　　　[3점]

① 2　　　　　② 4　　　　　③ 6　　　　　④ 8　　　　　⑤ 10

04 유형 6

◎ 경찰 2013학년도 15번

다음 다항식에서 x^{22}의 계수는?

$$(x+1)^{24}+x(x+1)^{23}+x^2(x+1)^{22}+\cdots+x^{22}(x+1)^2$$

① 1520　　　　② 1760　　　　③ 2020　　　　④ 2240　　　　⑤ 2300

01 확률의 뜻과 활용

01 시행과 사건

(1) **시행**: 같은 조건에서 반복할 수 있고 그 결과가 우연에 의해 결정되는 실험이나 관찰을 시행이라 한다.

(2) **표본공간**: 어느 시행에서 일어날 수 있는 모든 결과의 집합을 표본공간이라 한다.

(3) **사건**: 시행의 각 결과를 사건이라 한다.

(4) **표본공간 S의 두 사건 A, B에 대하여**

① A 또는 B가 일어나는 사건을 A와 B의 합사건이라 하고, 기호로 $A \cup B$로 나타낸다. 또, A와 B가 동시에 일어나는 사건을 A와 B의 곱사건이라 하고, 기호로 $A \cap B$로 나타낸다.

② A와 B가 동시에 일어나지 않을 때, 즉 $A \cap B = \varnothing$일 때, A와 B는 서로 배반사건이라 한다.

③ A가 일어나지 않는 사건을 A의 여사건이라 하고, 기호로 A^c로 나타낸다.

• A와 A^c는 서로 배반사건이다.

02 확률

(1) **확률**: 어떤 시행에서 사건 A가 일어날 가능성을 수로 나타낸 것을 사건 A가 일어날 확률이라 하고, 기호로 $\mathrm{P}(A)$로 나타낸다.

(2) **수학적 확률**: 표본공간 S에 대하여 각 한 개의 원소로 이루어진 사건이 일어날 가능성이 모두 같은 정도로 기대될 때, 다음 식과 같이 사건 A가 일어날 확률 $\mathrm{P}(A)$를 수학적 확률이라 한다.

$$\mathrm{P}(A) = \frac{n(A)}{n(S)} = \frac{(\text{사건 } A\text{가 일어나는 경우의 수})}{(\text{일어날 수 있는 모든 경우의 수})}$$

(3) **통계적 확률**: 같은 시행을 n번 반복하여 사건 A가 일어난 횟수를 r_n이라 할 때, 시행횟수 n이 한없이 커짐에 따라 그 상대도수 $\dfrac{r_n}{n}$이 일정한 값 p에 가까워지면 이 값 p를 사건 A의 통계적 확률이라 한다.

• 시행횟수가 충분히 커지면 통계적 확률은 수학적 확률에 가까워진다.

03 확률의 기본성질

표본공간이 S인 어떤 시행에서

(1) 임의의 사건 A에 대하여 $0 \leq \mathrm{P}(A) \leq 1$

(2) 반드시 일어나는 사건 S에 대하여 $\mathrm{P}(S) = 1$

(3) 절대로 일어나지 않는 사건 $\varnothing$에 대하여 $\mathrm{P}(\varnothing) = 0$

04 확률의 덧셈정리

표본공간 S의 두 사건 A, B에 대하여
$$\mathrm{P}(A \cup B) = \mathrm{P}(A) + \mathrm{P}(B) - \mathrm{P}(A \cap B)$$

• 두 사건 A, B가 서로 배반사건이면
$\mathrm{P}(A \cup B) = \mathrm{P}(A) + \mathrm{P}(B)$

05 여사건의 확률

사건 A의 여사건 A^c에 대하여 $\mathrm{P}(A^c) = 1 - \mathrm{P}(A)$

● 사관 2018학년도 가형 14번

유형 1 ★ 수학적 확률

집합 $S=\{a, b, c, d\}$의 공집합이 아닌 모든 부분집합 중에서 임의로 한 개씩 두 개의 부분집합을 차례로 택한다. 첫 번째로 택한 집합을 A, 두 번째로 택한 집합을 B라 할 때, $n(A) \times n(B) = 2 \times n(A \cap B)$가 성립할 확률은? (단, 한 번 택한 집합은 다시 택하지 않는다.) [4점]

① $\dfrac{2}{35}$ 　② $\dfrac{3}{35}$ 　③ $\dfrac{4}{35}$ 　④ $\dfrac{1}{7}$ 　⑤ $\dfrac{6}{35}$

풀이 집합 S의 공집합이 아닌 부분집합의 수는 $2^4 - 1 = 15$

따라서 집합 A를 택할 수 있는 경우의 수는 15, 이에 따른 집합 B를 택할 수 있는 경우의 수는 14이므로 모든 경우의 수는

$15 \times 14 = 210$

한편, $n(A)$, $n(B)$, $n(A \cap B)$는 모두 자연수이고,

$n(A \cap B) \leq n(A) \leq 4$, $n(A \cap B) \leq n(B) \leq 4$

이므로 가능한 경우는 다음과 같다.

(ⅰ) $n(A) = 1$, $n(B) = 2$, $n(A \cap B) = 1$

즉, 원소의 개수가 1인 부분집합을 집합 A로 고르고, 집합 A의 원소가 포함된 집합을 집합 B로 고르는 경우와 같다. 즉, $A \subset B$이므로 집합 A를 택힐 수 있는 경우의 수는 4, 이에 따른 집합 B를 택할 수 있는 경우의 수는 3이므로 가능한 경우의 수는

$4 \times 3 = 12$

(ⅱ) $n(A) = 2$, $n(B) = 1$, $n(A \cap B) = 1$

(ⅰ)에서 집합 A와 집합 B를 바꾼 경우이므로 가능한 경우의 수는

$4 \times 3 = 12$

(ⅰ), (ⅱ)에서 가능한 경우의 수는 24이므로 주어진 조건이 성립할 확률은

$\dfrac{24}{210} = \dfrac{4}{35}$

답 ③

Tip
집합의 원소의 개수는 자연수이므로, $n(A) \times n(B) = 2 \times n(A \cap B)$를 만족하는 $n(A)$, $n(B)$, $n(A \cap B)$의 경우를 나누어 생각한다.

유형 2 ★ 조합을 이용한 수학적 확률

두 학생 A, B를 포함한 8명의 학생을 임의로 3명, 3명, 2명씩 3개의 조로 나눌 때, 두 학생 A, B가 같은 조에 속할 확률은? [3점]

① $\dfrac{1}{8}$ ② $\dfrac{1}{4}$ ③ $\dfrac{3}{8}$ ④ $\dfrac{1}{2}$ ⑤ $\dfrac{5}{8}$

풀이 8명의 학생을 세 조로 나누는 경우의 수는 다음과 같다.

$${}_8C_3 \times {}_5C_3 \times {}_3C_3 \times \frac{1}{2!} = 56 \times 10 \div 2 = 280$$

이제 A와 B를 한 조에 포함시키는 경우의 수를 구해보자.

A와 B가 3명인 조에 들어간다면 A, B와 같은 조인 한 명을 뽑고 나머지 5명을 3명, 2명으로 나누면 된다.

$${}_6C_1 \times {}_5C_3 \times {}_2C_2 = 6 \times 10 = 60$$

A와 B가 2명인 조에 들어간다면 A, B를 제외한 6명을 3명씩 둘로 나누면 된다.

$${}_6C_3 \times {}_3C_3 \times \frac{1}{2!} = 20 \div 2 = 10$$

따라서 A, B가 같은 조에 속하는 경우의 수는 총 70이다.

그러므로 구하는 확률은 $\dfrac{70}{280} = \dfrac{1}{4}$

답 ②

TIP

두 학생 A, B가 3명인 조에 들어가는 경우와 2명인 조에 들어가는 경우로 나누어 생각한다.

01 유형 1

◎ 사관 2018학년도 나형 27번

한 변의 길이가 1인 정육각형의 6개의 꼭짓점 중에서 임의로 서로 다른 3개의 점을 택하여 이 3개의 점을 꼭짓점으로 하는 삼각형을 만들 때, 이 삼각형의 넓이가 $\dfrac{\sqrt{3}}{2}$ 이상일 확률은 $\dfrac{q}{p}$ 이다. $p+q$의 값을 구하시오. (단, p와 q는 서로소인 자연수이다.) [4점]

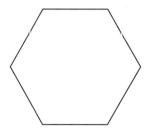

02 유형 1

◎ 사관 2012학년도 문과 5번

정육면체 모양의 주사위 한 개를 세 번 던져서 나온 눈의 수를 나온 순서대로 x, y, z라 할 때, $x-y+z=7$이 될 확률은? [3점]

① $\dfrac{5}{72}$　　② $\dfrac{1}{12}$　　③ $\dfrac{7}{72}$　　④ $\dfrac{1}{9}$　　⑤ $\dfrac{1}{8}$

03 유형 2

● 사관 2016학년도 A형 20번

바닥에 놓여 있는 5개의 동전 중 임의로 2개의 동전을 선택하여 뒤집는 시행을 하기로 한다. 2개의 동전은 앞면이, 3개의 동전은 뒷면이 보이도록 바닥에 놓여 있는 상태에서 이 시행을 3번 반복한 결과 2개의 동전은 앞면이, 3개의 동전은 뒷면이 보이도록 바닥에 놓여 있을 확률은? (단, 동전의 크기와 모양은 모두 같다.)　　　　　[4점]

① $\dfrac{77}{125}$　　　② $\dfrac{31}{50}$　　　③ $\dfrac{78}{125}$　　　④ $\dfrac{157}{250}$　　　⑤ $\dfrac{79}{125}$

04 유형 2

● 사관 2011학년도 문과 18번

사과 3개와 복숭아 2개가 있다. 이 5개의 과일 중에서 임의로 4개의 과일을 택하여 네 명의 학생에게 각각 하나씩 나누어 주었다. 남아있는 1개의 과일을 네 명의 학생 중 임의의 한 명에게 주었을 때, 이 학생이 가진 2개의 과일이 같은 종류일 확률은?　　　　　[4점]

① $\dfrac{1}{10}$　　　② $\dfrac{1}{5}$　　　③ $\dfrac{3}{10}$　　　④ $\dfrac{2}{5}$　　　⑤ $\dfrac{1}{2}$

05 유형 2

사관 2010학년도 문과 2번

A그룹에 남자 2명과 여자 2명, B그룹에도 남자 2명과 여자 2명이 있다. A그룹과 B그룹에서 각각 2명씩 뽑아 동시에 상대 그룹으로 이동시킬 때, A그룹에 남자 1명과 여자 3명이 있을 확률은? [2점]

① $\dfrac{1}{10}$ ② $\dfrac{1}{9}$ ③ $\dfrac{2}{9}$ ④ $\dfrac{1}{3}$ ⑤ $\dfrac{2}{5}$

01 유형 1

경찰 2013학년도 11번

세 개의 주사위를 동시에 던질 때, 세 주사위에 나타난 눈의 수가 2, 5, 3 또는 1, 1, 2 또는 6, 4, 2와 같이 두 주사위에 나타난 눈의 수의 합이 나머지 주사위의 눈의 수와 같을 확률은?

① $\frac{1}{6}$ ② $\frac{2}{9}$ ③ $\frac{5}{24}$ ④ $\frac{1}{4}$ ⑤ $\frac{5}{18}$

02 유형 1

수능 2011학년도 나형 17번

한국, 중국, 일본 학생이 2명씩 있다. 이 6명이 그림과 같이 좌석번호가 지정된 6개의 좌석 중 임의로 1개씩 선택하여 앉을 때, 같은 나라의 두 학생끼리는 좌석 번호의 차가 1 또는 10이 되도록 앉게 될 확률은? [4점]

11	12	13
21	22	23

① $\frac{1}{20}$ ② $\frac{1}{10}$ ③ $\frac{3}{20}$ ④ $\frac{1}{5}$ ⑤ $\frac{1}{4}$

03 유형 2

◎ 경찰 2017학년도 13번

서로 다른 6개의 물건을 남김없이 서로 다른 3개의 상자에 임의로 분배할 때, 빈 상자가 없도록 분배할 확률은?

[4점]

① $\dfrac{2}{3}$　　　② $\dfrac{19}{27}$　　　③ $\dfrac{20}{27}$　　　④ $\dfrac{7}{9}$　　　⑤ $\dfrac{22}{27}$

04 유형 2

◎ 교육청 2014년 7월 A형 28번

상자 A에는 흰 공 10개, 상자 B에는 검은 공 10개가 들어 있다. 다음과 같이 [실행 1]부터 [실행 3]까지 할 때, 상자 B의 흰 공의 개수가 홀수일 확률이 $\dfrac{q}{p}$ 이다. $p+q$의 값을 구하시오. (단, p, q는 서로소인 자연수이다.)

[4점]

> [실행 1] 상자 A에서 임의로 2개의 공을 동시에 꺼내어 상자 B에 넣는다.
>
> [실행 2] 상자 B에서 임의로 2개의 공을 동시에 꺼내어 상자 A에 넣는다.
>
> [실행 3] 상자 A에서 임의로 2개의 공을 동시에 꺼내어 상자 B에 넣는다.

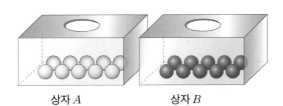

상자 A　　　　상자 B

02 조건부확률

01 조건부확률

(1) **조건부확률**: 확률이 0이 아닌 두 사건 A, B에 대하여 사건 A가 일어났다는 가정하에 사건 B가 일어날 확률을 사건 A가 일어났을 때의 사건 B의 조건부확률이라 하고, 기호로 $P(B|A)$로 나타낸다.

(2) 사건 A가 일어났을 때 사건 B의 조건부확률은

$$P(B|A)=\frac{P(A\cap B)}{P(A)} \ \ (단, \ P(A)>0)$$

• $P(B|A)$는 A를 새로운 표본공간으로 생각하여 A에서 사건 $A\cap B$가 일어날 확률을 뜻한다.

02 확률의 곱셈정리

$P(A)>0$, $P(B)>0$일 때, 두 사건 A, B가 동시에 일어날 확률은

$$P(A\cap B)=P(A)P(B|A)=P(B)P(A|B)$$

03 사건의 독립과 종속

(1) **사건의 독립**

두 사건 A, B에 대하여 사건 A가 일어나거나 일어나지 않는 것이 사건 B가 일어날 확률에 영향을 주지 않을 때, 즉

$$P(B|A)=P(B|A^c)=P(B)$$

일 때, 두 사건 A와 B는 서로 독립이라 한다.

(2) **사건의 종속**

두 사건 A와 B가 서로 독립이 아닐 때, 즉

$$P(A|B)\neq P(A) \ \ 또는 \ P(B|A)\neq P(B)$$

일 때, 두 사건 A와 B는 서로 종속이라 한다.

(3) 두 사건 A와 B가 서로 독립이기 위한 필요충분조건은

$$P(A\cap B)=P(A)P(B) \ (단, \ P(A)>0, \ P(B)>0)$$

• 두 사건 A, B가 서로 독립이면 A와 B^c, A^c와 B, A^c와 B^c도 각각 서로 독립이다.

04 독립시행의 확률

(1) **독립시행**: 동일한 시행을 반복할 때, 각 시행에서 일어나는 사건이 서로 독립인 경우, 이 시행을 독립시행이라 한다.

(2) 어떤 시행에서 사건 A가 일어날 확률이 p일 때, 이 시행을 n회 반복하는 독립시행에서 사건 A가 r회 일어날 확률은

$$_nC_r p^r(1-p)^{n-r} \ \ (단, \ r=0, 1, 2, \cdots, n)$$

◎ 사관 2017학년도 가형 5번·나형 6번

유형 1 ★ 조건부확률

한 개의 주사위를 던질 때 짝수의 눈이 나오는 사건을 A, 소수의 눈이 나오는 사건을 B라 하자.

$P(B|A) - P(B|A^c)$의 값은? (단, A^c은 A의 여사건이다.) [3점]

① $-\dfrac{1}{3}$ ② $-\dfrac{1}{6}$ ③ 0 ④ $\dfrac{1}{6}$ ⑤ $\dfrac{1}{3}$

풀이 주사위의 눈 중에 짝수는 2, 4, 6이고 홀수는 1, 3, 5이다.

이 중 짝수인 소수는 2이고 홀수인 소수는 3, 5이다.

정리하면

짝수의 눈이 나올 확률: $P(A) = \dfrac{3}{6} = \dfrac{1}{2}$

짝수이면서 소수인 눈이 나올 확률: $P(A \cap B) = \dfrac{1}{6}$

홀수의 눈이 나올 확률: $P(A^c) = \dfrac{3}{6} = \dfrac{1}{2}$

홀수이면서 소수인 눈이 나올 확률: $P(A^c \cap B) = \dfrac{2}{6} = \dfrac{1}{3}$

$P(B|A) = \dfrac{P(A \cap B)}{P(A)} = \dfrac{1}{6} \div \dfrac{1}{2} = \dfrac{1}{3}$

$P(B|A^c) = \dfrac{P(A^c \cap B)}{P(A^c)} = \dfrac{1}{3} \div \dfrac{1}{2} = \dfrac{2}{3}$

$\therefore P(B|A) - P(B|A^c) = \dfrac{1}{3} - \dfrac{2}{3} = -\dfrac{1}{3}$

TIP

사건 A가 일어난 조건 하에서 사건 B가 일어날 조건부확률은

$$P(B|A) = \dfrac{P(A \cap B)}{P(A)}$$

답 ①

유형 2 ★ 확률의 곱셈정리

어떤 제품은 전체 생산량의 30%, 20%, 50%가 각각 세 공장 A, B, C에서 생산되고, 제품의 불량률은 각각 2%, 4%, a%라고 한다. 세 공장 A, B, C에서 생산된 제품 중 임의로 선택한 한 개의 제품이 불량품일 때, 그 제품이 C공장에서 생산된 제품이었을 확률은 $\dfrac{15}{29}$이다. a의 값은? (단, 세 공장 A, B, C에서는 다른 제품은 생산되지 않는다.)

[3점]

① 1　　　　② 2　　　　③ 3　　　　④ 4　　　　⑤ 5

풀이 제품이 세 공장 A, B, C에서 생산되는 제품인 사건을 각각 A, B, C라 하고 제품이 불량품인 사건을 E라 하면

$$\mathrm{P}(A)=\frac{30}{100}=\frac{3}{10},\ \mathrm{P}(B)=\frac{20}{100}=\frac{1}{5},\ \mathrm{P}(C)=\frac{50}{100}=\frac{1}{2}$$

$$\mathrm{P}(E|A)=\frac{2}{100},\ \mathrm{P}(E|B)=\frac{4}{100},\ \mathrm{P}(E|C)=\frac{a}{100}$$

$$\therefore \mathrm{P}(C|E)=\frac{\mathrm{P}(C\cap E)}{\mathrm{P}(E)}$$

$$=\frac{\mathrm{P}(C\cap E)}{\mathrm{P}(A\cap E)+\mathrm{P}(B\cap E)+\mathrm{P}(C\cap E)}$$

$$=\frac{\mathrm{P}(C)\mathrm{P}(E|C)}{\mathrm{P}(A)\mathrm{P}(E|A)+\mathrm{P}(B)\mathrm{P}(E|B)+\mathrm{P}(C)\mathrm{P}(E|C)}$$

$$=\frac{\dfrac{5}{10}\cdot\dfrac{a}{100}}{\dfrac{3}{10}\cdot\dfrac{2}{100}+\dfrac{1}{5}\cdot\dfrac{4}{100}+\dfrac{1}{2}\cdot\dfrac{a}{100}}$$

$$=\frac{5a}{14+5a}$$

$\dfrac{5a}{14+5a}=\dfrac{15}{29}$이므로 $a=3$

답 ③

TIP
세 공장의 불량률을 이용하여 전체 불량률 중 C공장의 불량률의 비중을 찾는다.

유형 3 ★ 독립사건과 종속사건

두 사건 A, B가 서로 독립이고

$$P(A \cup B) = \frac{5}{6}, \ P(A^c \cap B) = \frac{1}{3}$$

일 때, $P(B)$의 값은? [3점]

① $\frac{5}{12}$ ② $\frac{7}{12}$ ③ $\frac{3}{5}$ ④ $\frac{2}{3}$ ⑤ $\frac{3}{4}$

풀이 두 사건 A, B가 독립이므로, $P(A \cap B) = P(A)P(B)$

$P(A \cup B) = P(A) + P(B) - P(A \cap B)$

$\qquad = P(A) + P(B) - P(A)P(B) = \frac{5}{6}$ ······ ㉠

$P(A^c \cap B) = P(B) - P(A \cap B) = P(B) - P(A)P(B) = \frac{1}{3}$ ······ ㉡

㉠-㉡에 의하여 $P(A) = \frac{1}{2}$이고, 이 값을 다시 ㉡에 대입하면,

$P(B) = \frac{2}{3}$

답 ④

TIP
두 사건 A, B가 독립이면
$$P(A \cap B) = P(A)P(B)$$

유형 4 ★ 독립시행

주머니에 1, 2, 3, 4, 5의 숫자가 하나씩 적혀 있는 다섯 개의 구슬이 들어 있다. 주머니에서 임의로 한 개의 구슬을 꺼내어 구슬에 적혀 있는 숫자를 확인한 후 다시 넣는다.

이와 같은 시행을 4회 반복하여 얻은 4개의 수 중에서 3개의 수의 합의 최댓값을 N이라 하자. 다음은 $N \geq 14$일 확률을 구하는 과정이다.

(i) $N=15$인 경우

5가 적힌 구슬이 4회 나올 확률은 $\dfrac{1}{625}$이고, 5가 적힌 구슬이 3회, 4 이하의 수가 적힌 구슬 중 한 개가 1회 나올 확률은 $\dfrac{(가)}{625}$이다.

(ii) $N=14$인 경우

5가 적힌 구슬이 2회, 4가 적힌 구슬이 2회 나올 확률은 $\dfrac{6}{625}$이고, 5가 적힌 구슬이 2회, 4가 적힌 구슬이 1회, 3 이하의 수가 적힌 구슬 중 한 개가 1회 나올 확률은 $\dfrac{(나)}{625}$이다.

(i), (ii)에서 구하는 확률은 $\dfrac{(다)}{625}$이다.

위의 (가), (나), (다)에 알맞은 수를 각각 p, q, r라 할 때, $p+q+r$의 값은?　　　　　　　　　　　　[4점]

① 96　　　　　② 101　　　　　③ 106　　　　　④ 111　　　　　⑤ 116

풀이 (가) $_4C_3 \times \dfrac{1}{5} \times \dfrac{1}{5} \times \dfrac{1}{5} \times \dfrac{4}{5} = \dfrac{16}{625}$ ∴ $p=16$

(나) $_4C_2 \times {}_2C_1 \times {}_1C_1 \times \dfrac{1}{5} \times \dfrac{1}{5} \times \dfrac{1}{5} \times \dfrac{3}{5} = \dfrac{36}{625}$ ∴ $q=36$

(다) $\dfrac{1+16+6+36}{625} = \dfrac{59}{625}$ ∴ $r=59$

∴ $p+r+q=111$

답 ④

TIP

어떤 시행에서 사건 A가 일어날 확률이 p일 때, 이 시행을 n회 반복하는 독립시행에서 사건 A가 r회 일어날 확률은 $_nC_r p^r(1-p)^{n-r}$이다.

01 [유형 1]

◎ 사관 2011학년도 문과 · 이과 2번

두 사건 A, B에 대하여

$$P(A)=0.4, \ P(B)=0.5, \ P(A\cup B)=0.8$$

일 때, $P(A^c|B)+P(A|B^c)$의 값은? [2점]

① 1.1　　　　② 1.2　　　　③ 1.3　　　　④ 1.4　　　　⑤ 1.5

02 [유형 1]

◎ 사관 2015학년도 A형 4번

두 사건 A, B에 대하여 $P(A^c\cap B)=\dfrac{1}{5}$, $P(B|A^c)=\dfrac{3}{7}$일 때, $P(A)$의 값은? (단, A^c는 A의 여사건이다.) [3점]

① $\dfrac{2}{15}$　　　② $\dfrac{4}{15}$　　　③ $\dfrac{2}{5}$　　　④ $\dfrac{8}{15}$　　　⑤ $\dfrac{2}{3}$

03 유형 2

사관 2018학년도 가형 10번

상자 A에는 흰 공 2개, 검은 공 3개가 들어 있고, 상자 B에는 흰 공 3개, 검은 공 4개가 들어 있다. 한 개의 동전을 던져 앞면이 나오면 상자 A를, 뒷면이 나오면 상자 B를 택하고, 택한 상자에서 임의로 두 개의 공을 동시에 꺼내기로 한다. 이 시행을 한 번 하여 꺼낸 공의 색깔이 서로 같았을 때, 상자 A를 택하였을 확률은? [3점]

① $\dfrac{11}{29}$ ② $\dfrac{12}{29}$ ③ $\dfrac{13}{29}$ ④ $\dfrac{14}{29}$ ⑤ $\dfrac{15}{29}$

04 유형 2

사관 2018학년도 가형 21번

자연수 n에 대하여 한 개의 주사위를 반복하여 던져서 나오는 눈의 수에 따라 다음과 같은 규칙으로 a_n을 정한다.

> (가) $a_1=0$이고, $a_n (n \geq 2)$는 세 수 $-1, 0, 1$ 중 하나이다.
>
> (나) 주사위를 n번째 던져서 나온 눈의 수가 짝수이면 a_{n+1}은 a_n이 아닌 두 수 중에서 작은 수이고,
> 홀수이면 a_{n+1}은 a_n이 아닌 두 수 중에서 큰 수이다.

<보기>에서 옳은 것만을 있는 대로 고른 것은? [4점]

┌ 보 기 ┐

ㄱ. $a_2=1$일 확률은 $\dfrac{1}{2}$이다.

ㄴ. $a_3=1$일 확률과 $a_4=0$일 확률은 서로 같다.

ㄷ. $a_9=0$일 확률이 p이면 $a_{11}=0$일 확률은 $\dfrac{1-p}{4}$이다.

① ㄱ   ② ㄷ   ③ ㄱ, ㄴ   ④ ㄴ, ㄷ   ⑤ ㄱ, ㄴ, ㄷ

05 유형 2

사관 2017학년도 가형 27번

주머니에 1, 2, 3, 4, 5, 6의 숫자가 하나씩 적혀 있는 6개의 공이 들어 있다. 이 주머니에서 임의로 3개의 공을 차례로 꺼낸다. 꺼낸 3개의 공에 적힌 수의 곱이 짝수일 때, 첫 번째로 꺼낸 공에 적힌 수가 홀수이었을 확률은 $\dfrac{q}{p}$이다. $p+q$의 값을 구하시오. (단, 꺼낸 공은 다시 넣지 않고, p와 q는 서로소인 자연수이다.) [4점]

06 유형 2

사관 2016학년도 A형 23번

주머니에 크기와 모양이 같은 흰 공 2개와 검은 공 3개가 들어 있다. 이 주머니에서 임의로 1개의 공을 꺼내어 색을 확인한 후 다시 넣지 않는다. 이와 같은 시행을 두 번 반복하여 두 번째 꺼낸 공이 흰 공이었을 때, 첫 번째 꺼낸 공도 흰 공이었을 확률이 p이다. $40p$의 값을 구하시오. [3점]

07

주머니에 흰 공 1개, 파란 공 2개, 검은 공 3개가 들어 있다. 이 주머니에서 임의로 1개의 공을 꺼내어 색을 확인한 후 꺼낸 공과 같은 색의 공을 1개 추가하여 꺼낸 공과 함께 주머니에 넣는다. 이와 같은 시행을 두 번 반복하여 두 번째 꺼낸 공이 검은 공이었을 때, 첫 번째 꺼낸 공도 검은 공이었을 확률은? (단, 공의 크기와 모양은 모두 같다.) [3점]

① $\dfrac{3}{7}$　　② $\dfrac{10}{21}$　　③ $\dfrac{11}{21}$　　④ $\dfrac{4}{7}$　　⑤ $\dfrac{13}{21}$

08

주머니 A에는 흰 공 2개, 검은 공 4개가 들어 있고, 주머니 B에는 흰 공 4개, 검은 공 2개가 들어 있다. 주머니 A에서 임의로 2개의 공을 꺼내어 주머니 B에 넣고 섞은 다음 주머니 B에서 임의로 2개의 공을 꺼내어 주머니 A에 넣었더니 두 주머니에 있는 검은 공의 개수가 서로 같아졌다. 이때 주머니 A에서 꺼낸 공이 모두 검은 공이었을 확률은?

[3점]

① $\dfrac{6}{11}$　　② $\dfrac{13}{22}$　　③ $\dfrac{7}{11}$　　④ $\dfrac{15}{22}$　　⑤ $\dfrac{8}{11}$

09 유형 2

사관 2013학년도 문과 · 이과 21번

그림은 어떤 정보 x를 0과 1의 두 가지 중 한 가지의 송신 신호로 바꾼 다음 이를 전송하여 수신 신호를 얻는 경로를 나타낸 것이다. 이때 송신 신호가 전송되는 과정에서 수신 신호가 바뀌는 경우가 생기는데, 각각의 경우에 따른 확률은 다음과 같다.

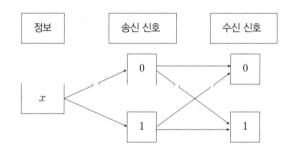

(가) 정보 x가 0, 1의 송신 신호로 바뀔 확률은 각각 0.4, 0.6이다.

(나) 송신 신호 0이 수신 신호 0, 1로 전송될 확률은 각각 0.95, 0.05이다.

(다) 송신 신호 1이 수신 신호 0, 1로 전송될 확률은 각각 0.05, 0.95이다.

정보 x를 전송한 결과 수신 신호가 1이었을 때, 송신 신호가 1이었을 확률은? [4점]

① $\dfrac{54}{59}$ ② $\dfrac{55}{59}$ ③ $\dfrac{56}{59}$ ④ $\dfrac{57}{59}$ ⑤ $\dfrac{58}{59}$

10 유형 2

사관 2011학년도 문과 · 이과 10번

두 사격선수 A, B가 한 번의 사격에서 10점을 얻을 확률은 각각 $\dfrac{3}{4}$, $\dfrac{2}{3}$ 라고 한다. 두 선수가 임의로 순서를 정하여 각각 한 번씩 사격하였더니 먼저 사격한 선수만 10점을 얻었다고 한다. 이때, 먼저 사격한 선수가 A이었을 확률은?

[3점]

① $\dfrac{1}{2}$ ② $\dfrac{9}{17}$ ③ $\dfrac{3}{5}$ ④ $\dfrac{2}{3}$ ⑤ $\dfrac{9}{13}$

11 유형 2

사관 2010학년도 문과 · 이과 8번

어느 보안 전문회사에서 바이러스 감염 여부를 진단하는 프로그램을 개발하였다. 그 진단 프로그램은 바이러스에 감염된 컴퓨터를 감염되었다고 진단할 확률이 94%이고, 바이러스에 감염되지 않은 컴퓨터를 감염되지 않았다고 진단할 확률이 98%이다. 실제로 바이러스에 감염된 컴퓨터 200대와 바이러스에 감염되지 않은 컴퓨터 300대에 대해 이 진단 프로그램으로 바이러스 감염 여부를 검사하려고 한다. 이 500대의 컴퓨터 중 임의로 한 대를 택하여 이 진단 프로그램으로 감염 여부를 검사하였더니 바이러스에 감염되었다고 진단하였을 때, 이 컴퓨터가 실제로 감염된 컴퓨터일 확률은?

[3점]

① $\dfrac{94}{97}$ ② $\dfrac{92}{97}$ ③ $\dfrac{90}{97}$ ④ $\dfrac{47}{49}$ ⑤ $\dfrac{47}{50}$

12 유형 2

사관 2010학년도 문과 14번

컴퓨터의 화면 보호기에 A, B, C, D 네 개의 사진이 매초마다 다른 사진으로 바뀌면서 임의로 하나씩 나타나도록 하였다. 한 사진에서 다른 사진으로 바뀔 확률은 모두 같다고 하고, 자연수 n에 대하여 A사진이 나온 다음 n초가 지난 후에 B사진이 나올 확률을 p_n이라 하자. 다음은 $\lim\limits_{n \to \infty} p_n = \dfrac{1}{4}$임을 증명하는 과정이다.

┌─ 증 명 ─┐

A사진이 나온 다음 n초가 지난 후에 B, C, D사진이 나올 확률이 같으므로 A사진이 나온 다음 n초가 지난 후에 다시 A사진이 나올 확률은 [(가)]이다.

따라서 A사진이 나온 다음 $n+1$초가 지난 후에 B사진이 나올 확률 p_{n+1}은

$$p_{n+1} \frac{1}{3}\left(2p_n + \boxed{(가)}\right) = \boxed{(나)} + \frac{1}{3}$$

따라서 수열 $\left\{ p_n - \dfrac{1}{4} \right\}$은 첫째항이 [(다)]이고 공비가 $-\dfrac{1}{3}$인 등비수열을 이룬다.

$$\therefore \lim_{n \to \infty} p_n = \frac{1}{4}$$

위 증명에서 (가), (나), (다)에 들어갈 식으로 알맞은 것은?　　　　　　　　　　[4점]

	(가)	(나)	(다)
①	$1 - 3p_n$	$-\dfrac{1}{3}p_n$	$\dfrac{1}{6}$
②	$1 - \dfrac{3}{4}p_n$	$-\dfrac{1}{3}p_n$	$\dfrac{1}{6}$
③	$1 - 3p_n$	$\dfrac{1}{3}p_n$	$\dfrac{1}{6}$
④	$1 - \dfrac{3}{4}p_n$	$\dfrac{1}{3}p_n$	$\dfrac{1}{12}$
⑤	$1 - 3p_n$	$-\dfrac{1}{3}p_n$	$\dfrac{1}{12}$

13 유형 3

사관 2018학년도 나형 4번

서로 독립인 두 사건 A, B에 대하여

$$P(A)=\frac{1}{3}, \ P(A\cap B^c)=\frac{1}{5}$$

일 때, $P(B)$의 값은? (단, B^c은 B의 여사건이다.)

[3점]

① $\frac{4}{15}$ ② $\frac{1}{3}$ ③ $\frac{2}{5}$ ④ $\frac{7}{15}$ ⑤ $\frac{8}{15}$

14 유형 3

사관 2012학년도 문과 · 이과 8번

어떤 시행에서 일어날 수 있는 모든 결과의 집합을 S라 하자. S의 부분집합인 세 사건 A, B, C는 다음 조건을 만족한다.

> (가) $A\cup B\cup C=S$
>
> (나) 사건 $A\cap B$와 사건 C는 서로 배반이다.
>
> (다) 사건 A와 사건 B는 서로 독립이다.

$P(A)=\frac{1}{2}$, $P(B)=\frac{1}{3}$, $P(C)=\frac{2}{3}$일 때, $P(A|C)+P(B|C)$의 값은?

[3점]

① $\frac{1}{6}$ ② $\frac{1}{4}$ ③ $\frac{1}{3}$ ④ $\frac{1}{2}$ ⑤ $\frac{2}{3}$

15 유형 3

◎ 사관 2011학년도 문과 11번

어느 지역에서 사관학교에 지원한 학생들을 대상으로 안경 착용 여부를 조사하였더니 그 결과가 다음 표와 같았다.

	남학생	여학생
안경을 쓴 학생	n명	100명
안경을 안 쓴 학생	180명	$(n+30)$명

이 학생들 중에서 임의로 한 명을 선택할 때, 그 학생이 남학생일 사건을 A, 안경을 쓴 학생일 사건을 B라 하자. 두 사건 A, B가 서로 독립일 때, 자연수 n의 값은? [3점]

① 80   ② 100   ③ 120   ④ 150   ⑤ 180

16 유형 4

◎ 사관 2016학년도 A형 26번

수직선 위의 원점에 있는 두 점 A, B를 다음의 규칙에 따라 이동시킨다.

> (가) 주사위를 던져 5 이상의 눈이 나오면 A를 양의 방향으로 2만큼, B를 음의 방향으로 1만큼 이동시킨다.
>
> (나) 주사위를 던져 4 이하의 눈이 나오면 A를 음의 방향으로 2만큼, B를 양의 방향으로 1만큼 이동시킨다.

주사위를 5번 던지고 난 후 두 점 A, B 사이의 거리가 3 이하가 될 확률이 $\dfrac{q}{p}$일 때, $p+q$의 값을 구하시오. (단, p와 q는 서로소인 자연수이다.) [4점]

17 유형 4

사관 2015학년도 A형 27번

주머니 A에는 흰 구슬 2개, 검은 구슬 1개가 들어 있고, 주머니 B에는 흰 구슬 1개, 검은 구슬 2개가 들어 있다. 한 개의 주사위를 던져서 3의 배수의 눈이 나오면 주머니 A에서 임의로 한 개의 구슬을 꺼내고, 3의 배수가 아닌 눈이 나오면 주머니 B에서 임의로 한 개의 구슬을 꺼낸다. 주사위를 4번 던지고 난 후에 주머니 A에는 검은 구슬이, 주머니 B에는 흰 구슬이 각각 한 개씩 남아 있을 확률은 $\dfrac{q}{p}$이다. $p+q$의 값을 구하시오. (단, p와 q는 서로소인 자연수이고, 꺼낸 구슬은 다시 넣지 않는다.) [4점]

18 유형 4

사관 2014학년도 B형 26번

지호와 영수는 가위바위보를 한 번 할 때마다 다음과 같은 규칙으로 사탕을 받는 게임을 한다.

> (가) 이긴 사람은 2개의 사탕을 받고, 진 사람은 1개의 사탕을 받는다.
> (나) 비긴 경우에는 두 사람 모두 1개의 사탕을 받는다.

게임을 시작하고 나서 지호가 받은 사탕의 총 개수가 5인 경우가 생길 확률은 $\dfrac{k}{243}$이다. 자연수 k의 값을 구하시오. (단, 두 사람이 각각 가위, 바위, 보를 낼 확률은 같다.) [4점]

19 유형 4

좌표평면 위에서 점 P는 한 번의 이동으로 다음의 (규칙 1) 또는 (규칙 2)를 따라 이동한다.

> (규칙 1) x축의 양의 방향으로 1만큼, y축의 양의 방향으로 2만큼 이동한다.
>
> (규칙 2) x축의 양의 방향으로 2만큼, y축의 양의 방향으로 1만큼 이동한다.

예를 들어, 원점 O에 있는 점 P가 두 번의 이동으로 도달할 수 있는 곳을 표시하면 그림과 같다.

점 P가 (규칙 1)을 따라 이동할 확률은 $\dfrac{1}{3}$이고 (규칙 2)를 따라 이동할 확률은 $\dfrac{2}{3}$일 때, 위와 같은 규칙으로 점 P가 원점 O에서부터 다섯 번의 이동으로 점 $(8, 7)$에 도달할 확률은 $\dfrac{q}{p}$이다.

이때, 서로소인 두 자연수 p, q의 합 $p+q$의 값을 구하시오. (단, 매번 이동하는 사건은 서로 독립이다.) [4점]

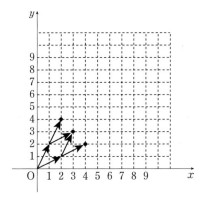

01 유형 1

◉ 수능 2018학년도 가형 13번

한 개의 주사위를 두 번 던진다. 6의 눈이 한 번도 나오지 않을 때, 나온 두 눈의 수의 합이 4의 배수일 확률은?

[3점]

① $\dfrac{4}{25}$ ② $\dfrac{1}{5}$ ③ $\dfrac{6}{25}$ ④ $\dfrac{7}{25}$ ⑤ $\dfrac{8}{25}$

02 유형 2

◉ 경찰 2016학년도 7번

어떤 프로파일러가 사람을 면담한 후 범인 여부를 판단할 확률이 다음과 같다.

- 범행을 저지른 사람을 범인으로 판단할 확률은 0.99이다.
- 범행을 저지르지 않은 사람을 범인으로 판단할 확률은 0.04이다.

이 프로파일러가 범행을 저지른 사람 20명과 범행을 저지르지 않은 사람 80명으로 이루어진 집단에서 임의로 한 명을 선택하여 면담하였을 때, 이 사람을 범인으로 판단할 확률은?

[4점]

① 0.2 ② 0.21 ③ 0.22 ④ 0.23 ⑤ 0.24

03 유형 3

◎ 경찰 2014학년도 19번

일어날 확률이 $p(p \neq 0)$인 사건이 일어날 때 놀람의 정도를 $S(p)$라 하면 관계식

$$S(p) = \log_2 \frac{1}{p^C} \quad (C\text{는 양의 상수})$$

이 성립한다고 한다.

일어날 확률이 $\frac{1}{2}$인 사건이 일어날 때 놀람의 정도는 1이고, 두 사건 A, B는 다음 조건을 만족시킨다.

> ㈎ A는 5개의 동전을 던질 때 앞면이 4개 나오는 사건이다.
>
> ㈏ B는 A와 서로 독립이다.

두 사건 A, B가 동시에 일어날 때 놀람의 정도가 7일 때, 사건 B가 일어날 때 놀람의 정도는? (단, $\log 2 = 0.3$으로 계산한다.)

[5점]

① $\dfrac{11}{3}$ ② $\dfrac{13}{3}$ ③ $\dfrac{15}{3}$ ④ $\dfrac{17}{3}$ ⑤ $\dfrac{19}{3}$

04 유형 4

◎ 수능 2018학년도 나형 28번

한 개의 동전을 6번 던질 때, 앞면이 나오는 횟수가 뒷면이 나오는 횟수보다 클 확률은 $\dfrac{q}{p}$이다. $p+q$의 값을 구하시오. (단, p와 q는 서로소인 자연수이다.)

[4점]

01 확률분포

01 확률변수

(1) **확률변수**: 어떤 시행에서 표본공간의 각 원소에 하나의 실수 값을 대응시키킨 함수를 확률변수라 하고, 확률변수 X가 어떤 값 x를 가질 확률을 기호로 $P(X=x)$로 나타낸다.

(2) **이산확률변수**: 확률변수 X가 가질 수 있는 값을 셀 수 있을 때, X를 이산확률변수라 한다.

> • 확률변수는 보통 X, Y, Z 등으로 나타내고, 확률변수가 가질 수 있는 값은 x, y, z 등으로 나타낸다.

02 이산확률변수의 확률질량함수

(1) **확률분포의 확률질량함수**

이산확률변수 X가 취할 수 있는 값 x_1, x_2, x_3, $\cdots$, x_n과 같이 X가 각 값을 취할 확률 p_1, p_2, p_3, $\cdots$, p_n의 대응 관계를 이산확률변수 X의 확률분포라 하고, 그 관계식

$$P(X=x_i)=p_i \ (i=1, 2, 3, \cdots, n)$$

를 이산확률변수 X의 확률질량함수라 한다.

(2) **확률질량함수의 성질**

이산확률변수 X의 확률질량함수

$$P(X=x_i)=p_i \ (i=1, 2, 3, \cdots, n)$$

에 대하여

① $0 \leq P(X=x_i) \leq 1$

② $\displaystyle\sum_{i=1}^{n} P(X=x_i)=p_1+p_2+p_3+\cdots+p_n=1$

③ $\displaystyle P(x_i \leq X \leq x_j)=p_i+p_{i+1}+\cdots+p_j=\sum_{k=i}^{j} P(X=x_k)$

> • 확률변수 X가 a이상 b이하의 값을 가질 확률은 $P(a \leq X \leq b)$로 나타낸다.

03 이산확률변수의 기댓값, 분산, 표준편차

이산확률변수 X의 확률질량함수

$$P(X=x_i)=p_i \ (i=1, 2, 3, \cdots, n)$$

에 대하여

(1) **기댓값**: $\displaystyle E(X)=x_1 p_1+x_2 p_2+\cdots+x_n p_n=\sum_{i=1}^{n} x_i p_i$

(2) **분산**: $\displaystyle V(X)=E((X-m)^2)=\sum_{i=1}^{n}(x_i-m)^2 p_i=E(X^2)-\{E(X)\}^2$

$$(\text{단}, \ m=E(X))$$

(3) **표준편차**: $\sigma(X)=\sqrt{V(X)}$

> • $\sigma(X)$에서 σ는 시그마라 읽는다.

04 이산확률변수 $aX+b$의 평균, 분산, 표준편차

이산확률변수 X와 두 상수 a, $b(a\neq 0)$에 대하여 $Y=aX+b(a, b$는 상수, $a\neq 0)$라 하면

(1) $\mathrm{E}(Y)=\mathrm{E}(aX+b)$
$$=\sum_{i=1}^{n}(ax_i+b)p_i=a\sum_{i=1}^{n}x_ip_i+b\sum_{i=1}^{n}p_i$$
$$=a\mathrm{E}(X)+b$$

(2) $\mathrm{V}(Y)=\mathrm{V}(aX+b)$
$$=\sum_{i=1}^{n}\{(ax_i+b)-\mathrm{E}(Y)\}^2p_i$$
$$=\sum_{i=1}^{n}\{(ax_i+b)-(a\mathrm{E}(X)+b)\}^2p_i$$
$$=a^2\sum_{i=1}^{n}(x_i-\mathrm{E}(X))^2p_i$$
$$=a^2\mathrm{V}(X)$$

(3) $\sigma(Y)=\sigma(aX+b)$
$$=\sqrt{\mathrm{V}(Y)}=\sqrt{\sigma^2\mathrm{V}(X)}$$
$$=|a|\sigma(X)$$

05 이항분포

(1) **이항분포**: 1회의 시행에서 사건 A가 일어날 확률이 p일 때, n회의 독립시행에서 사건 A가 일어나는 횟수를 X라 하면 확률변수 X의 확률분포는 다음과 같다.

$$\mathrm{P}(X=r)={}_nC_rp^rq^n-r \ (q=1-p, \ r=0, 1, 2, \cdots, n)$$

이와 같은 X의 확률분포를 이항분포라 하고, 기호로 $\mathrm{B}(n, p)$로 나타낸다.

(2) 확률변수 X가 이항분포 $\mathrm{B}(n, p)$(단, $q=1-p$)를 따를 때,

① $\mathrm{E}(X)=np$

② $\mathrm{V}(X)=npq$

③ $\sigma(X)=\sqrt{npq}$

• ${}_nC_r$은 n번의 시행에서 사건 A가 r번 일어나는 경우의 수이며, p^rq^{n-r}은 각 경우의 확률이다.

06 큰 수의 법칙

어떤 시행에서 사건 A가 일어날 수학적 확률이 p이고, n회의 독립시행에서 사건 A가 일어나는 횟수를 X라 할 때, 임의의 양수 h에 대하여 n의 값이 한없이 커질수록 $\mathrm{P}\left(\left|\dfrac{X}{n}-p\right|<h\right)$는 1에 가까워진다. 즉, n의 값이 한없이 커질수록 통계적 확률은 수학적 확률에 가까워진다. 이것을 큰 수의 법칙이라고 한다.

● 사관 2017학년도 나형 9번

유형 1 ★ 이산확률변수의 기댓값과 분산

주머니 속에 흰 공이 5개, 검은 공이 3개 들어 있다. 이 주머니에서 임의로 4개의 공을 동시에 꺼낼 때, 나오는 검은 공의 개수를 확률변수 X라 하자. $E(X)$의 값은?　[3점]

① $\dfrac{3}{2}$　　② $\dfrac{7}{4}$　　③ 2　　④ $\dfrac{9}{4}$　　⑤ $\dfrac{5}{2}$

풀이 전체 경우의 수는 $_8C_4=70$

검은 공이 하나인 경우의 수는 $_5C_3\times_3C_1=10\times3=30$

검은 공이 두 개인 경우의 수는 $_5C_2\times_3C_2=10\times3=30$

검은 공이 세 개인 경우의 수는 $_5C_1\times_3C_3=5\times1=5$

$\therefore E(X)=1\times\dfrac{3}{7}+2\times\dfrac{3}{7}+3\times\dfrac{1}{14}=\dfrac{21}{14}=\dfrac{3}{2}$

답 ①

TIP

이산확률변수 X의 확률질량함수가 $P(X=x_i)$ $(i=1, 2, \cdots, n)$일 때,

$E(X)=x_1p_1+x_2p_2+\cdots+x_np_n$

$=\displaystyle\sum_{i=1}^{n}x_ip_i$

유형 2 ★ **이산확률변수 $aX+b$의 기댓값과 분산**

책상 위에 있는 7개의 동전 중 3개는 앞면, 4개는 뒷면이 나와 있다. 이 중 임의로 3개의 동전을 택하여 뒤집어 놓았을 때, 7개의 동전 중 앞면이 나온 동전의 개수를 확률변수 X라 하자. 확률변수 $7X$의 평균을 구하시오.

[4점]

풀이 뒤집어 놓은 3개의 동전 중 뒤집어 놓기 전 앞면이 나왔던 동전의 개수를 $a(=0, 1, 2, 3)$라고 하자.

(ⅰ) $a=0$일 때 $X=6$이고, 이때의 확률은 $\dfrac{_3C_0 \times _4C_3}{_7C_3}=\dfrac{4}{35}$

(ⅱ) $a=1$일 때 $X=4$이고, 이때의 확률은 $\dfrac{_3C_1 \times _4C_2}{_7C_3}=\dfrac{18}{35}$

(ⅲ) $a=2$일 때 $X=2$이고, 이때의 확률은 $\dfrac{_3C_2 \times _4C_1}{_7C_3}=\dfrac{12}{35}$

(ⅳ) $a=3$일 때 $X=0$이고, 이때의 확률은 $\dfrac{_3C_3 \times _4C_0}{_7C_3}=\dfrac{1}{35}$

(ⅰ)~(ⅳ)에 의하여 X의 확률분포를 표로 나타내면 다음과 같다.

X	0	2	4	6	합계
$P(X)$	$\dfrac{1}{35}$	$\dfrac{12}{35}$	$\dfrac{18}{35}$	$\dfrac{4}{35}$	1

$\therefore E(X)=0\times\dfrac{1}{35}+2\times\dfrac{12}{35}+4\times\dfrac{18}{35}+6\times\dfrac{4}{35}$

$\qquad=\dfrac{24+72+24}{35}=\dfrac{24}{7}$

$\therefore E(7X)=7E(X)=7\times\dfrac{24}{7}=24$

답 24

TIP
이산확률변수 X와 두 상수 a, b $(a\neq 0)$에 대하여
$$E(aX+b)=aE(X)+b$$

유형3 ★ 이항분포

주머니 속에 1, 2, 3, 4, 5의 수가 각각 하나씩 적힌 5개의 공이 들어 있다. 이 주머니에서 임의로 3개의 공을 동시에 꺼내어 적힌 수를 확인하고 다시 집어넣는 시행을 한다. 이와 같은 시행을 25회 반복할 때, 꺼낸 3개의 공에 적힌 수들 중 두 수의 합이 나머지 한 수와 같은 경우가 나오는 횟수를 확률변수 X라 하자. 확률변수 X^2의 평균 $E(X^2)$의 값은? [3점]

① 102   ② 104   ③ 106   ④ 108   ⑤ 110

풀이 문제의 조건에 맞는 경우는 세 수가 (1, 2, 3), (1, 3, 4), (1, 4, 5), (2, 3, 5)인 경우이다.

숫자 세 개를 뽑는 경우의 수는 $_5C_3$

따라서 구하는 확률은 $\dfrac{4}{_5C_3} = \dfrac{2}{5}$ 이므로 확률변수 X는 이항분포 $B\left(25, \dfrac{2}{5}\right)$를 따른다.

$$\therefore E(X) = 25 \times \frac{2}{5} = 10$$

$$V(X) = 25 \times \frac{2}{5} \times \frac{3}{5} = 6$$

$$\therefore E(X^2) = V(X) + \{E(X)\}^2 = 6 + 10^2 = 106$$

답 ③

TIP

매 시행에서 어떤 사건 A가 일어날 확률이 p일 때, n회의 독립시행에서 사건 A가 일어나는 횟수를 X라 하면 확률변수 X의 확률분포를 이항분포라 하고, 기호 $B(n, p)$로 나타낸다.

$$P(X=r) = {}_nC_r p^r q^{n-r}$$

(단 $q = 1-p$, $r = 0, 1, 2, \cdots, n$)

01 유형 1

사관 2018학년도 나형 19번

1부터 $(2n-1)$까지의 자연수가 하나씩 적혀 있는 $(2n-1)$장의 카드가 있다. 이 카드 중에서 임의로 서로 다른 3장의 카드를 택할 때, 택한 3장의 카드 중 짝수가 적힌 카드의 개수를 확률변수 X라 하자. 다음은 $\mathrm{E}(X)$를 구하는 과정이다. (단, n은 4 이상의 자연수이다.)

정수 $k(0 \leq k \leq 3)$에 대하여 확률변수 X의 값이 k일 확률은 짝수가 적혀 있는 카드 중에서 k장의 카드를 택하고, 홀수가 적혀 있는 카드 중에서 ((가) $-k$)장의 카드를 택하는 경우의 수를 전체 경우의 수로 나눈 값이므로

$$\mathrm{P}(X=0)=\frac{n(n-2)}{2(2n-1)(2n-3)}$$

$$\mathrm{P}(X=1)=\frac{3n(n-1)}{2(2n-1)(2n-3)}$$

$$\mathrm{P}(X=2)=\boxed{\text{(나)}}$$

$$\mathrm{P}(X=3)=\frac{(n-2)(n-3)}{2(2n-1)(2n-3)}$$

이다.

그러므로

$$\mathrm{E}(X)=\sum_{k=0}^{3}\{k \times \mathrm{P}(X=k)\}$$

$$=\frac{\boxed{\text{(다)}}}{2n-1}$$

이다.

위의 (가)에 알맞은 수를 a라 하고, (나), (다)에 알맞은 식을 각각 $f(n)$, $g(n)$이라 할 때, $a \times f(5) \times g(8)$의 값은? [4점]

① 22
② $\frac{45}{2}$
③ 23
④ $\frac{47}{2}$
⑤ 24

02 유형1

◎ 사관 2017학년도 가형 7번

확률변수 X의 확률분포를 표로 나타내면 다음과 같다.

X	0	1	2	합계
$\mathrm{P}(X=x)$	a	b	c	1

$\mathrm{E}(X)=1$, $\mathrm{V}(X)=\dfrac{1}{4}$ 일 때, $\mathrm{P}(X=0)$의 값은? [3점]

① $\dfrac{1}{32}$　　　② $\dfrac{1}{16}$　　　③ $\dfrac{1}{8}$　　　④ $\dfrac{1}{4}$　　　⑤ $\dfrac{1}{2}$

03 유형1

◎ 사관 2015학년도 A형 5번

다음은 확률변수 X의 확률분포를 표로 나타낸 것이다.

X	0	1	2	3	계
$\mathrm{P}(X=x)$	$\dfrac{1}{14}$	$6a$	$\dfrac{3}{7}$	a	1

$\mathrm{E}(X)$의 값은? [3점]

① $\dfrac{11}{10}$　　　② $\dfrac{6}{5}$　　　③ $\dfrac{13}{10}$　　　④ $\dfrac{7}{5}$　　　⑤ $\dfrac{3}{2}$

04 유형 1

사관 2012학년도 문과 · 이과 6번

이산확률변수 X가 값 x를 가질 확률이

$$P(X=x)=\frac{_6C_x}{k} \quad \text{(단, } x=1,\ 2,\ 3,\ 4,\ 5,\ 6 \text{ 이고, } k\text{는 상수이다.)}$$

일 때, 확률변수 X의 기댓값을 m이라 하면

$$mk^2=2^a\times 3^b\times 7^c$$

이다. 세 자연수 $a,\ b,\ c$의 합 $a+b+c$의 값은?　　　　[3점]

① 8　　　　　② 9　　　　　③ 10　　　　　④ 11　　　　　⑤ 12

05 유형 2

사관 2013학년도 문과 28번

프로야구 한국시리즈는 두 팀이 출전하여 7번의 경기 중 4번을 먼저 이기는 팀이 우승팀이 된다. A, B 두 팀이 한국시리즈에 출전하여 우승팀이 정해지기까지 치른 경기의 수를 확률변수 X라 하자. 매 경기마다 각 팀이 이길 확률은 모두 $\frac{1}{2}$로 같다고 할 때, $E(16X)$의 값을 구하시오. (단, 두 팀이 경기를 할 때 무승부는 없다고 가정한다.)　　[4점]

06

유형 2

주머니 속에 빨간 공 5개, 파란 공 5개가 들어있다. 이 주머니에서 5개의 공을 동시에 꺼낼 때, 꺼낸 공 중에서 더 많은 색의 공의 개수를 확률변수 X라 하자. 예를 들어 꺼낸 공이 빨간 공 2개, 파란 공 3개이면 $X=3$이다. $Y=14X+14$라 할 때 확률변수 Y의 평균을 구하시오.

[4점]

유형 3

확률변수 X가 이항분포 $\mathrm{B}\left(50, \dfrac{1}{4}\right)$을 따를 때, $\mathrm{V}(4X)$의 값은?

[2점]

① 50   ② 75   ③ 100   ④ 125   ⑤ 150

08 유형 3

● 사관 2017학년도 나형 3번

이항분포 $B\left(n, \dfrac{1}{4}\right)$을 따르는 확률변수 X의 평균이 5일 때, 자연수 n의 값은? [2점]

① 16   ② 20   ③ 24   ④ 28   ⑤ 32

09 유형 3

● 사관 2018학년도 나형 22번

확률변수 X가 이항분포 $B\left(300, \dfrac{2}{5}\right)$를 따를 때, $V(X)$의 값을 구하시오. [3점]

01 유형 1

◎ 경찰 2016학년도 17번

눈의 수가 1부터 6까지인 주사위를 던져서 눈의 수가 1 또는 6이 나올 때까지 반복한다. 한 번 던지고 중지하면 1000 원을 받고, 두 번 던지고 중지하면 2000원을 받는다. 이와 같이 계속하여 n번 던지고 중지하면 $n \times 1000$원을 받을 때, 받는 돈의 기댓값은?

[5점]

① 1000원   ② 1500원   ③ 2000원   ④ 2500원   ⑤ 3000원

02 유형 2

◎ 경찰 2015학년도 24번

두 개의 주사위를 던져 나오는 눈의 수 중 크거나 같은 수를 확률변수 X라 할 때, $\mathrm{E}(6X) = \dfrac{p}{q}$이다. $p+q$의 값을 구하시오. (단, p, q는 서로소인 자연수)

[4점]

03 유형 2

◎ 수능 2018학년도 나형 17번

확률변수 X의 확률분포를 표로 나타내면 다음과 같다.

X	0.121	0.221	0.321	합계
$\mathrm{P}(X=x)$	a	b	$\dfrac{2}{3}$	1

다음은 $\mathrm{E}(X)=0.271$일 때, $\mathrm{V}(X)$를 구하는 과정이다.

> $Y=10X-2.21$이라 하자. 확률변수 Y의 확률분포를 표로 나타내면 다음과 같다.
>
> | X | -1 | 0 | 1 | 합계 |
> |---|---|---|---|---|
> | $\mathrm{P}(X=x)$ | a | b | $\dfrac{2}{3}$ | 1 |
>
> $\mathrm{E}(Y)=10\mathrm{E}(X)-2.21=0.5$이므로
>
> $a=\boxed{\text{(가)}}$, $b=\boxed{\text{(나)}}$ 이고 $\mathrm{V}(Y)=\dfrac{7}{12}$ 이다.
>
> 한편, $Y=10X-2.21$이므로 $\mathrm{V}(Y)=\boxed{\text{(다)}}\times\mathrm{V}(X)$이다.
>
> 따라서 $\mathrm{V}(X)=\dfrac{1}{\boxed{\text{(다)}}}\times\dfrac{7}{12}$ 이다.

위의 (가), (나), (다)에 알맞은 수를 각각 p, q, r라 할 때, pqr의 값은?(단, a, b는 상수이다.) [4점]

① $\dfrac{13}{9}$ ② $\dfrac{16}{9}$ ③ $\dfrac{19}{9}$ ④ $\dfrac{22}{9}$ ⑤ $\dfrac{25}{9}$

04 유형 3

◎ 경찰 2016학년도 8번

확률변수 X가 이항분포 $\mathrm{B}(n, p)$를 따르고 $\mathrm{E}(X^2)=40$, $\mathrm{E}(3X+1)=19$일 때, $\dfrac{\mathrm{P}(X=1)}{\mathrm{P}(X=2)}$의 값은? [4점]

① $\dfrac{4}{17}$ ② $\dfrac{7}{17}$ ③ $\dfrac{10}{17}$ ④ $\dfrac{13}{17}$ ⑤ $\dfrac{16}{17}$

02 정규분포

01 연속확률변수와 확률밀도함수

(1) **연속확률변수**: 확률변수 X가 어떤 범위에 속하는 모든 실수값을 취할 때, X를 연속확률변수라 한다.

(2) **확률밀도함수**: $\alpha \le X \le \beta$에서 모든 실수값을 취할 수 있는 연속확률변수 X에 대하여 $\alpha \le X \le \beta$에서 정의된 함수 $f(x)$가 다음 세 가지 성질을 만족시킬 때, 함수 $f(x)$를 확률변수 X의 확률밀도함수라 한다.

① $f(x) \ge 0$

② $y = f(x)$의 그래프와 x축 및 두 직선 $x = \alpha$, $x = \beta$로 둘러싸인 부분의 넓이는 1이다.

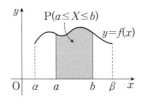

③ $P(a \le X \le b)$는 $y = f(x)$의 그래프와 x축 및 두 직선 $x = a$, $x = b$ (단, $\alpha \le a \le b \le \beta$) 로 둘러싸인 부분의 넓이와 같다.

(3) 연속확률변수 X가 특정한 값을 가질 확률은 0, 즉 상수 c에 대하여 $P(X = c) = 0$이므로

$P(a \le X \le b) = P(a \le X < b) = P(a < X \le b) = P(a < X < b)$

02 정규분포

(1) **정규분포**

연속확률변수 X가 모든 실수값을 취하고, 그 확률밀도함수 $f(x)$가 두 상수 m, $\sigma(\sigma > 0)$에 대하여

$$f(x) = \frac{1}{\sqrt{2\pi}\,\sigma} e^{-\frac{(x-m)^2}{2\sigma^2}} \quad (-\infty < x < \infty)$$

으로 주어질 때, X의 확률분포를 정규분포라 한다.

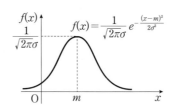

① 확률밀도함수 $f(x)$의 그래프는 오른쪽 그림과 같고, 이 곡선을 정규분포곡선이라 한다.

② X의 평균은 m, X의 분산은 σ^2이다.

(2) 평균과 분산이 각각 m, σ^2인 정규분포를 기호로 $N(m, \sigma^2)$으로 나타내고, 확률변수 X는 정규분포 $N(m, \sigma^2)$을 따른다고 한다.

03 정규분포곡선의 성질

정규분포 $N(m, \sigma^2)$을 따르는 확률분포 X의 정규분포곡선은

(1) 직선 $x = m$에 대하여 대칭인 종 모양의 곡선이다.

(2) x축을 점근선으로 하며 $x = m$일 때 최댓값 $\dfrac{1}{\sqrt{2\pi}\,\sigma}$을 가진다.

(3) 곡선과 x축 사이의 넓이는 1이다.

(4) m의 값이 일정할 때, σ의 값이 클수록 곡선의 가운데 부분이 낮아지고 양쪽으로 퍼지는 모양이 된다.

(5) σ의 값이 일정할 때, m의 값이 변하면 대칭축의 위치는 바뀌지만 곡선의 모양은 변하지 않는다.

• 표준편차 σ는 자료들이 평균을 중심으로 흩어진 정도를 나타내므로, 정규분포곡선은 σ의 값에 따라 그 모양이 결정된다.

• 정규분포곡선을 그릴 때에는 y축을 생략하기도 한다.

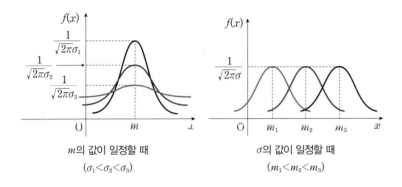

m의 값이 일정할 때
$(\sigma_1 < \sigma_2 < \sigma_3)$

σ의 값이 일정할 때
$(m_1 < m_2 < m_3)$

04 표준정규분포

(1) **표준정규분포**: 평균이 0, 분산이 1인 정규분포 $N(0, 1)$을 표준정규분포라 하고, 확률변수 Z가 표준정규분포 $N(0, 1)$을 따를 때, Z의 확률밀도함수는

$$f(z) = \frac{1}{\sqrt{2\pi}} e^{-\frac{z^2}{2}} \ (-\infty < z < \infty)$$

• 표준정규분포는 평균이 0이므로 확률밀도함수 $f(z)$의 그래프는 직선 $z=0$에 대하여 대칭이다.

(2) **정규분포의 표준화**

확률변수 X가 정규분포 $N(m, \sigma^2)$을 따를 때, 확률변수

$$Z = \frac{X - m}{\sigma}$$

은 표준정규분포 $N(0, 1)$을 따른다.

(3) **표준정규분포에서 확률 구하기**

$0 < a < b$에 대하여 확률변수 Z가 표준정규분포를 따를 때,

① $P(Z \geq 0) = 0.5$

② $P(Z \geq a) = 0.5 - P(0 \leq Z \leq a)$

③ $P(a \leq Z \leq b) = P(0 \leq Z \leq b) - P(0 \leq Z \leq a)$

④ $P(-a \leq Z \leq 0) = P(0 \leq Z \leq a)$

05 이항분포와 정규분포의 관계

확률변수 X가 이항분포 $B(n, p)$를 따를 때, n이 충분히 크면 X는 근사적으로 정규분포 $N(np, npq)$를 따른다. (단, $q = 1 - p$)

• 일반적으로 n이 충분히 크다는 것은 $np \geq 5$, $nq \geq 5$를 만족할 때이다. (단, $q = 1 - p$)

● 사관 2013학년도 문과 19번

유형 1 ★ 연속확률변수와 확률밀도함수

구간 $[0, 1]$에서 정의된 연속확률변수 X의 확률밀도함수가 일차함수 $f(x)=ax+b(0\leq x\leq1)$일 때, 옳은 것만을 <보기>에서 있는 대로 고른 것은? [4점]

┌─ 보 기 ─┐

ㄱ. $\dfrac{a}{2}+b=1$

ㄴ. $E(X)=m$일 때, $P(0\leq X\leq m)=P(m\leq X\leq1)$이다.

ㄷ. $E(X)$의 최댓값과 최솟값의 합은 1이다.

① ㄱ　　　② ㄱ, ㄴ　　　③ ㄱ, ㄷ　　　④ ㄴ, ㄷ　　　⑤ ㄱ, ㄴ, ㄷ

풀이 ㄱ. $\displaystyle\int_0^1 f(x)dx=\int_0^1(ax+b)dx=\left[\dfrac{a}{2}x^2+bx\right]_0^1=\dfrac{a}{2}+b=1$ (참)

ㄴ. (반례) $f(x)=2x$인 경우

$E(X)=\displaystyle\int_0^1 x\cdot2x\,dx=\int_0^1 2x^2dx=\dfrac{2}{3}$

$P\left(0\leq X\leq\dfrac{2}{3}\right)=\displaystyle\int_0^{\frac{2}{3}}2x\,dx=\dfrac{4}{9}$, $P\left(\dfrac{2}{3}\leq X\leq1\right)=\displaystyle\int_{\frac{2}{3}}^1 2x\,dx=\dfrac{5}{9}$

$P\left(0\leq X\leq\dfrac{2}{3}\right)\neq P\left(\dfrac{2}{3}\leq X\leq1\right)$ (거짓)

ㄷ. $E(X)=\displaystyle\int_0^1 xf(x)dx=\int_0^1 x(ax+b)dx=\left[\dfrac{a}{3}x^3+\dfrac{b}{2}x^2\right]_0^1=\dfrac{a}{3}+\dfrac{b}{2}$

$f(0)=b\geq0$, $f(1)=a+b\geq0$

$\dfrac{a}{2}+b=1$에서 $b=1-\dfrac{a}{2}$이므로 이것을 위의 식에 대입하면

$f(0)=b=1-\dfrac{a}{2}\geq0$, $f(1)=a+b=1+\dfrac{a}{2}\geq0$

$\therefore -2\leq a\leq2$ …… ㉠

또한 $E(X)=\dfrac{a}{3}+\dfrac{b}{2}=\dfrac{a}{3}+\dfrac{1}{2}\left(1-\dfrac{a}{2}\right)=\dfrac{a}{12}+\dfrac{1}{2}$이므로 ㉠에 의하여

$\dfrac{-2}{12}+\dfrac{1}{2}\leq E(X)\leq\dfrac{2}{12}+\dfrac{1}{2}$

$\therefore \dfrac{1}{3}\leq E(X)\leq\dfrac{2}{3}$

따라서 $E(X)$의 최댓값과 최솟값의 합은 $\dfrac{2}{3}+\dfrac{1}{3}=1$ (참)

따라서 옳은 것은 ㄱ, ㄷ이다. **답** ③

TIP

$\alpha\leq x\leq\beta$에서 모든 실수값을 가질 수 있는 연속확률변수 X에 대하여 함수 $f(x)$가 다음 성질을 만족시킬 때, 함수 $f(x)$를 연속확률변수 X의 확률밀도함수라 한다.

(i) $f(x)\geq0$

(ii) $\displaystyle\int_\alpha^\beta f(x)dx=1$

(iii) $P(a\leq X\leq b)=\displaystyle\int_a^b f(x)dx$

(단, $\alpha\leq a\leq b\leq\beta$)

유형 2 ★ 정규분포

정규분포를 따르는 두 연속확률변수 X, Y가 다음 조건을 만족시킨다.

> (가) $Y = aX \ (a > 0)$
>
> (나) $P(X \le 18) + P(Y \ge 36) = 1$
>
> (다) $P(X < 28) = P(Y > 28)$

$E(Y)$의 값은?

[4점]

① 42   ② 44   ③ 46   ④ 48   ⑤ 50

풀이 (가), (나)에서

$$P(X \le 18) + P(Y \ge 36) = P(X \le 18) + P\left(X \ge \frac{36}{a}\right) = 1$$

$$\therefore a = 2$$

(다)에서 $P(X \le 28) = P(Y \ge 28) = P\left(X \ge \frac{28}{2}\right) = P(X \ge 14)$

X는 정규분포를 따르므로 $E(X) = \dfrac{28 + 14}{2} = 21$

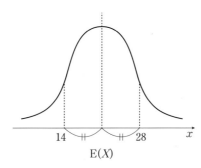

$$\therefore E(Y) = E(2X) = 2E(X) = 2 \times 21 = 42$$

답 ①

TIP

정규분포곡선은 직선 $x = m$에 대하여 대칭인 종 모양의 곡선임을 이용한다. (단 m은 평균이다.)

유형 3 ★ 이항분포와 정규분포의 관계

어느 자영업자의 하루 매출액은 평균이 30만원이고 표준편차가 4만원인 정규분포를 따른다고 한다. 이 자영업자는 하루 매출액이 31만원 이상일 때마다 1000원씩을 자선단체에 기부하고 31만원 미만일 때는 기부를 하지 않는다고 한다. 이와 같은 추세가 계속된다고 할 때, 600일 동안 영업하여 기부할 총 금액이 222000원 이상이 될 확률을 오른쪽 표준정규분포표를 이용하여 구한 것은? [4점]

z	$P(0 \le Z \le z)$
0.25	0.10
0.50	0.19
1.00	0.34
1.50	0.43

① 0.69   ② 0.84   ③ 0.90   ④ 0.93   ⑤ 0.98

풀이 자영업자의 하루 매출액을 X라 하면 확률변수 X는 정규분포 $N(30, 4^2)$을 따른다.

따라서 하루 매출액이 31만원 이상일 확률은

$$P(X \ge 31) = P\left(Z \ge \frac{31-30}{4}\right)$$
$$= P(Z \ge 0.25)$$
$$= 0.5 - P(0 \le Z \le 0.25)$$
$$= 0.5 - 0.1$$
$$= 0.4$$

즉 하루에 기부를 하게 될 확률은 0.4가 된다.

이때, 기부한 날의 수를 Y라 하면 확률변수 Y는 이항분포 $B(600, 0.4)$를 따르고, 600은 충분히 크다고 볼 수 있으므로 확률변수 Y는 정규분포 $N(240, 12^2)$을 따르게 된다.

600일 동안 영업하여 기부할 총 금액이 222000원 이상이 되려면 하루에 1000원씩 기부한 날의 수가 222일 이상이어야 한다.

$$\therefore P(Y \ge 222) = P\left(Z \ge \frac{222-240}{12}\right)$$
$$= P(Z \ge -1.5)$$
$$= P(-1.5 \le Z \le 0) + 0.5$$
$$= P(0 \le Z \le 1.5) + 0.5$$
$$= 0.43 + 0.5$$
$$= 0.93$$

답 ④

TIP
확률변수 X가 이항분포 $B(n, p)$를 따르고 n이 충분히 클 때,
확률변수 X는 근사적으로 정규분포 $N(np, npq)$를 따른다. (단, $q = 1-p$)

01 유형1

◎ 사관 2016학년도 A형 25번

구간 $[0, 4]$에서 정의된 연속확률변수 X의 확률밀도함수가

$$f(x)=\begin{cases} \dfrac{1}{2}x & (0 \leq x \leq 1) \\ a(x-4) & (1 < x \leq 4) \end{cases}$$

일 때, $E(6X+5)$의 값을 구하시오. (단, a는 상수이다.) [3점]

02 유형1

◎ 사관 2015학년도 B형 26번

이차함수 $f(x)=ax^2$에 대하여 구간 $[0, 2]$에서 정의된 연속확률변수 X의 확률밀도함수 $g(x)$가

$$g(x)=\begin{cases} f(x) & (0 \leq x < 1) \\ f(x-1)+f(1) & (1 \leq x \leq 2) \end{cases}$$

일 때, $P(a \leq X \leq a+1)=\dfrac{q}{p}$이다. $p+q$의 값을 구하시오. (단, p와 q는 서로소인 자연수이다.) [4점]

03

유형 1

◎ 사관 2010학년도 문과 16번

r가 양의 상수일 때 $0 \leq x \leq (1+\sqrt{3})r$에서 정의된 연속확률변수 X의 확률밀도함수 $y=f(x)$의 그래프가 그림과 같이 중심의 좌표가 $(0, 0)$이고 반지름의 길이가 $2r$인 원의 일부, 중심의 좌표가 $(\sqrt{3}r, 0)$이고 반지름의 길이가 r인 원의 일부일 때, 확률 $P(0 \leq X \leq r)$의 값은?

[4점]

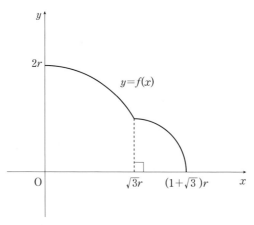

① $\dfrac{\pi+6\sqrt{3}}{11\pi+6\sqrt{3}}$ ② $\dfrac{2\pi+6\sqrt{3}}{11\pi+6\sqrt{3}}$ ③ $\dfrac{3\pi+6\sqrt{3}}{11\pi+6\sqrt{3}}$ ④ $\dfrac{4\pi+6\sqrt{3}}{11\pi+6\sqrt{3}}$ ⑤ $\dfrac{5\pi+6\sqrt{3}}{11\pi+6\sqrt{3}}$

04 유형 2

◉ 사관 2018학년도 가형 11번 · 나형 13번

다음 표는 어느 고등학교의 수학 점수에 대한 성취도의 기준을 나타낸 것이다.

성취도	A	B	C	D	E
수학 점수	89점 이상	79점 이상 ~89점 미만	67점 이상 ~79점 미만	54점 이상 ~67점 미만	54점 미만

예를 들어, 어떤 학생의 수학 점수가 89점 이상이면 성취도는 A이고, 79점 이상이고 89점 미만이면 성취도는 B이다. 이 학교 학생들의 수학 점수는 평균이 67점, 표준편차가 12점인 정규분포를 따른다고 할 때, 이 학교의 학생 중에서 수학 점수에 대한 성취도가 A 또는 B인 학생의 비율을 오른쪽 표준정규분포표를 이용하여 구한 것은? [3점]

x	$P(0 \leq Z \leq z)$
0.5	0.1915
1.0	0.3413
1.5	0.4332
2.0	0.4772

① 0.0228   ② 0.0668   ③ 0.1587   ④ 0.1915   ⑤ 0.3085

05 유형 2

◉ 사관 2015학년도 B형 10번

정규분포를 따르는 두 연속확률변수 X, Y가 다음 조건을 만족시킨다.

> (가) $E(X)=10$
>
> (나) $Y=3X$

$P(X \leq k)=P(Y \geq k)$를 만족시키는 상수 k의 값은? [3점]

① 14   ② 15   ③ 16   ④ 17   ⑤ 18

06 유형 2

◎ 사관 2011학년도 문과 12번

평균이 m, 표준편차가 σ인 정규분포를 따르는 확률변수 X와 표준정규분포를 따르는 확률변수 Z가 다음 두 조건을 만족시킨다.

> (가) $P(X \geq 58) = P(Z \geq -1)$
>
> (나) $P(X \leq 55) = P(Z \geq 2)$

$m + \sigma$의 값은? [3점]

① 62   ② 63   ③ 64   ④ 65   ⑤ 66

07 유형 3

◎ 사관 2014학년도 A형 14번

수직선 위의 원점에 위치한 점 A가 있다. 주사위 1개를 던질 때 3의 배수의 눈이 나오면 점 A를 양의 방향으로 3만큼 이동하고, 그 이외의 눈이 나오면 점 A를 음의 방향으로 2만큼 이동하는 시행을 한다. 이와 같은 시행을 72회 반복할 때, 점 A의 좌표를 확률변수 X라 하자. 확률 $P(X \geq 11)$의 값을 오른쪽 표준정규분포표를 이용하여 구한 것은? [4점]

z	$P(0 \leq Z \leq z)$
1.00	0.3413
1.25	0.3944
1.50	0.4332
1.75	0.4599
2.00	0.4772

① 0.0228   ② 0.0401   ③ 0.0668   ④ 0.1056   ⑤ 0.1587

01 유형 1

수능 2015학년도 A형 27번

구간 $[0, 3]$의 모든 실수 값을 가지는 연속확률변수 X에 대하여 X의 확률밀도함수의 그래프는 그림과 같다.

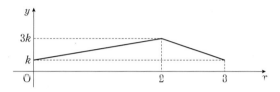

$P(0 \le X \le 2) = \dfrac{q}{p}$ 라 할 때, $p+q$의 값을 구하시오.(단, k는 상수이고, p와 q는 서로소인 자연수이다.) [4점]

02 유형 2

경찰 2018학년도 3번

입학정원이 35명인 A학과는 올해 대학수학능력시험 4개 영역 표준점수의 총합을 기준으로 하여 성적순에 의하여 신입생을 선발한다. 올해 A학과에 지원한 수험생이 500명이고 이들의 성적은 평균 500점, 표준편차 30점인 정규분포를 따른다고 할 때, A학과에 합격하기 위한 최저점수를 오른쪽 표준정규분포표를 이용하여 구한 것은? [3점]

z	$P(0 \le Z \le z)$
0.5	0.19
1.0	0.34
1.5	0.43
2.0	0.48
2.5	0.49

① 530 ② 535 ③ 540 ④ 545 ⑤ 550

03 통계적 추정

01 모집단과 표본

(1) **전수조사**: 조사의 대상 전체를 조사하는 것을 전수조사라 한다.

(2) **표본조사**: 조사의 대상 일부를 조사하여 조사 대상 전체의 성질을 추측하는 것을 표본조사라 한다.

(3) **모집단**: 통계조사에서 조사의 대상이 되는 자료 전체를 모집단이라 한다.

(4) **표본**: 모집단 중에서 표본조사를 하기 위하여 뽑은 일부의 자료를 표본이라 한다.

(5) **임의추출**: 모집단의 각 대상이 같은 확률로 추출되도록 하는 방법을 임의추출이라 한다.

① 복원추출: 한 번 추출된 대상을 다시 모집단으로 되돌려 놓은 후 다음 대상을 뽑는 방법을 복원추출이라 한다.

② 비복원추출: 한 번 추출된 대상을 다시 모집단으로 되돌려놓지 않고 다음 대상을 뽑는 방법을 비복원추출이라 한다.

> • 표본조사는 표본으로부터 모집단의 성질을 알아내는 것이 목적이므로 모집단에서 어느 한 부분에 편중되게 추출해서는 안된다.

02 모평균과 표본평균

(1) 어느 모집단에서 조사하고자 하는 특성을 나타내는 확률변수를 X라 할 때, X의 평균, 분산, 표준편차를 각각 모평균, 모분산, 모표준편차라 하고, 기호로 각각 m, σ^2, σ로 나타낸다.

(2) 어느 모집단에서 임의추출한 크기가 n인 표본을 X_1, X_2, $\cdots$, X_n이라 할 때, 이들의 평균, 분산, 표준편차를 각각 표본평균, 표본분산, 표본표준편차라 하고, 기호로 각각 $\overline{X}$, S^2, S로 나타낸다.

> • $\overline{X}=\dfrac{1}{n}\sum\limits_{i=1}^{n}X_i$
> $S^2=\dfrac{1}{n-1}\sum\limits_{i=1}^{n}(X_i-\overline{X})^2$

03 표본평균의 평균, 분산, 표준편차

모평균이 m, 모표준편차가 σ인 모집단에서 크기가 n인 표본을 임의추출할 때, 표본평균 $\overline{X}$의 평균, 분산, 표준편차는 각각

(1) **평균**: $\mathrm{E}(\overline{X})=m$

(2) **분산**: $\mathrm{V}(\overline{X})=\dfrac{\sigma^2}{n}$

(3) **표준편차**: $\sigma(\overline{X})=\dfrac{\sigma}{\sqrt{n}}$

> • 표본평균 $\overline{X}$는 임의추출한 표본에 따라 여러 값을 가질 수 있으므로 확률변수이다.

04 표본평균의 분포

모평균이 m, 모분산이 σ^2인 모집단에서 크기가 n인 표본을 임의추출할 때, 표본평균 $\overline{X}$에 대하여

(1) 모집단의 분포가 정규분포 $\mathrm{N}(m, \sigma^2)$이면 $\overline{X}$는 정규분포 $\mathrm{N}\left(m, \dfrac{\sigma^2}{n}\right)$을 따른다.

(2) 모집단의 분포가 정규분포가 아니더라도 표본의 크기 n이 충분히 크면 $\overline{X}$는 근사적으로 정규분포 $N\left(m, \dfrac{\sigma^2}{n}\right)$을 따른다.

• $n \geq 30$이면 n은 충분히 크다.

05 모평균의 추정

(1) **추정**: 표본에서 얻은 정보를 이용하여 모평균, 모표준편차와 같은 모집단의 특성을 확률적으로 추측하는 것을 추정이라 한다.

(2) **모평균의 신뢰구간**

정규분포 $N(m, \sigma^2)$을 따르는 모집단에서 크기가 n인 표본을 임의추출하여 구한 표본평균 $\overline{X}$의 값이 $\overline{x}$일 때, 모평균 m의 신뢰구간은 다음과 같다.

① 신뢰도 95%의 신뢰구간: $\overline{x} - 1.96\dfrac{\sigma}{\sqrt{n}} \leq m \leq \overline{x} + 1.96\dfrac{\sigma}{\sqrt{n}}$

② 신뢰도 99%의 신뢰구간: $\overline{x} - 2.58\dfrac{\sigma}{\sqrt{n}} \leq m \leq \overline{x} + 2.58\dfrac{\sigma}{\sqrt{n}}$

• 신뢰도 x%의 신뢰구간이란 표본을 여러 번 추출하여 신뢰구간을 만들 때, 이들 중에서 x% 정도는 모평균 m을 포함한다는 뜻이다.

06 모비율과 표본비율

(1) **모비율**: 모집단에서 어떤 특성을 가지는 사건의 비율을 그 사건에 대한 모비율이라 하고, 기호로 p로 나타낸다.

(2) **표본비율**: 모집단에서 임의추출한 표본에서 어떤 사건의 비율을 그 사건에 대한 표본비율이라 하고, 기호로 $\hat{p}$로 나타낸다.

(3) 크기가 n인 표본에서 어떤 사건이 일어나는 횟수를 확률변수 X라 할 때, 이 사건에 대한 표본비율 $\hat{p}$은

$$\hat{p} = \dfrac{X}{n}$$

• 즉, $\hat{p} = \dfrac{X}{n}$에서 X가 확률변수이므로, $\hat{p}$도 확률변수이다.

07 표본비율의 분포

(1) 모비율이 p인 모집단에서 크기가 n인 표본을 임의추출할 때, 표본비율 $\hat{p}$에 대하여

① $E(\hat{p}) = p$

② $V(\hat{p}) = \dfrac{pq}{n}$ (단, $q = 1 - p$)

③ $\sigma(\hat{p}) = \sqrt{\dfrac{pq}{n}}$ (단, $q = 1 - p$)

(2) 표본의 크기 n이 충분히 크면 표본비율 $\hat{p}$은 근사적으로 정규분포 $N\left(p, \dfrac{pq}{n}\right)$를 따른다.(단, $q = 1 - p$)

08 모비율의 신뢰구간

크기가 n인 표본의 표본비율이 $\hat{p}$이고 $\hat{q} = 1 - \hat{p}$일 때, 표본의 크기 n이 충분히 크면 모비율 p의 신뢰구간은

(1) **신뢰도 95%의 신뢰구간**: $\hat{p} - 1.96\sqrt{\dfrac{\hat{p}\hat{q}}{n}} \leq m \leq \hat{p} + 1.96\sqrt{\dfrac{\hat{p}\hat{q}}{n}}$

(2) **신뢰도 99%의 신뢰구간**: $\hat{p} - 2.58\sqrt{\dfrac{\hat{p}\hat{q}}{n}} \leq m \leq \hat{p} + 2.58\sqrt{\dfrac{\hat{p}\hat{q}}{n}}$

◎ 사관 2017학년도 가형 11번·나형 12번

유형 1 ★ 표본평균의 분포

어느 공장에서 생산하는 군용 위장크림 1개의 무게는 평균이 m, 표준편차가 σ인 정규분포를 따른다고 한다. 이 공장에서 생산하는 군용 위장크림 중에서 임의로 택한 1개의 무게가 50 이상일 확률은 0.1587이다. 이 공장에서 생산하는 군용 위장크림 중에서 임의추출한 4개의 무게의 평균이 50 이상일 확률을 오른쪽 표준정규분포표를 이용하여 구한 것은? (단, 무게의 단위는 g이다.)

[3점]

z	$P(0 \leq Z \leq z)$
0.5	0.1915
1.0	0.3413
1.5	0.4332
2.0	0.4772

① 0.0228 ② 0.0668 ③ 0.1587 ④ 0.3085 ⑤ 0.4332

풀이 $0.1587 = 0.5 - 0.3413$

$\qquad = 0.5 - P(Z > 1.0)$

$\therefore Z = \dfrac{50 - m}{\sigma} = 1.0$

4개를 임의추출한 경우 표본의 평균을 $\overline{x}$, 표본의 개수를 n이라고 하면

$Z = \dfrac{\overline{x} - m}{\sigma / \sqrt{n}}$

$\overline{x} = 50$, $n = 4$를 대입하면

$Z = \dfrac{50 - m}{\sigma / 2} = 2 \times \dfrac{50 - m}{\sigma} = 2 \times 1.0 = 2.0$

$\therefore P(Z \geq 2) = 0.5 - 0.4772 = 0.0228$

답 ①

TIP

모집단의 분포가 정규분포 $N(m, \sigma^2)$이면 표본평균 $\overline{X}$는 정규분포 $N\left(m, \dfrac{\sigma^2}{n}\right)$을 따른다.

◎ 사관 2011학년도 문과·이과 24번

유형2 ★ 모평균의 추정

어느 선박 부품 공장에서 만드는 부품의 길이 X는 평균이 100, 표준편차가 0.6인 정규분포를 따른다고 한다.

이 공장에서 만든 부품 중에서 9개를 임의추출한 표본의 길이의 평균을 $\overline{X}$라 할 때, 표본평균 $\overline{X}$와 모평균의 차가 일정한 값 c 이상이면 부품의 제조과정에 대한 전면적인 조사를 하기로 하였다. 부품의 제조 과정에 대한 전면적인 조사를 하게 될 확률이 5% 이하가 되도록 상수 c의 값을 정할 때, c의 최솟값은? (단, 단위는 mm이고, 위 표준정규분포표를 이용한다.) [4점]

z	$P(0 \leq Z \leq z)$
1.65	0.450
1.96	0.475
2.58	0.495

① 0.196   ② 0.258   ③ 0.330   ④ 0.392   ⑤ 0.475

풀이 X는 정규분포 $N(100, 0.6^2)$을 따르고 표본의 개수가 9개이므로

$\overline{X}$는 정규분포 $N\left(100, \left(\dfrac{0.6}{\sqrt{9}}\right)^2\right)$ 즉, 정규분포 $N(100, 0.2^2)$을 따른다.

이때 $P(|\overline{X}-m|>c) \leq 0.05$ …… ㉠

$P(|\overline{X}-m| \geq c) = P\left(\dfrac{|\overline{X}-m|}{0.2} \geq \dfrac{c}{0.2}\right)$

$\qquad = P\left(|\overline{Z}| \geq \dfrac{c}{0.2}\right)$

$\qquad = 1 - 2P\left(0 \leq Z \leq \dfrac{c}{0.2}\right)$

이를 ㉠에 대입하면

$1 - 2P\left(0 \leq Z \leq \dfrac{c}{0.2}\right) \leq 0.05$

$P\left(0 \leq Z \leq \dfrac{c}{0.2}\right) \geq 0.475$

표준정규분포표에 의하여

$\dfrac{c}{0.2} \geq 1.96$

$\therefore c \geq 0.392$

따라서 상수 c의 최솟값은 0.392이다.

답 ④

TIP
모집단의 분포가 정규분포 $N(m, \sigma^2)$일 때, 표본평균 $\overline{X}$는 정규분포 $N\left(m, \dfrac{\sigma^2}{n}\right)$을 따르므로,

$P(|\overline{X}-m|>c) \leq 0.05$를 만족하는 c의 값의 범위를 구하면 된다.

01 유형 1

● 사관 2016학년도 A형 7번

어느 과수원에서 생산되는 사과의 무게는 평균이 350g이고 표준편차가 30g인 정규분포를 따른다고 한다. 이 과수원에서 생산된 사과 중에서 임의로 선택한 9개의 무게의 평균이 345g 이상 365g 이하일 확률을 오른쪽 표준정규분포표를 이용하여 구한 것은? [3점]

z	$P(0 \leq Z \leq z)$
0.5	0.1915
1.0	0.3413
1.5	0.4332
2.0	0.4772

① 0.5328　　② 0.6247　　③ 0.6687　　④ 0.7745　　⑤ 0.8185

02 유형 1

● 사관 2016학년도 B형 7번

어느 과수원에서 생산되는 사과의 무게는 평균이 350g이고 표준편차가 30g인 정규분포를 따르고, 배의 무게는 평균이 490g이고 표준편차가 40g인 정규분포를 따른다고 한다. 이 과수원에서 생산된 사과 중에서 임의로 선택한 9개의 무게의 총합을 X(g)이라 하고, 이 과수원에서 생산된 배 중에서 임의로 선택한 4개의 무게의 총합을 Y(g)이라 하자. $X \geq 3240$ 이고 $Y \geq 2008$일 확률을 오른쪽 표준정규분포표를 이용하여 구한 것은? (단, 사과의 무게와 배의 무게는 서로 독립이다.) [3점]

z	$P(0 \leq Z \leq z)$
0.4	0.16
0.6	0.23
0.8	0.29
1.0	0.34

① 0.0432　　② 0.0482　　③ 0.0544　　④ 0.0567　　⑤ 0.0614

03 유형1

사관 2013학년도 문과 · 이과 5번

정규분포 $N(50, 10^2)$을 따르는 모집단에서 임의로 25개의 표본을 뽑았을 때의 표본평균을 $\overline{X}$라 하자.

오른쪽 표준정규분포표를 이용하여 $P(48 \leq \overline{X} \leq 54)$의 값을 구한 것은? [3점]

z	$P(0 \leq Z \leq z)$
0.5	0.1915
1.0	0.3413
1.5	0.4332
2.0	0.4772

① 0.5328   ② 0.6247   ③ 0.7745   ④ 0.8185   ⑤ 0.9104

04 유형1

사관 2010학년도 문과 27번

A도시에서 B도시로 운행하는 고속버스들의 소요시간은 평균이 m분이고, 표준편차가 10분인 정규분포를 따른다고 한다. 이 고속버스들의 소요시간 중에서 크기가 n인 표본을 임의추출하여 구한 표본평균을 $\overline{X}$라 하자.

$$P(m-5 \leq \overline{X} \leq m+5) = 0.9544$$

를 만족시키는 표본의 크기 n의 값을 오른쪽 표준정규분포표를 이용하여 구하시오. [3점]

z	$P(0 \leq Z \leq z)$
1.0	0.3413
1.5	0.4332
2.0	0.4772
2.5	0.4938

05 유형2

사관 2015학년도 A형 24번

어느 통신 회사의 스마트폰 사용 고객들의 올해 7월의 데이터 사용량은 모평균이 m(GB), 모표준편차가 1.2(GB)인 정규분포를 따른다고 한다. 이 고객들 중에서 n명을 임의추출하여 신뢰도 95%로 추정한 모평균 m에 대한 신뢰구간이 $[a, b]$일 때, $b-a \leq 0.56$을 만족시키는 자연수 n의 최솟값을 구하시오. (단, Z가 표준정규분포를 따르는 확률변수일 때, $P(0 \leq Z \leq 1.96) = 0.4750$으로 계산한다.) [3점]

01 유형 2

◎ 경찰 2014학년도 5번

청소년 가장 가정을 돕기 위해 경찰청에서 기획한 수박판매행사에 사용된 수박의 무게는 표준편차 1kg인 정규분포를 따른다고 한다. 이 수박들 중에서 49개의 수박을 임의추출하여 무게를 조사해보니 평균 9kg이었다. 이 행사에 사용된 수박의 모평균 m(kg)을 신뢰도 95%로 추정할 때의 신뢰구간은 $a \leq m \leq b$이다. 이때 $b-a$의 값은? (단, $\mathrm{P}(|Z| \leq 2)=0.95$)

[4점]

① $\dfrac{4}{7}$ ② $\dfrac{6}{7}$ ③ $\dfrac{8}{7}$ ④ $\dfrac{10}{7}$ ⑤ $\dfrac{12}{7}$

02 유형 2

◎ 수능 2017학년도 나형 16번

어느 농가에서 생산하는 석류의 무게는 평균이 m, 표준편차가 40인 정규분포를 따른다고 한다. 이 농가에서 생산하는 석류 중에서 임의추출한, 크기가 64인 표본을 조사하였더니 석류 무게의 표본평균의 값이 $\overline{x}$이었다. 이 결과를 이용하여, 이 농가에서 생산하는 석류 무게의 평균 m에 대한 신뢰도 99%의 신뢰구간을 구하면 $\overline{x}-c \leq m \leq \overline{x}+c$이다. c의 값은? (단, 무게의 단위는 g이고, Z가 표준정규분포를 따르는 확률변수일 때 $\mathrm{P}(0 \leq Z \leq 2.58)=0.495$로 계산한다.)

[4점]

① 25.8 ② 21.5 ③ 17.2 ④ 12.9 ⑤ 8.6

사관학교 수학(가)
유형별 기출문제 총정리
정답 및 해설

미적분 II

I. 지수함수와 로그함수

01 지수함수와 로그함수의 뜻과 그래프

기출 유형 더 풀기

01 ③	02 ③	03 ③	04 ③	05 ⑤
06 32	07 ③	08 ②	09 ②	

01 $A_k(k, 2^k+4)$, $B_{k+1}(k+1, k+1)$이므로

$S_k=(k+1-k)\{2^k+4-(k+1)\}=2^k-k+3$

$\therefore \sum_{k=1}^{8}S_k=\dfrac{2(2^8-1)}{2-1}-\dfrac{8\cdot9}{2}+3\cdot8=498$ **답** ③

02 $f(x)-g(x)=a^{2x}-a^{x+1}+2$

이므로 $a^x=t$라고 하면

$f(x)-g(x)=t^2-at+2$

이차방정식 $t^2-at+2=0$의 판별식을 D라고 하면

$D=a^2-8=0$에서 $a=2\sqrt{2}$ $(\because a>1)$

이차함수 $y=t^2-at+2$의 그래프는 대칭축이 $t=\dfrac{a}{2}$이고 y절편이 2이므로 a의 값의 크기에 따라 $y=|t^2-at+2|$의 그래프의 개형을 그리면 다음 그림과 같다.

$a>2\sqrt{2}$ $a=2\sqrt{2}$ $1<a<2\sqrt{2}$

이때, $t=a^x$는 모든 실수에서 임의의 양수로 일대일 대응이고 $x_1<x_2$에 대하여 $t_1<t_2$를 만족한다. …… ㉠

ㄱ. $a=2\sqrt{2}$일 때, $y=|t^2-at+2|$의 그래프는 x축과 한 점에서 만나므로 (접하므로) $y=h(x)$의 그래프도 x축과 한 점에서 만난다. $(\because ㉠)$ (참)

ㄴ. $a=4$일 때, $t^2-4t+2=0$에서 $t=2\pm\sqrt{2}$ 이므로

$y=|t^2-at+2|$의 그래프는 $0<t<2-\sqrt{2}$에서 감소하고 $2-\sqrt{2}<t<2$에서 증가한다. …… ㉡

$x<\dfrac{1}{2}$일 때, $0<t<4^{\frac{1}{2}}=2$이므로 ㉠, ㉡에 의해서 $h(x_1)$, $h(x_2)$의 대소를 비교할 수 없다. (거짓)

ㄷ. $y=t^2-at+2$의 그래프가 직선 $y=1$과 접할 때, $y=h(x)$의 그래프와 직선 $y=1$이 오직 한 점에서 만나게 된다.

$t^2-at+2=1$에서 $t^2-at+1=0$

위 방정식은 $a=2$일 때 중근을 가지므로 $a=2$일 때, $y=h(x)$의 그래프와 직선 $y=1$이 오직 한 점에서 만나게 된다. (참)

따라서 옳은 것은 ㄱ, ㄷ이다.   **답** ③

03 $|\log_a x|=\begin{cases} -\log_a x & (x<1) \\ \log_a x & (x\geq1) \end{cases}$이므로

점 A는 $\left(\dfrac{1}{a}, 1\right)$이고 B는 $(a, 1)$, C는 $(1, 0)$이다.

선분 AC의 기울기는 $\dfrac{1-0}{\frac{1}{a}-1}=\dfrac{a}{1-a}$

선분 BC의 기울기는 $\dfrac{1-0}{a-1}=\dfrac{1}{a-1}$

두 선분이 직교하려면 두 기울기의 그 곱이 -1이 되어야 한다.

$\dfrac{a}{1-a}\times\dfrac{1}{a-1}=-1$

$a^2-2a+1=a$

$a^2-3a+1=0$

판별식 $D=5$이고 두 근의 합은 3, 두 근의 곱은 1이므로 두 근은 모든 양근이다.

따라서 이 조건을 만족하는 모든 양수 a의 값의 합은 3이다.

   답 ③

04 $P\left(a^{\frac{2}{3}}, \dfrac{2}{3}\right)$, $Q\left(b^{\frac{2}{3}}, \dfrac{2}{3}\right)$이므로

$A\left(a^{\frac{2}{3}}, \dfrac{2}{3}\log_b a\right)$, $B\left(a^{\frac{2}{3}}, 0\right)$, $C\left(b^{\frac{2}{3}}, \dfrac{2}{3}\log_b b\right)$, $D\left(b^{\frac{2}{3}}, 0\right)$

$\overline{PA}=\overline{AB}$에서 $\dfrac{2}{3}-\dfrac{2}{3}\log_b a=\dfrac{2}{3}\log_b a$

$\dfrac{4}{3}\log_b a=\dfrac{2}{3}$, $\log_b a=\dfrac{1}{2}$ $\therefore a=\sqrt{b}$

따라서 $\overline{PA}=\dfrac{2}{3}-\dfrac{2}{3}\times\dfrac{1}{2}=\dfrac{1}{3}$, $\overline{CQ}=\dfrac{2}{3}\times2-\dfrac{2}{3}=\dfrac{2}{3}$

사각형 PAQC의 넓이가 1이므로

$\dfrac{1}{2}\left(\dfrac{2}{3}+\dfrac{1}{3}\right)\times(b^{\frac{2}{3}}-b^{\frac{1}{3}})=1$, $b^{\frac{2}{3}}-b^{\frac{1}{3}}=2$

$\left(b^{\frac{1}{3}}\right)^2-b^{\frac{1}{3}}-2=0$, $(b^{\frac{1}{3}}-2)(b^{\frac{1}{3}}+1)=0$

$\therefore b^{\frac{1}{3}}=2$ $(\because b>1)$

$\therefore b=8$, $a=2\sqrt{2}$

$\therefore ab=2\sqrt{2}\times8=16\sqrt{2}$ **답** ③

05 $A(a, b)$, $B(b, a)$라고 두면

$2^{a-1}+1=b$, $\log_2(b+1)=a$에서 $2^{a-1}=b-1$, $2^a=b+1$

$\therefore \dfrac{b+1}{b-1}=2$

$a=2$, $b=3$

따라서 $A(2, 3)$, $B(3, 2)$, $C(7, 3)$이므로

$(p, q)=\left(4, \dfrac{8}{3}\right)$

$\therefore p+q=\dfrac{20}{3}$ **답** ⑤

06 진수 조건에서 $x+y-4>0$, $x+y>0$, $x>0$, $y>0$

$\log_2(x+y-4)+\log_2(x+y)\leq 1+\log_2 x+\log_2 y$에서

$\log_2(x+y-4)(x+y)\leq\log_2 2xy$

$(x+y-4)(x+y)\leq 2xy$

$(x+y)^2-4(x+y)\leq 2xy$

$x^2+y^2-4x-4y\leq 0$

$\therefore (x-2)^2+(y-2)^2\leq 8$

위의 진수 조건과 $(x-2)^2+(y-2)^2\leq 8$을 만족하는 x, y의 값의 범위를 그림으로 나타내면 다음과 같다.

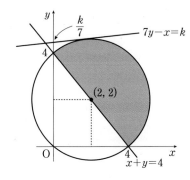

$7y-x=k$라고 하면 $y=\dfrac{1}{7}x+\dfrac{1}{7}k$

위 직선의 y절편이 커질수록 k의 값도 커지고, 원에 접할 때 y절편이 가장 커진다.

직선 $y=\dfrac{1}{7}x+\dfrac{1}{7}k$, 즉 $x-7y+k=0$과 점 $(2,2)$ 사이의 거리가

$2\sqrt{2}$ 이므로

$\dfrac{|2-7\times 2+k|}{\sqrt{1+(-7)^2}}=\dfrac{|k-12|}{5\sqrt{2}}=2\sqrt{2}$

$|k-12|=20$

$\therefore k=32$ 또는 $k=-8$

따라서 $7y-x$의 최댓값은 32이다. **답** 32

07 $\begin{cases}\log_3 x+\log_2\dfrac{1}{y}=1\\\log_9 3x+\log_{\frac{1}{2}}y=1-\dfrac{k}{2}\end{cases}$에서

$\begin{cases}\log_3 x-\log_2 y=1\\\dfrac{1}{2}\log_3 3+\dfrac{1}{2}\log_3 x-\log_2 y=1-\dfrac{k}{2}\end{cases}$

정리하면

$\begin{cases}\log_3 x-\log_2 y=1\\\dfrac{1}{2}\log_3 x-\log_2 y=\dfrac{1}{2}-\dfrac{k}{2}\end{cases}$

위의 연립방정식을 풀면

$\log_3 x=1+k$, $\log_2 y=k$

$\therefore x=3^{1+k}$, $y=2^k$

따라서 $\alpha=3^{1+k}$, $\beta=2^k$이고, 이때 $\alpha\leq\beta$를 만족시키는 정수 k의 최댓값은 -3이다. **답** ③

08 $2^{2x}=t$라고 했을 때 주어진 식은

$\left(t^2+\dfrac{a}{4}\right)^2+10-\dfrac{a^2}{16}-\dfrac{3}{4}a>0$

t에 대한 이차함수의 그래프에서 꼭짓점의 x좌표가 0보다 작기 때문에 $t>0$일 때 주어진 부등식이 항상 성립하려면 $t=0$일 때 주어진 식의 값이 0보다 크거나 같아야 한다.

$t=0$을 위 식에 대입하여 정리하면

$10\geq\dfrac{3}{4}a$

$\therefore a\leq 13.333\cdots$

따라서 자연수 a의 최댓값은 13이다. **답** ②

09 각 집합의 원소를 구한다.

(i) $A=\{x|\log_4(x-1)\leq\log_{16}(x+5)\}$

진수 조건에 의하여 $x-1>0$, $x+5>0$이므로 이 두 조건을 모두 만족하는 x의 범위는 $x>1$이다.

$\log_4(x-1)\leq\log_{16}(x+5)$

$\log_{16}(x-1)^2\leq\log_{16}(x+5)$

$(x-1)^2\leq(x+5)$

$x^2-3x-4\leq 0$

$(x-4)(x+1)\leq 0$

$-1\leq x\leq 4$

$\therefore A=\{x|1<x\leq 4\}$

(ii) $B=\{x|8^x-11\cdot 4^x+38\cdot 2^x-40=0\}$

$8^x-11\cdot 4^x+38\cdot 2^x-40=0$

$(2^x)^3-11(2^x)^2+38\cdot 2^x-40=0$

$2^x=t(t>0)$라 하면

$t^3-11t^2+38t-40=0$

2	1	-11	38	-40
		2	-18	40
4	1	-9	20	0
		4	-20	
	1	-5	0	

$(t-2)(t-4)(t-5)=0$

$\therefore t=2$ 또는 $t=4$ 또는 $t=5$

$\therefore x=1$ 또는 $x=2$ 또는 $x=\log_2 5$

$\therefore B=\{1,\ 2,\ \log_2 5\}$

따라서 집합 $A\cap B=\{2,\ \log_2 5\}$이므로 모든 원소의 합은

$2+\log_2 5=\log_2 4+\log_2 5=\log_2 20$ **답** ②

01 함수 $y=2^{x-2}$의 역함수는 함수 $y=\log_2 x+2$이므로 함수 $y=\log_2 x+2$의 그래프를 x축의 방향으로 -2만큼, y축의 방향으로 a만큼 평행이동시킨 그래프를 나타내는 식은

$y=\log_2(x+2)+a+2$

이때 두 함수 $f(x)=2^{x-2}$, $g(x)=\log_2(x+2)+a+2$의 그래프가 직선 $y=1$과 만나는 점은 각각 A$(2, 1)$, B$(2^{-a-1}-2, 1)$이다.

선분 AB의 중점의 좌표가 $(8, 1)$이므로

$\dfrac{2+2^{-a-1}-2}{2}=8,\ 2^{-a-1}=16=2^4$

$-a-1=4$

$\therefore a=-5$ **답** ④

02 점 $(0, a_1)$을 직선 $y=x$에 대하여 대칭이동하면 그림과 같고, $a_2=f(a_1)$이므로 y축 위에 a_2의 위치를 정할 수 있다. 마찬가지 방법으로 a_3, a_4의 위치를 정하면 다음 그림과 같다.

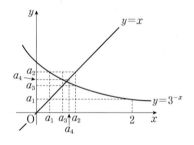

$\therefore a_3<a_4<a_2$ **답** ⑤

03 $k=2$일 때 Q(k, a^{2k}), R(k, k)가 일치하므로

$a^{2k}=k$에서 $a^4=2$, $a=2^{\frac{1}{4}}$

$\therefore a^x=2^{\frac{x}{4}}$, $a^{2x}=2^{\frac{x}{2}}$

ㄱ. $k=4$이면 Q$\left(4, 2^{2\times\frac{1}{4}\times4}\right)$, R$(4, 4)$이므로 일치한다. (참)

ㄴ. $\overline{\mathrm{PQ}}=\left|2^{\frac{k}{2}}-2^{\frac{k}{4}}\right|=12$에서 $2^{\frac{k}{4}}=t\ (t>0)$로 치환하면 $|t^2-t|=12$

  (i) $t^2-t=12$인 경우, $(t-4)(t+3)=0$에서

      $t=2^{\frac{k}{4}}=4$, $k=8$

  (ii) $t^2-t=-12$인 경우, 이를 만족하는 실수 t의 값은 존재하지 않는다.

  (i), (ii)에서 $k=8$이므로 Q$(8, 16)$, R$(8, 8)$

  $\therefore \overline{\mathrm{QR}}=8$ (참)

ㄷ. $\overline{\mathrm{PQ}}=\left|2^{\frac{k}{2}}-2^{\frac{k}{4}}\right|=\dfrac{1}{8}$에서 $2^{\frac{k}{4}}=t\ (t>0)$로 치환하면

$\overline{\mathrm{PQ}}=|t^2-t|$

이때 $y=|t^2-t|=\left|\left(t-\dfrac{1}{2}\right)^2-\dfrac{1}{4}\right|$의 그래프는 그림과 같으므로 $\overline{\mathrm{PQ}}=\dfrac{1}{8}$을 만족시키는 양수 t의 값은 3개이다.

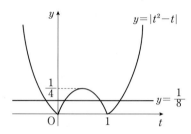

즉 조건을 만족시키는 실수 k의 값도 3개이다. (거짓)

따라서 옳은 것은 ㄱ, ㄴ이다.   **답** ②

04 두 함수 $y=a^x$와 $y=\log_a x$는 서로 역함수의 관계이므로 두 함수의 그래프의 교점은 직선 $y=x$ 위에 있다. 이때, 두 사각형 OAPB와 PCQD는 합동이므로 두 선분 OP, PQ의 길이는 서로 같다.

따라서 P(k, k), Q$(2k, 2k)$로 놓으면 $a^k=k$, $a^{2k}=2k$에서

$2k=a^{2k}=(a^k)^2=k^2$, $k(k-2)=0$ $\therefore k=2$

즉 $a^2=2$이고 주어진 그래프의 개형에서 $a>0$이므로 $a=\sqrt{2}$ **답** ①

05 주어진 방정식의 양변에 밑을 3으로 하는 로그를 취한다.

$\log_3 7\times\log_3 x+\log_3 x\times\log_3 5x=0$

$(\log_3 x)^2+(\log_3 7+\log_3 5)\log_3 x=0$

$\log_3 x(\log_3 x+\log_3 35)=0$

$x=1$, $\dfrac{1}{35}\Rightarrow 1+\dfrac{1}{35}=\dfrac{36}{35}$

$\therefore 35+36=71$ **답** ②

06 메뉴가 10개이고, 각 메뉴 안에 항목이 n개씩이므로 걸리는 전체 시간은 $10\left\{2+\dfrac{1}{3}\log_2(n+1)\right\}$초이다.

걸리는 전체 시간이 30초 이하가 되어야 하므로

$10\left\{2+\dfrac{1}{3}\log_2(n+1)\right\}\leq30$

$2+\dfrac{1}{3}\log_2(n+1)\leq3$, $\log_2(n+1)\leq3$

$n+1\leq2^3$, $n\leq7$

따라서 구하는 n의 최댓값은 7이다.   **답** ①

⑩2 지수함수와 로그함수의 미분

기출 유형 더 풀기

01 ①　　02 ③　　03 23　　04 ④

01 $\displaystyle\lim_{x\to1}\frac{\ln x}{x^3-1}=\lim_{x\to1}\frac{\ln x}{(x-1)(x^2+x+1)}$

$x-1=u$라고 하면

$\displaystyle\lim_{x\to1}\frac{\ln x}{(x-1)(x^2+x+1)}=\lim_{u\to0}\frac{\ln(1+u)}{u}\times\lim_{x\to1}\frac{1}{x^2+x+1}$

$\qquad\qquad\qquad=1\cdot\dfrac{1}{3}=\dfrac{1}{3}$　　　　**답** ①

02 $f(x)=x^2e^{x-1}$

$\quad f'(x)=(x^2)'e^{x-1}+x^2(e^{x-1})'$

$\qquad\quad=2xe^{x-1}+x^2e^{x-1}$

$\qquad\quad=e^{x-1}(x^2+2x)$

$\therefore f'(1)=e^{1-1}(1^2+2\times1)=3$　　**답** ③

03 $f(x)=ax^2+bx+c$

$\Rightarrow f(1)=a+b+c=2$

$f'(x)=2ax+b$

$f'(1)=2a+b=\displaystyle\lim_{x\to0}\dfrac{\ln f(x)}{x}+\dfrac{1}{2}$ 이 수렴하므로 $\displaystyle\lim_{x\to0}\ln f(x)=0$

$\Rightarrow\displaystyle\lim_{x\to0}f(x)=1$

$\Rightarrow f(0)=c=1$

$f'(1)=\displaystyle\lim_{x\to0}\left\{\dfrac{\ln f(x)}{x}+\dfrac{1}{2}\right\}=\lim_{x\to0}\left\{\dfrac{\ln f(x)-\ln f(0)}{x-0}+\dfrac{1}{2}\right\}$

$\qquad=\dfrac{f'(0)}{f(0)}+\dfrac{1}{2}$

$\qquad=\displaystyle\lim_{x\to0}\left(\dfrac{2ax+b}{ax^2+bx+c}+\dfrac{1}{2}\right)$

$\qquad=\dfrac{b}{c}+\dfrac{1}{2}=2a+b$

$\Rightarrow a=\dfrac{1}{4},\ b=\dfrac{3}{4},\ c=1$

$\Rightarrow f(x)=\dfrac{1}{4}x^2+\dfrac{3}{4}x+1$

$\therefore f(8)=16+6+1=23$　　　　**답** 23

04 $e(e-1)>0$

$f(e^2)-f(e)=e(e-1)f'(c)$의 양변을 $e(e-1)$로 나누면

$\dfrac{f(e^2)-f(e)}{e(e-1)}=f'(c)$, 즉 $\dfrac{f(e^2)-f(e)}{e^2-e}=f'(c)$

따라서 평균값 정리에 의해 구간 $(e,\ e^2)$에서 주어진 등식을 만족하는 c가 적어도 한 개 존재한다.

$f(x)=x\ln x$에서 $f'(x)=\ln x+1$이므로

$\dfrac{2e^2-e}{e(e-1)}=\ln c+1$

$\therefore \ln c=\dfrac{e(2e-1)}{e(e-1)}-1=\dfrac{e}{e-1}$　　　　**답** ④

유형 연습 더 하기

01 ④　　02 ④　　03 6　　04 ⑤　　05 ⑤

06 39

01

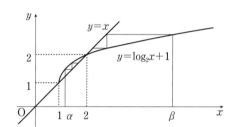

ㄱ. 위 그림에 의해 $x>2$일 때 $m<n$ 이면 $f_m(x)>f_n(x)$ (거짓)

ㄴ. 위 그림을 보면 $x>1$일 때 극한값은 2로 수렴하는 것을 알 수 있다. (참)

ㄷ. 위 그림에서 확인할 수 있다. (참)

답 ④

02 $A_n(2^n,\ n), B_n(3^n,\ n)$으로 둘 수 있다.

따라서 $S_n=\dfrac{1}{2}(3^n-2^n), T_n=\dfrac{1}{2}(3^{n-1}-2^{n-1})$이다.

$\therefore \displaystyle\lim_{n\to\infty}\dfrac{S_n}{T_n}=\lim_{n\to\infty}\dfrac{3^n-2^n}{3^{n-1}-2^{n-1}}=\lim_{n\to\infty}\dfrac{3-2\left(\frac{2}{3}\right)^{n-1}}{1-\left(\frac{2}{3}\right)^{n-1}}=3$

답 ④

03 $\displaystyle\lim_{x\to0}\dfrac{(a+12)^x-a^x}{x}$

$=\displaystyle\lim_{x\to0}\dfrac{(a+12)^x-1}{x}-\lim_{x\to0}\dfrac{a^x-1}{x}=\ln(a+12)-\ln a$

$=\ln\dfrac{a+12}{a}=\ln 3$

$\dfrac{a+12}{a}=3,\ a+12=3a$

$\therefore a=6$　　　　**답** 6

04 $\displaystyle\lim_{x\to0}\dfrac{\ln\{1+f(2x)\}}{x}=10$이고, $\displaystyle\lim_{x\to0}x=0$이므로

$\displaystyle\lim_{x\to0}\ln\{1+f(2x)\}=0$ $\ \therefore \displaystyle\lim_{x\to0}f(2x)=0$

$t=f(2x)$로 놓으면

$$\lim_{x \to 0} \frac{\ln\{1+f(2x)\}}{f(2x)} = \lim_{t \to 0} \frac{\ln(1+t)}{t} = \lim_{t \to 0} \ln(1+t)^{\frac{1}{t}} = \ln e = 1$$

따라서 $x=2y$라고 하면

$$\lim_{x \to 0} \frac{f(x)}{x} = \lim_{y \to 0} \frac{f(2y)}{2y} = \lim_{y \to 0} \frac{f(2y)}{\ln\{1+f(2y)\}} \cdot \frac{\ln\{1+f(2y)\}}{y} \cdot \frac{1}{2}$$

$$= 1 \times 10 \times \frac{1}{2} = 5$$

답 ⑤

05

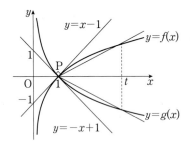

ㄱ. $\ln x = \ln \dfrac{1}{x}$에서 $x=1$이므로 점 P의 좌표는 $(1, 0)$이다. (참)

ㄴ. $f'(x) = \dfrac{1}{x}$, $g'(x) = (-\ln x)' = -\dfrac{1}{x}$에서

$f'(1)=1$, $g'(1)=-1$이므로

$f'(1) \times g'(1) = 1 \times (-1) = -1$

그러므로 두 곡선 $y=f(x)$, $y=g(x)$ 위의 점 P에서의 각각의 접선은 서로 수직이다. (참)

ㄷ. 함수 $f(t)$는 증가함수이므로 $f'(t)>0$이고,

$f'(t) = \dfrac{1}{t}$, $f'(1)=1$

에서 $f'(t)$는 감소함수이므로 $t>1$인 t에 대하여

$0 < \dfrac{f(t)-f(1)}{t-1} < 1$

또, 함수 $g(t)$는 감소함수이므로 $g'(t)<0$이고,

$g'(t) = -\dfrac{1}{t}$, $g'(1)=-1$

에서 $g'(t)$는 증가함수이므로 $t>1$인 t에 대하여

$-1 < \dfrac{g(t)-g(1)}{t-1} < 0$

그러므로 $t>1$일 때

$-1 < \dfrac{f(t)-f(1)}{t-1} \times \dfrac{g(t)-g(1)}{t-1} = \dfrac{f(t)g(t)}{(t-1)^2} < 0$ (참)

따라서 옳은 것은 ㄱ, ㄴ, ㄷ이다.

답 ⑤

06

먼저 두 함수 $y=|f(x)|$, $y=|f(x^k)|$의 미분가능성에 대하여 알아보자.

$$|f(x)| = \begin{cases} -e^{x+1}+1 & (x<-1) \\ e^{x+1}-1 & (x \geq -1) \end{cases}$$

$$\frac{d}{dx}|f(x)| = \begin{cases} -e^{x+1} & (x<-1) \\ e^{x+1} & (x>-1) \end{cases}$$

따라서 $\displaystyle\lim_{x \to -1-0}\left\{\frac{d}{dx}|f(x)|\right\} = -1$, $\displaystyle\lim_{x \to -1+0}\left\{\frac{d}{dx}|f(x)|\right\} = 1$

이므로 함수 $y=|f(x)|$는 $x=-1$에서 미분불가능하다.

한편, $y=|f(x^k)|$에서 $k=2m-1$(m은 자연수)라 놓으면

$f(x^k) = e^{x^{2m-1}+1} - 1$

에서 함숫값이 $x=-1$의 좌우에서 부호가 바뀌므로

$$|f(x^{2m-1})| = \begin{cases} -e^{x^{2m-1}+1}+1 & (x<-1) \\ e^{x^{2m-1}+1}-1 & (x \geq -1) \end{cases}$$

$$\frac{d}{dx}|f(x^{2m-1})| = \begin{cases} -(2m-1)x^{2m-2}e^{x^{2m-1}+1} & (x<-1) \\ (2m-1)x^{2m-2}e^{x^{2m-1}+1} & (x>-1) \end{cases}$$

이때

$\displaystyle\lim_{x \to -1-0}\left\{\frac{d}{dx}|f(x^{2m-1})|\right\} = -(2m-1)$,

$\displaystyle\lim_{x \to -1+0}\left\{\frac{d}{dx}|f(x^{2m-1})|\right\} = 2m-1$

이므로 함수 $y=|f(x^{2m-1})|$는 $x=-1$에서 미분불가능하다.

또, $k=2m$일 때, $f(x^k)=e^{x^{2m}+1}-1$이므로 모든 실수 x에 대하여 $f(x^{2m})>0$이므로

$|f(x^{2m})| = e^{x^{2m}+1}-1$,

$\dfrac{d}{dx}|f(x^{2m})| = 2mx^{2m-1}e^{x^{2m}+1}$

이므로 함수 $y=|f(x^{2m})|$은 모든 실수 x에서 미분가능하다.

따라서 $n=2m-1$ 또는 $n=2m$일 때,

함수 $h(x) = 100|f(x)| - \displaystyle\sum_{k=1}^{m}|f(x^{2k-1})|$가 $x=-1$에서 미분가능하면 함수 $g(x)$는 모든 실수 x에서 미분가능하다.

이때 함수 $h(x)$가 $x=-1$에서 미분가능하려면

$\displaystyle\lim_{x \to -1-0} h'(x) = -100 + \sum_{k=1}^{m}(2k-1)$

$\displaystyle\lim_{x \to -1+0} h'(x) = 100 - \sum_{k=1}^{m}(2k-1)$

에서

$-100 + \displaystyle\sum_{k=1}^{m}(2k-1) = 100 - \sum_{k=1}^{m}(2k-1)$

$\displaystyle\sum_{k=1}^{m}(2k-1) = m^2 = 100$ $\therefore$ $m=10$

따라서 $n=19$ 또는 $n=20$이므로 구하는 모든 자연수 n의 합은

$19+20=39$

답 39

Ⅱ. 삼각함수

01 삼각함수의 뜻과 그래프

기출 유형 더 풀기

01 ②

01

주어진 식 $f(\theta)$와 $g(\theta)$를 다시 정리하면

$f(\theta) = -\dfrac{\sin\theta}{1-\sin\theta}$, $g(\theta) = -\dfrac{\cos\theta}{1-\sin\theta}$

$f(\theta)$와 $g(\theta)$에 θ 대신 $-\theta$를 대입하여 정리하면

$$f(-\theta)=-\frac{\sin(-\theta)}{1-\sin(-\theta)}=\frac{\sin\theta}{1+\sin\theta}$$

$$g(-\theta)=-\frac{\cos(-\theta)}{1-\sin(-\theta)}=-\frac{\cos\theta}{1+\sin\theta}$$

$$\therefore f(\theta)f(-\theta)g(\theta)g(-\theta)$$

$$=\left(-\frac{\sin\theta}{1-\sin\theta}\right)\cdot\frac{\sin\theta}{1+\sin\theta}\cdot\left(-\frac{\cos\theta}{1-\sin\theta}\right)\cdot\left(-\frac{\cos\theta}{1+\sin\theta}\right)$$

$$=-\frac{\sin^2\theta}{1-\sin^2\theta}\cdot\frac{\cos^2\theta}{1-\sin^2\theta}$$

$$=-\frac{\sin^2\theta}{\cos^2\theta}\cdot\frac{\cos^2\theta}{\cos^2\theta}\ (\because \sin^2\theta+\cos^2\theta=1)$$

$$=-\left(\frac{\sin\theta}{\cos\theta}\right)^2$$

$$=-\tan^2\theta$$

답 ②

유형 연습 더 하기

01 ①　　　02 ③

---

01 $y=a(1-\sin^2x)+a\sin x+b\ (-1\le\sin x\le1)$에서

$y=-a\sin^2x+a\sin x+a+b=-a\left(\sin x-\frac{1}{2}\right)^2+\frac{5}{4}a+b$

최댓값과 최솟값은 각각 $\sin x=\frac{1}{2}$ (꼭짓점), $\sin x=1$,

$\sin x=-1$(경곗값) 중 하나일 때의 y값이다.

$\therefore f(x)|_{\sin x=-1}=-a+b,\ f(x)|_{\sin x=\frac{1}{2}}=\frac{5}{4}a+b,\ f(x)|_{\sin x=1}=a+b$

① $a>0$일 때

$\quad\frac{5}{4}a+b=10,\ -a+b=1$

$\quad\therefore a=4,\ b=5\Rightarrow p=20$

② $a<0$일 때

$\quad\frac{5}{4}a+b=1,\ -a+b=10$

$\quad\therefore a=-4,\ b=6\Rightarrow q=-24$

$\therefore p+q=-4$

답 ①

---

02 $\overline{OA}=1$이므로 점 A의 좌표를 A(a,b)로 놓으면

$\cos\theta=a,\ \sin\theta=b$

이때 $\cos(\pi-\theta)=-\cos\theta$이므로

$\cos(\pi-\theta)=-a$

또, 점 A와 점 C는 원점에 대해 대칭이므로 점 C의 좌표는

C$(-a,-b)$

따라서 $\cos(\pi-\theta)$는 점 C의 x좌표와 같다.

답 ③

---

⑫ 삼각함수의 미분

기출 유형 더 풀기

01 10	02 ②	03 ②	04 ①	05 16
06 ⑤	07 5	08 75	09 36	

01 $\sin^2\theta=\frac{4}{5}$이므로 $\sin\theta=\frac{2\sqrt{5}}{5}$, $\cos\theta=\frac{\sqrt{5}}{5}\left(\because 0<\theta<\frac{\pi}{2}\right)$

$\cos\left(\theta+\frac{\pi}{4}\right)=\cos\theta\times\cos\frac{\pi}{4}-\sin\theta\times\sin\frac{\pi}{4}$

$$=\frac{\sqrt{5}}{5}\times\frac{\sqrt{2}}{2}-\frac{2\sqrt{5}}{5}\times\frac{\sqrt{2}}{2}=-\frac{\sqrt{10}}{10}=p$$

$\therefore \frac{1}{p^2}=10$

답 10

---

02 $f(x)=8\sin x+4\cos 2x+1$

$\quad\quad=8\sin x+4(1-2\sin^2x)+1$

$\quad\quad=-8\sin^2x+8\sin x+5$

$\quad\quad=-8\left(\sin x-\frac{1}{2}\right)^2+7$

따라서 함수 $f(x)$의 최댓값은 7이다.

답 ②

---

03 $0<\alpha<\beta<\frac{\pi}{2}$이므로 $0<\alpha+\beta<\pi$, $0<\beta-\alpha<\frac{\pi}{2}$

$\cos(\alpha+\beta)=\cos\alpha\cos\beta-\sin\alpha\sin\beta=-\frac{1}{2}$

$\cos(\beta-\alpha)=\cos\alpha\cos\beta+\sin\alpha\sin\beta=\frac{\sqrt{3}}{2}$이므로

$\alpha+\beta=\frac{2}{3}\pi$, $\beta-\alpha=\frac{\pi}{6}\ \left(\because 0<\alpha+\beta<\pi,\ 0<\beta-\alpha<\frac{\pi}{2}\right)$

위의 두 식을 연립하여 풀면

$\alpha=\frac{\pi}{4}$, $\beta=\frac{5}{12}\pi$

$\therefore \cos(3\alpha+\beta)=\cos\frac{7}{6}\pi=-\cos\frac{\pi}{6}=-\frac{\sqrt{3}}{2}$

답 ②

---

04 $2x-\pi=2t$

$\quad\quad\cos^2x=\cos^2\left(t+\frac{\pi}{2}\right)=\sin^2t$

$\displaystyle\lim_{x\to\frac{\pi}{2}}\frac{\cos^2x}{(2x-\pi)^2}=\lim_{t\to0}\frac{\sin^2t}{4t^2}=\frac{1}{4}$

답 ①

---

05 $\sin\frac{\pi}{n}=\frac{a_n}{2+a_n}$에서

$(2+a_n)\sin\frac{\pi}{n}=a_n$

$a_n\left(1-\sin\frac{\pi}{n}\right)=2\sin\frac{\pi}{n}$

$$\therefore a_n = \frac{2\sin\frac{\pi}{n}}{1-\sin\frac{\pi}{n}} = \frac{2\sin\frac{\pi}{n}\cdot\left(1+\sin\frac{\pi}{n}\right)}{\cos^2\frac{\pi}{n}}$$

또, $\sin\frac{\pi}{n} = \frac{b_n}{2-b_n}$ 에서

$$(2-b_n)\sin\frac{\pi}{n} = b_n$$

$$b_n\left(1+\sin\frac{\pi}{n}\right) = 2\sin\frac{\pi}{n}$$

$$\therefore b_n = \frac{2\sin\frac{\pi}{n}}{1+\sin\frac{\pi}{n}} = \frac{2\sin\frac{\pi}{n}\cdot\left(1-\sin\frac{\pi}{n}\right)}{\cos^2\frac{\pi}{n}}$$

이때,

$$a_n+b_n = \frac{2\sin\frac{\pi}{n}\cdot\left(1+\sin\frac{\pi}{n}\right)}{\cos^2\frac{\pi}{n}} + \frac{2\sin\frac{\pi}{n}\cdot\left(1-\sin\frac{\pi}{n}\right)}{\cos^2\frac{\pi}{n}} = \frac{4\sin\frac{\pi}{n}}{\cos^2\frac{\pi}{n}},$$

$$a_n-b_n = \frac{2\sin\frac{\pi}{n}\cdot\left(1+\sin\frac{\pi}{n}\right)}{\cos^2\frac{\pi}{n}} - \frac{2\sin\frac{\pi}{n}\cdot\left(1-\sin\frac{\pi}{n}\right)}{\cos^2\frac{\pi}{n}} = \frac{4\sin^2\frac{\pi}{n}}{\cos^2\frac{\pi}{n}}$$

이므로

$$\frac{1}{\pi^3}\lim_{n\to\infty}n^3(a_n+b_n)(a_n-b_n)$$

$$= \lim_{n\to\infty}\left(\frac{n^3}{\pi^3}\times\frac{4\sin\frac{\pi}{n}}{\cos^2\frac{\pi}{n}}\times\frac{4\sin^2\frac{\pi}{n}}{\cos^2\frac{\pi}{n}}\right)$$

$$= \lim_{n\to\infty}\left\{\frac{16}{\cos^4\frac{\pi}{n}}\times\left(\frac{\sin\frac{\pi}{n}}{\frac{\pi}{n}}\right)^3\right\} = 16$$

답 16

06 다음 그림과 같이 두 원의 반지름의 길이를 각각 R, r이라 하고 $\angle \mathrm{APO}=\alpha$라 하면, 직각삼각형의 삼각비와 원과 접선의 성질에서

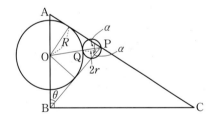

$$\overline{\mathrm{AB}} = \overline{\mathrm{AO}}+\overline{\mathrm{OB}} = \frac{2}{\sqrt{3}}R + \frac{R}{\sin\theta} = 2$$

$$\frac{2}{\sqrt{3}}R\sin\theta + R = 2\sin\theta,\quad \frac{2}{\sqrt{3}}\frac{R}{\theta}\sin\theta + \frac{R}{\theta} = \frac{2\sin\theta}{\theta}$$

이때, $\theta\to 0+$이면 $\frac{R}{\theta}\to 2$이다.

한편, $\overline{\mathrm{OP}}$를 빗변으로 하는 직각삼각형에서

$$\frac{R}{R+2r} = \sin\alpha$$

이때, $\theta\to 0+$에서 $\alpha\to\frac{\pi}{3}$이므로 $\frac{R}{R+2r}\to\frac{\sqrt{3}}{2}$이다.

따라서 $\theta\to 0+$일 때,

$$2R = \sqrt{3}R + 2\sqrt{3}r,\quad r = \frac{2-\sqrt{3}}{2\sqrt{3}}R$$

이므로 $\frac{r}{\theta}\to\frac{2-\sqrt{3}}{\sqrt{3}}$이다.

따라서 구하는 극한값은

$$\lim_{\theta\to 0+}\frac{f(\theta)+g(\theta)}{\theta^2} = \lim_{\theta\to 0+}\frac{R^2+r^2}{\theta^2}\pi$$

$$= \left\{4+\left(\frac{2-\sqrt{3}}{\sqrt{3}}\right)^2\right\}\pi$$

$$= \frac{19-4\sqrt{3}}{3}\pi$$

답 ⑤

07

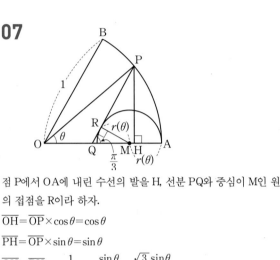

점 P에서 OA에 내린 수선의 발을 H, 선분 PQ와 중심이 M인 원의 접점을 R이라 하자.

$$\overline{\mathrm{OH}} = \overline{\mathrm{OP}}\times\cos\theta = \cos\theta$$

$$\overline{\mathrm{PH}} = \overline{\mathrm{OP}}\times\sin\theta = \sin\theta$$

$$\overline{\mathrm{QH}} = \overline{\mathrm{PH}}\times\frac{1}{\tan\frac{\pi}{3}} = \frac{\sin\theta}{\sqrt{3}} = \frac{\sqrt{3}\sin\theta}{3}$$

$$\overline{\mathrm{QM}} = \frac{r(\theta)}{\sin\frac{\pi}{3}} = \frac{2}{\sqrt{3}}r(\theta) = \frac{2\sqrt{3}}{3}r(\theta)$$

$$\overline{\mathrm{OA}} = \overline{\mathrm{OQ}}+\overline{\mathrm{QM}}+\overline{\mathrm{MA}} = (\overline{\mathrm{OH}}-\overline{\mathrm{QH}})+\overline{\mathrm{QM}}+\overline{\mathrm{MA}}$$

$$= \cos\theta - \frac{\sqrt{3}}{3}\sin\theta + \frac{2\sqrt{3}}{3}r(\theta)+r(\theta) = 1$$

정리하면 $r(\theta) = \dfrac{1+\dfrac{\sin\theta}{\sqrt{3}}-\cos\theta}{1+\dfrac{2}{\sqrt{3}}}$

$$\lim_{\theta\to 0+}\frac{r(\theta)}{\theta} = \lim_{\theta\to 0+}\frac{1+\dfrac{\sin\theta}{\sqrt{3}}-\cos\theta}{\left(1+\dfrac{2}{\sqrt{3}}\right)\theta}$$

$$= \lim_{\theta\to 0+}\frac{\sin\theta}{(2+\sqrt{3})\theta} + \sqrt{3}\lim_{\theta\to 0+}\frac{1-\cos\theta}{(2+\sqrt{3})\theta}$$

$$= \frac{1}{2+\sqrt{3}} = 2-\sqrt{3}$$

$$\left(\because \lim_{\theta\to 0+}\frac{1-\cos\theta}{(2+\sqrt{3})\theta} = \lim_{\theta\to 0+}\frac{1-\cos^2\theta}{(2+\sqrt{3})\theta(1+\cos\theta)}\right.$$

$$\left.= \lim_{\theta\to 0+}\left(\frac{\sin^2\theta}{(2+\sqrt{3})\theta^2(1+\cos\theta)}\cdot\theta\right) = 0\right)$$

$a=2$, $b=-1$이므로 $a^2+b^2=5$

답 5

08 점 P, Q, R을 각각 구하면

$\mathrm{P}(t, \cos 2t)$, $\mathrm{Q}(-t, \cos 2t)$, $\mathrm{R}(0, 1)$이다. 이 세 점을 지나는 원의 중심을 $\mathrm{C}(0, f(t))$라고 두면, 원의 반지름은 일정하므로

$$\overline{\mathrm{CR}} = \overline{\mathrm{CP}}$$

$$\therefore 1-f(t)=\sqrt{t^2+(f(t)-\cos 2t)^2}$$

양변을 제곱하여 정리하면,

$$2(1-\cos 2t)f(t)=1-t^2-\cos^2 2t$$

$$\therefore f(t)=\frac{1-t^2-\cos^2 2t}{2(1-\cos 2t)}$$

$$\lim_{t\to 0}f(t)=\lim_{t\to 0}\frac{1-t^2-\cos^2 2t}{2(1-\cos 2t)}=\lim_{t\to 0}\frac{\sin^2 2t-t^2}{2(1-\cos 2t)}$$

$$=\lim_{t\to 0}\frac{(1+\cos 2t)(\sin^2 2t-t^2)}{2(1-\cos 2t)(1+\cos 2t)}$$

$$=\lim_{t\to 0}\frac{(1+\cos 2t)(\sin^2 2t-t^2)}{2\sin^2 2t}$$

$$=\lim_{t\to 0}\frac{(1+\cos 2t)\left(\dfrac{\sin^2 2t}{(2t)^2}-\dfrac{1}{4}\right)}{2\cdot\dfrac{\sin^2 2t}{(2t)^2}}$$

$$=2\times\frac{1}{2}\times\left(1-\frac{1}{4}\right)=\frac{3}{4}=\alpha\quad\left(\because\lim_{t\to 0}\frac{\sin 2t}{2t}=1\right)$$

$$\therefore 100\alpha=75$$

답 75

09 반원의 중심을 O라고 하면 $\angle COD=2\theta$, $\angle MON=\theta$이고 반지름의 길이가 1이므로

$$\overline{CD}=\sin 2\theta,\ \overline{MN}=\sin\theta,$$

$$\overline{DN}=\overline{ON}-\overline{OD}=\cos\theta-\cos 2\theta$$

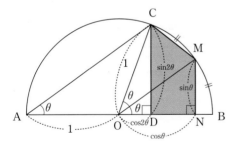

$$\therefore S(\theta)=\frac{1}{2}(\overline{CD}+\overline{MN})\overline{DN}$$

$$=\frac{1}{2}(\sin 2\theta+\sin\theta)(\cos\theta-\cos 2\theta)$$

$$=\frac{(\sin 2\theta+\sin\theta)(\cos^2\theta-\cos^2 2\theta)}{2(\cos\theta+\cos 2\theta)}$$

$$=\frac{(\sin 2\theta+\sin\theta)(\sin^2 2\theta-\sin^2\theta)}{2(\cos\theta+\cos 2\theta)}$$

$$\therefore \lim_{\theta\to 0+}\frac{S(\theta)}{\theta^3}=\lim_{\theta\to 0+}\left(\frac{\sin 2\theta}{2\theta}\cdot 2+\frac{\sin\theta}{\theta}\right)\left\{\left(\frac{\sin 2\theta}{2\theta}\right)^2\cdot 4-\left(\frac{\sin\theta}{\theta}\right)^2\right\}$$

$$\cdot\frac{1}{2(\cos\theta+\cos 2\theta)}$$

$$=(1\cdot 2+1)(1^2\cdot 4-1^2)\cdot\frac{1}{2(1+1)}$$

$$=\frac{9}{4}=a$$

$$\therefore 16a=16\times\frac{9}{4}=36$$

답 36

유형 연습 더 하기

01 ②　　**02** ②　　**03** ①

01 $\cos^2 x=1-\sin^2 x$를 주어진 방정식에 대입하면

$$1-\sin^2 x=\sin^2 x-\sin x$$

$$2\sin^2 x-\sin x-1=0,\ (2\sin x+1)(\sin x-1)=0$$

$$\sin x=-\frac{1}{2}\ \text{또는}\ \sin x=1$$

이때 $0\le x<2\pi$에서

$$x=\frac{\pi}{2}\ \text{또는}\ x=\frac{7}{6}\pi\ \text{또는}\ x=\frac{11}{6}\pi$$

이므로 주어진 방정식의 모든 해의 합은

$$\frac{\pi}{2}+\frac{7}{6}\pi+\frac{11}{6}\pi=\frac{7}{2}\pi$$

답 ②

02 주어진 조건에서 $\lim\limits_{x\to 0}\dfrac{e^x-\sin 2x-a}{3x}=b$이므로

(분모)$\to 0$에서 (분자)$\to 0$이다. 즉,

$$\lim_{x\to 0}(e^x-\sin 2x-a)=0\quad\therefore a=1$$

$$\lim_{x\to 0}\frac{e^x-\sin 2x-1}{3x}=\lim_{x\to 0}\frac{1}{3}\left(\frac{e^x-1}{x}-\frac{2\sin 2x}{2x}\right)$$

$$=-\frac{1}{3}$$

$$\therefore b=-\frac{1}{3}$$

$$\therefore a+b=1-\frac{1}{3}=\frac{2}{3}$$

답 ②

03 $\overline{OH}=\cos\theta$에서 $\overline{HA}=1-\cos\theta$

또, 직각삼각형 OAB에서 $\overline{OA}=\overline{OB}$이므로

$$\angle OAB=\angle OBA\ \cdots\cdots\ \text{㉠}$$

이때, 선분 OB와 선분 PH가 평행이므로

$$\angle OBA=\angle HQA\ \cdots\cdots\ \text{㉡}$$

㉠, ㉡에서 $\angle HAQ=\angle HQA$이므로 직각삼각형 HAQ에서

$$\overline{HA}=\overline{HQ}=1-\cos\theta$$

따라서 삼각형 AQH의 넓이 $S(\theta)$는

$$S(\theta)=\frac{(1-\cos\theta)^2}{2}$$

$$\therefore \lim_{\theta\to 0+}\frac{S(\theta)}{\theta^4}=\lim_{\theta\to 0+}\frac{(1-\cos\theta)^2}{2\theta^4}$$

$$=\lim_{\theta\to 0+}\frac{(1-\cos\theta)^2(1+\cos\theta)^2}{2\theta^4(1+\cos\theta)^2}$$

$$=\lim_{\theta\to 0+}\frac{1}{2(1+\cos\theta)^2}\times\lim_{\theta\to 0+}\frac{\sin^4\theta}{\theta^4}$$

$$=\frac{1}{2\times 2^2}\times 1^4=\frac{1}{8}$$

답 ①

III. 미분법

01 여러 가지 미분법

기출 유형 더 풀기

01 30

01 함수 $f(x)$의 역함수 $g(x)$가 존재하려면 함수 $f(x)$가 일대
일대응이어야 하므로

$f'(x)=3x^2+2ax-a\geq0$

이때 이차방정식 $3x^2+2ax-a=0$의 판별식을 D라고 하면

$D=(2a)^2-4\times(-3a)=4a^2+12a\leq0$

$-3\leq a\leq0$

한편, 역함수의 미분법에 의하여

$g'(n)=\dfrac{1}{f'(g(n))}=\dfrac{1}{n}$, $f'(g(n))=n$

이때, $n=f(k)$라 하면 $g(n)=g(f(k))=k$이므로

$n=1,\ 2,\ \cdots,\ 27$에서

$f'(k)=f(k)$를 만족하는 실수 a의 값을 각각 찾으면 된다.

$k^3+ak^2-ak-a=3k^2+2ak-a$, $k(k-3)(k+a)=0$

$\therefore k=0$ 또는 $k=3$ 또는 $k=-a$

(i) $k=0$, 즉 $f(0)=-a$가 자연수가 되는 경우

　$0\leq-a\leq3$이므로

　$n=1,\ 2,\ 3$일 때 각각 실수 a의 값이 하나씩 존재한다.

(ii) $k=3$, 즉 $f(3)=5a+27$이 자연수가 되는 경우

　$12\leq5a+27\leq27$이므로 $n=12,\ 13,\ \cdots,\ 27$일때 각각 실수

　a의 값이 하나씩 존재한다.

(iii) $k=-a$, 즉 $f(-a)=a^2-a$가 자연수가 되는 경우

　$a^2-a=\left(a-\dfrac{1}{2}\right)^2-\dfrac{1}{4}$에서

　$-\dfrac{1}{4}\leq a^2-a\leq12$이므로

　$n=1,\ 2,\ \cdots,\ 12$일 때 각각 실수 a의 값이 하나씩 존재한다.

이때, (i), (iii)에서 $n=12$일 경우에 $f(3)=12$로 경우가 1개 중복
되므로 구하는 경우의 수는

$3+16+12-1=30$　　　　　　　　　　　　**답** 30

유형 연습 더 하기

01 ①　　**02** ②　　**03** ①　　**04** 3

01 $f(x)=\dfrac{\sin x}{e^{2x}}$ 는 모든 실수 x에서 미분가능하므로

$f'(x)=\dfrac{e^{2x}\cos x-2e^{2x}\sin x}{(e^{2}x)^2}$

$=-\dfrac{2\sin x-\cos x}{e^{2x}}$

이때

$2\sin x-\cos x=\sqrt{5}\,\sin(x-\alpha)$　$\left(단,\ \cos\alpha=\dfrac{2}{\sqrt{5}},\ \sin\alpha=\dfrac{1}{\sqrt{5}}\right)$

이므로

$f'(x)=-\dfrac{\sqrt{5}\,\sin(x-\alpha)}{e^{2x}}$

$f'(x)=0$에서 $x-\alpha=0$ 또는 $x-\alpha=\pi$

$\therefore x=\alpha$ 또는 $x=\pi+\alpha$

이때 함수 $f(x)$의 증감을 표로 나타내면 다음과 같다.

x	$\cdots$	α	$\cdots$	$\pi+\alpha$	$\cdots$
$f'(x)$	$+$	0	$-$	0	$+$
$f(x)$	↗	$f(\alpha)$	↘	$f(\pi+\alpha)$	↗

따라서 함수 $f(x)$는 $x=\pi+\alpha$에서 극솟값을 가지므로

$\cos a=\cos(\pi+\alpha)=-\cos\alpha=-\dfrac{2}{\sqrt{5}}=-\dfrac{2\sqrt{5}}{5}$　　**답** ①

02 $\lim\limits_{x\to2}\dfrac{f(x)-3}{x-2}=5$에서 (분모)$\to0$이므로 (분자)$\to0$이다.

즉, $\lim\limits_{x\to2}\{f(x)-3\}=0$

이때 함수 $f(x)$가 실수 전체에서 미분가능하므로 실수 전체에서
연속이다. 즉,

$\lim\limits_{x\to2}\{f(x)-3\}=f(2)-3=0$, $f(2)=3$

따라서 $\lim\limits_{x\to2}\dfrac{f(x)-3}{x-2}=5$에 $f(2)=3$을 대입하면

$\lim\limits_{x\to2}\dfrac{f(x)-f(2)}{x-2}=5$　$\therefore f'(2)=5$

한편, $g(x)=\dfrac{f(x)}{e^{x-2}}$에서

$g'(x)=\dfrac{f'(x)e^{x-2}-f(x)(e^{x-2})'}{(e^{x-2})^2}$

$=\dfrac{\{f'(x)-f(x)\}e^{x-2}}{(e^{x-2})^2}$

$=\dfrac{f'(x)-f(x)}{e^{x-2}}$

$\therefore g'(2)=\dfrac{f'(2)-f(2)}{e^0}=2$　　　　　　　　　　　**답** ②

03 $f'(x)=\dfrac{e^x}{e^x-1}$이므로

$\dfrac{1}{f'(a)}=\dfrac{e^a-1}{e^a}$

한편 $g(a)=b$라 하면 $f(b)=a=\ln(e^b-1)$이므로

$e^b-1=e^a$

이때, $g'(a)=\dfrac{1}{f'(b)}$이므로

$$\dfrac{1}{g'(a)}=f'(b)=\dfrac{e^b}{e^b-1}=\dfrac{e^a+1}{e^a}$$

$$\therefore \dfrac{1}{f'(a)}+\dfrac{1}{g'(a)}=\dfrac{e^a-1}{e^a}+\dfrac{e^a+1}{e^a}=2$$ **답** ①

04 함수 $f(x)=e^{x-1}$에서 $e^{x-1}=1$일 때 $x=1$이므로

$g(1)=1$

$f'(x)=e^{x-1}$에서

$$\lim_{h\to0}\dfrac{g(1+h)-g(1-2h)}{h}=3g'(1)=\dfrac{3}{f'(1)}=\dfrac{3}{e^{1-1}}=\dfrac{3}{e^0}=3$$ **답** 3

02 도함수의 활용

기출 유형 더 풀기

| 01 ⑤ | 02 ③ | 03 ① | 04 ⑤ | 05 21 |
| 06 ① | 07 ④ | 08 30 | 09 ⑤ | |

01 $f(x)=x\sin x$에서

$f'(x)=\sin x+x\cos x$, $f''(x)=2\cos x-x\sin x$

ㄱ. $f'(0)=0$, $f''(0)=2$

따라서 $f(x)$는 $x=0$에서 극솟값을 갖는다. (참)

ㄴ. 만약에 직선 $y=x$가 곡선 $f(x)$에 접한다면 $y=x$는 기울기가

1인 접선이므로 $f'(x)=\sin x+x\cos x=1$

$$\therefore x=\dfrac{\pi}{2}\ (0\le x\le 2x)$$

이때 $f\left(\dfrac{\pi}{2}\right)=\dfrac{\pi}{2}$이므로

접선의 방정식은 $y-\dfrac{\pi}{2}=\left(x-\dfrac{\pi}{2}\right)$, 즉 $y=x$

$t=2n\pi+\dfrac{\pi}{2}$ (n은 정수)일 때, $f'(t)=1$이므로 곡선 $y=f(x)$

위의 점 $\left(2n\pi+\dfrac{\pi}{2},\ 2n\pi+\dfrac{\pi}{2}\right)$에서의 접선의 방정식은

$y-\left(2n\pi+\dfrac{\pi}{2}\right)=x-\left(2n\pi+\dfrac{\pi}{2}\right)$, 즉 $y=x$

따라서 직선 $y=x$는 곡선 $y=f(x)$에 접한다. (참)

ㄷ. $f'\left(\dfrac{\pi}{2}\right)=1>0$이고 $f'\left(\dfrac{3}{4}\pi\right)=\dfrac{\sqrt{2}}{2}\left(1-\dfrac{3}{4}\pi\right)<0$이므로

$f'(a)=0$이고 $f'(x)$의 부호가 $x=a$를 기준으로 양에서 음으

로 바뀌는 a가 구간 $\left(\dfrac{\pi}{2},\ \dfrac{3}{4}\pi\right)$에 존재한다. (사잇값 정리)

따라서 함수 $f(x)$가 $x=a$에서 극댓값을 갖는 a가 구간

$\left(\dfrac{\pi}{2},\ \dfrac{3}{4}\pi\right)$에 존재한다. (참)

따라서 옳은 것은 ㄱ, ㄴ, ㄷ이다. **답** ⑤

02

$$f'(x)=\dfrac{6(\ln x)^5\dfrac{1}{x}\times x^2-(\ln x)^6\times 2x}{x^4}=\dfrac{6(\ln x)^5-2(\ln x)^6}{x^3}$$

$$=\dfrac{2(\ln x)^5(3-\ln x)}{x^3}$$

$f'(x)=0$에서 $x=1$ 또는 $x=e^3$

$f(x)$의 증감표는 다음과 같다.

x	$\cdots$	1	$\cdots$	e^3	$\cdots$
$f'(x)$	$-$	0	$+$	0	$-$
$f(x)$	↘	극소	↗	극대	↘

또, $\lim\limits_{x\to0+}f(x)=\infty$, $\lim\limits_{x\to\infty}f(x)=0$

이를 바탕으로 $f(x)$의 그래프의 개형을 그리면 다음과 같다.

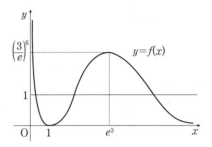

ㄱ. $x=e^3$에서 극댓값을 갖는다. (참)

ㄴ. $x=1$에서 극솟값을 갖는다. (거짓)

ㄷ. $f(x)=1$은 세 개의 실근을 가진다. (참)

따라서 옳은 것은 ㄱ, ㄷ이다. **답** ③

03 함수 $g(x)$는 다항함수와 지수함수의 곱으로 이루어져 있

으므로 미분가능하다.

$g(x)=e^{-x^2}f(x)$에서 $g'(x)=-2xe^{-x^2}f(x)+e^{-x^2}f'(x)$

ㄱ. $g'(0)=0\times f(0)+f'(0)=f'(0)$이고,

주어진 함수 $f(x)$의 그래프에서 $x=0$에서의 접선의

기울기가 양수이므로 $f'(0)>0$

$\therefore g'(0)>0$ (참)

ㄴ. 그림에서 $f'(a)=0$이고,

$f'(a)+g'(a)=0-2ae^{-a^2}f(a)+e^{-a^2}\times 0$

이때, $a>0$, $e^{-a^2}>0$, $f(a)>0$이므로

$f'(a)+g'(a)=g'(a)=-2ae^{-a^2}f(a)<0$ (거짓)

ㄷ. 그림에서 $f'(b)=0$이고, $b>0$, $e^{-b^2}>0$, $f(b)<0$이므로

$g(b)=e^{-b^2}f(b)<0$

$g'(b)=-2be^{-b^2}f(b)+e^{-b^2}\times 0$

$=-2be^{-b^2}f(b)>0$

$\therefore g(b)g'(b)<0$ (거짓)

따라서 옳은 것은 ㄱ뿐이다. **답** ①

04

삼각형 PQR의 넓이는 $\dfrac{1}{2}\overline{PQ}\cdot\overline{PR}$

(ⅰ) 점 P가 점 A에서 출발하여 호 AB와 직선 l이 만나는 점까지 움직일 때

$\overline{PQ}$와 $\overline{PR}$의 길이가 모두 감소한다.

이 때 호 AB와 직선 l이 만나는 점을 B′이라고 하자

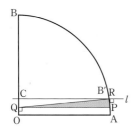

점 P가 점 A에 있을 때, 삼각형 PQR의 넓이는 $2\times\dfrac{1}{3}\times\dfrac{1}{2}=\dfrac{1}{3}$

따라서 점 P가 호 AB′ 위에 있을 때, 삼각형 PQR의 넓이의 최댓값은 $\dfrac{1}{3}$이다.

(ⅱ) 점 P가 점 B′에서 출발하여 호 AB를 따라 점 B까지 움직일 때,

$\angle OPA=\theta\left(\alpha\le\theta\le\dfrac{\pi}{2},\ \angle B'OA=\alpha\right)$라 하면

$\angle OPQ=\theta$이므로

$\overline{PQ}=2\cos\theta,\ \overline{OQ}=2\sin\theta$이고

$\overline{PR}=\overline{CQ}=\overline{OQ}-\overline{OC}=2\sin\theta-\dfrac{1}{3}$

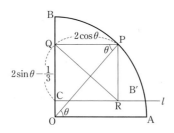

따라서 삼각형 PQR의 넓이를 $f(\theta)$라 하면

$f(\theta)=\dfrac{1}{2}\overline{PQ}\cdot\overline{PR}=\cos\theta\left(2\sin\theta-\dfrac{1}{3}\right)=\sin2\theta-\dfrac{1}{3}\cos\theta$

$f'(\theta)=2\cos2\theta+\dfrac{1}{3}\sin\theta=2-4\sin^2\theta+\dfrac{1}{3}\sin\theta$

$\quad\ =-\dfrac{1}{3}(3\sin\theta+2)(4\sin\theta-3)$

함수 $f(\theta)$의 증감표를 나타내면

$\sin\theta$	$\cdots$	$-\dfrac{3}{2}$	$\cdots$	$\dfrac{3}{4}$	$\cdots$
$f'(\theta)$	$-$	0	$+$	0	$-$
$f(\theta)$	↘	극소	↗	극대	↘

$\alpha\le\theta\le\dfrac{\pi}{2}$에서 $3\sin\theta+2>0$이므로

$f(\theta)$는 $\sin\theta=\dfrac{3}{4}$일 때, 극대이자 최대이다.

이때, $\cos\theta=\sqrt{1-\sin^2\theta}=\dfrac{\sqrt7}{4}$이므로

$f(\theta)$의 최댓값은 $\dfrac{\sqrt7}{4}\left(2\times\dfrac{3}{4}-\dfrac{1}{3}\right)=\dfrac{7\sqrt7}{24}$

(ⅰ), (ⅱ)에서 $f(\theta)$의 최댓값은 $\dfrac{7\sqrt7}{24}$이다.　　**답** ⑤

05

$f'(x)=nx^{n-1}\ln x+x^{n-1}=x^{n-1}(n\ln x+1)$

$f'(x)=0$에서 $x=e^{-\frac{1}{n}}$

x	$\cdots$	$e^{-\frac{1}{n}}$	$\cdots$
$f'(x)$	$-$	0	$+$
$f(x)$	↘	$-\dfrac{1}{ne}$	↗

함수 $f(x)$는 $x=e^{-\frac{1}{n}}$에서 극소이고 최소이므로

$g(n)=f(e^{-\frac{1}{n}})=\dfrac{1}{e}\times\left(-\dfrac{1}{n}\right)=-\dfrac{1}{ne}\le-\dfrac{1}{6e}$

$\therefore n=1,\ 2,\ 3,\ 4,\ 5,\ 6$

따라서 모든 n의 값의 합은 $1+2+3+4+5+6=21$　**답** 21

06

$f(x)$의 주기는 2π이므로 $0\le x\le2\pi$에 대해서만 조사하면 된다.

$f'(x)=4\cos2x+4\cos x+4\sin x$

$\quad\ =4(\cos^2x-\sin^2x+\cos x+\sin x)$

$\quad\ =4(\cos x+\sin x)(\cos x-\sin x+1)$

(ⅰ) $\cos x=-\sin x$에서

$x=\dfrac{3}{4}\pi,\ \dfrac{7}{4}\pi$

(ⅱ) $\sin x=\cos x+1$에서

$x=\dfrac{\pi}{2},\ \pi$

$f'(x)=0$에서 $x=\dfrac{\pi}{2}$ 또는 $x=\dfrac{3}{4}\pi$ 또는 $x=\pi$ 또는 $x=\dfrac{7}{4}\pi$

함수 $f(x)$의 증감표는 다음과 같다.

x	0	$\cdots$	$\dfrac{\pi}{2}$	$\cdots$	$\dfrac{3}{4}\pi$	$\cdots$	π	$\cdots$	$\dfrac{7}{4}\pi$	$\cdots$	2π
$f'(x)$	$+$	$+$	0	$-$	0	$+$	0	$-$	0	$+$	$+$
$f(x)$	-3		5		$4\sqrt2-1$		5		$-4\sqrt2-1$		-3

따라서 함수 $y=f(x)$의 구간 $[0,\ 2\pi]$에서의 그래프의 개형은 다음과 같다.

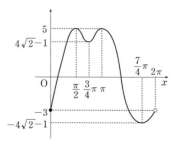

따라서 $f(x)$의 최댓값은 5이고 최솟값은 $-4\sqrt2-1$이므로 최댓값과 최솟값의 합은

$5+(-4\sqrt2-1)=4-4\sqrt2$　　**답** ①

07 (나)에 $y=-x$를 대입하면

$f(0)=\dfrac{f(x)+f(-x)}{1+f(x)f(-x)}=0$에서 $f(-x)=-f(x)$이므로

$f(x)$는 기함수이다.

$f(1)=-f(-1)=-k$

$y=h$를 대입하면 $f(x+h)=\dfrac{f(x)+f(h)}{1+f(x)f(h)}$이고

$f(x+h)-f(x)=\dfrac{f(h)-\{f(x)\}^2 f(h)}{1+f(x)f(h)}=f(h)\times\dfrac{1-\{f(x)\}^2}{1+f(x)f(h)}$

양변을 h로 나누면

$\dfrac{f(x+h)-f(x)}{h}=\dfrac{1-\{f(x)\}^2}{1+f(x)f(h)}\times\dfrac{f(h)}{h}$

$\qquad\qquad\qquad=\dfrac{1-\{f(x)\}^2}{1+f(x)f(h)}\times\dfrac{f(0+h)-f(0)}{h}$

$h\to 0$의 극한을 취하면

$f'(x)=\dfrac{1-\{f(x)\}^2}{1+0}\times f'(0)=1-\{f(x)\}^2$이므로 $\{f(x)\}^2=1-f'(x)$

$\displaystyle\int_0^1 \{f(x)\}^2 dx=\int_0^1 \{1-f'(x)\}dx$

$\qquad\qquad\qquad=[x-f(x)]_0^1=1-f(1)+f(0)=1+k$　**답 ④**

08 $\dfrac{dy}{dx}=2\sin x\times\cos x=\sin 2x$, $\dfrac{d^2y}{dx^2}=2\cos 2x$

그러므로 $x=\dfrac{\pi}{4}$, $\dfrac{3}{4}\pi$에서 변곡점을 가진다.

$x=\dfrac{\pi}{4}$에서 $y=\dfrac{1}{2}$이고 미분계수는 1이다. 즉

$y=x-\dfrac{\pi}{4}+\dfrac{1}{2}$, $x=y+\dfrac{\pi}{4}-\dfrac{1}{2}$

$x=\dfrac{3}{4}\pi$에서 $y=\dfrac{1}{2}$이고 미분계수는 -1이다. 즉

$y=-x+\dfrac{3}{4}\pi+\dfrac{1}{2}$, $x=-y+\dfrac{3}{4}\pi+\dfrac{1}{2}$

따라서 $y+\dfrac{\pi}{4}-\dfrac{1}{2}=-y+\dfrac{3}{4}\pi+\dfrac{1}{2}$이므로

$2y=\dfrac{\pi}{2}+1$, $y=\dfrac{\pi}{4}+\dfrac{1}{2}$

$\therefore p=\dfrac{1}{2}$, $q=\dfrac{1}{4}$

$\therefore 40(p+q)=40\times\dfrac{3}{4}=30$　**답 30**

09 함수 $f(x)$는 다항함수와 로그함수의 곱으로 이루어져 있으므로 미분가능하다.

$f(x)=\dfrac{1}{x}\ln x$에서

$f'(x)=-\dfrac{1}{x^2}\ln x+\dfrac{1}{x^2}=\dfrac{1}{x^2}(1-\ln x)$,

$f''(x)=-\dfrac{2}{x^3}(1-\ln x)+\dfrac{1}{x^2}\left(-\dfrac{1}{x}\right)=-\dfrac{1}{x^3}(3-2\ln x)$

ㄱ. $f'(x)=0$에서 $x=e$

　$f''(x)=0$에서 $x=e^{\frac{3}{2}}$

이므로 함수 $f(x)$의 증감표는 다음과 같다.

x	$\cdots$	e	$\cdots$	$e^{\frac{3}{2}}$	$\cdots$
$f'(x)$	$+$	0	$-$	$-$	$-$
$f''(x)$	$-$	$-$	$-$	0	$+$
$f(x)$	$\nearrow$	$\dfrac{1}{e}$	$\searrow$		$\searrow$

또, $\displaystyle\lim_{x\to\infty}\dfrac{1}{x}\ln x=0$이므로 점근선은 x축이다.

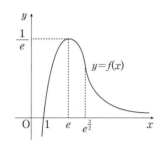

따라서 함수 $f(x)=\dfrac{1}{x}\ln x$의 그래프는 위의 그림과 같으므로 함수 $f(x)$의 최댓값은 $f(e)=\dfrac{1}{e}$　(참)

ㄴ. $x>e$일 때, $f'(x)<0$이므로 함수 $f(x)$는 감소함수이다.

즉, $\dfrac{1}{2011}\ln 2011>\dfrac{1}{2012}\ln 2012$이므로

$\ln 2011^{2012}>\ln 2012^{2011}$

$\therefore 2011^{2012}>2012^{2011}$　(참)

ㄷ. 열린 구간 $(0, e)$에서 $f''(x)<0$이므로 함수 $y=f(x)$의 그래프는 위로 볼록하다.　(참)

따라서 옳은 것은 ㄱ, ㄴ, ㄷ이다　**답 ⑤**

유형 연습 더 하기

01 ②　　**02 ③**

---

01 곡선 $y=e^x$ 위의 점 $(1, e)$에서의 접선의 방정식은

$y-e=e(x-1)$, $y=ex$

이때 직선 $y=ex$가 곡선 $y=2\sqrt{x-k}$에 접하므로 방정식

$ex=2\sqrt{x-k}$은 단 하나의 실근을 가진다.

이 방정식을 정리하면

$e^2x^2=4(x-k)$, $e^2x^2-4x+4k=0$　$\cdots\cdots$ ㉠

에서 ㉠이 중근을 가지므로 판별식 D에서

$\dfrac{D}{4}=4-e^2\cdot 4k=0$　$\therefore k=\dfrac{1}{e^2}$　**답 ②**

02 $t=\sin x+\cos x=\sqrt{2}\sin\left(x+\dfrac{\pi}{4}\right)$로 치환하면

$-\sqrt{2}\le t\le\sqrt{2}$이고

$f(t)=\dfrac{t}{t-2}=1+\dfrac{2}{t-2}$

ㄱ. $t=\sqrt{2}$일 때, 최솟값 $-1-\sqrt{2}$를 가진다. (참)

ㄴ. $x=\dfrac{\pi}{4}$이면 $t=\sqrt{2}$이므로 최솟값을 가진다. (거짓)

ㄷ. $f(x)=1+\dfrac{2}{\sqrt{2}\sin\left(x+\dfrac{\pi}{4}\right)-2}$에서

$$f'(x)=\dfrac{2\sqrt{2}\cos\left(x+\dfrac{\pi}{4}\right)}{\left(\sqrt{2}\sin\left(x+\dfrac{\pi}{4}\right)-2\right)^2}$$

이므로 $f'(x)=0$에서

$x=2n\pi+\dfrac{\pi}{4}$ 또는 $x=2n\pi+\dfrac{5}{4}\pi$ (단, n은 정수)

이때 함수 $f(x)$의 증감을 표로 나타내면 다음과 같다.

x	$\cdots$	$2n\pi+\dfrac{\pi}{4}$	$\cdots$	$2n\pi+\dfrac{5}{4}\pi$	$\cdots$
$f'(x)$	$+$	0	$-$	0	$+$
$f(x)$	$\searrow$	$-1-\sqrt{2}$	$\nearrow$	$-1+\sqrt{2}$	$\searrow$

따라서 $x=2n\pi+\dfrac{5}{4}$에서 극댓값을 갖는다. (참)

따라서 옳은 것은 ㄱ, ㄷ이다.　　　　　　**답** ③

IV. 적분법

01 여러 가지 적분법

기출 유형 더 풀기

01 ⑤	02 ③	03 ④	04 ②	05 ②
06 ③	07 ②	08 ①		

01 $\displaystyle\int_1^2\dfrac{1}{x^2}dx=\int_1^2 x^{-2}dx=\left[-x^{-1}\right]_1^2=-\dfrac{1}{2}+1=\dfrac{1}{2}$　**답** ⑤

02 $t=\cos x$로 놓으면 $\dfrac{dt}{dx}=-\sin x$, $dx=-\dfrac{1}{\sin x}dt$이고,

$x\to0$일 때 $t\to1$, $x\to\dfrac{\pi}{3}$일 때 $t\to\dfrac{1}{2}$

$\displaystyle\int_0^{\frac{\pi}{3}}\tan x\,dx=\int_0^{\frac{\pi}{3}}\dfrac{\sin x}{\cos x}dx=-\int_1^{\frac{1}{2}}\dfrac{1}{t}dt=\int_{\frac{1}{2}}^1\dfrac{1}{t}dt$

$\qquad=\left[\ln|t|\right]_{\frac{1}{2}}^1=-\ln\left|\dfrac{1}{2}\right|=\ln 2$　**답** ③

03 $Q_n(x)=1-x^2+x^4-x^6+\cdots+(-1)^{n-1}\cdot x^{2n-2}$라고 두면

$x^2Q_n(x)=x^2-x^4+x^6-\cdots-(-1)^{n-1}\cdot x^{2n-2}-(-1)^n\cdot x^{2n}$

이 되고 두 식을 더하면

$(1+x^2)Q_n(x)=1-(-1)^n\cdot x^{2n}$

양변을 $1+x^2$으로 나누면

$Q_n(x)=\dfrac{1}{1+x^2}-(-1)^n\cdot\dfrac{x^{2n}}{1+x^2}$

$S_n=\displaystyle\int_0^1 Q_n(x)dx$이므로 (가)에 들어갈 $f(x)$는 $\dfrac{1}{1+x^2}$이다.

$\displaystyle\int_0^1 x^{2n}dx=\left[\dfrac{1}{2n+1}x^{2n+1}\right]_0^1=\dfrac{1}{2n+1}$이므로 (나)에 알맞은

$g(n)$은 $\dfrac{1}{2n+1}$이다.

$\displaystyle\lim_{n\to\infty}S_n=\int_0^1\dfrac{1}{1+x^2}dx=$에서

$x=\tan\theta\left(-\dfrac{\pi}{2}<\theta<\dfrac{\pi}{2}\right)$로 놓으면

$\dfrac{dx}{d\theta}=\sec^2\theta$에서 $dx=\sec^2\theta\cdot d\theta$

$\therefore\displaystyle\int_0^1\dfrac{dx}{1+x^2}=\int_0^{\frac{\pi}{4}}\dfrac{\sec^2\theta}{1+\tan^2\theta}d\theta=\int_0^{\frac{\pi}{4}}1d\theta=\dfrac{\pi}{4}$이므로 k는 $\dfrac{\pi}{4}$이다.

$\therefore k\times f(2)\times g(2)=\dfrac{\pi}{4}\times\dfrac{1}{5}\times\dfrac{1}{5}=\dfrac{\pi}{100}$　**답** ④

04 $\displaystyle\lim_{n\to\infty}\dfrac{4}{n}\sum_{k=1}^n\sqrt{2-\left(\dfrac{k}{n}\right)^2}=\lim_{n\to\infty}4\sum_{k=1}^n\dfrac{1-0}{n}\sqrt{2-\left(\dfrac{1-0}{n}k\right)^2}$

$\qquad\qquad\qquad=4\displaystyle\int_0^1\sqrt{2-x^2}\,dx$

$x=\sqrt{2}\sin t$로 치환하면 $dx=\sqrt{2}\cos t\,dt$이고,

$x=0$일 때 $t=0$, $x=1$일 때 $t=\dfrac{\pi}{4}$이므로

$4\displaystyle\int_0^1\sqrt{2-x^2}\,dx=4\int_0^{\frac{\pi}{4}}\sqrt{2}\cos t\cdot\sqrt{2}\cos t\,dt=4\int_0^{\frac{\pi}{4}}2\cos^2 t\,dt$

$\qquad=4\displaystyle\int_0^{\frac{\pi}{4}}(1+\cos 2t)dt=4\left[t+\dfrac{1}{2}\sin 2t\right]_0^{\frac{\pi}{4}}$

$\qquad=4\left(\dfrac{\pi}{4}+\dfrac{1}{2}\right)=\pi+2$　**답** ②

05 $\displaystyle\int_0^1 tf(t)dt=a$에서

$a=\displaystyle\int_0^1 t(e^t+a)dt=\int_0^1(te^t+at)dt=\left[(t-1)e^t+\dfrac{1}{2}at^2\right]_0^1=1+\dfrac{1}{2}a$

$\therefore a=2$

$\therefore\displaystyle\int_0^1 f(x)dx=\int_0^1(e^x+2)dx=\left[e^x+2x\right]_0^1=e+1$　**답** ②

06 $\displaystyle\lim_{n\to\infty}\dfrac{2}{n}\sum_{k=1}^n f\left(2+\dfrac{2k}{n}\right)+\lim_{n\to\infty}\dfrac{8}{n}\sum_{k=1}^n g\left(a+\dfrac{8k}{n}\right)$

$=\displaystyle\lim_{n\to\infty}\dfrac{4-2}{n}\sum_{k=1}^n f\left(2+\dfrac{4-2}{n}k\right)$

$\quad+\displaystyle\lim_{n\to\infty}\dfrac{(a+8)-a}{n}\sum_{k=1}^n g\left(a+\dfrac{(a+8)-a}{n}k\right)$

$=\displaystyle\int_2^4 f(x)dx+\int_a^{a+8}g(x)dx=\int_2^4 f(x)dx+\int_a^{a+8}g(y)dy$

함수 $f(x)$의 역함수는 $g(x)$이므로

$x=g(y)$이고, $dy=f'(x)dx$이므로

$$\int_2^4 f(x)dx+\int_a^{a+8}g(y)dy=\int_2^4 f(x)dx+\int_2^4 xf'(x)dx$$

$$=\int_2^4\{f(x)+xf'(x)\}dx=[xf(x)]_2^4=4f(4)-2f(2)$$

$$=4(a+8)-2a=2a+32=50$$

$$2a=18 \quad \therefore a=9 \hspace{3em} \text{답 } ③$$

07 $S_n=\dfrac{3}{n\sqrt{n}}\displaystyle\sum_{k=1}^n\sqrt{n+2k}=\dfrac{3}{n}\displaystyle\sum_{k=1}^n\sqrt{1+\dfrac{2k}{n}}$

이므로 $\displaystyle\lim_{n\to\infty}S_n=\dfrac{3}{2}\lim_{n\to\infty}\sum_{k=1}^n\sqrt{1+\dfrac{2k}{n}}\cdot\dfrac{2}{n}$

$$=\dfrac{3}{2}\int_1^3\sqrt{x}\,dx=\dfrac{3}{2}\left[\dfrac{2}{3}x^{\frac{3}{2}}\right]_1^3=3\sqrt{3}-1$$

$$\therefore \lim_{n\to\infty}(S_n+1)=\lim_{n\to\infty}S_n+1=3\sqrt{3} \hspace{2em} \text{답 } ②$$

08 $\displaystyle\lim_{n\to\infty}\sum_{k=1}^n g\left(\dfrac{3k}{n}\right)\dfrac{1}{n}=\dfrac{1}{3}\lim_{n\to\infty}\sum_{k=1}^n g\left(0+\dfrac{3-0}{n}k\right)\dfrac{3-0}{n}$

$$=\dfrac{1}{3}\int_0^3 g(x)dx$$

$\dfrac{1}{3}\displaystyle\int_0^3 g(x)dx=\dfrac{1}{3}\int_0^3 g(y)dy$ 이고 $y=f(x)$ 로 치환하면

$g(y)=x,\ dy=f'(x)dx$ 이므로

$$\dfrac{1}{3}\int_0^3 g(y)dy=\dfrac{1}{3}\int_0^3 xf'(x)dx=\dfrac{1}{3}\int_0^3 x\cdot\dfrac{x^2}{3}dx=\dfrac{1}{9}\int_0^3 x^3 dx$$

$$=\dfrac{1}{36}[x^4]_0^3=\dfrac{9}{4} \hspace{2em} \text{답 } ①$$

유형 연습 더 하기

01 ① **02** 35

01 함수 $f(x)$의 양변을 x에 대하여 미분하면

$$f'(x)=\dfrac{\pi}{2}f(x+1),\ f(x+1)=\dfrac{2}{\pi}f'(x)$$

$$\pi^2\int_0^1 xf(x+1)dx=\pi^2\int_0^1\left\{x\times\dfrac{2}{\pi}f'(x)\right\}dx=2\pi\int_0^1 xf'(x)dx$$

$\displaystyle\int_0^1 xf'(x)dx$에서 $u=x,\ v'=f'(x)$로 놓으면

$u'=1,\ v=f(x)$이므로

$$\int_0^1 xf'(x)dx=[xf(x)]_0^1-\int_0^1 f(x)dx=f(1)-\int_0^1 f(x)dx$$

한편, 함수 $y=f(x)$의 그래프가 원점에 대하여 대칭이므로

$f(1)=1$에서 $f(-1)=-1$

따라서 $-1=f(-1)=\dfrac{\pi}{2}\displaystyle\int_1^0 f(t)dt=-\dfrac{\pi}{2}\int_0^1 f(t)dt$에서

$$\int_0^1 f(t)dt=\dfrac{2}{\pi}$$

$$\therefore \pi^2\int_0^1 xf(x+1)dx=2\pi\times\left(f(1)-\int_0^1 f(x)dx\right)=2\pi\times\left(1-\dfrac{2}{\pi}\right)$$

$$=2(\pi-2) \hspace{3em} \text{답 } ①$$

02 조건 (나)의 식에 $x=0$을 대입하면 $f(0)=0$

또, 조건 (나)의 식의 양변을 x에 대하여 미분하면

$$f'(x)=\sqrt{4-2f(x)}$$

$$\therefore \{f'(x)\}^2=4-2f(x)\ (단,\ f'(x)\geq0,\ f(x)\leq2)$$

이때 조건 (가)에서 $x\leq b$일 때,

$$f'(x)=2a(x-b)$$

이므로 $\{f'(x)\}^2=4-2f(x)$에 대입하면

$$4a^2(x-b)^2=4-2\{a(x-b)^2+c\}$$

위 등식은 $x\leq b$인 모든 실수 x에 대하여 성립하므로

$$4a^2=-2a,\ 4-2c=0 \quad \therefore a=-\dfrac{1}{2},\ c=2$$

따라서 $x\leq b$일 때 $f(x)=-\dfrac{1}{2}(x-b)^2+2$

이때 $b<0$이면 $f(b)=2$이고 $f(0)=0$이므로 모든 실수 x에 대하여 $f'(x)\geq0$에 모순이다.

$$\therefore b\geq0$$

한편, $f(0)=0$을 $f(x)=-\dfrac{1}{2}(x-b)^2+2$에 대입하면

$$-\dfrac{1}{2}b^2+2=0 \quad \therefore b=2\ (\because b\geq0)$$

이때, $f'(x)\geq0$이고 $f(x)\leq2$이므로 $x>b$인 모든 x에서 $f(x)=2$

정리하면,

$$f(x)=\begin{cases}-\dfrac{1}{2}(x-2)^2+2 & (x\leq2) \\ 2 & (x>2)\end{cases}$$

이므로

$$\int_0^6 f(x)dx=\int_0^2 f(x)dx+\int_2^6 f(x)dx$$

$$=\int_0^2\left\{-\dfrac{1}{2}(x-2)^2+2\right\}dx+\int_2^6 2dx$$

$$=\left[-\dfrac{1}{6}(x-2)^3+2x\right]_0^2+[2x]_2^6=\left(4-\dfrac{8}{6}\right)+(12-4)$$

$$=12-\dfrac{4}{3}=\dfrac{32}{3}$$

$$\therefore p+q=3+32=35 \hspace{2em} \text{답 } 35$$

02 정적분의 활용

기출 유형 더 풀기

01 ① **02** ⑤ **03** ④ **04** ③

01 조건 (가), (나)에 의하여 함수 $y=f(x)$의 그래프는 다음 그림과 같다.

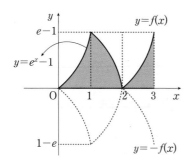

위의 그림에서 $\int_1^3 f(x)dx$는 가로와 세로의 길이가 각각 1, $e-1$ 인 직사각형의 넓이와 같다.

$$\therefore \int_0^3 f(x)dx = \int_0^1 (e^x - 1)dx + (e-1) \times 1 = [e^x - x]_0^1 + e - 1$$
$$= (e-1-1) + e - 1 = 2e - 3 \qquad \text{답} ①$$

02 ㄱ. $\left[0, \dfrac{\pi}{2}\right]$에서 $\sin 2x \geq 0$이고 $1 + \sin x > 0$이므로

$f(x) \geq 0$ (참)

ㄴ. $f(0) = 0$, $f\left(\dfrac{\pi}{2}\right) = 0$이므로 평균값 정리에 의해 $f'(c) = 0$인

c가 열린 구간 $\left(0, \dfrac{\pi}{2}\right)$에 존재한다. (참)

ㄷ. $\displaystyle\int_0^{\frac{\pi}{2}} \frac{\sin 2x}{1 + \sin x} dx = \int_0^{\frac{\pi}{2}} \frac{2\sin x \cos x}{1 + \sin x} dx$

$\sin x = t$로 치환하면 $\cos x\,dx = dt$, $\cos x = \sqrt{1-t^2}$ 이고

$x = 0$일 때 $t = 0$, $x = \dfrac{\pi}{2}$일 때 $t = 1$

$\therefore \displaystyle\int_0^{\frac{\pi}{2}} \frac{2\sin x \cos x}{1 + \sin x} dx = \int_0^1 \frac{2t}{1+t} dt = \int_0^1 \left(2 - \frac{2}{1+t}\right) dt$

$\qquad = \Big[2t - 2\ln(1+t)\Big]_0^1 = 2 - 2\ln 2$ (참)

따라서 옳은 것은 ㄱ, ㄴ, ㄷ이다. 답 ⑤

03 곡선 $y = \sin \dfrac{\pi}{2}x$는 직선 $x = 1$에 대하여 대칭이므로

곡선 $y = \sin \dfrac{\pi}{2}x$와 직선 $y = k$의 교점의 x좌표를 α, $2-\alpha$로 놓을 수 있다. 아래 그림에서 색칠한 부분의 넓이를 각각 A_1, A_2, A_3이라고 하자.

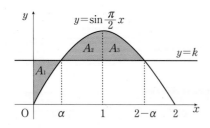

$A_1 = \displaystyle\int_0^\alpha \left(k - \sin \frac{\pi}{2}x\right)dx$

$A_2 = A_3 = \displaystyle\int_\alpha^1 \left(\sin \frac{\pi}{2}x - k\right)dx$

이고, $S_2 = 2S_1$이므로 $A_1 = A_2 = A_3$

$\therefore \displaystyle\int_0^\alpha \left(k - \sin \frac{\pi}{2}x\right)dx - \int_\alpha^1 \left(\sin \frac{\pi}{2}x - k\right)dx$

$= \displaystyle\int_0^\alpha \left(k - \sin \frac{\pi}{2}x\right)dx + \int_\alpha^1 \left(k - \sin \frac{\pi}{2}x\right)dx = \int_0^1 \left(k - \sin \frac{\pi}{2}x\right)dx = 0$

$\therefore k = \displaystyle\int_0^1 \sin \frac{\pi}{2}x\,dx = \left[-\frac{2}{\pi}\cos \frac{\pi}{2}x\right]_0^1 = \frac{2}{\pi}$ 답 ④

04 곡선 $f(x)$와 x축의 교점의 x좌표는

$f(x) = 0$에서 $x = \dfrac{\pi}{2}$ $(\because 0 \leq x \leq \pi)$

이때, $f(x) + f(\pi - x) = \dfrac{\cos x}{\sin x + 2} + \dfrac{-\cos x}{\sin x + 2} = 0$이므로

곡선 $y = f(x)$는 점 $\left(\dfrac{\pi}{2}, 0\right)$에 대하여 대칭이다.

따라서 $S_1 = S_2$이므로

$S_1 + S_2 = 2\displaystyle\int_0^{\frac{\pi}{2}} \frac{\cos x}{\sin x + 2} dx$

$u = \sin x + 2$라고 하면 $du = \cos x\,dx$이고,

$x = 0$일 때 $u = 2$, $x = \dfrac{\pi}{2}$일 때 $u = 3$이므로

$2\displaystyle\int_0^{\frac{\pi}{2}} \frac{\cos x}{\sin x + 2} dx = 2\int_2^3 \frac{1}{u} du = 2[\ln u]_2^3$

$\qquad = 2(\ln 3 - \ln 2) = 2\ln \dfrac{3}{2}$ 답 ③

유형 연습 더 하기

01 ③   **02** ④

01 두 곡선 $y = e^x$, $y = xe^x$의 교점의 x좌표를 α라 하면

$a = \displaystyle\int_0^\alpha (e^x - xe^x)dx$에서 $-a = \int_0^\alpha (xe^x - e^x)dx$

$b = \displaystyle\int_\alpha^2 (xe^x - e^x)dx$

$\therefore b - a = \displaystyle\int_0^2 (xe^x - e^x)dx = \int_0^2 (x-1)e^x dx$

$\qquad = [(x-1)e^x]_0^2 - \displaystyle\int_0^2 e^x dx = e^2 - (-1) - (e^2 - 1) = 2$ 답 ③

02 직선 $x = t\,(0 \leq t \leq 1)$을 포함하고 x축에 수직인 평면으로 자른 단면의 넓이를 $S(t)$라 하면

$S(t) = (\sqrt{t} + 1)^2 = t + 2\sqrt{t} + 1$

따라서 구하는 입체도형의 부피는

$\displaystyle\int_0^1 S(t)dt = \int_0^1 (t + 2\sqrt{t} + 1)dt = \left[\frac{1}{2}t^2 + \frac{4}{3}t\sqrt{t} + t\right]_0^1$

$\qquad = \dfrac{1}{2} + \dfrac{4}{3} + 1 = \dfrac{17}{6}$ 답 ④

기하와 벡터

Ⅰ. 평면 곡선

01 이차곡선

기출 유형 더 풀기

01 ④	02 259	03 ④	04 ②	05 12
06 ④	07 192	08 ⑤	09 ①	10 ④

01 F$(2, 0)$이므로 준선의 방정식은 $x=-2$

점 A의 x좌표를 a라 하고 점 B의 x좌표를 b라고 하면

$\overline{AB}=$(점 A에서 준선까지의 거리)$+$(점 B에서 준선까지의 거리)이므로

$(a+2)+(b+2)=14$ ∴ $a+b=10$

직선 l의 방정식은 $y=m(x-2)$이므로 $y^2=8x$에 대입하면

$m^2(x-2)^2=8x$

$m^2x^2-4(m^2+2)x+4m^2=0$

위의 이차방정식의 두 근이 a와 b이므로 이차방정식의 근과 계수의 관계에 의하여

$\dfrac{4(m^2+2)}{m^2}=a+b=10$

$6m^2=8$, $m^2=\dfrac{4}{3}$

∴ $m=\dfrac{2\sqrt{3}}{3}$ ($\because m>0$) **답 ④**

02 포물선의 방정식은 $x^2=-8(y-2)$이고,

포물선의 초점의 좌표는 O$(0, 0)$, 준선의 방정식은 $y=4$

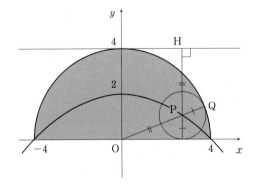

포물선 위의 점 P(x, y)에서 준선 $y=4$에 내린 수선의 발을 H라 하면

$\overline{OP}=\overline{PH}=4-y$ ($\because$ 포물선의 정의)

점 P에서 x축에 이르는 거리가 y이므로

$\overline{PQ}=y$

∴ $\overline{OQ}=\overline{OP}+\overline{PQ}=(4-y)+y=4$

즉, $\overline{OQ}$의 길이는 y의 값에 관계없이 일정하다.

따라서 점 Q는 원점을 중심으로 하고 반지름의 길이가 4인 반원 위에 존재한다. ($\because -4<x<4$)

따라서 구하는 회전체의 부피는 반지름의 길이가 4인 구의 부피이므로

$\dfrac{4}{3}\pi\times4^3=\dfrac{256}{3}\pi$

즉 $p=3$, $q=256$이므로

∴ $p+q=3+256=259$ **답 259**

03 $y^2=8x=4\cdot2\cdot x$이므로 F$(2, 0)$

$\overline{AF}:\overline{BF}=3:1$이므로 $\overline{AF}=3l$, $\overline{BF}=l$이라고 하자.

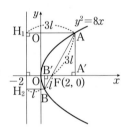

위의 그림에서 △FAA′ ∽ △FBB′이므로

$\overline{FA}:\overline{FB}=\overline{FA'}:\overline{FB'}=3:1$

이때 $\overline{FA'}=3l-4$, $\overline{FB'}=4-l$이므로

$3l-4:4-l=3:1$, $12-3l=3l-4$ ∴ $l=\dfrac{8}{3}$

∴ $\overline{AB}=4l=4\times\dfrac{8}{3}=\dfrac{32}{3}$ **답 ④**

04

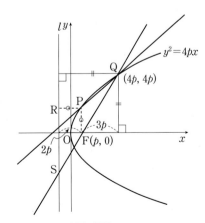

F$(p, 0)$, P$(p, 2p)$이고, $\overline{PF}:\overline{QF}=2:5$이므로

(P에서 준선 l까지의 거리) : (Q에서 준선 l까지의거리) $=2:5$

∴ Q$(4p, 4p)$

$\overline{\text{QF}}$와 $\overline{\text{FS}}$는 한 직선 위에 있고 x축에 대한 정사영의 길이가 각각 $3p$, $2p$이므로 두 선분의 길이의 비는 이 비와 같다.

$$\therefore \frac{\overline{\text{QF}}}{\overline{\text{FS}}} = \frac{3}{2}$$

답 ②

05 타원은 $\dfrac{x^2}{(2\sqrt{2})^2} + \dfrac{y^2}{4^2} = 1$

장축의 길이는 8이므로

$$\overline{\text{PF}'} + \overline{\text{PF}} = 8$$

이때 $\overline{\text{PF}'} = 6$, $\overline{\text{PF}} = 2 \left(\because \dfrac{\overline{\text{PF}'}}{\overline{\text{PF}}} = 3 \right)$

$$\therefore \overline{\text{PF}} \times \overline{\text{PF}'} = 12$$

답 12

06 타원의 방정식은 $\dfrac{x^2}{16} + \dfrac{y^2}{7} = 1$ …… ㉠

포물선의 방정식은 $y^2 = 12x$ …… ㉡

㉡을 ㉠에 대입하면 $\dfrac{x^2}{16} + \dfrac{12x}{7} = 1$

$7x^2 + 192x - 112 = 0$, $(7x - 4)(x + 28) = 0$

$x = \dfrac{4}{7}$ $(\because x > 0)$

$x = \dfrac{4}{7}$ 를 ㉡에 대입하면 $y^2 = \dfrac{48}{7}$ $\therefore y = \pm\dfrac{4\sqrt{21}}{7}$

$$\therefore \overline{\text{PB}} = \sqrt{(x-3)^2 + y^2} = \frac{\sqrt{17^2 + (4\sqrt{21})^2}}{7} = \frac{\sqrt{625}}{7} = \frac{25}{7}$$

답 ④

07

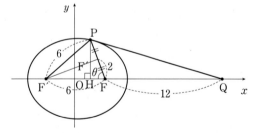

타원의 정의(두 초점과 한 점 사이의 길이의 합은 장축의 길이)에 의하여 $\overline{\text{PF}} + \overline{\text{PF}'} = 10$

$\overline{\text{PF}} : \overline{\text{PF}'} = 2 : 3$에서 $\overline{\text{PF}} = 4$, $\overline{\text{PF}'} = 6$

또한, $\overline{\text{QF}} : \overline{\text{QF}'} = 2 : 3$에서 $\overline{\text{F}'\text{F}} : \overline{\text{FQ}} = 1 : 2$이고

타원의 정의에 의하여

$$\overline{\text{F}'\text{F}} = 2 \times \sqrt{a^2 - b^2} = 2 \times \sqrt{25 - 16} = 6$$

$$\therefore \overline{\text{FQ}} = 12$$

$\triangle \text{PF}'\text{F}$는 이등변삼각형이므로

$\angle \text{PFF}' = \theta$라고 하면 $\cos\theta = \dfrac{2}{6} = \dfrac{1}{3}$

점 P에서 x축에 내린 수선의 발을 H라 하자.

$\triangle \text{PHF}$는 직각삼각형이므로

$$\overline{\text{HF}} = \overline{\text{PF}} \times \cos\theta = 4 \times \frac{1}{3} = \frac{4}{3}$$

$$\therefore \overline{\text{HQ}} = \overline{\text{HF}} + \overline{\text{FQ}} = \frac{4}{3} + 12 = \frac{40}{3}$$

$$\overline{\text{PH}} = \sqrt{\overline{\text{PF}}^2 - \overline{\text{HF}}^2} = \sqrt{4^2 - \left(\frac{4}{3}\right)^2} = \frac{8\sqrt{2}}{3}$$

따라서 직각삼각형 PHQ에서

$$\overline{\text{PQ}}^2 = \overline{\text{HQ}}^2 + \overline{\text{PH}}^2 = \left(\frac{40}{3}\right)^2 + \left(\frac{8\sqrt{2}}{3}\right)^2 = 192$$

답 192

08 ㄱ. M(x, y)라고 하면 점 M은 선분 AB의 중점이므로

$$x = 1 + \frac{\sin\theta + \cos\theta}{2}, \quad y = \sqrt{3}\left(1 + \frac{\sin\theta - \cos\theta}{2}\right)$$

$$\therefore x - 1 = \frac{\sin\theta + \cos\theta}{2}, \quad \frac{y}{\sqrt{3}} - 1 = \frac{\sin\theta - \cos\theta}{2}$$

x, y의 양변을 각각 제곱하여 정리하면

$$4(x-1)^2 = 1 + 2\sin\theta\cos\theta,$$

$$\frac{4}{3}(y - \sqrt{3})^2 = 1 - 2\sin\theta\cos\theta$$

위의 두 식을 변끼리 더하면

$$4(x-1)^2 + \frac{4}{3}(y - \sqrt{3})^2 = 2$$

$$\therefore \frac{(x-1)^2}{\frac{1}{2}} + \frac{(y - \sqrt{3})^2}{\frac{3}{2}} = 1$$

그러므로 점 M이 그리는 도형은 타원이다. (참)

ㄴ. ㄱ에서 점 M이 그리는 도형은 타원이고, 점 C$(1, 0)$은 타원의 장축의 연장선 위에 존재하므로 그림과 같이 점 D와 점 E는 타원의 장축의 양 끝점이다.

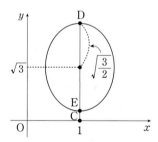

$$\therefore \overline{\text{CD}} = \sqrt{3} + \sqrt{\frac{3}{2}}, \quad \overline{\text{CE}} = \sqrt{3} - \sqrt{\frac{3}{2}}$$

$$\therefore \overline{\text{CD}} + \overline{\text{CE}} = 2\sqrt{3} \quad (\text{참})$$

ㄷ. $\angle \text{DOE} = \alpha$, $\angle \text{COE} = \beta$라 하면

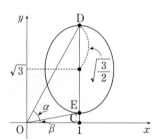

$$\tan(\alpha + \beta) = \frac{\overline{\text{CD}}}{\overline{\text{OC}}} = \frac{\overline{\text{CD}}}{1} = \overline{\text{CD}} = \sqrt{3} + \sqrt{\frac{3}{2}}$$

$$\tan\beta=\frac{\overline{CE}}{\overline{OC}}=\frac{\overline{CE}}{1}=\overline{CE}=\sqrt{3}-\sqrt{\frac{3}{2}}$$

$$\therefore \tan\alpha=\tan\{(\alpha+\beta)-\beta\}=\frac{\tan(\alpha+\beta)-\tan\beta}{1+\tan(\alpha+\beta)\tan\beta}$$

$$=\frac{2\sqrt{\frac{3}{2}}}{1+\left(3-\frac{3}{2}\right)}=\frac{2}{5}\sqrt{6}\quad(참)$$

따라서 옳은 것은 ㄱ, ㄴ, ㄷ이다.   답 ⑤

09 $\frac{x^2}{a^2}-\frac{y^2}{b^2}=1$에 $x=c$를 대입하면

$$\frac{c^2}{a^2}-\frac{y^2}{b^2}=1,\ y^2=\frac{c^2}{a^2}-1$$

$$y^2=\frac{b^2c^2}{a^2}-b^2\quad\therefore y=\pm\sqrt{\frac{b^2c^2}{a^2}-b^2}$$

$$\therefore \overline{AB}=2\sqrt{\frac{b^2c^2}{a^2}-b^2}$$

$$=2\sqrt{\frac{b^2(a^2+b^2)}{a^2}-b^2}\quad(\because c^2=a^2+b^2)$$

$$=2\sqrt{\frac{b^4}{a^2}}=\frac{2b^2}{a}$$

$\overline{AB}=\sqrt{2}\,c$에서 $\frac{2b^2}{a}=\sqrt{2}\,c$

$$\frac{2b^2}{a}=\sqrt{2(a^2+b^2)},\ \frac{4b^4}{a^2}=2a^2+2b^2$$

$$2a^4+2a^2b^2-4b^4=0,\ 2(a^2+2b^2)(a^2-b^2)=0$$

$$\therefore a=b\ (\because a>0,\,b>0)\qquad\text{답 ①}$$

10 평면 위의 점 P의 좌표를 $(x,\,y)$라 하자.

선분 AP는 직선 $x=2$와 수직이므로 A$(2,\,y)$, $\overline{AP}=x-2$라고 쓸 수 있다.

또한 $\overline{AB}=\overline{OA}-\overline{OB}=\sqrt{2^2+y^2}-1$

이때, $\overline{AP}=2\overline{AB}$이므로

$$x-2=2(\sqrt{2^2+y^2}-1)$$

$$x-2=2\sqrt{4+y^2}-2$$

$$x=2\sqrt{4+y^2}$$

양변을 제곱하여 정리하면

$$x^2=4(4+y^2)$$

$$x^2-4y^2=16$$

$$\frac{x^2}{16}-\frac{y^2}{4}=1$$

따라서 점 P가 나타내는 도형은 쌍곡선 $\frac{x^2}{4^2}-\frac{y^2}{2^2}=1$의 일부이다.

이 쌍곡선의 점근선의 방정식은 $y=\pm\frac{1}{2}x$이므로 기울기가 양수인 점근선의 방정식은 $y=\frac{1}{2}x$이다.   답 ④

유형 연습 더 하기

01 ⑤   02 32

01

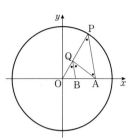

조건 (나)에서, 각의 이등분선이 x축과 만나는 점을 B라 하면, 각의 이등분선의 성질에서

$$\overline{OB}:\overline{BA}=\overline{OQ}:\overline{QA}$$

또, $\overline{BQ}\,/\!/\,\overline{AP}$이므로 삼각형 OAP에서

$$\overline{OB}:\overline{BA}=\overline{OQ}:\overline{QP}$$

즉, $\overline{QA}=\overline{QP}$이므로

$$\overline{OQ}+\overline{QA}=\overline{OQ}+\overline{QP}=\overline{OP}=6$$

따라서 점 Q는 두 점 O, A에서의 거리의 합이 6으로 일정하므로 타원이 된다.

선분 OA의 중점을 좌표의 원점으로 생각하면

$\frac{x^2}{a^2}+\frac{y^2}{b^2}=1$에서

(거리의 합)$=2a=6$

(초점의 좌표)$=(\pm2,\,0)$에서 $a^2-b^2=2^2$, $b^2=5$

$$\frac{x^2}{9}+\frac{y^2}{5}=1$$

이때 위 타원의 방정식은 원점을 점 $(2,\,0)$으로 옮긴 것이므로 x축의 양의 방향으로 2만큼 평행이동한 것과 같다. 따라서 구하는 방정식은

$$\frac{(x-2)^2}{9}+\frac{y^2}{5}=1\qquad\text{답 ⑤}$$

02 점 P$(-6,\,2)$에서 접선의 방정식은

$$-6x-2y=32,\ 3x+y+16=0$$

즉 접선 l의 기울기가 3이므로 직선 OH의 방정식은

$$y=\frac{1}{3}x$$

위 식을 쌍곡선의 방정식에 대입하여 점 Q의 좌표를 구하면

$$(3y)^2-y^2=32,\ y=2\ (\because y>0)\quad\therefore\text{Q}(6,\,2)$$

따라서 $\overline{OH}\cdot\overline{OQ}$의 값은

$$\frac{|0+0+16|}{\sqrt{3^2+1^2}}\times\sqrt{6^2+2^2}=\frac{16}{\sqrt{10}}\times2\sqrt{10}=32\qquad\text{답 32}$$

02 평면 곡선의 접선

01 쌍곡선 $7x^2-ay^2=20$ 위의 점 $(2, b)$에서의 접선의 방정식은, $14x-aby=20$

이 접선이 $(0, -5)$를 지나므로 $ab=4$, 또한 쌍곡선이 점 $(2, b)$를 지나므로 $ab^2=8$

따라서 $b=2$, $a=2$ 이므로 $a+b=4$ **답** ①

02
$$\frac{dy}{dx}\Big|_{\theta=\frac{\pi}{6}}=\frac{\frac{dy}{d\theta}}{\frac{dx}{d\theta}}\Big|_{\theta=\frac{\pi}{6}}=\frac{2\cos\theta+2\cos2\theta}{-2\sin\theta-2\sin2\theta}\Big|_{\theta=\frac{\pi}{6}}$$
$$=\frac{\sqrt{3}+1}{-1-\sqrt{3}}=-1$$
답 ③

03 원 C의 중심을 C_1, 원과 직선 $y=3$이 접하는 점을 Q라고 하자.

주어진 조건에 의하여 C_1의 좌표는 $(t, 2)$이다.

또한 t의 크기는 점 P가 이동한 거리와 같다.

$\angle QC_1P=\theta$라 할 때, $1\cdot\theta=t$이므로 $t=\theta$

$\therefore \angle QC_1P=t$

원 C의 중심 C_1에서 x축에 평행한 직선을 긋는다고 하자.

이때 이 직선과 선분 C_1P가 이루는 각의 크기는

$\dfrac{\pi}{2}+\angle QC_1P=\dfrac{\pi}{2}+t$

$P(x, y)$라고 하면

$x=\cos\Big(\dfrac{\pi}{2}+t\Big)+t=-\sin t+t$, $y=\sin\Big(\dfrac{\pi}{2}+t\Big)+2=\cos t+2$

$\therefore \dfrac{dy}{dx}=\dfrac{\frac{dy}{dt}}{\frac{dx}{dt}}=\dfrac{-\sin t}{-\cos t+1}$

위의 식에 $t=\dfrac{2}{3}\pi$를 대입하면

$$\frac{-\sin\frac{2}{3}\pi}{-\cos\frac{2}{3}\pi+1}=\frac{-\frac{\sqrt{3}}{2}}{\frac{1}{2}+1}=-\frac{\sqrt{3}}{3}$$
답 ⑤

01 $2x+x^2y-y^3=2$의 양변을 x에 대하여 미분하면

$2+2xy+x^2\dfrac{dy}{dx}-3y^2\dfrac{dy}{dx}=0$,

$\dfrac{dy}{dx}=\dfrac{-2(xy+1)}{x^2-3y^2}$ (단, $x^2-3y^2\neq0$)

따라서 위 식에 $x=1$, $y=1$을 대입하면 구하는 기울기는

$\dfrac{(-2)\times(1\times1+1)}{1-3}=2$ **답** 2

02 접점의 좌표를 (x_1, y_1)이라 하면 접선의 방정식은

$\dfrac{x_1x}{8}+\dfrac{y_1y}{2}=1$

이 직선이 점 $(0, 2)$를 지나므로

$\dfrac{2y_1}{2}=1$, $y_1=1$

$\dfrac{x^2}{8}+\dfrac{y^2}{2}=1$에 $y=1$을 대입하면

$\dfrac{x^2}{8}+\dfrac{1}{2}=1$, $x=\pm2$ $\therefore$ $P(-2, 1)$, $Q(2, 1)$

한편, 주어진 타원의 다른 초점을 F'라 하면

$\overline{FQ}=\overline{PF'}$이므로

$\overline{PF}+\overline{FQ}=\overline{PF}+\overline{PF'}=4\sqrt{2}$

따라서 삼각형 PFQ의 둘레의 길이는 $4+4\sqrt{2}$이므로

$a^2+b^2=4^2+4^2=32$ **답** 32

03 쌍곡선의 방정식을

$\dfrac{x^2}{a^2}-\dfrac{y^2}{b^2}=1$ $(a>0, b>0)$이라 하자.

주어진 점근선의 방정식이

$y=2x$, $y=-2x$이므로

$\dfrac{b}{a}=2$, $b=2a$

쌍곡선의 또 다른 초점을 점 F'라 하면 삼각형 $PF'F$에서 점 O는 변 $F'F$의 중점이고 점 M은 변 PF의 중점이므로

$\overline{PF'}=2\overline{OM}=12$

$\overline{PF}=2\overline{MF}=6$

$|\overline{PF'}-\overline{PF}|=12-6=6=2a$

$\therefore a=3$, $b=2a=6$

$\therefore \overline{OF}=\sqrt{a^2+b^2}=\sqrt{9+36}=3\sqrt{5}$ **답** ②

04 포물선 $y^2=4px$ 위의 점 (x_1, y_1)에서의 접선은 $y_1y=2p(x+x_1)$이므로 x축과 만나는 점의 좌표는 $(-x_1, 0)$이다. 따라서 점 P에서 x축에 내린 수선의 발을 H라 하면 $H(k, 0)$이다.

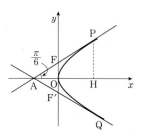

$\angle \mathrm{PAH}=\dfrac{\pi}{6}$이므로

$\overline{\mathrm{FO}}=\dfrac{k}{\sqrt{3}}$, $\overline{\mathrm{PH}}=\dfrac{2k}{\sqrt{3}}$

F'의 좌표는 $\left(0,\ -\dfrac{k}{\sqrt{3}}\right)$이므로

$\overline{\mathrm{AF}}=\overline{\mathrm{FP}}=\dfrac{2k}{\sqrt{3}}$

$\overline{\mathrm{PF}'}=\sqrt{k^2+\left(\dfrac{3k}{\sqrt{3}}\right)^2}=2k$

타원의 장축의 길이는

$\overline{\mathrm{PF}}+\overline{\mathrm{PF}'}=\dfrac{2k}{\sqrt{3}}+2k=4\sqrt{3}+12$ $\therefore k=6$

또, 점 $(6, 4\sqrt{3})$이 포물선 $y^2=4px$ 위의 점이므로

$(4\sqrt{3})^2=24p$ $\therefore p=2$

$\therefore p+k=8$ **답** ①

II. 평면벡터

01 평면벡터

기출 유형 더 풀기

01 ④　　**02** 180　　**03** ③　　**04** 80　　**05** ③

06 ⑤

---

01 $\vec{a}-\vec{b}=(2, 1)-(-1, k)=(3,\ 1-k)$

이때 $\vec{a}\cdot(\vec{a}-\vec{b})=0$이므로

$(2, 1)\cdot(3,\ 1-k)=2\times3+(1-k)=7-k=0$

$\therefore k=7$ **답** ④

02

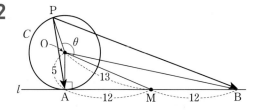

선분 AB의 중점을 M, 원의 중심을 O라고 하면

$\overline{\mathrm{OM}}=\sqrt{12^2+5^2}=13$이고

$\overrightarrow{\mathrm{PA}}\cdot\overrightarrow{\mathrm{PB}}=(\overrightarrow{\mathrm{OA}}-\overrightarrow{\mathrm{OP}})\cdot(\overrightarrow{\mathrm{OB}}-\overrightarrow{\mathrm{OP}})$

$\qquad\qquad =\overrightarrow{\mathrm{OA}}\cdot\overrightarrow{\mathrm{OB}}-(\overrightarrow{\mathrm{OA}}+\overrightarrow{\mathrm{OB}})\cdot\overrightarrow{\mathrm{OP}}+\overrightarrow{\mathrm{OP}}\cdot\overrightarrow{\mathrm{OP}}$

$\qquad\qquad =|\overrightarrow{\mathrm{OA}}|\times|\overrightarrow{\mathrm{OB}}|\times\dfrac{|\overrightarrow{\mathrm{OA}}|}{|\overrightarrow{\mathrm{OB}}|}-2\overrightarrow{\mathrm{OM}}\cdot\overrightarrow{\mathrm{OP}}+|\overrightarrow{\mathrm{OP}}|^2$

$\qquad\qquad =25-2\overrightarrow{\mathrm{OM}}\cdot\overrightarrow{\mathrm{OP}}+25=50-2\overrightarrow{\mathrm{OM}}\cdot\overrightarrow{\mathrm{OP}}$

$\overrightarrow{\mathrm{OM}}\cdot\overrightarrow{\mathrm{OP}}=13\times5\times\cos\theta$이므로 그 범위는 $[-65,\ 65]$이다.

따라서 $-80\leq\overrightarrow{\mathrm{PA}}\cdot\overrightarrow{\mathrm{PB}}\leq180$이고 최댓값은 180이다. **답** 180

---

03 $|\vec{a}-2\vec{b}|^2=|\vec{a}|^2-4\vec{a}\cdot\vec{b}+4|\vec{b}|^2$

$\qquad\qquad\quad =2^2-4\cdot2\cdot3\cdot\cos60°+4\cdot3^2$

$\qquad\qquad\quad =28$

$\therefore |\vec{a}-2\vec{b}|=\sqrt{28}=2\sqrt{7}$ **답** ③

---

04 점 X에서 직선 CD에 내린 수선의 발을 H라고 하면

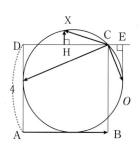

$\overrightarrow{\mathrm{AB}}\cdot\overrightarrow{\mathrm{CX}}=\overrightarrow{\mathrm{AB}}\cdot(\overrightarrow{\mathrm{CH}}+\overrightarrow{\mathrm{HX}})$

$\qquad\qquad =\overrightarrow{\mathrm{AB}}\cdot\overrightarrow{\mathrm{CH}}$

이때 점 H가 점 C보다 오른쪽에 있어야 내적의 값이 양수가 나오므로 원의 가장 오른쪽 끝에 있는 점의 직선 DC 위로의 정사영을 E라고 하면 $\overrightarrow{\mathrm{AB}}\cdot\overrightarrow{\mathrm{CX}}$의 최댓값은 $\overrightarrow{\mathrm{AB}}\times\overline{\mathrm{CE}}$이다.

원 O의 반지름의 길이를 r이라고 하면

$(\sqrt{2}+1)r=4\sqrt{2}$

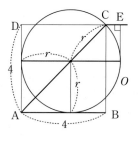

$\therefore r=\dfrac{4\sqrt{2}}{\sqrt{2}+1}=8-4\sqrt{2}$

$\therefore \overline{\mathrm{CE}}=2r-4=16-8\sqrt{2}-4$

$\qquad\quad =12-8\sqrt{2}$

따라서 $\overrightarrow{\mathrm{AB}}\cdot\overrightarrow{\mathrm{CX}}$의 최댓값은

$4(12-8\sqrt{2})=48-32\sqrt{2}$

즉, $a=48$, $b=32$이므로

$a+b=48+32=80$ **답** 80

---

05 $|3\vec{a}-2\vec{b}|^2=(3\vec{a}-2\vec{b})\cdot(3\vec{a}-2\vec{b})$

$\qquad\qquad\quad =9\vec{a}\cdot\vec{a}-12\vec{a}\cdot\vec{b}+4\vec{b}\cdot\vec{b}$

$\qquad\qquad\quad =9|\vec{a}|^2-12\vec{a}\cdot\vec{b}+4|\vec{b}|^2$

$\qquad\qquad\quad =9\cdot4-12\vec{a}\cdot\vec{b}+4\cdot9=36$

$-12\vec{a}\cdot\vec{b}=-36$ $\therefore \vec{a}\cdot\vec{b}=3$ **답** ③

---

06 $|\vec{a}+\vec{b}|^2=|\vec{a}|^2+2\vec{a}\cdot\vec{b}+|\vec{b}|^2=3^2+2\vec{a}\cdot\vec{b}+5^2=7^2$

$\therefore \vec{a}\cdot\vec{b}=\dfrac{15}{2}$

$\therefore (2\vec{a}+3\vec{b})\cdot(2\vec{a}-\vec{b})=4|\vec{a}|^2-3|\vec{b}|^2+4\vec{a}\cdot\vec{b}$

$\qquad\qquad\qquad\qquad\qquad =4\times9-3\times25+4\times\dfrac{15}{2}$

$\qquad\qquad\qquad\qquad\qquad =-9$ **답** ⑤

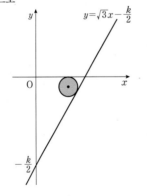

01 ㄱ. $\overrightarrow{OP}=(1-t)\overrightarrow{OA}+t\overrightarrow{OB}$ $(0\leq t\leq 1)$

$\qquad\qquad =\overrightarrow{OA}+t(\overrightarrow{OB}-\overrightarrow{OA})$

$\qquad\qquad =\overrightarrow{OA}+t\overrightarrow{AB}$

이므로 t의 값이 변함에 따라 $\overrightarrow{OP}$는 점 O를 시점으로 하고 선분 AB 위의 점을 종점으로 하는 벡터가 된다.

따라서 점 P가 그리는 도형은 선분 AB이다. (참)

ㄴ. $\overrightarrow{OP}=s\overrightarrow{OA}+t\overrightarrow{OB}=s\overrightarrow{OA}+2t\left(\dfrac{1}{2}\overrightarrow{OB}\right)$

로 변형하고 $\overrightarrow{OB}$의 중점을 B′이라 하면 ㄱ에 의하여 점 P는 선분 AB′ 위를 움직인다.

(반례) A(2, 1), B(2, 2)이면 B′(1, 1)이고,

$\overline{AB}=1,\ \overline{AB'}=1$

이므로 선분 AB′의 길이가 선분 AB의 길이보다 크지 않다. (거짓)

ㄷ. $s+2t\leq 1$이면 점 P가 그리는 영역은 삼각형 OAB′이므로 삼각형 OAB에 포함된다. (거짓)

따라서 옳은 것은 ㄱ이다.   답 ①

02 점 A를 원점, 직선 AD를 x축, 직선 AB를 y축으로 하면 점 C의 좌표는 $(2\sqrt{3},\ -2)$이다.

따라서 변 CD의 중점의 좌표는 $(2\sqrt{3},\ -1)$이다.

원 $(x-2\sqrt{3})^2+(y+1)^2=1$ 위의 점 $P(x, y)$에 대하여

$\overrightarrow{AC}=(2\sqrt{3},\ -2),\ \overrightarrow{AP}=(x, y)$이므로

$\overrightarrow{AC}\cdot\overrightarrow{AP}=2\sqrt{3}x-2y$

이때 $2\sqrt{3}x-2y=k$라 하면 두 변수 x, y의 범위는 원 $(x-2\sqrt{3})^2+(y+1)^2=1$ 의 내부와 같으므로 k의 값의 범위는 그림와 같이 직선 $2\sqrt{3}x-2y-k=0$ 이 색칠한 범위를 지나는 경 우를 이용하여 구할 수 있다.

이때, 주어진 원의 반지름이 1이므로 직선 $2\sqrt{3}x-2y-k=0$과 원의 중심 사이의 거리는 1보다 작거나 같아야 한다. 즉

$1\geq\dfrac{|2\sqrt{3}\cdot 2\sqrt{3}+2-k|}{\sqrt{(2\sqrt{3})^2+2^2}}$

$|-k+14|\leq 4\quad\therefore 10\leq k\leq 18$

따라서 k의 최댓값은 18이다.   답 ④

02 평면 운동

01 점 P의 위치는 $(t-\sin 2t,\ 1-\cos 2t)$이고

$\dfrac{dx}{dt}=1-2\cos 2t,\ \dfrac{dy}{dt}=2\sin 2t$이므로

점 P의 속도는 $\left(\dfrac{dx}{dt},\ \dfrac{dy}{dt}\right)=(1-2\cos 2t,\ 2\sin 2t)$

따라서 점 P의 시각 t에서의 속력은

$\sqrt{\left(\dfrac{dx}{dt}\right)^2+\left(\dfrac{dy}{dt}\right)^2}=\sqrt{(1-2\cos 2t)^2+4\sin^2 2t}$

$\qquad\qquad\qquad\qquad =\sqrt{1-4\cos 2t+4\cos^2 2t+4\sin^2 2t}$

$\qquad\qquad\qquad\qquad =\sqrt{5-4\cos 2t}$

이때 $-4\leq 4\cos 2t\leq 4$이므로 점 P의 속력의 최댓값은

$\sqrt{5+4}=\sqrt{9}=3$ 답 ①

01

ㄱ. $\vec{v}=\left(\dfrac{dx}{dt},\ \dfrac{dy}{dt}\right)=\left(\dfrac{e^t-e^{-t}}{2},\ \dfrac{e^t+e^{-t}}{2}\right)$에서

$\quad t=1$일 때 점 P의 속도는 $\left(\dfrac{e^1-e^{-1}}{2},\ \dfrac{e^1+e^{-1}}{2}\right)$이고,

$\quad t=1$일 때 점 P의 위치벡터는 $\left(\dfrac{e^1+e^{-1}}{2},\ \dfrac{e^1-e^{-1}}{2}\right)$이므로

$\quad \vec{v}\cdot\vec{p}=2\times\dfrac{e^2-e^{-2}}{4}=\dfrac{e^2-e^{-2}}{2}\neq 0$ (거짓)

ㄴ. $\vec{a}=\left(\dfrac{d^2x}{dt^2},\ \dfrac{d^2y}{dt^2}\right)=\left(\dfrac{e^t+e^{-t}}{2},\ \dfrac{e^t-e^{-t}}{2}\right)=\vec{p}$ (참)

ㄷ. $\displaystyle\int_0^1\sqrt{\left(\dfrac{dx}{dt}\right)^2+\left(\dfrac{dy}{dt}\right)^2}\,dt$

$\quad =\displaystyle\int_0^1\sqrt{\dfrac{e^{2t}+e^{-2t}}{2}}\,dt\geq\int_0^1 1\,dt=1$ (참)

따라서 옳은 것은 ㄴ, ㄷ이다.   답 ④

02 $y'=\dfrac{1}{2}\sqrt{x}$에서

$l=\displaystyle\int_0^{12}\sqrt{1+(y')^2}\,dx=\int_0^{12}\sqrt{1+\dfrac{x}{4}}\,dx$

이때 $\sqrt{1+\dfrac{x}{4}}=t$로 치환하면

$1+\dfrac{x}{4}=t^2,\ \dfrac{1}{4}\dfrac{dx}{dt}=2t$

또, $x=0$일 때 $t=1$, $x=12$일 때 $t=2$이므로

$$l=\int_{1}^{2}8t^{2}dt=\left[\frac{8}{3}t^{3}\right]_{1}^{2}=\frac{64}{3}-\frac{8}{3}=\frac{56}{3}$$

$\therefore 3l=56$

답 56

Ⅲ. 공간도형과 공간좌표

01 공간도형

01 △PMQ는 □PEGQ에 포함되므로 $\theta(0<\theta<90°)$는 사다리꼴 PEGQ와 밑면 EFGH가 이루는 각이다.

△PSM에서

$\overline{PS}\,/\!/\,\overline{AE}$, $\overline{AE}\perp$□EFGH이므로

$\overline{PS}\perp$□EFGH ……… ㉠

$\overline{SM}\,/\!/\,\overline{HF}$, $\overline{HF}\perp\overline{EG}$이므로

$\overline{SM}\perp\overline{EG}$ ……… ㉡

㉠, ㉡에 의해서 $\overline{PM}\perp\overline{EG}$ (∵ 삼수선의 정리)

$\overline{SM}$과 $\overline{PM}$은 각각 □EFGH와 □PEGQ에 포함되므로

$\theta=\angle PMS$ (∵ 면과 면 사이의 각에 대한 정의)

정육면체의 한 변의 길이를 a라고 하면

$\overline{PS}=a$, $\overline{SM}=\dfrac{\sqrt{2}}{4}a$이므로 $\overline{PM}=\sqrt{1+\dfrac{1}{8}}\,a=\dfrac{3\sqrt{2}}{4}a$

따라서 $\tan\theta=\dfrac{4}{\sqrt{2}}=2\sqrt{2}$, $\sec\theta=\dfrac{1}{\cos\theta}=3$이므로

$\tan^{2}\theta+\sec^{2}\theta=8+9=17$

답 17

02 삼각형 PAB는 직각이등변삼각형이므로

$\overline{PA}=\overline{AB}=2\sqrt{2}$

또, 오른쪽 그림에서
삼각형 PHA는
$\angle PAH=\dfrac{\pi}{6}$인
직각삼각형이므로

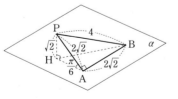

$\overline{PH}=\sqrt{2}$, $\overline{HA}=\sqrt{6}$

한편, $\overline{PH}\perp\alpha$, $\overline{PA}\perp\overline{AB}$이므로 삼수선의 정리에 의하여
$\overline{HA}\perp\overline{AB}$이다.

즉, 구하는 사면체의 부피는 밑변이 직각삼각형 HAB, 높이가

$\overline{PH}$인 삼각뿔의 넓이와 같으므로

$$\frac{1}{3}\times\left(\frac{1}{2}\times2\sqrt{2}\times\sqrt{6}\right)\times\sqrt{2}=\frac{2\sqrt{6}}{3}$$

답 ④

03

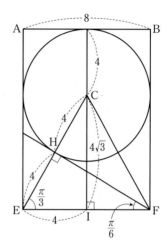

그림에서 $\overline{CI}=4\sqrt{3}$, $\overline{EI}=4$이므로 $\tan\angle CEI=\sqrt{3}$

$\angle CEI=\dfrac{\pi}{3}$

$\overline{EC}=\dfrac{4}{\cos\dfrac{\pi}{3}}=8$

$\therefore \overline{EH}=8-\overline{CH}=8-4=4=\overline{CH}$

또한 $\overline{EC}=\overline{EF}=8$, $\angle CEI=\dfrac{\pi}{3}$ 이므로 $\overline{CF}=8$

따라서 △CEF는 정삼각형이며 $\overline{FH}$는 △CEF의 수직이등분선이다.

따라서 △HEF는 직각삼각형이므로 $\angle HFE=\dfrac{\pi}{6}$

$S_{1}\cos\dfrac{\pi}{6}+S_{2}\cos\dfrac{\pi}{3}=\dfrac{1}{2}(\sqrt{3}\,S_{1}+S_{2})=16\pi$

$S_{1}+\dfrac{1}{\sqrt{3}}S_{2}=\dfrac{16\pi\times2}{\sqrt{3}}=\dfrac{32\pi}{\sqrt{3}}=\dfrac{32\sqrt{3}}{3}\pi$

답 ④

04 정삼각형 ABC의 한 변의 길이를 x라고 하면
$\overline{AB'}=\sqrt{5}$이므로 직각삼각형 BAB′에서
$\overline{BB'}=\sqrt{x^{2}-5}$

$\overline{C'A}=\sqrt{3}$이므로 직각삼각형 CAC′에서
$\overline{CC'}=\sqrt{x^{2}-3}$

점 B에서 선분 $\overline{CC'}$에 내린 수선의 발을 H라 할 때,
$\overline{BH}=\overline{B'C'}=2$이므로 직각삼각형 CBH에서
$\overline{CH}=\sqrt{x^{2}-4}$

$\overline{CC'}=\overline{CH}+\overline{HC'}$이고 $\overline{HC'}=\overline{BB'}$이므로
$\sqrt{x^{2}-3}=\sqrt{x^{2}-5}+\sqrt{x^{2}-4}$

여기서 $\sqrt{x^{2}-4}=t(\geq0)$라고 하면
$\sqrt{t^{2}+1}=\sqrt{t^{2}-1}+t$

$\sqrt{t^2+1}-\sqrt{t^2-1}=t$

위의 식의 양변을 제곱하면

$2t^2-2\sqrt{t^4-1}=t^2$

$t^2=2\sqrt{t^4-1}$

또, 위의 식의 양변을 제곱하면

$t^4=4t^4-4$

$t^4=\dfrac{4}{3}$ $\therefore t^2=\dfrac{2}{\sqrt{3}}$ $(\because t^2\geq0)$

$\therefore t^2=x^2-4=\dfrac{2}{\sqrt{3}}$

$\therefore x^2=\dfrac{2+4\sqrt{3}}{\sqrt{3}}$

따라서 구하는 넓이는 $\dfrac{\sqrt{3}}{4}x^2=\dfrac{1+2\sqrt{3}}{2}$ 답 ④

05
반구의 밑면의 넓이를 S라 하면

$S_1\cos\theta=S$이므로 $S_1=\dfrac{S}{\cos\theta}$ ...... ㉠

$S_2\cos\left(\dfrac{\pi}{2}-\theta\right)=\dfrac{1}{2}S$이므로 $S_2\sin\theta=\dfrac{1}{2}S$

$\therefore S_2=\dfrac{1}{2\sin\theta}S$ ...... ㉡

$S_1:S_2=3:2$에서 $3S_2=2S_1$, $\dfrac{S_2}{S_1}=\dfrac{2}{3}$ ...... ㉢

㉡ ÷ ㉠ = ㉢

$\dfrac{\cos\theta}{2\sin\theta}=\dfrac{2}{3}$, $\dfrac{\cos\theta}{\sin\theta}=\dfrac{4}{3}$

$\therefore \tan\theta=\dfrac{\sin\theta}{\cos\theta}=\dfrac{3}{4}$ 답 ⑤

유형 연습 더 하기

01 ①   02 ⑤

01
오른쪽 그림과 같이 점 P에서 평면 ABCD에 내린 수선의 발을 M이라 하고, 두 모서리 AB, EF의 중점을 각각 K, Q라 하면, 두 선분 PK, QK는 각각 모서리 AB에 수직이므로

$\angle PKQ=\theta$

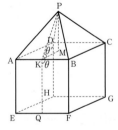

이때, $\triangle PAK$에서 $\overline{PA}=2$, $\overline{AK}=1$이므로

$\overline{PK}=\sqrt{2^2-1^2}=\sqrt{3}$

$\triangle PKM$에서 $\overline{KM}=1$이므로

$\overline{PM}=\sqrt{(\sqrt{3})^2-1^2}=\sqrt{2}$

따라서 $\angle PKM=\theta'$이라 하면 $\theta=\dfrac{\pi}{2}+\theta'$이고,

$\cos\theta=\cos\left(\dfrac{\pi}{2}+\theta'\right)=-\sin\theta'=-\dfrac{\overline{PM}}{\overline{PK}}$

$=-\dfrac{\sqrt{2}}{\sqrt{3}}=-\dfrac{\sqrt{6}}{3}$ 답 ①

02
두 원판에 의해 평면 α에 생기는 그림자는 그림과 같이 한 원판의 둘레에 다른 원판의 중심이 지나도록 겹친 상태에서 빛에 의하여 평면 α에 생기는 그림자와 같다.

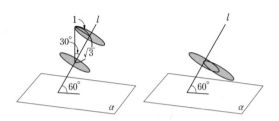

이때 오른쪽 그림에서 두 호 AC_1B, AC_2B로 둘러싸인 부분의 넓이를 구하면

$2\times\left\{2\times\left(\dfrac{1}{2}\times1^2\times\dfrac{\pi}{3}\right)-\dfrac{1}{2}\times1^2\times\sin\dfrac{\pi}{3}\right\}$

$=\dfrac{2}{3}\pi-\dfrac{\sqrt{3}}{2}$

따라서 겹쳐진 두 원의 넓이는

$2\pi-\left(\dfrac{2}{3}\pi-\dfrac{\sqrt{3}}{2}\right)=\dfrac{4}{3}\pi+\dfrac{\sqrt{3}}{2}$

이므로 구하는 그림자의 넓이는

$\left(\dfrac{4}{3}\pi+\dfrac{\sqrt{3}}{2}\right)\times\cos\dfrac{\pi}{6}=\left(\dfrac{4}{3}\pi+\dfrac{\sqrt{3}}{2}\right)\times\dfrac{\sqrt{3}}{2}$

$\qquad\qquad=\dfrac{2\sqrt{3}}{3}\pi+\dfrac{3}{4}$ 답 ⑤

⑫ 공간좌표

기출 유형 더 풀기

01 ①   02 ④   03 ④   04 ③   05 ③

06 45

01

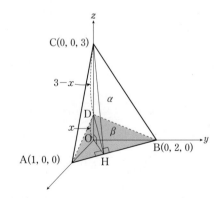

평면 β가 z축과 만나는 점을 D라 하자.

점 C에서 선분 AB에 내린 수선의 발을 H라 하면 삼수선의 정리에 의하여 $\overline{OH}\perp\overline{AB}$

$\overline{AB}=\sqrt{2^2+1^2}=\sqrt{5}$

삼각형 OAB는 직각삼각형이므로

$\overline{OB}\times\overline{OA}=\overline{OH}\times\overline{AB}$

$2\times1=\overline{OH}\times\sqrt{5}$

$\therefore\overline{OH}=\dfrac{2}{\sqrt{5}}=\dfrac{2\sqrt{5}}{5}$

또한 삼각형 OCH도 직각삼각형이므로

$\overline{CH}=\sqrt{\overline{OC}^2+\overline{OH}^2}=\sqrt{3^2+\left(\dfrac{2\sqrt{5}}{5}\right)^2}$

$\qquad=\sqrt{9+\dfrac{4}{5}}=\dfrac{7}{\sqrt{5}}=\dfrac{7\sqrt{5}}{5}$

이때, 평면 β가 평면 α와 xy평면의 이면각 중에서 예각인 것을 이등분하므로 각의 이등분선의 성질에 의하여

$\overline{CH}:\overline{OH}=\overline{CD}:\overline{DO}$

$\overline{OD}=x$라 하면 $\overline{CD}=3-x$이므로

$\dfrac{7\sqrt{5}}{5}:\dfrac{2\sqrt{5}}{5}=(3-x):x$

$\qquad\qquad 7:2=(3-x):x$

$\qquad\qquad 6-2x=7x$

$\qquad\qquad\quad x=\dfrac{2}{3}$

따라서 $\overline{OD}=\dfrac{2}{3}$이므로 평면 β가 z축과 만나는 점의 y좌표는 $\dfrac{2}{3}$이다. **답** ①

02 ㄱ. 점 P는 매초 1의 일정한 속력으로 원점 O에서 출발하여 사각형 OABC의 둘레를 O→A→B→C→O→····으로 움직이므로 $4a$ (단, a는 자연수)초마다 원점에 도달한다.

또한 점 Q는 매초 1의 일정한 속력으로 원점 O에서 출발하여 삼각형 OAD의 둘레를 O→A→D→O→····으로 움직이므로 $(2+\sqrt{2})b$ (단, b는 자연수)초마다 원점에 도달한다.

두 점 P, Q가 출발 후 다시 원점에서 만나기 위해서는 $4a=(2+\sqrt{2})b$를 만족해야 한다.

$a=\dfrac{2+\sqrt{2}}{4}b$에서 a는 자연수이고, $\dfrac{2+\sqrt{2}}{4}b$는 무리수이므로 위 식을 만족하는 자연수 a, b는 존재하지 않는다.

따라서 두 점 P, Q가 출발 후 다시 원점에서 만나는 경우는 존재하지 않는다. (참)

ㄴ. 출발 후 4초가 되는 순간 점 P는 원점에 있고, $2+\sqrt{2}<4<3+\sqrt{2}$이므로 점 Q는 $\overline{OA}$ 위에 있다. 이때 점 Q는 원점에서 $4-(2+\sqrt{2})$만큼 떨어져 있다. 따라서 두 점 P, Q 사이의 거리는 $2-\sqrt{2}$이다. (거짓)

ㄷ. 출발 후 2초가 되는 순간 점 P는 점 B에 위치하고, 이때 점 P의 좌표는 (1, 1, 0)이다. 점 Q는 $\overline{AD}$ 위에 있으며 A로부터 1만큼 떨어져 있다.

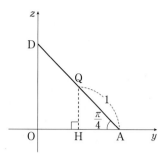

점 Q에서 y축에 내린 수선의 발을 H라고 하자. 삼각형 QHA는 삼각형 DOA와 닮음이며, $\overline{QA}$를 빗변으로 하고 나머지 두 각의 크기가 $\dfrac{\pi}{4}$인 직각삼각형이다. 이 직각삼각형에서 $\overline{QH}=\overline{HA}=\dfrac{1}{\sqrt{2}}$이므로 점 Q의 좌표는 $\left(0,\ 1-\dfrac{1}{\sqrt{2}},\ \dfrac{1}{\sqrt{2}}\right)$이다.

따라서 두 점 P, Q사이의 거리는

$\sqrt{1^2+\left(\dfrac{1}{\sqrt{2}}\right)^2+\left(\dfrac{1}{\sqrt{2}}\right)^2}=\sqrt{2}$ (참) **답** ④

03 오른쪽 그림에서 $\overline{AG}$가 y축에 위치하게 된다. 따라서 $\overline{AP}$의 길이가 a의 값이 되고 $\overline{PB}$의 길이가 r의 값이 된다.

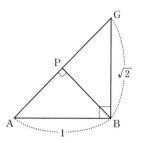

$\overline{AG}=\sqrt{1^2+(\sqrt{2})^2}=\sqrt{3}$ 이고,

$\dfrac{1}{2}\times\overline{AG}\times\overline{PB}=\dfrac{1}{2}\times\overline{AB}\times\overline{GB}$

이므로 $\sqrt{3}\times\overline{PB}=1\times\sqrt{2}$

$\therefore\overline{PB}=\dfrac{\sqrt{6}}{3}$, 즉 $r=\dfrac{\sqrt{6}}{3}$

이때 $\overline{AP}=\sqrt{1-\left(\dfrac{\sqrt{6}}{3}\right)^2}=\dfrac{\sqrt{3}}{3}$이므로 $a=\dfrac{\sqrt{3}}{3}$

$\therefore ar=\dfrac{\sqrt{3}}{3}\times\dfrac{\sqrt{6}}{3}=\dfrac{\sqrt{2}}{3}$ **답** ④

04 $G\left(\dfrac{6+0+0}{3},\ \dfrac{0+3+0}{3},\ \dfrac{0+0+(-3)}{3}\right)=(2,\ 1,\ -1)$

$\therefore\overline{OG}=\sqrt{2^2+1^2+(-1)^2}=\sqrt{6}$ **답** ③

05 선분 AB의 내분점을 C라고 두면,

$C\left(\dfrac{-1+4}{1+2},\ \dfrac{3+6}{1+2},\ \dfrac{2-2}{1+2}\right)=(1,\ 3,\ 0)$

$\therefore a+b+c=4$ **답** ③

06 구 $(x-3)^2+(y-2)^2+(z-3)^2=27$이 xy평면으로 잘린 단면에서 $z=0$이므로 $(x-3)^2+(y-2)^2=18$인 원이 된다.

이때, xy평면으로 자른 후 남아 있는 부분을 yz평면으로 자른 단면은 xy평면과 yz평면에 다음과 같이 나타난다. 두 단면은 동일하다. 따라서 한 평면의 넓이를 구한 후 그 넓이에 2를 곱하면 문제에서 요구하는 답을 구할 수 있다.

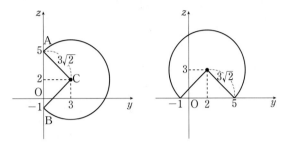

xy평면 위의 단면에서 원 $(x-3)^2+(y-2)^2=18$에 $x=0$을 대입하면

$(y-2)^2=9$

$\therefore y=-1$ 또는 $y=5$

점 A의 좌표를 $(0, 5)$, 점 B의 좌표를 $(0, -1)$이라고 하자.

이때, 삼각형 ABC에서 $\overline{AB}:\overline{BC}:\overline{CA}=6:3\sqrt{2}:3\sqrt{2}$

즉, $\overline{AB}:\overline{BC}:\overline{CA}=\sqrt{2}:1:1$이므로

$\angle ACB=90°$

(i) (삼각형 ABC의 넓이)$=\dfrac{1}{2}\times(3\sqrt{2})^2$

　　　　　　　　　　　　$=9$

(ii) (부채꼴 ACB의 넓이)$=(3\sqrt{2})^2\pi\times\dfrac{270}{360}$

　　　　　　　　　　　　$=\dfrac{27}{2}\pi$

따라서 한 단면의 넓이를 S라 하면 $S=9+\dfrac{27}{2}\pi$

따라서 구하는 단면의 넓이는

$2S=2\Big(9+\dfrac{27}{2}\pi\Big)$

　　$=18+27\pi$

$\therefore a=27,\ b=18$

$\therefore a+b=27+18=45$　　　　　　　　　　　　**답** 45

유형 연습 더 하기

01 ④　　　　**02** ④

01　선분 AB를 $2:1$로 내분하는 점의 좌표는

$\Big(\dfrac{5\times2+2\times1}{2+1},\ \dfrac{(-3)\times2+a\times1}{2+1},\ \dfrac{b\times2+(-2)\times1}{2+1}\Big)$

이때, 이 점이 x축 위에 있으므로

$\dfrac{a-6}{3}=0,\ \dfrac{2b-2}{3}=0$

따라서 $a=6,\ b=1$이므로 $a+b=6+1=7$　　**답** ④

02　구 $(x-1)^2+(y-2)^2+(z-1)^2=6$의 중심을 A$(1, 2, 1)$이라 하자.

구의 방정식 $x^2+y^2+z^2+6x+2ay+2bz=0$을 정리하면

$(x+3)^2+(y+a)^2+(z+b)^2=9+a^2+b^2$

즉, 이 원의 중심을 B$(-3, -a, -b)$라 하면 두 구가 원점 O에서 접하므로 $\overrightarrow{OB}=t\overrightarrow{OA}$인 실수 t가 존재한다.

따라서 $(-3, -a, -b)=t(1, 2, 1)$이므로

$-3=t,\ -a=2t,\ -b=t$

즉 $a=6,\ b=3$에서 $a+b=9$　　　　　　　　　**답** ④

Ⅳ. 공간벡터

01 공간벡터

기출 유형 더 풀기

01 20　　　**02** 8　　　**03** ⑤

01　삼각형 OCM에서

$\angle CMO=\dfrac{\pi}{3}$이고 삼각형 CAB와 삼각형 OAB가 합동인 정삼각형이므로

$\overline{CM}=\overline{OM}$

즉, 삼각형 OCM은 정삼각형이다.

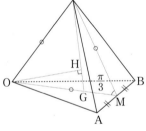

G는 정삼각형 OCM의 변 $\overline{OM}$을 $2:1$로 내분하고 있다.

점 G는 삼각형 OAB의 무게중심이므로

$\overrightarrow{OG}=\dfrac{1}{3}(\overrightarrow{OA}+\overrightarrow{OB})=\dfrac{\vec{a}+\vec{b}}{3}$

정삼각형 OCM의 한 변의 길이를 a라고 하면

$\angle COM=\dfrac{\pi}{3}$이므로

$\overrightarrow{OG}\cdot\overrightarrow{OC}=\dfrac{2}{3}a\cdot a\cdot\cos\dfrac{\pi}{3}=\dfrac{1}{3}a^2$

점 H는 선분 CG의 내분점이므로

$\overrightarrow{OH}=t\overrightarrow{OG}+(1-t)\overrightarrow{OC}$　　……㉠

를 만족하는 $t(0<t<1)$가 존재한다.

이때, $\overrightarrow{OH}\perp\overrightarrow{CG}$이므로 $\overrightarrow{OH}\cdot\overrightarrow{CG}=0$

$\therefore \overrightarrow{OH}\cdot\overrightarrow{CG}=\overrightarrow{OH}\cdot(\overrightarrow{OG}-\overrightarrow{OC})$

　　　　　$=\{t\overrightarrow{OG}+(1-t)\overrightarrow{OC}\}\cdot(\overrightarrow{OG}-\overrightarrow{OC})$

　　　　　$=t|\overrightarrow{OG}|^2+(1-2t)\overrightarrow{OG}\cdot\overrightarrow{OC}-(1-t)|\overrightarrow{OC}|^2$

$$=\frac{4}{9}a^2t+(1-2t)\frac{1}{3}a^2-(1-t)a^2=\frac{7}{9}a^2t-\frac{2}{3}a^2=0$$

$$\frac{7}{9}t=\frac{2}{3}\quad\therefore t=\frac{6}{7}$$

$t=\dfrac{6}{7}$ 을 ㉠에 대입하면

$$\overrightarrow{OH}=\frac{6}{7}\overrightarrow{OG}+\frac{1}{7}\overrightarrow{OC}$$
$$=\frac{6}{7}\left(\frac{\vec{a}+\vec{b}}{3}\right)+\frac{1}{7}\vec{c}$$
$$=\frac{2}{7}\vec{a}+\frac{2}{7}\vec{b}+\frac{1}{7}\vec{c}$$

따라서 $p=\dfrac{2}{7}$, $q=\dfrac{2}{7}$, $r=\dfrac{1}{7}$ 이므로

$$28(p+q+r)=28\left(\frac{2}{7}+\frac{2}{7}+\frac{1}{7}\right)=28\times\frac{5}{7}=20$$

답 20

02
$$\overrightarrow{AB}\cdot\overrightarrow{OP}=\overrightarrow{AB}\cdot(\overrightarrow{AP}-\overrightarrow{AO})$$
$$=\overrightarrow{AB}\cdot\overrightarrow{AP}-\overrightarrow{AB}\cdot\overrightarrow{AO}$$

$\overrightarrow{AB}\cdot\overrightarrow{AO}$ 의 값은 변하지 않으므로 $\overrightarrow{AB}\cdot\overrightarrow{AP}$ 가 최대일 때, $\overrightarrow{AB}\cdot\overrightarrow{OP}$ 가 최대이다.

우선 $\overrightarrow{AB}\cdot\overrightarrow{AO}$ 를 구해보자.

$$\overrightarrow{AB}\cdot\overrightarrow{AO}=2\cdot\overrightarrow{AO}\cdot\cos(\angle OAB)=2\cdot1=2 \cdots\cdots ㉠$$

또한 점 A에서 D로 가는 최단 경로는 전개도에서 두 점 A, D를 잇는 직선이므로 다음과 같다.

점 P는 $\overline{AD}$ 위를 이동하는 점 이다. $\overline{AD}$가 $\overline{OB}$, $\overline{OC}$와 만나 는 점을 각각 E, F라 하자.

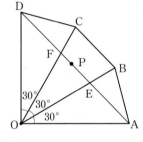

△DOA에서 $\angle DOA=90°$이 고 $\overline{OD}=\overline{OA}$이므로 △DOA는 이등변삼각형이다.

$$\therefore \angle ODA=\angle OAD=45°$$

△OAB는 이등변삼각형이므로 $\angle BAO=75°$

$$\therefore \angle BAE=75°-45°=30°$$
$$\overrightarrow{AB}\cdot\overrightarrow{AP}\le2\times2\times\cos30°=2\sqrt{3} \cdots\cdots ㉡$$

㉠, ㉡에 의하여

$$\overrightarrow{AB}\cdot\overrightarrow{OP}=\overrightarrow{AB}\cdot\overrightarrow{AP}-\overrightarrow{AB}\cdot\overrightarrow{AO}\le2\sqrt{3}-2$$

$$\therefore a^2+b^2=(-2)^2+2^2=8$$

답 8

03 점 P의 좌표를 $P(x, y, z)$라 하자.

$$\vec{p}-\vec{a}=(x-4,\ y,\ z)$$
$$\vec{p}-\vec{b}=(x+4,\ y,\ z)$$

(가) $(\vec{p}-\vec{a})\cdot(\vec{p}-\vec{b})=(x-4,\ y,\ z)\cdot(x+4,\ y,\ z)$
$$=(x-4)(x+4)+y^2+z^2=0$$
$$\therefore x^2+y^2+z^2=16$$

(나) $(\vec{p}-\vec{a})\cdot(\vec{p}-\vec{a})=(x-4,\ y,\ z)\cdot(x-4,\ y,\ z)$
$$=(x-4)(x-4)+y^2+z^2$$
$$\therefore (x-4)(x-4)+y^2+z^2=16$$
$$(x-4)^2+y^2+z^2=16$$

(가)는 중심이 $(0, 0, 0)$이고 반지름이 4인 구를 나타내고,
(나)는 중심이 $(4, 0, 0)$이고 반지름이 4인 구를 나타낸다.
(가)를 만족하는 구의 중심을 $O(0, 0, 0)$,
(나)를 만족하는 구의 중심을 $O'(4, 0, 0)$이라 하자.
(가)와 (나)를 모두 만족 하는 도형은 두 구가 만 나서 이루는 원이다.
이 원의 중심을 M, 지름 의 양 끝을 A, B라 하면 두 구의 중심을 잇는 선 분의 중점의 좌표가 $(2, 0, 0)$이므로 $M(2, 0, 0)$이고, $\overline{OM}=2$, $\overline{OA}=4$

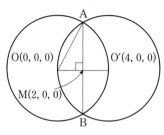

$$\therefore \overline{AM}=\sqrt{4^2-2^2}=\sqrt{12}=2\sqrt{3}$$

따라서 점 P가 나타내는 도형은 반지름이 $2\sqrt{3}$인 원이므로 점 P 가 나타내는 도형의 길이는

$$2\times\pi\times2\sqrt{3}=4\sqrt{3}\,\pi$$

답 ⑤

유형 연습 더 하기

01 12   **02** ④

---

01 좌표공간에서 $B(0, 0, 0)$, $D(0, 6, 0)$, $C(3\sqrt{3}, 3, 0)$이라 하 면 두 점 A, E의 좌표는
$A(\sqrt{3}, 3, 2\sqrt{6})$, $E(\sqrt{3}, 3, -2\sqrt{6})$
즉, $\overrightarrow{BA}=(\sqrt{3}, 3, 2\sqrt{6})$, $\overrightarrow{DE}=(\sqrt{3}, -3, -2\sqrt{6})$이므로
$\overrightarrow{BA}+\overrightarrow{DE}=(2\sqrt{3}, 0, 0)$
$$\therefore |\overrightarrow{BA}+\overrightarrow{DE}|^2=(2\sqrt{3})^2=12$$

답 12

02 $\overrightarrow{AB}=\dfrac{1}{3}\overrightarrow{AO}+\dfrac{2}{3}\overrightarrow{AP}=\dfrac{2\overrightarrow{AP}+\overrightarrow{AO}}{3}$ 이므로

점 B는 선분 OP를 2:1로 내 분하는 점이다.
한편, 그림과 같은 원뿔의 전 개도에서 최단경로 L은 선분 AA'와 같으므로, 두 선분 OA, OA'을 2:1로 내분하는 점을 각각 I, I'이라 하면 점 B의 자취는 선분 II'과 같다.

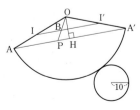

이때 원뿔의 전개도에서 부채꼴의 중심각의 크기는
$2\pi \times \dfrac{10}{30} = \dfrac{2}{3}\pi$이고, 삼각형 OAA'은 이등변삼각형이므로 점 O에서 선분 AA'에 내린 수선의 발을 H라 하면 $\angle OAH = \dfrac{\pi}{6}$에서
$\overline{AH} = \dfrac{\sqrt{3}}{2}\overline{OA} = \dfrac{\sqrt{3}}{2} \times 30 = 15\sqrt{3}$ $\therefore \overline{AA'} = 30\sqrt{3}$
$\therefore \overline{II'} = \dfrac{2}{3}\overline{AA'} = 20\sqrt{3}$

답 ④

02 도형의 방정식

기출 유형 더 풀기

01 27   **02** ③   **03** ③

01

정팔면체 ABCDEF와 평면 $x+y+z=0$이 만나는 면은 육각형이다.

$\triangle ABC$는 $x+y+z=2$ 위에 있으므로 평면 $x+y+z=0$은 $\triangle ABC$와 평행하고 원점을 지나며, $\triangle ABC$과 $\triangle DEF$를 제외한 6개의 면을 이웃하는 두 변의 중점을 잇는 선분으로 자른다. 정팔면체의 한 모서리의 길이는 $2\sqrt{2}$이므로 정팔면체와 평면 $x+y+z=0$이 만나서 생기는 도형은 한 변의 길이가 $\sqrt{2}$인 정육각형이다.

따라서 $S = 6 \times \dfrac{\sqrt{3}}{4} \times (\sqrt{2})^2 = 3\sqrt{3}$이므로

$S^2 = (3\sqrt{3})^2 = 27$

답 27

02

$(x-2)^2 + (y-2)^2 + (z-1)^2 = 9$가 xy평면과 만나서 생기는 원은 $(x-2)^2 + (y-2)^2 = 8$

이 위의 한 점 P는 $P(2+2\sqrt{2}\cos\theta, 2+2\sqrt{2}\sin\theta, 0)$이다. 따라서 평면 α의 법선벡터는 구의 중심과 점 P를 이은 벡터이고, 법선벡터를 $\vec{n}$이라고 할 때
$\vec{n} = (2\sqrt{2}\cos\theta, 2\sqrt{2}\sin\theta, -1)$
구하고자 하는 평면의 방정식은 $(3, 3, -4)$를 지나므로
$2\sqrt{2}\cos\theta(x-3) + 2\sqrt{2}\sin\theta(y-3) - (z+4) = 0$
이 방정식이 구 $(x-2)^2 + (y-2)^2 + (z-1)^2 = 9$에 접하므로,
$\dfrac{|-2\sqrt{2}\cos\theta - 2\sqrt{2}\sin\theta - 5|}{\sqrt{9}} = 3$,
$9 = |2\sqrt{2}\cos\theta + 2\sqrt{2}\sin\theta + 5|$에서
$2\sqrt{2}\cos\theta + 2\sqrt{2}\sin\theta = 4$ 또는
$2\sqrt{2}\cos\theta + 2\sqrt{2}\sin\theta = -14$
$\cos\theta$과 $\sin\theta$는 모두 0보다 크거나 같고 1보다 작거나 같으므로,
$\cos\theta + \sin\theta = \sqrt{2}$
$\cos^2\theta + \sin^2\theta = 1$이므로, $\sin\theta = \dfrac{1}{\sqrt{2}}$, $\cos\theta = \dfrac{1}{\sqrt{2}}$
따라서 평면 α와 원점 사이의 거리는

$\dfrac{|-6-6-4|}{\sqrt{9}} = \dfrac{16}{3}$

답 ③

03

구의 중심을 O라 하고 O(0, 0, 0)에서 점 A까지의 거리를 구하면
$\sqrt{(t+5)^2 + (2t+4)^2 + (3t-2)^2}$
$= \sqrt{14t^2 + 14t + 45}$
$= \sqrt{14\left(t+\dfrac{1}{2}\right)^2 + \dfrac{83}{2}}$
$> \sqrt{25} = 5$

따라서 점 A는 구와 만나지 않는다.

$\overline{AO} = \sqrt{(t+5)^2 + (2t+4)^2 + (3t-2)^2}$
$\qquad = \sqrt{14t^2 + 14t + 45}$
$\overline{OP} = 5$
$\overline{AP} = \sqrt{(t+5)^2 + (2t+4)^2 + (3t-2)^2 - 25} = \sqrt{14t^2 + 14t + 20}$
점 P의 자취를 따라 구를 자른 평면은 원이다. 이 원이 $\overline{AO}$와 만나는 점을 H라고 하자.
$\overline{PH} = \dfrac{\overline{AP} \times \overline{OP}}{\overline{AO}} = \dfrac{5\sqrt{14t^2 + 14t + 20}}{\sqrt{14t^2 + 14t + 45}}$
$\therefore f(t) = 2\pi\overline{PH} = \dfrac{10\pi\sqrt{14t^2 + 14t + 20}}{\sqrt{14t^2 + 14t + 45}}$
$\overline{OH} = \overline{PH} \times \dfrac{\overline{OH}}{\overline{PH}} = \overline{PH} \times \dfrac{\overline{OP}}{\overline{AP}}$
$\qquad = \dfrac{5\sqrt{14t^2 + 14t + 20}}{\sqrt{14t^2 + 14t + 45}} \times \dfrac{5}{\sqrt{14t^2 + 14t + 20}}$
$\qquad = \dfrac{25}{\sqrt{14t^2 + 14t + 45}}$

ㄱ. $f(0) = \dfrac{20\pi\sqrt{5}}{3\sqrt{5}} = \dfrac{20}{3}\pi$ (참)

ㄴ. $\displaystyle\lim_{t\to\infty} f(t) = 10\pi$ (참)

ㄷ. 직각삼각형 OHP에서 $\overline{PH} = \sqrt{25 - \overline{OH}^2}$
$\overline{OH}$가 최대이면 $\overline{PH}$는 최소가 되어 $f(t) = 2\pi\overline{PH}$도 최소가 된다.
$\overline{OH}$의 분모 $\sqrt{14t^2 + 14t + 45} = \sqrt{14\left(t+\dfrac{1}{2}\right)^2 + \dfrac{83}{2}}$,
즉 $t = -\dfrac{1}{2}$에서 최솟값을 가지므로 이때 $\overline{OH}$는 최댓값을 갖는다. 따라서 $t = -\dfrac{1}{2}$에서 $f(t)$는 최솟값을 갖는다. (거짓)

답 ③

유형 연습 더 하기

01 ⑤   **02** 7   **03** ②   **04** 10   **05** 16

06 150

01 점 C에서 직선 l에 내린 수선의 발을 H라 하면 $\overline{CH}=5$
삼수선의 정리에 의하여 선분 OH와 선분 AB는 수직이고 삼각형 COH에서 피타고라스 정리에 의해 $\overline{OH}=3$

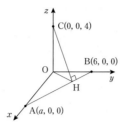

이때 삼각형 OAB의 넓이는
$$\frac{1}{2}\times\overline{OA}\times\overline{OB}=\frac{1}{2}\times\overline{OH}\times\overline{AB}$$
이므로
$$\frac{1}{2}\times a\times 6=\frac{1}{2}\times 3\times\sqrt{a^2+6^2}$$
$$2a=\sqrt{a^2+6^2},\ 4a^2=a^2+36$$
$$\therefore a^2=12$$

답 ⑤

02 직선 $l : x-1=\dfrac{y}{2}=1-z$에서
$$\frac{x-1}{1}=\frac{y}{2}=\frac{z-1}{-1}$$
직선 l의 방향벡터가 $\vec{u}=(1, 2, -1)$이고
평면 α와 직선 l이 수직이므로
$$\overrightarrow{AB}\cdot\vec{u}=(-2, a, a-1)\cdot(1, 2, -1)=-2+2a-(a-1)=a-1=0$$
$$\therefore a=1$$
$$\therefore \overrightarrow{AB}=(-2, 1, 0),\ \overline{AB}=\sqrt{4+1}=\sqrt{5}\ \cdots\cdots\ ㉠$$
점 C는 직선 l위의 점이므로
$$\overrightarrow{AC}=t\vec{u}=t(1, 2, -1)=(t, 2t, -t)$$
인 실수 t가 존재한다.
이때, $\overline{AC}=\overline{AB}$이므로 ㉠에서
$$\sqrt{5}=\sqrt{t^2+(2t)^2+(-t)^2}=\sqrt{6t^2},$$
$$6t^2=5,\ t^2=\frac{5}{6}$$
$$\overrightarrow{AC}=\overrightarrow{OC}-\overrightarrow{OA}=\overrightarrow{OC}-(1, 0, 1)=(t, 2t, -t)\ (t\text{는 실수})\text{에서}$$
$$\overrightarrow{OC}=(t+1, 2t, -t+1)$$
$$\therefore d=\sqrt{(t+1)^2+4t^2+(-t+1)^2}=\sqrt{6t^2+2}=\sqrt{6\times\frac{5}{6}+2}=\sqrt{7}$$
$$\therefore d^2=7$$

답 7

03 점 $A(1, 4, 2)$는 직선 $\dfrac{x+1}{a}=\dfrac{y-2}{b}=\dfrac{z-1}{2}$ 위에 있으므로 $a=4$, $b=4$
따라서 점 $A(1, 4, 2)$와 평면 $4x+4y+2z+48=0$ 사이의 거리를 구하면
$$\frac{|4\times1+4\times4+2\times2+48|}{\sqrt{4^2+4^2+2^2}}=\frac{72}{6}=12$$

답 ②

04 $P(-3, 4, 5)$, $Q(3, 4, 5)$에서
선분 PQ를 2:1로 내분하는 점의 좌표를 (a, b, c)라 하면

$$a=\frac{6-3}{2+1}=1$$
$$b=\frac{8+4}{2+1}=4$$
$$c=\frac{10+5}{2+1}=5$$
$$\therefore a+b+c=1+4+5=10$$

답 10

05 구 $x^2+y^2+z^2+2y-3=0$에서 $x^2+(y+1)^2+z^2=4$이므로 구의 중심은 $(0, -1, 0)$이고 반지름의 길이는 2이다.
평면 $x+8y-4z+k=0$이 구에 접하므로 구의 중심에서 평면까지의 거리는 구의 반지름과 같다. 구의 중심 $(0, -1, 0)$에서 평면까지의 거리는
$$\frac{|-8+k|}{\sqrt{1^2+8^2+(-4)^2}}=2,\ |-8+k|=18$$
$$k-8=18 \text{ 또는 } k-8=-18$$
$$\therefore k=-10 \text{ 또는 } k=26$$
따라서 모든 실수 k의 값의 합은 $-10+26=16$

답 16

06

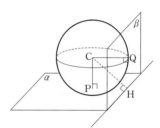

구의 중심 C에서 두 평면의 교선 $x=-y=z$에 내린 수선의 발을 H라 하면 $H(t, -t, t)$이고 $\overrightarrow{CH}$는 교선의 방향벡터 $u=(1, -1, 1)$과 수직이다. 따라서
$$\overrightarrow{CH}\cdot\vec{u}=(\overrightarrow{OH}-\overrightarrow{OC})\cdot\vec{u}=(t-1, -t-2, t-1)\cdot(1, -1, 1)$$
$$=(t-1)-(-t-2)+(t-1)=3t=0$$
$t=0$이므로 $\overrightarrow{CH}=(-1, -2, -1)$
$$\overline{CH}=\sqrt{(-1)^2+(-2)^2+(-1)^2}=\sqrt{6}$$
직각삼각형 CQH에서 $\cos(\angle QCH)=\dfrac{\sqrt{3}}{\sqrt{6}}=\dfrac{\sqrt{2}}{2}$
$$\therefore \angle QCH=\frac{\pi}{4}$$
$\angle PCH=\angle QCH=\dfrac{\pi}{4}$이므로 $\angle QCP=\dfrac{\pi}{2}$
따라서 삼각형 CPQ는 한 변의 길이가 $\sqrt{3}$인 직각이등변삼각형이다.
$$S=\frac{1}{2}\times(\sqrt{3})^2=\frac{3}{2}$$
$$\therefore 100S=150$$

답 150

확률과 통계

Ⅰ. 순열과 조합

01 순열

기출 유형 더 풀기

01 ②　　　02 62

01

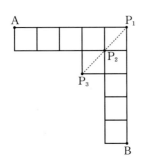

A 지점에서 B 지점까지 최단거리로 가는 방법을 다음과 같이
나누어 생각하자.

(ⅰ) P_1을 지나는 경우의 수 : 1

(ⅱ) P_2를 지나는 경우의 수 : $\dfrac{5!}{4!1!} \times \dfrac{5!}{4!1!} = 5 \times 5 = 25$

(ⅲ) P_3을 지나는 경우의 수 : $\dfrac{4!}{3!1!} \times \dfrac{4!}{3!1!} = 4 \times 4 = 16$

따라서 (ⅰ), (ⅱ), (ⅲ)에 의하여 구하는 경우의 수는

$1+25+16=42$　　　　　　　　　　　　　답 ②

02

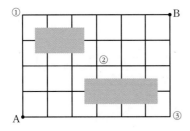

최단 거리로 가는 모든 경우를 ①을 통해서 가는 경우, ②를 통
해서 가는 경우, ③을 통해서 가는 경우로 나눌 수 있다.

①을 통해서 가는 경우 : 1가지

②를 통해서 가는 경우 : $\dfrac{4!}{2!2!} \times \dfrac{5!}{3!2!} = 6 \times 10 = 60$(가지)

③을 통해서 가는 경우 : 1가지

총 62가지이다.　　　　　　　　　　　답 62

유형 연습 더 하기

01 ④　　　02 ②　　　03 120　　　04 ③

01　가짓수를 따져보면

1 * * * * * : 5! = 120가지　　　42 * * * * : 4! = 24가지

2 * * * * * : 5! = 120가지　　　430 * * * : 3! = 6가지

3 * * * * * : 5! = 120가지　　　431 * * * : 3! = 6가지

40 * * * * : 4! = 24가지　　　4320 * * : 2! = 2가지

41 * * * * : 4! = 24가지　　　4321 * * : 2! = 2가지

⇒ 총 448가지, 그 다음 수는 차례대로 432501, 432510이다.

따라서 450번째 항은 432510이다.　　　　답 ④

02　① (1)−(2)−(3)−(4)−(5) (일렬로 연결된 경우)

⇒ A, B를 하나로 묶어서 나열한다. (4!가지) (A, B의 순서
를 바꾸었을 때 일렬로 나열된 섬의 순서를 다시 뒤집으면
중복이 생기므로 의미가 없다.)

⇒ 24가지

②　　(1)　　　(중심에 하나가 있는 경우)
　　　　|
　　(2)−(3)−(4)
　　　　|
　　　(5)

⇒ A가 중심에 들어가는 경우와 B가 중심에 들어가는 경우
⇒ 2가지

③　(1)−(2)−(3)　(T자로 연결된 경우)
　　　　　|
　　　　(4)
　　　　　|
　　　　(5)

⇒ A, B가 순서대로 (1), (2)에 들어가는 경우 : 6가지

A, B가 순서대로 (2), (1)에 들어가는 경우 : 6가지

A, B가 순서대로 (2), (4)에 들어가는 경우 : 3가지

A, B가 순서대로 (4), (2)에 들어가는 경우 : 3가지

A, B가 순서대로 (4), (5)에 들어가는 경우 : 3가지

A, B가 순서대로 (5), (4)에 들어가는 경우 : 3가지

⇒ 24가지

따라서 구하는 방법의 수는

$24+2+24=50$　　　　　　　　　　　답 ②

03　집합 $A=\{1, 2, 3, 4, 5, 6\}$에서 A로의 함수 f에 대하여 조
건 (나)를 만족하려면 $f(n)=1$, $f(n+1)=6$이어야 한다.

이때 가능한 n의 값은 $n=1, 2, 3, 4, 5$이고, 각각의 경우에 대하여 정의역의 n, $n+1$을 제외한 나머지 4개의 원소로 일대일 대응을 만드는 경우의 수는 $4!$이므로 구하는 함수 f의 개수는

$5 \times 4! = 120$

답 120

04 일의 자리의 수는 5이어야 하고, 십의 자리, 백의 자리, 천의 자리에 들어갈 수 있는 수의 개수는 중복을 허락하므로 모두 5개씩이다.

따라서 구하는 경우의 수는 $_5\Pi_3 = 5^3 = 125$

답 ③

⑫ 조합

기출 유형 더 풀기

01 ④	**02** ①	**03** ④	**04** 495	**05** ⑤
06 90	**07** ⑤	**08** 45	**09** ①	**10** 80
11 160				

01

위 그림과 같이 파란 공 2개와 노란 공 2개를 일렬로 나열한 후, 화살표가 가리키는 5개의 자리 중 3개의 자리에 빨간 공을 나열한다.

이때, 파란 공 2개와 노란 공 2개를 일렬로 나열하는 경우의 수는 $\dfrac{4!}{2!2!} = 6$

또, 5개의 자리 중 3개의 자리에 빨간 공을 나열하는 경우의 수는 $_5C_3 = 10$

따라서 구하는 경우의 수는 $6 \times 10 = 60$

답 ④

02 구하는 순서쌍의 개수는 AB, BC, CD 상자에 각각 공을 1개씩 넣는 시행을 5회 반복하는 경우의 수와 같다.

즉, 서로 다른 3개에서 중복을 허용하여 5개를 택하는 조합과 같으므로

$_3H_5 = {}_{3+5-1}C_5 = 21$

답 ①

03 볼펜, 연필, 지우개의 중복을 허락하고 조합하여 만드는 경우의 수는 $_3H_8 = {}_{10}C_8 = {}_{10}C_2 = 45$가지가 된다. 하지만 주어진 상황에서는 볼펜, 연필 지우개가 6개를 초과하여 뽑힐 수 없기

때문에 이러한 경우만 빼주면 된다.

볼펜, 연필, 지우개 중 하나가 7개 뽑힌 경우 나머지 둘 중 하나는 1개 뽑혔을 것이다.

이러한 경우는 $3 \times 2 = 6$(가지)

볼펜, 연필, 지우개 중 하나가 8개 뽑히는 경우는 3가지이다.

따라서 구하는 경우의 수는 $45 - 6 - 3 = 36$

답 ④

04 좌석을 선택하는 순서를 바꾸어 문제를 해결할 수 있다.

① 우선 네 좌석을 먼저 배치한다.

② 네 좌석 사이마다 한 개의 좌석씩 3개의 좌석을 먼저 배치한다. (∵ 네 좌석이 이웃하지 않아야 한다.)

③ 네 좌석 사이와 양 옆까지 5 군데에 남은 의자를 배치한다.

⇒ 다섯 군데의 위치 중 중복을 허락하여 8개를 뽑는다. (중복조합 문제가 된다.)

∴ $_5H_8 = {}_{12}C_8 = {}_{12}C_4 = \dfrac{12 \times 11 \times 10 \times 9}{4 \times 3 \times 2 \times 1} = 495$

답 495

05 $_nH_r = {}_{n+r-1}C_r$이므로,

$_3H_1 + {}_3H_2 + {}_3H_3 = {}_3C_1 + {}_4C_2 + {}_5C_3 = 3 + 6 + 10 = 19$

답 ⑤

06 x, y, z, s, t가 모두 자연수이므로

$x+y+z \geq 3$이고 $s+t \geq 2$

따라서 $x+y+z = 7$이고 $s+t = 7$일 때만 그 곱이 49가 될 수 있다.

이때, 세 자연수의 합이 7이 되도록 하는 경우의 수는 중복을 허락하여 세 개를 뽑아서 4를 만드는 경우의 수와 같고 그 값은

$_3H_4 = {}_6C_4 = 15$

같은 방법으로 두 자연수의 합이 7이 되는 경우의 수는

$_2H_5 = {}_6C_5 = 6$

따라서 전체 경우의 수는 $15 \times 6 = 90$

답 90

07 $1024 = 2^{10}$이므로

자연수 a, b, c는 2^x 꼴로 표현이 가능하다.

$a = 2^x$, $b = 2^y$, $c = 2^z$라고 하면

$abc = 2^{x+y+z} = 2^{10}$

∴ $x+y+z = 10$ (단, $x, y, z \geq 0$)

따라서 구하는 경우의 수는

$_3H_{10} = {}_{12}C_2 = \dfrac{12 \times 11}{2} = 66$

답 ⑤

08 $x+3y+3z=32$에서 $3(y+z)=32-x$이고,

$3(y+z)$가 3의 배수이므로 $32-x$도 3의 배수이다.

x, y, z가 자연수이므로

$32-x=6, 9, 12, 15, \cdots, 30$

$\therefore x=26, 23, 20, \cdots, 2$

$y+z=2, 3, 4, \cdots, 10$

$y=y'+1$, $z=z'+1$이라고 하면

$y'+z'=0, 1, 2, \cdots, 8$

이고, 순서쌍 (y', z')을 정하는 방법의 가짓수는

$_2H_0+_2H_1+_2H_2+\cdots+_2H_8=_1C_0+_2C_1+_3C_2+\cdots+_9C_8$

$\qquad\qquad\qquad\qquad\qquad =_1C_0+_2C_1+_3C_1+\cdots+_9C_1$

$\qquad\qquad\qquad\qquad\qquad =1+2+3+\cdots+9$

$\qquad\qquad\qquad\qquad\qquad =\dfrac{9\cdot10}{2}=45$

답 45

09 네 자리 자연수의 각 자리 숫자를 천의 자리부터 차례대로 a, b, c, d라고 하면

$a+b+c+d=9$이고 $a\neq0$

구하는 자연수의 개수는 이를 만족하는 음이 아닌 정수의 순서쌍 (a, b, c, d)의 개수와 같다.

$a+b+c+d=9$를 만족하는 경우는

$_4H_9=_{4+9-1}C_9=_{12}C_9=_{12}C_3=\dfrac{12\cdot11\cdot10}{3\cdot2\cdot1}=220$

$a=0$이면 $b+c+d=9$를 만족하는 순서쌍의 개수와 같으므로

$_3H_9=_{3+9-1}C_9=_{11}C_9=_{11}C_2=\dfrac{11\cdot10}{2\cdot1}=55$

전체의 경우에서 $a=0$인 경우를 빼면 구하는 경우가 나오므로, 구하는 자연수의 개수는 $220-55=165$

답 ①

10 $(2x+1)^5$에서 x^r의 계수는 $_5C_r(2x)^{5-r}1^r$이므로

$_5C_2\times(2x)^{5-2}\times1^2=80x^3$

따라서 x^3의 계수는 80이다.

답 80

11 x^2과 $\dfrac{2}{x}$를 중복을 허락하여 6개를 뽑았을 때, x^3의 항이 나오도록 해 보자.

x^2을 n개 뽑았다면 $\dfrac{2}{x}$를 $6-n$개 뽑아야 하므로

$(\text{차수})=2\times n+(-1)\times(6-n)=3n-6=3$에서 $n=3$

따라서 x^3항은 $_6C_3\times(x^2)^3\times\left(\dfrac{2}{x}\right)^3=20\times x^6\times\dfrac{8}{x^3}=160x^3$

따라서 x^3의 계수는 160이다.

답 160

유형 연습 더 하기

| **01** 105 | **02** ② | **03** ② | **04** ⑤ |

01 $_7C_2\times_5C_2\times_3C_3\times\dfrac{1}{2!}=105$

답 105

02 세 구역을 A, B, C라고 하자.

⇒ 10명 중 3명을 A, B, C에 한 명씩 먼저 배치한다.

⇒ 나머지 7명을 A, B, C 세 군데에 아무렇게나 배치한다.

$_3H_7=_9C_7=_9C_2=36$

⇒ 이 중 한 곳에 6명 이상 들어간 경우를 빼준다.

⇒ (8 1 1) : 3가지, (7 2 1) : 6가지, (6 3 1) : 6가지, (6 2 2) : 3가지 ⇒ 18가지

$\therefore 36-18=18(\text{가지})$

답 ②

03 $11=7+4=6+5$

$\qquad =5+3+3=4+4+3$

따라서 구하는 방법의 수는 4이다.

답 ②

04 $x^{24-n}(x+1)^n$에서 x^{22}의 계수는 $_nC_{n-2}$이다.

따라서 주어진 식의 x^{22}의 계수는

$\displaystyle\sum_{k=1}^{24}{_kC_{k-2}}=\sum_{k=1}^{24}{_kC_2}=\sum_{k=1}^{24}\dfrac{k(k-1)}{2}=\dfrac{1}{2}\sum_{k=1}^{24}(k^2-k)$

$\qquad =\dfrac{1}{2}\times\left(\dfrac{24\times25\times49}{6}-\dfrac{24\times25}{2}\right)$

$\qquad =\dfrac{1}{2}(4\times25\times49-12\times25)=2\times25\times49-6\times25$

$\qquad =2450-150=2300$

답 ⑤

Ⅱ. 확률

01 확률의 뜻과 활용

기출 유형 더 풀기

| **01** 17 | **02** ① | **03** ③ | **04** ④ | **05** ③ |

01 3개의 점을 택하여 만들 수 있는 삼각형의 종류는 다음과 같이 3종류이다.

(i) 인접한 3개의 꼭짓점을 택하여 삼각형을 만든 경우, 넓이는 $\frac{\sqrt{3}}{4}$이고 경우의 수는 6이다.

(ii) 인접한 2개의 꼭짓점과 인접하지 않은 1개의 꼭짓점을 택하여 삼각형을 만든 경우, 넓이는 $\frac{\sqrt{3}}{2}$이고 경우의 수는 12이다.

(iii) 인접하지 않는 3개의 꼭짓점을 택하여 삼각형을 만든 경우, 넓이는 $\frac{3\sqrt{3}}{4}$이고 경우의 수는 2이다.

이때 구하는 확률은 (i)을 제외한 나머지 삼각형을 만들 확률이므로

$$P\left(X \ge \frac{\sqrt{3}}{2}\right) = \frac{12+2}{6+12+2} = \frac{7}{10}$$

$\therefore p+q = 10+7 = 17$

답 17

02 (i) $x+z=8$, $y=1$인 경우
(x, z)의 경우의 수는 5가지이다.
(ii) $x+z=9$, $y=2$인 경우
(x, z)의 경우의 수는 4가지이다.
(iii) $x+z=10$, $y=3$인 경우
(x, z)의 경우의 수는 3가지이다.
(iv) $x+z=11$, $y=4$인 경우
(x, z)의 경우의 수는 2가지이다.
(v) $x+z=12$, $y=5$인 경우
(x, z)의 경우의 수는 1가지이다.
(i)~(v)에서 $x-y+z=7$인 경우의 수는 15이므로 구하는 확률은

$\frac{15}{6 \times 6 \times 6} = \frac{5}{72}$

답 ①

03 동시에 두 개를 뒤집었을 때는, 앞면과 뒷면의 수 중 한쪽이 두 개 늘어나거나 그 개수가 그대로일 것이다.(단, 개수가 그대로이지 한 동전의 앞뒤는 바뀔 수 있다.) 따라서 (앞면, 뒷면)의 좌표를 만들면 $(2, 3)$, $(4, 1)$, $(0, 5)$의 좌표만 가능하다. 전체 경우의 수는 $(_5C_2)^3 = 1000$가지이다.
① 첫 번째 시행이 $(2, 3) \rightarrow (4, 1)$인 경우
그 다음 시행은
$(2,3) \rightarrow (4,1) \rightarrow (4,1) \rightarrow (2,3) : (_2C_0 \times _3C_2) \times (_4C_1 \times _1C_1) \times (_4C_2 \times _1C_0)$
$(2,3) \rightarrow (4,1) \rightarrow (2,3) \rightarrow (2,3) : (_2C_0 \times _3C_2) \times (_4C_2 \times _1C_0) \times (_2C_1 \times _3C_1)$
$\Rightarrow$ 180가지
② 첫 번째 시행이 $(2, 3) \rightarrow (2, 3)$인 경우

그 다음 시행은
$(2,3) \rightarrow (2,3) \rightarrow (4,1) \rightarrow (2,3) : (_2C_1 \times _3C_1) \times (_3C_2 \times _2C_0) \times (_4C_2 \times _1C_0)$
$(2,3) \rightarrow (2,3) \rightarrow (2,3) \rightarrow (2,3) : (_2C_1 \times _3C_1) \times (_2C_1 \times _3C_1) \times (_2C_1 \times _3C_1)$
$(2,3) \rightarrow (2,3) \rightarrow (0,5) \rightarrow (2,3) : (_2C_1 \times _3C_1) \times (_2C_2 \times _3C_0) \times _5C_2$
$\Rightarrow$ 384가지
③ 첫 번째 시행이 $(2,3) \rightarrow (0,5)$인 경우
그 다음 시행은
$(2,3) \rightarrow (0,5) \rightarrow (2,3) \rightarrow (2,3) : (_2C_2 \times _3C_0) \times _5C_2 \times (_2C_1 \times _3C_1)$
$\Rightarrow$ 60가지
따라서 총 624가지
$\therefore \frac{624}{1000} = \frac{78}{125}$

답 ③

04 전체 과일은 (2, 1, 1, 1)로 나누어지고 4명에게 분배되므로 전체 경우의 수는
$_5C_2 \times _3C_1 \times _2C_1 \times _1C_1 \times \frac{1}{3!} \times 4! = 240$
(i) 한 학생이 사과 두 개를 받는 경우의 수
$4 \times _3C_2 \times 3! = 72$
(ii) 한 학생이 복숭아 두 개를 받는 경우의 수
$4 \times _2C_2 \times 3! = 24$
따라서 구하는 확률은 $\frac{72+24}{240} = \frac{96}{240} = \frac{2}{5}$

답 ④

05 A그룹과 B그룹에서 각각 2명씩 뽑아 동시에 상대 그룹으로 이동시킬 때, A그룹에 남자 1명과 여자 3명이 남아 있을 경우는 다음과 같이 두 가지이다.
(i) A그룹에서 남자 2명, B그룹에서 남자 1명, 여자 1명을 뽑는 경우
$$\frac{_2C_2 \times (_2C_1 \times _2C_1)}{_4C_2 \times _4C_2} = \frac{4}{36} = \frac{1}{9}$$
(ii) A그룹에서 남자 1명, 여자 1명, B그룹에서 여자 2명을 뽑는 경우
$$\frac{(_2C_1 \times _2C_1) \times _2C_2}{_4C_2 \times _4C_2} = \frac{4}{36} = \frac{1}{9}$$
따라서 구하는 확률은 $\frac{1}{9} + \frac{1}{9} = \frac{2}{9}$

답 ③

유형 연습 더 하기

01 ③   02 ④   03 ③   04 ④

01 주어진 상황처럼 나올 수 있는 가짓수를 모두 적어보면,

(1, 1, 2)　　(1, 2, 3)　　(2, 2, 4)

(2, 3, 5)　　(3, 1, 4)　　(3, 2, 5)

(3, 3, 6)　　(4, 1, 5)　　(4, 2, 6)

총 9가지이다.

주사위를 총 세 번 던지는 경우의 수는 $6^3=216$

(1, 1, 2), (2, 2, 4), (3, 3, 6)을 배열하는 경우의 수는 각각 $\dfrac{3!}{2!}=3$

으로 총 9가지이고, 나머지 6가지를 배열하는 경우의 수는 각각

$3!=6$으로 총 36가지이다.

따라서 총 확률은 $\dfrac{45}{216}=\dfrac{5}{24}$　　　　답 ③

02 6명의 학생을 6개의 좌석에 앉히는 방법의 수는 $6!$

이때, 같은 나라의 두 학생끼리 좌석번호의 차가 1 또는 10이 되도록 앉는 방법은 다음 3가지가 있다.

(11, 12), (21, 22), (13, 23)

(11, 21), (12, 13), (22, 23)

(11, 21), (12, 22), (13, 23)

각각의 방법에서 세 나라를 정하는 방법의 수는 $3!$

각 좌석에 두 학생을 앉히는 방법의 수는 2^3

따라서 구하는 확률은

$\dfrac{3\times 3!\times 2^3}{6!}=\dfrac{1}{5}$　　　　답 ④

03 빈 상자가 하나라도 있는 경우는 다음과 같다.

(ⅰ) 상자 1개에 물건을 모두 분배할 때

　　3개의 상자 중 1개를 고른 후 각 물건을 분배하는 경우

　　$_3C_1 \cdot 1^6$

(ⅱ) 상자 2개에 물건을 모두 분배할 때 (빈 상자는 없어야 한다)

　　3개의 상자 중 2개를 고른 후 중복을 허용하여 분배하는 경우

　　$_3C_2 \cdot 2^6$

　　이 경우의 수에는 1개의 상자에 모든 물건이 분배되는 경우의 수 6이 포함된다(상자 2개를 고를 때마다 각 상자 당 1번씩).

　　1개의 상자에 물건을 분배하는 경우의 수는 (ⅰ)에서 고려했으므로 6은 빼준다.

따라서 구하는 확률은

$1-\dfrac{_3C_1 \cdot 1^6+_3C_2 \cdot 2^6-6}{3^6}=\dfrac{20}{27}$　　　　답 ③

04 [실행 3]까지 할 때, 상자 B의 흰 공의 개수가 홀수가 되는 경우는 다음 2가지이다.

(ⅰ) [실행 2]에서 상자 B에서 검은 공 2개를 상자 A로 넣고, [실행 3]에서는 상자 A에서 흰 공 1개, 검은 공 1개를 상자 B로 넣는 경우

$$\dfrac{_{10}C_2}{_{12}C_2}\times \dfrac{_8C_1\times _2C_1}{_{10}C_2}=\dfrac{8}{33}$$

(ⅱ) [실행 2]에서 상자 B에서 흰 공 1개, 검은 공 1개를 상자 A로 넣고 [실행 3]에서는 상자 A에서 흰 공 2개를 상자 B로 넣는 경우

$$\dfrac{_{10}C_1\times _2C_1}{_{12}C_2}\times \dfrac{_9C_2}{_{10}C_2}=\dfrac{8}{33}$$

(ⅰ), (ⅱ)에 의하여 $\dfrac{8}{33}+\dfrac{8}{33}=\dfrac{16}{33}$

$\therefore p+q=49$　　　　답 ④

⑫ 조건부확률

기출 유형 더 풀기				
01 ④	**02** ④	**03** ④	**04** ③	**05** 28
06 10	**07** ④	**08** ①	**09** ④	**10** ③
11 ①	**12** ⑤	**13** ③	**14** ④	**15** ③
16 121	**17** 251	**18** 182	**19** 323	

01　$P(A^c|B)+P(A|B^c)=\dfrac{P(B\cap A^c)}{P(B)}+\dfrac{P(A\cap B^c)}{P(B^c)}$

$\qquad\qquad\qquad\qquad =\dfrac{P(B-A)}{P(B)}+\dfrac{P(A-B)}{P(B^c)}$

이때

$P(B-A)=P(A\cup B)-P(A)=0.8-0.4=0.4$

$P(A-B)=P(A\cup B)-P(B)=0.8-0.5=0.3$

$\therefore \dfrac{P(B-A)}{P(B)}+\dfrac{P(A-B)}{P(B^c)}=\dfrac{0.4}{0.5}+\dfrac{0.3}{0.5}=1.4$　　답 ④

02　$P(B|A^c)=\dfrac{P(A^c\cap B)}{P(A^c)}=\dfrac{3}{7}$이므로

$P(A^c)=\dfrac{P(A^c\cap B)}{P(B|A^c)}=\dfrac{\dfrac{1}{5}}{\dfrac{3}{7}}=\dfrac{7}{15}$

$\therefore P(A)=1-P(A^c)=1-\dfrac{7}{15}=\dfrac{8}{15}$　　답 ④

03　상자 A를 택하는 사건을 A, 상자 B를 택하는 사건을 B, 상자에서 꺼낸 공의 색깔이 서로 같은 사건을 X라 하자.

이때, 각 상자에서 꺼낸 두 개의 공의 색깔이 서로 같을 확률은 전체 확률에서 꺼낸 두 개의 공의 색깔이 서로 다를 확률을 뺀

것과 같으므로

$$P(X)=P(A\cap X)+P(B\cap X)$$
$$=\frac{1}{2}\times\left(1-\frac{{}_2C_1\times{}_3C_1}{{}_5C_2}\right)+\frac{1}{2}\times\left(1-\frac{{}_3C_1\times{}_4C_1}{{}_7C_2}\right)$$
$$=\frac{1}{2}\times\left(1-\frac{3}{5}\right)+\frac{1}{2}\times\left(1-\frac{4}{7}\right)=\frac{1}{5}+\frac{3}{14}=\frac{29}{70}$$

따라서 꺼낸 공의 색깔이 서로 같았을 때, 상자 A를 택하였을 확률은

$$P(A|X)=\frac{P(A\cap X)}{P(X)}=\frac{\frac{1}{5}}{\frac{29}{70}}=\frac{14}{29}$$

탭 ④

04

ㄱ. 주사위를 한 번 굴려 짝수의 눈이 나오면
$a_2=-1$, 홀수의 눈이 나오면 $a_2=1$
즉 $a_2=1$일 확률은 $\frac{1}{2}$이다. (참)

ㄴ. $a_2=-1$일 때, 주사위를 한 번 굴려 짝수의 눈이 나오면
$a_3=0$, 홀수의 눈이 나오면 $a_3=1$
또한, $a_2=1$일 때, 짝수의 눈이 나오면 $a_3=0$, 홀수의 눈이 나
오면 $a_3=-1$
따라서 $a_3=1$일 확률은 $\frac{1}{4}$이다.

한편, $a_4=0$일 경우는 $a_3=1$일 경우에서 홀수의 눈이 나오거
나, $a_3=-1$일 경우에서 짝수의 눈이 나올 경우이다.

각각의 확률은 $\frac{1}{4}\times\frac{1}{2}=\frac{1}{8}$이므로

$a_4=0$일 확률은 $\frac{1}{4}$이다.

따라서 $a_3=1$일 확률과 $a_4=0$일 확률은 서로 같다. (참)

ㄷ. $a_n=0$일 확률을 p_n이라고 하면 p_n은 다음과 같은 규칙을 따
른다.

(i) $a_{n-1}\neq0$이라면 $\frac{1}{2}$의 확률로 $a_n=0$이다.

(ii) $a_{n-1}=0$이면 $a_n=0$일 확률은 0이다.

즉, $p_{n+1}=\frac{1}{2}(1-p_n)$

따라서

$$p_{n+2}=\frac{1}{2}(1-p_{n+1})=\frac{1}{2}\left\{1-\frac{1}{2}(1-p_n)\right\}$$
$$=\frac{1+p_n}{4}$$

이므로 $a_{11}=0$일 확률은 $\frac{1+p}{4}$이다. (거짓)

탭 ③

05

곱이 짝수일 확률은 곱이 홀수일 확률의 여사건이다. 곱
이 짝수일 사건을 A라고 하자.

$$P(A)=1-P(A^c)=1-\frac{3}{6}\times\frac{2}{5}\times\frac{1}{4}=\frac{19}{20}$$

첫 번째 공이 홀수일 사건을 B라고 하자.

첫 번째 공이 홀수이면서 곱이 짝수일 사건은 $A\cap B$이다. 이 사
건의 확률은 첫 번째 공이 홀수일 확률에서 세 공의 곱이 홀수일
확률을 빼주면 된다.

$$P(A\cap B)=\frac{3}{6}-\frac{3}{6}\times\frac{2}{5}\times\frac{1}{4}=\frac{9}{20}$$

따라서 구하는 확률은 $P(B|A)=\dfrac{\frac{9}{20}}{\frac{19}{20}}=\dfrac{9}{19}$

$\therefore p+q=28$

탭 28

06

사건 A를 두 번째 꺼낸 공이 흰 공인 경우, 사건 B를 첫
번째 꺼낸 공이 흰 공인 경우라고 두면, 구하고자 하는 확률은

$$P(B|A)=\frac{P(A\cap B)}{P(A)}$$

$$P(A)=\frac{3}{5}\times\frac{2}{4}+\frac{2}{5}\times\frac{1}{4}=\frac{2}{5}$$

$$P(A\cap B)=\frac{2}{5}\times\frac{1}{4}=\frac{1}{10}$$

$$p=P(B|A)=\frac{1}{10}\div\frac{2}{5}=\frac{1}{4}\quad\therefore 40p=10$$

탭 10

07

A : 두 번째 꺼낸 공이 검은 공이었을 사건
B : 첫 번째 꺼낸 공이 검은 공이었을 사건

구하고자 하는 확률은 $P(B|A)=\dfrac{P(A\cap B)}{P(A)}$

$$P(A)=\frac{1}{6}\times\frac{3}{7}+\frac{2}{6}\times\frac{3}{7}+\frac{3}{6}\times\frac{4}{7}=\frac{21}{42}$$

$$P(A\cap B)=\frac{3}{6}\times\frac{4}{7}=\frac{12}{42}$$

$$\therefore P(B|A)=\frac{4}{7}$$

탭 ④

08

(i) A에서 흰 공, 검은 공을 한 개씩 옮기고 B에서 흰 공
두 개를 옮긴 경우

$$\frac{{}_2C_1\times{}_4C_1}{{}_6C_2}\times\frac{{}_5C_2}{{}_8C_2}=\frac{8}{15}\times\frac{10}{28}=\frac{4}{21}$$

(ii) A에서 검은 공 두 개를 옮기고 B에서 흰 공, 검은 공을 한
개씩 옮긴 경우

$$\frac{{}_4C_2}{{}_6C_2}\times\frac{{}_4C_1\times{}_4C_1}{{}_8C_2}=\frac{6}{15}\times\frac{16}{28}=\frac{8}{35}$$

따라서 구하는 확률은 $\dfrac{\frac{8}{35}}{\frac{8}{35}+\frac{4}{21}}=\dfrac{6}{11}$

탭 ①

09 송신 신호가 0이고 수신 신호가 1일 확률 :

$0.4 \times 0.05 = 0.02$

송신 신호가 1이고 수신 신호가 1일 확률 : $0.6 \times 0.95 = 0.57$

수신 신호가 1인 사건을 A, 송신 신호가 1인 사건을 B라고 하면 구하는 확률은

$$P(B|A) = \frac{P(A \cap B)}{P(A)} = \frac{0.57}{0.02 + 0.57} = \frac{0.57}{0.59} = \frac{57}{59}$$ 답 ④

10 A만 10점을 얻을 확률 : $\frac{3}{4} \times \frac{1}{3} = \frac{1}{4}$

B만 10점을 얻을 확률 : $\frac{2}{3} \times \frac{1}{4} = \frac{1}{6}$

따라서 구하는 확률은 한 사람만 10점을 얻었을 때 그 사람이 A일 조건부확률이므로

$$\frac{\frac{1}{4}}{\frac{1}{4} + \frac{1}{6}} = \frac{\frac{1}{4}}{\frac{5}{12}} = \frac{3}{5}$$ 답 ③

11 컴퓨터가 바이러스에 감염된 사건을 V, 감염되었다고 진단하는 사건을 A라 하자.

바이러스에 감염된 컴퓨터가 200대, 바이러스에 감염되지 않은 컴퓨터가 300대이므로 $P(V) = \frac{200}{500} = \frac{2}{5}$

이때, 발생할 수 있는 모든 경우에 따르는 확률을 정리해보면

(ⅰ) 감염된 컴퓨터를 감염되었다고 진단 : 94%

$\therefore P(V \cap A) = \frac{2}{5} \times \frac{94}{100} = \frac{188}{500}$

(ⅱ) 감염된 컴퓨터를 감염되지 않았다고 진단 : 6%

$\therefore P(V \cap A^c) = \frac{2}{5} \times \frac{6}{100} = \frac{12}{500}$

(ⅲ) 감염되지 않은 컴퓨터를 감염되었다고 진단 : 2%

$\therefore P(V^c \cap A) = \frac{3}{5} \times \frac{2}{100} = \frac{6}{500}$

(ⅳ) 감염되지 않은 컴퓨터를 감염되지 않았다고 진단 : 98%

$\therefore P(V^c \cap A^c) = \frac{3}{5} \times \frac{98}{100} = \frac{294}{500}$

따라서 $P(A) = P(V \cap A) + P(V^c \cap A)$

$$= \frac{188}{500} + \frac{6}{500} = \frac{194}{500}$$

이 500대의 컴퓨터 중 임의로 한 대를 택하여 이 진단 프로그램으로 감염 여부를 검사하였더니 바이러스에 감염되었다고 진단하였을 때, 이 컴퓨터가 실제로 감염된 컴퓨터일 확률은 $P(V|A)$이다.

$$\therefore P(V|A) = \frac{P(V \cap A)}{P(A)}$$

$$= \frac{\frac{188}{500}}{\frac{194}{500}} = \frac{188}{194} = \frac{94}{97}$$ 답 ①

12 A 사진이 나온 다음 n초가 지난 후 B 사진이 나올 확률이 p_n이므로 C, D 사진이 나올 확률도 각각 p_n이다.

(가) A 사진이 나온 다음 n초가 지난 후 다시 A 사진이 나올 확률은 B, C, D 사진이 나오지 않을 확률이므로

$1 - (p_n + p_n + p_n) = 1 - 3p_n$

$\therefore$ (가) $= 1 - 3p_n$

(나) 매초 하나의 사진이 다른 종류의 사진으로 바뀔 수 있는 선택지는 3개다. 매초 한 사진에서 다른 사진으로 바뀌는 확률은 모두 같으므로 이 확률은 $\frac{1}{3}$이다. A 사진이 나오고 $n+1$초 후 B 사진이 나올 확률은

(ⅰ) n초 후 A 사진이 나오고 1초 후 B 사진이 나오는 경우

$(1 - 3p_n) \times \frac{1}{3}$

(ⅱ) n초 후 C 사진이 나오고 1초 후 B 사진이 나오는 경우

$p_n \times \frac{1}{3}$

(ⅲ) n초 후 D 사진이 나오고 1초 후 B 사진이 나오는 경우

$p_n \times \frac{1}{3}$

$\therefore p_{n+1} = (1 - 3p_n) \times \frac{1}{3} + p_n \times \frac{1}{3} + p_n \times \frac{1}{3}$

$= -\frac{1}{3} p_n + \frac{1}{3}$

$\therefore$ (나) $= -\frac{1}{3} p_n$

(다) $p_{n+1} = -\frac{1}{3} p_n + \frac{1}{3}$에서

$p_{n+1} + \alpha = -\frac{1}{3}(p_n + \alpha)$라 하면 $\alpha = -\frac{1}{4}$이므로

$p_{n+1} - \frac{1}{4} = -\frac{1}{3}\left(p_n - \frac{1}{4}\right)$

이때, p_1은 A 사진이 나오고 1초 후 B 사진이 나올 확률이므로 $p_1 = \frac{1}{3}$

따라서 수열 $\left\{p_n - \frac{1}{4}\right\}$은 첫째항이

$p_1 - \frac{1}{4} = \frac{1}{3} - \frac{1}{4} = \frac{1}{12}$

이고 공비가 $-\frac{1}{3}$인 등비수열이다.

$\therefore$ (다) $= \frac{1}{12}$ 답 ⑤

13 두 사건 A, B^c는 서로 독립이므로

$P(A \cap B^c) = P(A)P(B^c)$

$= \frac{1}{3} P(B^c) = \frac{1}{5}$ $\therefore P(B^c) = \frac{3}{5}$

$\therefore P(B) = 1 - P(B^c) = 1 - \frac{3}{5} = \frac{2}{5}$ 답 ③

14 (가)에서 $P(A \cup B \cup C) = 1$

(나)에서 $(A \cap B) \cap C = \varnothing$

(다)에서 $P(A \cap B) = P(A)P(B)$

$P(A|C) + P(B|C) = \frac{P(A \cap C) + P(B \cap C)}{P(C)}$ 이고

$P(A \cup B \cup C) = P(A) + P(B) + P(C) - P(A \cap B) - P(B \cap C)$

$- P(C \cap A) + P(A \cap B \cap C)$

$$= \frac{1}{2} + \frac{1}{3} + \frac{2}{3} - \frac{1}{2} \times \frac{1}{3} - P(B \cap C) - P(C \cap A) + 0$$
$$= 1$$

이므로 $P(B \cap C) + P(C \cap A) = \frac{1}{3}$

$$\therefore P(A|C) + P(B|C) = \frac{\frac{1}{3}}{\frac{2}{3}} = \frac{1}{2}$$　　　　　**답** ④

15

두 사건 A, B가 서로 독립이면 $P(A) \times P(B) = P(A \cap B)$
를 만족해야 한다.

$P(A) = \frac{n+180}{2n+310}$, $P(B) = \frac{n+100}{2n+310}$, $P(A \cap B) = \frac{n}{2n+310}$

이므로
$P(A) \times P(B) = P(A \cap B)$에서

$$\frac{n+180}{2n+310} \times \frac{n+100}{2n+310} = \frac{n}{2n+310}$$

$(n+180)(n+100) = n(2n+310)$

$n^2 + 280n + 18000 = 2n^2 + 310n$

$n^2 + 30n - 18000 = 0$

$(n+150)(n-120) = 0$

$\therefore n = 120 \quad (\because n > 0)$　　　　　**답** ③

16

5 이상의 눈이 나오는 확률은 $\frac{1}{3}$

4 이하의 눈이 나오는 확률은 $\frac{2}{3}$

5 이상의 눈이 나오는 횟수를 x, 4 이하의 눈이 나오는 횟수를 y
라 하자.

주어진 조건에 의하여
$x + y = 5$ (단, x, y는 음이 아닌 정수) …… ㉠

주사위를 5번 던진 후 A의 좌표는 $2x - 2y$, B의 좌표는 $-x+y$가
된다.

두 점 사이의 거리를 d라 하면 $d = |2x - 2y + x - y| = 3|x-y|$

x, y는 정수이고 d가 3 이하가 되는 d의 값은 3이다.

($\because x - y = 0$인 경우 ㉠에 의해 $x = y = 2.5$가 되어 문제의 조건에
위배된다.)

(i) $x - y = 1$

㉠과 연립하면 $x = 3$, $y = 2$

따라서 이 경우의 확률은

$${}_5C_3 \left(\frac{1}{3}\right)^3 \left(\frac{2}{3}\right)^2 = \frac{40}{243}$$

(ii) $x - y = -1$

㉠과 연립하면 $x = 2$, $y = 3$

따라서 이 경우의 확률은

$${}_5C_2 \left(\frac{1}{3}\right)^2 \left(\frac{2}{3}\right)^3 = \frac{80}{243} \quad \therefore \frac{40}{243} + \frac{80}{243} = \frac{120}{243} = \frac{40}{81}$$

$\therefore p + q = 81 + 40 = 121$　　　　　**답** 121

17

주머니 A에 검은 구슬이 한 개 남아 있는 경우는 3의 배
수의 눈이 두 번 나와서 A주머니에서 흰 구슬만 2개 꺼내는 경
우이므로 구하는 확률은 $\left(\frac{1}{3} \times \frac{2}{3}\right) \times \left(\frac{1}{3} \times \frac{1}{2}\right)$

또, 주머니 B에 흰 구슬이 한 개 남아 있는 경우는 3의 배수가 아
닌 눈이 두 번 나와서 B주머니에서 검은 구슬만 2개 꺼내는 경
우이므로 구하는 확률은 $\left(\frac{2}{3} \times \frac{2}{3}\right) \times \left(\frac{2}{3} \times \frac{1}{2}\right)$

주사위를 던졌을 때 A가 2번, B가 2번 선택되는 경우의 수는

$$\frac{4!}{2!2!} = 6(가지)$$

따라서 구하는 확률은

$$6 \times \left(\frac{1}{3} \times \frac{2}{3}\right) \times \left(\frac{1}{3} \times \frac{1}{2}\right) \times \left(\frac{2}{3} \times \frac{2}{3}\right) \times \left(\frac{2}{3} \times \frac{1}{2}\right) = 6 \times \frac{2^2}{3^6}$$
$$= \frac{2^3}{3^5} = \frac{8}{243}$$

즉, $p = 234$, $q = 8$이므로 $p + q = 243 + 8 = 251$　　**답** 251

18

가위바위보를 한 번 할 때,

지호가 사탕을 2개 받는 경우는 가위바위보에서 이긴 경우이므
로 확률은 $\frac{1}{3}$이고, 사탕을 1개 받는 경우는 가위바위보에서 비
기거나 지는 경우이므로 확률은 $\frac{2}{3}$이다.

게임에서 사탕을 2번 받는 횟수를 a, 1번 받는 횟수를 b라고 할
때, $2a + b = 5$에서 $(a, b) = (2, 1), (1, 3), (0, 5)$

(i) $(a, b) = (2, 1)$인 경우, ${}_3C_2 \left(\frac{1}{3}\right)^2 \left(\frac{2}{3}\right) = \frac{2}{9}$

(ii) $(a, b) = (1, 3)$인 경우, ${}_4C_1 \left(\frac{1}{3}\right) \left(\frac{2}{3}\right)^3 = \frac{32}{81}$

(iii) $(a, b) = (0, 5)$인 경우, ${}_5C_0 \left(\frac{2}{3}\right)^5 = \frac{32}{243}$

따라서, (i), (ii), (iii)에서 구하는 확률은

$$\frac{2}{9} + \frac{32}{81} + \frac{32}{243} = \frac{182}{243}$$

$\therefore k = 182$　　　　　**답** 182

19

원점 O에 있는 점 P가 (규칙1)을 통해 이동한 횟수를 m,
(규칙2)를 통해 이동한 횟수를 n번이라고 하자.

(규칙1)로 m만큼 이동하면 x축의 방향으로 m칸, y축의 방향으
로 $2m$칸 이동한다.

(규칙2)로 n만큼 이동하면 x축의 방향으로 $2n$칸, y축의 방향으
로 n칸 이동한다.

따라서 원점 O에 있는 점 P가 (규칙1)을 통해 m번, (규칙2)를 통
해 n번 이동하면 점 P$(m+2n, 2m+n)$이 된다.

따라서 점 P가 5번 이동하여 $(8, 7)$에 도달하려면

$m + n = 5$, $m + 2n = 8$, $2m + n = 7$을 만족해야 하므로

$m = 2$, $n = 3$

매번 이동하는 사건은 서로 독립이므로 5번 중 (규칙1)을 따라
2번, (규칙2)를 따라 3번 이동할 확률은

$$_5C_2\left(\frac{1}{3}\right)^2\left(\frac{2}{3}\right)^3=10\times\frac{1}{9}\times\frac{8}{27}=\frac{80}{243}$$

$$\therefore p=243,\ q=80$$

$$\therefore p+q=243+80=323$$

답 323

> **유형 연습 더 하기**
>
> **01** ③　　　**02** ④　　　**03** ②　　　**04** 43

01 한 개의 주사위를 두 번 던져 6의 눈이 한 번도 나오지 않을 확률은

$$\frac{5}{6}\times\frac{5}{6}=\frac{25}{36}$$

또, 한 개의 주사위를 두 번 던져 6의 눈이 한 번도 나오지 않았을 때, 나온 두 눈의 수의 합이 4의 배수인 경우는 다음과 같다.

$(1,\ 3),\ (2,\ 2),\ (3,\ 1),\ (3,\ 5),\ (4,\ 4),\ (5,\ 3)$

즉, 그 확률은 $\dfrac{6}{36}=\dfrac{1}{6}$

따라서 구하는 확률은

$$\frac{\frac{1}{6}}{\frac{25}{36}}=\frac{6}{25}$$

답 ③

02 범행을 저지른 사람 내에서 범인으로 판단할 확률은

$$\frac{20}{100}\times\frac{99}{100}=\frac{1980}{10000}$$

범행을 저지르지 않은 사람 내에서 범인으로 판단할 확률은

$$\frac{80}{100}\times\frac{4}{100}=\frac{320}{10000}$$

따라서 사람을 범인으로 판단할 확률은

$$\frac{1980+320}{10000}=0.23$$

답 ④

03 $S\left(\dfrac{1}{2}\right)=\log_2 2^C=C=1$

$\Rightarrow C=1 \Rightarrow S(p)=-\log_2 p$

$P(A)=\dfrac{_5C_4}{2^5}=\dfrac{5}{32}$ 이고, $P(B)=q$ 라고 두면

$P(A\cap B)=P(A)P(B)=\dfrac{5}{32}q$

(A와 B가 독립 사건이므로)

$\Rightarrow S\left(\dfrac{5}{32}q\right)=-(\log_2 5q-\log_2 32)=5-\log_2 5q=7$

$\Rightarrow \log_2 5q=-2 \Rightarrow 5q=\dfrac{1}{4} \Rightarrow q=\dfrac{1}{20}$

$S\left(\dfrac{1}{20}\right)=\log_2 20=2\log_2 2+\log_2 5$

$$=2+\frac{1-\log 2}{\log 2}=2+\frac{0.7}{0.3}=\frac{13}{3}$$

답 ②

04 한 개의 동전을 6번 던질 때, 앞면이 n번 나오고 뒷면이 $(6-n)$번 나올 확률은

$$_6C_n\left(\frac{1}{2}\right)^n\left(\frac{1}{2}\right)^{6-n}$$

(i) 앞면이 6회, 뒷면이 0회 나올 확률은

$$_6C_6\left(\frac{1}{2}\right)^6=\frac{1}{64}$$

(ii) 앞면이 5회, 뒷면이 1회 나올 확률은

$$_6C_5\left(\frac{1}{2}\right)^5\left(\frac{1}{2}\right)=\frac{6}{64}$$

(iii) 앞면이 4회, 뒷면이 2회 나올 확률은

$$_6C_4\left(\frac{1}{2}\right)^4\left(\frac{1}{2}\right)^2=\frac{15}{64}$$

(i), (ii), (iii)에서 구하는 확률은

$$\frac{1}{64}+\frac{6}{64}+\frac{15}{64}=\frac{22}{64}=\frac{11}{32}$$

따라서 $p=32$, $q=11$이므로 $p+q=43$

답 43

Ⅲ. 통계

01 확률분포

> **기출 유형 더 풀기**
>
> **01** ②　　**02** ③　　**03** ⑤　　**04** ③　　**05** 93
>
> **06** 59　　**07** ⑤　　**08** ②　　**09** 72

01 1부터 $(2n-1)$까지의 자연수가 하나씩 적혀 있으므로 짝수가 적혀 있는 카드는 $(n-1)$장, 홀수가 적혀 있는 카드는 n장 있다.

정수 $k(0\le k\le 3)$에 대하여 확률변수 X의 값이 k일 확률은 짝수가 적혀 있는 카드 중에서 k장의 카드를 택하고, 홀수가 적혀 있는 카드 중에서 3장 중 짝수가 적혀 있는 카드 k장을 제외한 $(\boxed{3}-k)$장의 카드를 택하는 경우의 수를 전체 경우의 수로 나눈 값이다.

따라서 홀수가 적혀 있는 카드를 3장 택하는 확률은

$$P(X=0)=\frac{_nC_3}{_{2n-1}C_3}=\frac{n(n-2)}{2(2n-1)(2n-3)}$$

이다. 또한 짝수가 적혀 있는 카드를 1장 택하고, 홀수가 적혀 있는 카드를 2장 택하는 확률은

$$P(X=1)=\frac{{}_{n-1}C_1\times{}_nC_2}{{}_{2n-1}C_3}=\frac{(n-1)\times\frac{n(n-1)}{2}}{\frac{(2n-1)(2n-2)(2n-3)}{3\times2}}$$

$$=\frac{3n(n-1)}{2(2n-1)(2n-3)}$$

이다. 또한 짝수가 적혀 있는 카드를 2장 택하고, 홀수가 적혀 있는 카드를 1장 택하는 확률은

$$P(X=2)=\frac{{}_{n-1}C_2\times{}_nC_1}{{}_{2n-1}C_3}=\frac{\frac{(n-1)(n-2)}{2}\times n}{\frac{(2n-1)(2n-2)(2n-3)}{3\times2}}$$

$$=\boxed{\frac{3n(n-2)}{2(2n-1)(2n-3)}}$$

이다. 마지막으로 짝수가 적혀 있는 카드를 3장 택할 확률은

$$P(X=3)=\frac{{}_{n-1}C_3}{{}_{2n-1}C_3}=\frac{(n-2)(n-3)}{2(n-1)(2n-3)}$$

이다. 그러므로

$$E(X)=\sum_{k=0}^{3}\{k\times P(X=k)\}$$

$$=\frac{1\times3n(n-1)+2\times3n(n-2)+3\times(n-2)(n-3)}{2(2n-1)(2n-3)}$$

$$=\frac{6(n-1)(2n-3)}{2(2n-1)(2n-3)}=\boxed{\frac{3(n-1)}{2n-1}}$$

이다. 따라서

$$a=3,\ f(n)=\frac{3n(n-2)}{2(2n-1)(2n-3)},$$

$$g(n)=3(n-1)\text{이므로}$$

$$a\times f(5)\times g(8)=3\times\frac{5}{14}\times21=\frac{45}{2}$$

답 ②

02 $a+b+c=1$

$E(X)=0\times a+1\times b+2\times c=b+2c=1$

$V(X)=E(X^2)-\{E(X)\}^2=0^2\times a+1^2\times b+2^2\times c-1^2$

$\qquad=b+4c-1=\frac{1}{4}$

$\Rightarrow a+b+c=1,\ b+2c=1,\ b+4c=\frac{5}{4}$

$\Rightarrow a=\frac{1}{8},\ b=\frac{3}{4},\ c=\frac{1}{8}$

$\Rightarrow P(X=0)=a=\frac{1}{8}$

답 ③

03 확률의 합은 1이므로

$\frac{1}{14}+6a+\frac{3}{7}+a=1,\ 7a=\frac{1}{2}$

$\therefore a=\frac{1}{14}$

$\therefore E(X)=0\times\frac{1}{14}+1\times\frac{3}{7}+2\times\frac{3}{7}+3\times\frac{1}{14}=\frac{3}{2}$

답 ⑤

04 모든 확률의 값을 더하면 1이 되므로

$$\sum_{x=1}^{6}\frac{{}_6C_x}{k}=\frac{{}_6C_1+{}_6C_2+{}_6C_3+{}_6C_4+{}_6C_5+{}_6C_6}{k}=\frac{2^6-1}{k}=1$$

이므로 $k=63$

$$\therefore m=\sum_{x=1}^{6}\left(x\times\frac{{}_6C_x}{63}\right)$$

$$=\frac{1\times{}_6C_1+2\times{}_6C_2+3\times{}_6C_3+4\times{}_6C_4+5\times{}_6C_5+6\times{}_6C_6}{63}$$

$$=\frac{1\times6+2\times15+3\times20+4\times15+5\times6+6\times1}{63}=\frac{192}{63}$$

$$\therefore mk^2=192\times63=(2^6\times3)\times(3^2\times7)$$

$$=2^6\times3^3\times7^1$$

따라서 $a=6,\ b=3,\ c=1$이므로

$a+b+c=6+3+1=10$

답 ③

05 최소 4경기 이상 치러야 우승팀이 결정되므로

$P(X\leq3)=0$

x	4	5	6	7	합계
$P(X=x)$	$2\times\left(\frac{1}{2}\right)^4=\frac{1}{8}$	$2\times{}_4C_1\times\left(\frac{1}{2}\right)^5$ $=\frac{1}{4}$	$2\times{}_5C_2\times\left(\frac{1}{2}\right)^6$ $=\frac{5}{16}$	$2\times{}_6C_3\times\left(\frac{1}{2}\right)^7$ $=\frac{5}{16}$	1

X의 확률분포표가 위와 같으므로

$E(X)=4\times\frac{1}{8}+5\times\frac{1}{4}+6\times\frac{5}{16}+7\times\frac{5}{16}=\frac{93}{16}$

$\therefore E(16X)=16E(X)=16\times\frac{93}{16}=93$

답 93

06 확률변수 X의 확률분포는 다음과 같다.

$X=x$	$P(X=x)$
3	$2\times\frac{{}_5C_2\times{}_5C_3}{{}_{10}C_5}=2\times\frac{10\times10}{252}=\frac{50}{63}$
4	$2\times\frac{{}_5C_1\times{}_5C_4}{{}_{10}C_5}=2\times\frac{5\times5}{252}=\frac{25}{126}$
5	$2\times\frac{{}_5C_0\times{}_5C_5}{{}_{10}C_5}=\frac{1}{126}$
합계	1

$E(X)=3\times\frac{50}{63}+4\times\frac{25}{126}+5\times\frac{1}{126}=\frac{405}{126}=\frac{45}{14}$

$\therefore E(Y)=E(14X+14)=14E(X)+14$

$\qquad=14\times\frac{45}{14}+14=59$

답 59

07 $V(4X)=4^2V(X)=16\times50\times\frac{1}{4}\times\frac{3}{4}=150$

답 ⑤

08 X가 이항분포 $B(n, p)$를 따를 때 평균값은 np가 된다.

$\frac{1}{4}n=5\ \therefore n=20$

답 ②

09

$$\mathrm{V}(X)=300\times\frac{2}{5}\times\frac{3}{5}=72$$

답 72

01

n번 던지고 중지하는 경우의 확률을 $\mathrm{P}(n)$이라고 하면

$$\mathrm{P}(n)=\left(\frac{4}{6}\right)^{n-1}\cdot\frac{2}{6}=\frac{1}{3}\left(\frac{2}{3}\right)^{n-1}$$

따라서 기댓값을 $\displaystyle\sum_{n=1}^{\infty}\frac{1000n}{3}\left(\frac{2}{3}\right)^{n-1}=S$라고 하면

$$\sum_{n=1}^{\infty}\frac{1000n}{3}\left(\frac{2}{3}\right)^{n}=\frac{2}{3}S$$

따라서 두 식의 차를 구하면

$$\frac{1}{3}S=\frac{1000}{3}+\frac{1000}{3}\sum_{n=1}^{\infty}\left(\frac{2}{3}\right)^{n}=\frac{1000}{3}\left(1+\frac{\frac{2}{3}}{1-\frac{2}{3}}\right)=1000$$

$$\therefore\ S=3000$$

답 ⑤

02

두 개의 주사위를 던져 나오는 눈을 $(a,\ b)$라고 나타내자. 각 확률변수가 나오는 경우를 따져보면 다음과 같다.

$X=1:(1,\ 1)$

$X=2:(2,\ 1),\ (2,\ 2),\ (1,\ 2)$

$X=3:(3,\ 1),\ (3,\ 2),\ (3,\ 3),\ (2,\ 3),\ (1,\ 3)$

$X=4:(4,\ 1),\ (4,\ 2),\ (4,\ 3),\ (4,\ 4),\ (3,\ 4),\ (2,\ 4),\ (1,\ 4)$

$X=5:(5,\ 1),\ (5,\ 2),\ (5,\ 3),\ (5,\ 4),\ (5,\ 5),\ (4,\ 5),\ (3,\ 5),\ (2,\ 5),$
    $(1,\ 5)$

$X=6:(6,\ 1),\ (6,\ 2),\ (6,\ 3)(6,\ 4),\ (6,\ 5),\ (6,\ 6),\ (5,\ 6),\ (4,\ 6),\ (3,\ 6),$
    $(2,\ 6),\ (1,\ 6)$

확률변수 X에 대한 확률을 구해 보면

X	1	2	3	4	5	6
$\mathrm{P}(X)$	$\frac{1}{36}$	$\frac{3}{36}$	$\frac{5}{36}$	$\frac{7}{36}$	$\frac{9}{36}$	$\frac{11}{36}$

$$\therefore\ \mathrm{E}(6X)=6\mathrm{E}(X)=6\sum_{k=1}^{6}k\left(\frac{2k-1}{36}\right)=\frac{1}{6}\sum_{k=1}^{6}(2k^2-k)=\frac{161}{6}$$

$$\therefore\ p+q=167$$

답 167

03

$Y=10X-2.21$이라 하자. 확률변수 Y의 확률분포를 표로 나타내면 다음과 같다.

X	-1	0	1	합계
$\mathrm{P}(Y=x)$	a	b	$\frac{2}{3}$	1

이때 확률의 총합이 1이므로

$$a+b+\frac{2}{3}=1,\ a+b=\frac{1}{3}$$

또, $\mathrm{E}(Y)=10\mathrm{E}(X)-2.21=0.5$

이므로

$$\mathrm{E}(Y)=(-1)\times a+0\times b+1\times\frac{2}{3}=-a+\frac{2}{3}=\frac{1}{2}$$

$$\therefore\ a=\boxed{\frac{1}{6}},\ b=\boxed{\frac{1}{6}}$$

이고 $\mathrm{V}(Y)=\frac{7}{12}$

한편, $Y=10X-2.21$이므로 $\mathrm{V}(Y)=\boxed{100}\times\mathrm{V}(X)$

따라서 $\mathrm{V}(X)=\frac{1}{\boxed{100}}\times\frac{7}{12}$

$$\therefore\ pqr=\frac{1}{6}\times\frac{1}{6}\times100=\frac{25}{9}$$

답 ⑤

04

$\mathrm{E}(3X+1)=3\mathrm{E}(X)+1=19$

$\Rightarrow\mathrm{E}(X)=6$

$\Rightarrow np=6$

$\mathrm{V}(X)=\mathrm{E}(X^2)-\{\mathrm{E}(X)\}^2=40-36=4$

$\Rightarrow np(1-p)=4$

$\Rightarrow p=\frac{1}{3},\ n=18$

$$\frac{\mathrm{P}(X=1)}{\mathrm{P}(X=2)}=\frac{{}_{18}\mathrm{C}_1\left(\frac{1}{3}\right)^1\left(\frac{2}{3}\right)^{17}}{{}_{18}\mathrm{C}_2\left(\frac{1}{3}\right)^2\left(\frac{2}{3}\right)^{16}}=\frac{18\times\frac{2}{3}}{\frac{18\times17}{2}\times\frac{1}{3}}=\frac{4}{17}$$

답 ①

02 정규분포

01

확률밀도함수의 정의에 의해,

$$\int_0^4 f(x)dx=\int_0^1\frac{1}{2}xdx+\int_1^4 a(x-4)dx=\frac{1}{4}-\frac{9a}{2}=1$$

$$\therefore\ a=-\frac{1}{6}$$

$\mathrm{E}(6X+5)=6\mathrm{E}(X)+5$

$$\mathrm{E}(X)=\int_0^4 xf(x)dx=\int_0^1\frac{1}{2}x^2dx+\int_1^4\left(-\frac{1}{6}\right)x(x-4)dx$$

$$=\frac{1}{6}-\frac{(21-30)}{6}=\frac{10}{6}$$

$$\therefore\ \mathrm{E}(6X+5)=6\mathrm{E}(X)+5=10+5=15$$

답 15

02

$g(x)=\begin{cases} f(x) & (0\leq x<1) \\ f(x-1)+f(1) & (1\leq x<2) \end{cases}$ 이므로

$g(x)=\begin{cases} ax^2 & (0\leq x<1) \\ a(x-1)^2+a & (1\leq x<2) \end{cases}$

$=\begin{cases} ax^2 & (0\leq x<1) \\ ax^2-2ax+2a & (1\leq x<2) \end{cases}$

$\int_0^1 ax^2\,dx+\int_1^2 (ax^2-2ax+2a)\,dx=1$ 이므로

$\left[\dfrac{a}{3}x^3\right]_0^1+\left[\dfrac{a}{3}x^3-ax^2+2ax\right]_1^2=1$

$\dfrac{a}{3}+\left(\dfrac{8}{3}a-4a+4a\right)-\left(\dfrac{a}{3}-a+2a\right)=1$

$\dfrac{5}{3}a=1 \quad \therefore a=\dfrac{3}{5}$

$\therefore \mathrm{P}(a\leq X\leq a+1)=\mathrm{P}\left(\dfrac{3}{5}\leq X\leq\dfrac{8}{5}\right)$

$\qquad =\int_{\frac{3}{5}}^1 f(x)\,dx+\int_1^{\frac{8}{5}}\{f(x-1)+f(1)\}\,dx$

$\qquad =\int_{\frac{3}{5}}^1 f(x)\,dx+\int_0^{\frac{3}{5}}\{f(x)+f(1)\}\,dx$

$\qquad =\int_0^1 f(x)\,dx+\dfrac{3}{5}f(1)$

$\qquad =\dfrac{1}{5}+\dfrac{9}{25}=\dfrac{14}{25}$

따라서 $p=25$, $q=14$이므로 $p+q=25+14=39$ **답** 39

03

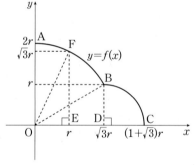

주어진 확률밀도함수 그래프에서 $\mathrm{O}(0,0)$, $\mathrm{A}(0,2r)$, $\mathrm{B}(\sqrt{3}\,r,\,r)$, $\mathrm{C}(1+\sqrt{3}\,r,\,0)$, $\mathrm{D}(\sqrt{3}\,r,\,0)$이라 하자.

$y=f(x)$가 확률밀도함수이므로 $y=f(x)$의 그래프와 직선 $x=0$, $y=0$으로 둘러싸인 부분의 넓이는 1이다.

$\therefore$ (부채꼴 OAB의 넓이)+(삼각형 OBD의 넓이)+(부채 DBC의 넓이)$=1$

(i) 부채꼴 OAB의 넓이

$\triangle$OBD에서 $\overline{\mathrm{OB}}:\overline{\mathrm{BD}}:\overline{\mathrm{OD}}=2:1:\sqrt{3}$이므로

$\angle\mathrm{BOD}=\dfrac{\pi}{6}$

$\therefore\angle\mathrm{AOB}=\dfrac{\pi}{3}$

$\therefore$ 부채꼴 OAB의 넓이 $=\dfrac{1}{2}\times(2r)^2\times\dfrac{\pi}{3}=\dfrac{2}{3}\pi r^2$

(ii) 삼각형 OBD의 넓이

$\overline{\mathrm{OD}}=\sqrt{3}\,r$, $\overline{\mathrm{BD}}=r$인 직각삼각형이다.

$\therefore$ 삼각형 OBD의 넓이 $=\dfrac{1}{2}\times\sqrt{3}\,r\times r=\dfrac{\sqrt{3}}{2}r^2$

(iii) 부채꼴 DBC의 넓이 $=\dfrac{1}{2}\times r^2\times\dfrac{\pi}{2}=\dfrac{1}{4}\pi r^2$

$\therefore \dfrac{2}{3}\pi r^2+\dfrac{\sqrt{3}}{2}r^2+\dfrac{1}{4}\pi r^2=1$

$\dfrac{11\pi+6\sqrt{3}}{12}r^2=1$

$r^2=\dfrac{12}{11\pi+6\sqrt{3}}$

이때, 점 E의 좌표를 $(r,\,0)$이라고 하고, 점 E를 지나고 y축에 평행한 직선이 함수 $f(x)$와 만나는 점을 F라고 하자.

$\triangle$FOE에서 $\overline{\mathrm{FO}}=2r$, $\overline{\mathrm{OE}}=r$, $\angle\mathrm{OEF}=\dfrac{\pi}{2}$이므로 $\mathrm{F}(r,\,\sqrt{3}\,r)$이다.

$\mathrm{P}(0\leq X\leq r)=$(부채꼴 OAF의 넓이)+(삼각형 FOE의 넓이)

(i) 부채꼴 AOF의 넓이

$\triangle$FOE에서 $\overline{\mathrm{FO}}:\overline{\mathrm{OE}}:\overline{\mathrm{EF}}=2:1:\sqrt{3}$이므로

$\angle\mathrm{FOE}=\dfrac{\pi}{3}$

$\therefore\angle\mathrm{AOF}=\dfrac{\pi}{6}$

$\therefore$ 부채꼴 AOF의 넓이 $=\dfrac{1}{2}\times(2r)^2\times\dfrac{\pi}{6}=\dfrac{1}{3}\pi r^2$

(ii) 삼각형 FOE의 넓이

$\overline{\mathrm{OE}}=r$, $\overline{\mathrm{EF}}=\sqrt{3}\,r$인 직각삼각형이므로

$\therefore$ 삼각형 FOE의 넓이 $=\dfrac{1}{2}\times r\times\sqrt{3}\,r=\dfrac{\sqrt{3}}{2}r^2$

$\therefore\mathrm{P}(0\leq X\leq r)=\dfrac{1}{3}\pi r^2+\dfrac{\sqrt{3}}{2}r^2$

$\qquad =\left(\dfrac{2\pi+3\sqrt{3}}{6}\right)r^2$

$\qquad =\dfrac{2\pi+3\sqrt{3}}{6}\times\dfrac{12}{11\pi+6\sqrt{3}}$

$\qquad =\dfrac{4\pi+6\sqrt{3}}{11\pi+6\sqrt{3}}$ **답** ④

04

어떤 학생의 수학 점수를 X라 하면 확률변수 X는 정규분포 $\mathrm{N}(67,\,12^2)$을 따르므로

$\mathrm{P}(X\geq79)=\mathrm{P}\left(Z\geq\dfrac{79-67}{12}\right)$

$\qquad =\mathrm{P}(Z\geq1)$

$-0.5-0.3413=0.1587$ **답** ③

05

$\mathrm{P}(X\leq k)=\mathrm{P}(Y\geq k)$이므로

$\mathrm{P}(X\leq k)=\mathrm{P}(3X\geq k)=\mathrm{P}\left(X\geq\dfrac{k}{3}\right)$

X는 정규분포를 따르므로

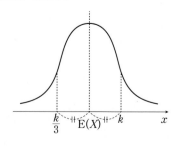

$$\therefore \mathrm{E}(X)=\frac{k+\dfrac{k}{3}}{2}=\frac{2}{3}k=10$$

$$\therefore k=15 \qquad \boxed{\text{답}} \ ②$$

06 (가)에서 $Z=\dfrac{58-m}{\sigma}=-1$ $\therefore m-\sigma=58$ …… ㉠

(나)에서 $Z=\dfrac{55-m}{\sigma}=-2$ $\therefore m-2\sigma=55$ …… ㉡

㉠, ㉡을 연립하여 풀면 $m=61$, $\sigma=3$

$$\therefore m+\sigma=61+3=64 \qquad \boxed{\text{답}} \ ③$$

07 72회의 시행 중 3의 배수의 눈이 나온 횟수를 Y라 하면 3의 배수 이외의 눈이 나오는 횟수는 $72-Y$이므로

$$X=3Y-2(72-Y)=5Y-144$$

$X \geq 11$에서 $5Y-144 \geq 11$

$5Y \geq 155$ $\therefore Y \geq 31$

확률변수 Y는 이항분포 $\mathrm{B}\!\left(72, \dfrac{1}{3}\right)$를 따르므로

$$\mathrm{E}(Y)=72 \times \frac{1}{3}=24, \quad \mathrm{V}(Y)=72 \times \frac{1}{3} \times \frac{2}{3}=4^{2}$$

이때 72는 충분히 큰 수이므로 확률변수 Y는
정규분포 $\mathrm{N}(24, 4^{2})$을 따른다고 할 수 있다.

$$\therefore \mathrm{P}(X \geq 11)=\mathrm{P}(Y \geq 31)=\mathrm{P}\!\left(Z \geq \frac{31-24}{4}\right)$$
$$=\mathrm{P}(Z \geq 1.75)$$
$$=0.5-\mathrm{P}(0 \leq Z \leq 1.75)$$
$$=0.5-0.4599=0.0401 \qquad \boxed{\text{답}} \ ②$$

유형 연습 더 하기

01 5   02 ④

01 확률변수 X의 확률밀도함수의 그래프와 x축 및 두 직선 $x=0$, $x=3$으로 둘러싸인 부분의 넓이는 1이므로

$$3k+\frac{1}{2} \times 3 \times (3k-k)=1, \quad k=\frac{1}{6}$$

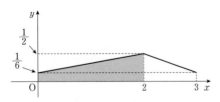

따라서 $\mathrm{P}(0 \leq X \leq 2)=\dfrac{1}{2}\!\left(\dfrac{1}{6}+\dfrac{1}{2}\right)=\dfrac{2}{3}$

$$\therefore p+q=5 \qquad \boxed{\text{답}} \ 5$$

02 A학과에 지원한 수험생의 표준점수의 총합을 확률변수 X라 하면 $X \sim \mathrm{N}(500, 30^{2})$을 따른다.

이때, 수험생 500명 중 입학정원 35명만이 합격하므로 합격 최저점수를 x라 하면

$$\mathrm{P}(X \geq x)=0.07=\mathrm{P}(Z \geq 1.5)$$

즉, $Z=\dfrac{X-500}{30} \geq 1.5$에서 $X \geq 545$이므로

$$x=545 \qquad \boxed{\text{답}} \ ④$$

⑬ 통계적 추정

기출 유형 더 풀기

01 ②   02 ①   03 ④   04 16   05 71

01 이 사과는 $m=350$, $\sigma=30$인 정규분포를 따른다. 이 중 임의로 9개의 사과를 고르므로 표본의 개수 $n=9$

표본의 평균을 $\overline{X}$라고 하면

$$\mathrm{P}(345 \leq \overline{X} \leq 365)=\mathrm{P}\!\left(\frac{345-350}{\dfrac{30}{\sqrt{9}}} \leq Z \leq \frac{365-350}{\dfrac{30}{\sqrt{9}}}\right)$$
$$=\mathrm{P}(-0.5 \leq Z \leq 1.5)$$

$$\mathrm{P}(-0.5 \leq Z \leq 1.5)=\mathrm{P}(0 \leq Z \leq 1.5)+\mathrm{P}(0 \leq Z \leq 0.5)$$
$$=0.4332+0.1915=0.6247 \qquad \boxed{\text{답}} \ ②$$

02 사과의 경우, 평균이 350, 표준편차가 30, 표본의 개수가 9이고, 배의 경우 평균이 490이고 표준편차가 40, 표본의 개수가 4이다.

사과 표본의 평균을 $\overline{X}$, 배 표본의 평균을 $\overline{Y}$라고 할 때
이들을 표준정규분포로 바꾸어주면,

$$\mathrm{P}\!\left(\overline{X} \geq \frac{3240}{9}\right)=\mathrm{P}\!\left(Z \geq \frac{360-350}{\dfrac{30}{\sqrt{9}}}\right)=\mathrm{P}(Z \geq 1)$$
$$=0.5-\mathrm{P}(0 \leq Z \leq 1)=0.16$$

$$\mathrm{P}\!\left(\overline{Y} \geq \frac{2008}{4}\right)=\mathrm{P}\!\left(Z \geq \frac{502-490}{\dfrac{40}{\sqrt{4}}}\right)=\mathrm{P}(Z \geq 0.6)$$
$$=0.5-\mathrm{P}(0 \leq Z \leq 0.6)=0.27$$

따라서 구하는 확률은 $0.16 \times 0.27=0.0432$ $\qquad \boxed{\text{답}} \ ①$

03 모집단이 정규분포 $\mathrm{N}(50, 10^{2})$을 따르므로
표본평균 $\overline{X}$는 정규분포 $\mathrm{N}\!\left(50, \dfrac{10^{2}}{25}\right)$, 즉 $\mathrm{N}(50, 2^{2})$을 따른다.

$$\therefore \mathrm{P}(48 \leq \overline{X} \leq 54) = \mathrm{P}\left(\frac{48-50}{2} \leq Z \leq \frac{54-50}{2}\right)$$
$$= \mathrm{P}(-1 \leq Z \leq 2)$$
$$= \mathrm{P}(0 \leq Z \leq 1) + \mathrm{P}(0 \leq Z \leq 2)$$
$$= 0.3413 + 0.4772 = 0.8185 \qquad \boxed{\text{답}} \ ④$$

04
A도시에서 B도시로 운행하는 고속버스들의 소요시간을 X라 하면 확률변수 X는 정규분포 $\mathrm{N}(m,\ 10^2)$을 따른다. 이때, 크기가 n인 표본의 표본평균 $\overline{X}$는 정규분포 $\mathrm{N}\left(m,\ \left(\dfrac{10}{n}\right)^2\right)$을 따른다.

$$\therefore \mathrm{P}(m-5 \leq \overline{X} \leq m+5) = \mathrm{P}\left(\frac{m-5-m}{\frac{10}{\sqrt{n}}} \leq Z \leq \frac{m+5-m}{\frac{10}{\sqrt{n}}}\right)$$
$$= \mathrm{P}\left(-\frac{\sqrt{n}}{2} \leq Z \leq \frac{\sqrt{n}}{2}\right)$$
$$= 2\mathrm{P}\left(0 \leq Z \leq \frac{\sqrt{n}}{2}\right) = 0.9544$$
$$\therefore \mathrm{P}\left(0 \leq Z \leq \frac{\sqrt{n}}{2}\right) = 0.4772$$

표준정규분포표에 의하여 $\mathrm{P}(0 \leq Z \leq 2) = 0.4772$이므로
$$\frac{\sqrt{n}}{2} = 2$$
$$\therefore n = 16 \qquad \boxed{\text{답}} \ 16$$

05
표본의 평균을 $\overline{x}$라 할 때
모평균 m의 신뢰구간은
$$\overline{x} - 1.96\frac{1.2}{\sqrt{n}} \leq m \leq \overline{x} + 1.96\frac{1.2}{\sqrt{n}}$$
구간의 길이는
$$b - a = 2 \times 1.96 \times \frac{1.2}{\sqrt{n}} \leq 0.56$$
$$\frac{2 \times 1.96 \times 1.2}{0.56} \leq \sqrt{n}, \ \left(\frac{2 \times 1.96 \times 1.2}{0.56}\right)^2 \leq n$$
$$\therefore n \geq 70.56$$
따라서 자연수 n의 최솟값은 71이다. $\qquad \boxed{\text{답}} \ 71$

유형 연습 더 하기

01 ①   **02** ④

01
$\sigma(X) = 1$, $\mathrm{E}(\overline{X}) = 9$
95% 신뢰구간은
$$(a, b) = \left(\mathrm{E}(\overline{X}) - 2 \times \frac{\sigma(X)}{\sqrt{n}},\ \mathrm{E}(\overline{X}) + 2 \times \frac{\sigma(X)}{\sqrt{n}}\right)$$

$$= \left(9 - 2 \times \frac{1}{7},\ 9 + 2 \times \frac{1}{7}\right)$$
$$\therefore b - a = \frac{4}{7} \qquad \boxed{\text{답}} \ ①$$

02
모표준편차가 σ인 정규분포에서 크기가 n인 표본을 추출하여 표본평균이 $\overline{x}$일 때, 모평균 m을 추정하는 신뢰도 99%의 신뢰구간은
$$\overline{x} - 2.58 \times \frac{\sigma}{\sqrt{n}} \leq m \leq \overline{x} + 2.58 \times \frac{\sigma}{\sqrt{n}}$$
이므로
$$\overline{x} - 2.58 \times \frac{40}{\sqrt{64}} \leq m \leq \overline{x} + 2.58 \times \frac{40}{\sqrt{64}}$$
$$\overline{x} - 12.9 \leq m \leq \overline{x} + 12.9$$
$$\therefore c = 12.9 \qquad \boxed{\text{답}} \ ④$$

MEMO

MEMO

MEMO

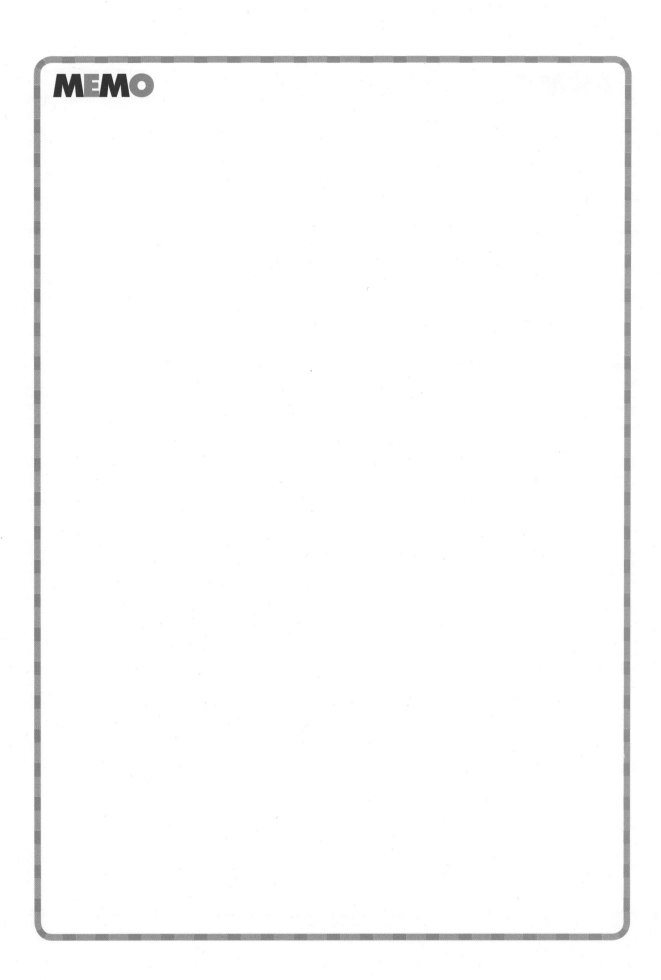

MEMO

MEMO

사관학교·경찰대학 입학의 길잡이
기출보감

[문제편 + 해설편 + 별책 단어장]으로 구성된 사관학교와 경찰대학 기출문제집

꿈이당

사관학교 _{수학(가)}

유형별 기출문제 총정리

정답 및 해설

단권화

쇼핑몰 http://www.cmass21.net/
블로그 http://blog.naver.com/bosungabi